Zeiner
Programmieren lernen mit C

Karlheinz Zeiner

Programmieren lernen mit C

4., aktualisierte und überarbeitete Auflage

HANSER

Der Autor:

Prof. Dr. Karlheinz Zeiner
Klaus, Österreich

www.hanser.de

Die Deutsche Bibliothek – CIP-Einheitsaufnahme

Ein Titeldatensatz für diese Publikation
ist bei Der Deutschen Bibliothek erhältlich

© 2000 Carl Hanser Verlag München Wien
Lektorat: Margarete Metzger
Herstellung: Irene Weilhart
Umschlaggestaltung: Zentralbüro für Gestaltung, Augsburg
Datenbelichtung, Druck und Bindung: Kösel, Kempten
Printed in Germany

ISBN 3-446-21596-4

Vorwort

Vor einigen Jahren hat man noch darüber diskutiert, ob C zum Programmieren lernen eine geeignete Sprache ist. Heute stellen sich viele die Frage, ob man nicht gleich mit C++ oder JAVA beginnen soll. Ich glaube, es lohnt sich, sich mit C ein solides Fundament an allgemeingültigem Basiswissen und grundlegenden Konzepten zu erarbeiten. C sollte man als eigenständige Sprache kennenlernen, um später zu wissen, wo C aufhört und C++ beginnt. Die anderen Argumente für C sind hinlänglich bekannt:

* C Programme sind leicht zwischen verschiedenen Systemumgebungen portierbar.
* C ist eine geeignete Sprache zum Aufbau einer Programm-Bibliothek.
* C hat die Assembler-Programmierung weitgehend ersetzt.
* C ist die Sprache für Systemprogrammierung unter UNIX und anderen Betriebssystemen.
* C ist eine gute Basis für C++ , JAVA und Javascript.

Dieses Buch ist im Rahmen meiner Tätigkeit als Lehrer an einer Höheren Technischen Lehranstalt entstanden. Es umfaßt den überwiegenden Teil des Lehrstoffes, welcher im Rahmen eines dreijährigen Kurses mit je zwei Wochenstunden an der HTL Rankweil für Schüler der Höheren Abteilung für Elektronik angeboten wird. Da ein Teil der Absolventen in ihrer späteren Berufspraxis mit Softwareentwicklung konfrontiert ist, werden folgende Ausbildungsziele angestrebt:

* Die Kenntnis einer in der industriellen Praxis wichtigen Programmiersprache.
* Die Vermittlung der Tätigkeit des Programmierens als Ingenieurdisziplin, d.h. die Betrachtung von Software als industrielles Produkt mit Qualitätsanforderungen.
* Die Vermittlung von allgemein gültigen Kenntnissen zum Thema Programmieren: Datentypen, Algorithmen, Pseudocode, Struktogramme, Datenstrukturen, Modulkonzept, Datenkapselung, Syntax und Syntaxnotation.

Diese Inhalte will ich dem Leser in einer für Anfänger verständlichen Art vermitteln. Der Leser soll weder durch eine zu knappe Darstellung überfordert, noch durch eine zu umfangreiche Beschreibung abgeschreckt werden. Die für das jeweilige Thema wichtigen Teile der Programmbeispiele werden ausführlich erläutert. Einige wichtige Algorithmen werden erarbeitet und sind vollständig codiert. Das Buch ist gedacht für Studenten, die im Rahmen ihrer Ausbildung Programmieren lernen und für Entwickler in der Praxis, die den Softwareteil eines Gerätes in C entwickeln. Ein besonderes Anliegen sind mir allgemein gültige Inhalte und ein guter Programmierstil. Die Lehrinhalte werden ergänzt durch Kontrollfragen, Übungsaufgaben und eine Beschreibung der Standard-Bibliotheksfunktionen. Die Programmbeispiele halten sich streng an den ISO/IEC (ANSI) Standard. Wo C durch den neuen Standard ISO/IEC 9899:1999 weiterentwickelt wurde, ist dies vermerkt.

Voraussetzungen

Für die unbedingt notwendigen praktischen Übungen werden elementare Kenntnisse über die Arbeit an einem Computer vorausgesetzt. Mit Begriffen wie Datei, Verzeichnis usw. sollten Sie vertraut sein und die wichtigsten Betriebssystemkommandos kennen. Sie sollten mit einem Editor und/oder einer Entwicklungsumgebung umgehen können. Als Übungssystem eignet sich jeder Rechner mit einem installierten C oder C/C++ Compiler. Für das Verständnis einiger mathematisch orientierter Programmbeispiele sind Kenntnisse, wie sie eine Sekundarschule vermittelt, vorteilhaft.

Danksagung

Ich bin mehreren Menschen, die zum Gelingen des Buches beigetragen haben, zu großem Dank verpflichtet. Sie haben wertvolle Anregungen zum Inhalt eingebracht und das Manuskript geprüft. Es sind dies vor allem Roland Sandholzer, Gerda Wöllersdorfer, Leopold Moosbrugger, Hartwig Vogel, Bruno Stenek, Judith Kopf, meine Frau Annemarie und meine Tochter Judith. Ein Dank gilt auch den Lesern der bisherigen Auflagen des Buches für Ihre Rückmeldungen und Anregungen.

Meinen Eltern und einigen Wegbegleitern während meiner Studienzeit danke ich dafür, mir Spaß an kreativer Arbeit vermittelt zu haben. Einen besonderen Dank bin ich meiner Frau Annemarie und meinen Kindern (Elisabeth, Judith und Klaus) für den Verzicht auf Zeit für die Familie schuldig.

Ein Dank gilt auch den Mitarbeiterinnen des HANSER-Verlags, Frau Margarete Metzger und Frau Irene Weilhart für die verständnisvolle Zusammenarbeit.

Internet

Die Programmbeispiele, weitere Übungsaufgaben und Lösungen ausgewählter Beispiele stehen im Internet unter der Adresse **http://www.HTL-Rankweil.vol.at/lhr/ze** (l = el) zur Verfügung. Über diese Adresse erreichen Sie mich auch per E-Mail. Kritik und Anregungen zur weiteren Verbesserung des Buches sind erwünscht.

Karlheinz Zeiner

Klaus in Vorarlberg, Juli 2000

Überblick

Teil 1

1   **Programmieren lernen - Grundlagen**..1
   1.1   Zwei kleine C Programme 1
   1.2   Grundbegriffe der Syntax, Kommentare 9
   1.3   Datentypen und Ausdrücke 14
   1.4   Algorithmen und Kontrollstrukturen..21
   1.5   Vektoren und Zeichenketten 42
   1.6   Adressen und Zeiger 51
   1.7   Modularisierung, Funktionen...55
   1.8   Ein-/Ausgabe 74

Teil 2

2   **Datendarstellung in Rechnern, elementare Datentypen** **85**

3   **Operatoren und Ausdrücke, mathematische Funktionen**.................... **119**

4   **Kontrollstrukturen, strukturierte Programmierung** **137**

5   **Funktionen, Speicherklassen und Modulkonzept** **169**

6   **Grundsätze für die Programmentwicklung**.................................... **207**

7   **Der Preprozessor**... **221**

8   **Bit-Operatoren und Ausdrücke** **231**

9   **Zeiger** **239**

10   **Vektoren**... **253**

11   **Zeichenketten** **279**

12   **Strukturen, dynamische Datenstrukturen, Unionen** **293**

13   **Dateien (*Files*)**.. **311**

Das Buch gliedert sich in zwei Teile. Der erste Teil behandelt die Grundlagen des Programmierens. Die weiteren Kapitel vertiefen die Themen des ersten Teils oder beschäftigen sich mit zusätzlichen Themen.

```
Falls Sie noch in keiner Sprache programmiert haben,
 dann sollten Sie sich mit dem 1. Teil solange aus-
   einandersetzen, bis sie die Übungsaufgaben lösen
   und die Kontrollfragen beantworten können,
 sonst können Sie das 1. Kapitel als Leitfaden durch die
   wichtigsten Themen betrachten, um je nach Bedarf
   zu den weiteren Kapiteln zu wechseln.
```

Die Reihenfolge der Kapitel 2 bis 13 ist zwar sinnvoll, aber nicht unbedingt zwingend. Neben dem 1. Teil beschäftigen sich die Kapitel 5 (Modulkonzept) und 9 (Zeiger) mit fundamentalen Konzepten in C.

Inhaltsverzeichnis

1 Programmieren lernen - Grundlagen 1

  1.1 Zwei kleine C-Programme 1

  1.2 Grundbegriffe der Syntax, Kommentare 9
    1.2.1 Zeichensatz und Wörter 9
    1.2.2 Syntaxnotation 10
    1.2.3 Schlüsselwörter 11
    1.2.4 Kommentare 12
    1.2.5 Fehlermeldungen des Compilers 13

  1.3 Datentypen und Ausdrücke 14
    1.3.1 Datentypen 14
    1.3.2 Ausdrücke (*expressions*) und Operatoren (*operators*)............16

  1.4 Algorithmen und Kontrollstrukturen 21
    1.4.1 Algorithmen 21
    1.4.2 Sequenz 21
    1.4.3 Wiederholung 22
    1.4.4 Auswahl 31
    1.4.5 Beispiele 32
    1.4.6 Zusammenfassung: Von der Aufgabe zum Programm 38

  1.5 Vektoren und Zeichenketten 42
    1.5.1 Vektoren 42
    1.5.2 Zeichenketten 46

  1.6 Adressen und Zeiger 51

  1.7 Modularisierung, Funktionen 55
    1.7.1 Allgemeines, Begriffe 55
    1.7.2 Datenaustausch zwischen Funktionen 60
    1.7.3 Funktionsprototypen 71

  1.8 Ein-/Ausgabe 74
    1.8.1 Allgemeines 74
    1.8.2 Ein-/Ausgabe und Dateien 75
    1.8.3 Funktionen der Standardbibliothek für die Ein-/Ausgabe 77

2 Datendarstellung in Rechnern, elementare Datentypen 85

  2.1 Allgemeines zu Zahlensystemen und Codes 85
    2.1.1 Zahlensysteme 85
    2.1.2 Codes 88

  2.2 Ganze Zahlen (*integer*) 89
    2.2.1 Interne Darstellung (Codierung) ganzer Zahlen........................89
    2.2.2 Datentypen für ganze Zahlen in C 94
    2.2.3 (f)printf und (f)scanf Umwandlungen für ganze Zahlen 96

2.3   Zeichen und Zeichensätze **97**
   2.3.1   Codierung von Zeichen 97
   2.3.2   Der ANSI/ASCII-Code und der Datentyp char.............................98
   2.3.3   Ein- und Ausgabe von Zeichen, (f)printf und (f)scanf-Umwandlungen................101
   2.3.4   Breite Zeichen und Unicode 104

2.4   Reelle Zahlen **105**
   2.4.1   Festkommazahlen 105
   2.4.2   Gleitkommadarstellung 106
   2.4.3   C-Gleitkommatypen (*floating types*)..108
   2.4.4   (f)printf und (f)scanf Umwandlungen für Gleitkommazahlen............109

2.5   Der sizeof-Operator **111**

2.6   Typumwandlungen (*casts*) **112**

2.7   Vereinbarungen **112**

2.8   typedef und enum **115**
   2.8.1   typedef 115
   2.8.2   Aufzählungen, enum...115

3   Operatoren und Ausdrücke, mathematische Funktionen **119**
   3.1   Arithmetische Operatoren **119**

   3.2   Die Zuweisungsoperatoren, L-Werte **120**

   3.3   Unäre Ausdrücke **124**

   3.4   Vergleichsoperatoren **125**

   3.5   Logische Operatoren und Ausdrücke **128**

   3.6   Der Komma-Operator **129**

   3.7   Implizite Typumwandlung **130**

   3.8   Rangordnung der Operatoren und Reihenfolge der Auswertung **131**

   3.9   Mathematische Funktionen **134**

4   Kontrollstrukturen, strukturierte Programmierung **137**
   4.1   Steuer- oder Kontrollfluß, Flußdiagramme **137**

   4.2   Strukturierte Programmierung **138**

   4.3   Arten von Strukturblöcken **140**
      4.3.1   Elementarblock 140
      4.3.2   Sequenz...141
      4.3.3   Auswahl...142
      4.3.4   Wiederholung, Iteration 150

   4.4   C-Spezifisches **156**
      4.4.1   Die Leeranweisung (*empty-statement*) 156
      4.4.2   Die goto-Anweisung 156
      4.4.3   Die continue-Anweisung 157

   4.5   Programmbeispiele **158**
      4.5.1   Kalender...158
      4.5.2   Rechnen mit Zahlen in der Zweierkomplementdarstellung.............162

5   Funktionen, Speicherklassen und Modulkonzept 169

5.1   Definition von Funktionen 169

5.2   Funktionsprototypen 172

5.3   Aufruf einer Funktion und Übergabemechanismus 172

5.4   Die Speicherklasse auto 175

5.5   Die Speicherklasse extern 177

5.6   Programme mit mehreren Quelltext- bzw. Objektdateien 179

5.7   Weitere spezielle Speicherklassen 181

      5.7.1   Die Speicherklasse register 181

      5.7.2   Die Speicherklasse static 182

      5.7.3   Externe Variablen mit static-Attribut 183

      5.7.4   Das static- und extern-Attribut bei Funktionen 183

5.8   Datenkapselung 184

5.9   Verwaltung größerer Programme, Definitionsdateien 189

5.10   Make-Utility 197

5.11   Rekursion 199

6   Grundsätze der Programmentwicklung 207

6.1   Phasenmodell 207

      6.1.1   Planungsphase 207

      6.1.2   Definitionsphase 208

      6.1.3   Entwurfsphase 208

      6.1.4   Codieren - Implementieren 213

      6.1.5   Testen 214

      6.1.6   Wartung und Pflege 215

6.2   Prinzipien der Softwareentwicklung 215

6.3   Qualität von Softwareprodukten 217

6.4   Dokumentation 218

7   Der Preprozessor 221

7.1   Die #include-Anweisung 221

7.2   Die #define-Anweisung (1) 222

7.3   Die #define-Anweisung (2), Makros 223

7.4   Bedingte Übersetzung (*conditional compilation*) 227

7.5   #line (Zeilennummern) 229

7.6   Textersatz in Zeichenketten, der Operator # 229

7.7   #error und #pragma 229

8   Bit-Operatoren und Ausdrücke..**231**

   8.1   Bit- und Schiebe-Operatoren..**231**

   8.2   Bitmuster und Bit-Masken..**235**

9   Zeiger...**239**

   9.1   Einleitende Bemerkungen **239**

   9.2   Vereinbarung von Zeigervariablen und Zeigertypen.......................**241**

   9.3   Inhalts- und Adreßoperator, Wertzuweisungen an Zeiger.............**241**

   9.4   Zeigerarithmetik..**244**
         9.4.1   Summe und Differenz von Zeiger und int.................................244
         9.4.2   Vergleichsoperationen mit Zeigern 246
         9.4.3   Zeigersubtraktion...246

   9.5   Speicherplatz anfordern und freigeben...**249**

10   Vektoren...**253**

   10.1 Eindimensionale Vektoren **253**
         10.1.1 Vereinbarung und Zusammenhang mit Zeigerarithmetik.........253
         10.1.2 Vektoren als formale und aktuelle Parameter von Funktionen...254
         10.1.3 Dynamische Erzeugung eines Vektors.....................................256

   10.2 Mehrdimensionale Vektoren...**257**
         10.2.1 Definition und Indizierung 257
         10.2.2 Anordnung der Elemente im Speicher......................................258
         10.2.3 Mehrdimensionale Vektoren als Argument von Funktionen.....261

   10.3 Initialisierung von Vektoren..**262**

   10.4 Algorithmen und Programmbeispiele...**262**
         10.4.1 Quicksort...262
         10.4.2 Lineare Regression 267
         10.4.3 Gauß'scher Algorithmus...271

11   Zeichenketten...**279**

   11.1 Allgemeines, Zeichenketten in C..**279**

   11.2 Ein-/Ausgabe von Zeichenketten...**282**

   11.3 Funktionen für Zeichenketten in der C-Bibliothek **284**

   11.4 Vektoren mit Zeigern auf Zeichenketten..**284**

   11.5 Argumente der Funktion main **290**

12   Strukturen, dynamische Datenstrukturen, Unionen............................**293**

    12.1 Strukturen..**293**

        12.1.1 Typ-Deklarationen und Definition von Variablen...............................293

        12.1.2 Zugriff auf Strukturen und die Felder einer Struktur........................295

        12.1.3 Strukturen und Funktionen 296

        12.1.4 Initialisierung von Strukturen 300

    12.2 Verkettete Listen, Bäume..**300**

    12.3 Unionen **308**

13   Dateien (*Files*) **311**

    13.1 Dateioperationen **311**

    13.2 Fehlererkennung und Behandlung..**312**

    13.3 Binärdateien **313**

    13.4 Random Access **319**

A   Anhang A: Die Standard-Bibliothek **321**

    A.1   Diagnose <assert.h> **321**

    A.2   Test und Behandlung von Zeichen <ctype.h> **321**

    A.3   Fehlerbehandlung <errno.h>..**322**

    A.4   Grenzwerte der Gleitkommadarstellung <float.h>............................**322**

    A.5   Wertebereich für Ganzzahltypen <limits.h> **323**

    A.6   Lokale Besonderheiten <locale.h> **323**

    A.7   Mathematische Funktionen <math.h>...**323**

    A.8   Nichtlokale Sprünge <setjmp.h> **323**

    A.9   Signale <signal.h>..**323**

    A.10 Variable Argumentlisten <stdarg.h>...**324**

    A.11 Allgemein gültige Definitionen <stddef.h>.......................................**324**

    A.12 Ein-/Ausgabe <stdio.h>...**325**

    A.13 Allgemeine Hilfsfunktionen <stdlib.h>...**333**

    A.14 Funktionen für Zeichenketten <string.h> **337**

    A.15 Uhrzeit und Zeit <time.h>...**339**

    A.16 Ausblick auf die C99 Bibliothek **340**

Anhang B: Syntaxzusammenfassung...**343**

Literatur **350**

Stichwortverzeichnis...**351**

ASCII-Code Tabelle **360**

Tabelle der Operatoren, Rangordnung der Operatoren...........................**361**

1 Programmieren lernen - Grundlagen

Programmieren lernen ist eine Mischung aus Theorie und Praxis. Theorie allein genügt nicht und langweilt bald. Für praktische Übungen ist jedoch ein Minimum an Wissen erforderlich. Dieses unvollständige Basiswissen erarbeiten wir uns in einem ersten Schritt anhand von Programmbeispielen und Theoriebausteinen. Ein vollständiges Programm kann noch so klein sein, um es in allen Details zu verstehen, ist eine Fülle von Erklärungen notwendig. Im ersten Teil verzichten wir oft auf diese Details und vertrauen auf ein Verständnis durch praktische Erfahrungen. Programme sind ja Anweisungen, die ein Computer ausführen soll. Für den Anfang genügt die Erfahrung, daß diese Anweisungen ausgeführt werden. Sie sollten sich trotzdem intensiv damit beschäftigen, wie die Ausführung im Detail aussieht.

Es ist wichtig, die Lehrinhalte des Buches sofort in praktische Übungen umzusetzen. Praktische Übungen sind eine einfache und sehr sichere Kontrolle des Lernerfolges. Bei den Übungsprogrammen orientieren Sie sich an den Programmbeispielen. Seien Sie nicht beunruhigt, wenn Ihre ersten Programme nur Variationen zu bekannten Themen, also keine besonders eigenständige Kompositionen sind. Es geht nicht darum, für jede typische Programmieraufgabe eine neue Lösung zu finden.

Am Ende dieses Kapitels sind Sie in der Lage, einfache Algorithmen zu entwerfen und diese Algorithmen in C-Programme umzusetzen. Sie können diese Programme auf einem Computer als Datei anlegen und ausführen. Sie kennen die einfachen Datentypen und Kontrollstrukturen. Sie verwenden den Datentyp Vektor und schreiben Programme, welche Daten von Dateien lesen und Resultate auf Dateien schreiben. Sie kennen den Begriff der Funktion, kennen das Konzept der Zerlegung einer Aufgabe in Teilaufgaben und verwenden Funktionen der Standardbibliothek. Sie kennen wichtige Syntaxregeln und können solche in der Backus-Naur Schreibweise formulierte Regeln lesen.

1.1 Zwei kleine C-Programme

Kernighan und Ritchie (K&R), die beiden Entwickler der Sprache C, beginnen ihr Buch *The C Programming Language* mit der Aufgabe:

Ein Programm soll folgenden Text am Bildschirm ausgeben:

```
Hello, world !
```

Ein C-Programm, das diese Aufgabe erfüllt, sieht so aus:

```c
#include <stdio.h>
int main(void)
{
  printf("Hello, world !\n");
  return 0;
}
```

Eine andere einfache Aufgabe - zwei ganze Zahlen addieren - löst folgendes C- Programm:

```
#include <stdio.h>
int main(void)
{
  int a, b, c;

  printf("Addition a + b\n");
  printf("a = ");
  scanf("%i", &a);
  printf("b = "); scanf("%i", &b);
  c = a + b;
  printf ("%i + %i = %i\n", a, b, c);
  return 0;
}
```

Programme sind zunächst Text, den wir mit einem Editor erstellen und als Datei abspeichern. Diese Form eines Programms nennt man den Quelltext (*sourcecode*). Es ist eine gute Gewohnheit, den Dateinamen so zu wählen, daß der Zweck des Programms und die Art des Quelltextes erkannt werden können. Üblicherweise endet der Dateiname eines C-Programms mit .c. Wir speichern unsere beiden Programme als Datei hello.c bzw. addint.c. Ein Programm ist eine Folge von Anweisungen, welche ein Computer ausführen kann. Die Art der Anweisungen im Programm hängt von der verwendeten Programmiersprache ab, von denen es eine Vielzahl gibt.

Maschinensprachen sind auf die Arbeitsweise des Computers abgestimmt. Sie enthalten Anweisungen, welche der Prozessor direkt ausführen kann. Im Zusammenhang mit Computern bezeichnet man mit Prozessor die CPU (Central Processing Unit). Das ist jene Komponente eines Computers, welche den internen Ablauf zeitlich steuert, Daten vom Speicher holt, sie in speziellen Speichern der CPU (den Registern) verarbeitet und sie wieder auf den Speicher zurückschreibt. Die Anweisungen einer Maschinensprache sind solche elementaren Operationen und bilden den sogenannten Befehlssatz des Prozessors.

Höhere Programmiersprachen sind aufgabenorientierte Sprachen. Sie erlauben eine Formulierung der Anweisungen in einer für den Menschen relativ leicht lesbaren Form, können aber dafür von einem Computer nicht direkt ausgeführt werden. Das Programm muß daher "übersetzt" werden. Die Übersetzung besteht darin, jede Anweisung des Programms in eine entsprechende Folge von Maschinenanweisungen umzusetzen. Diese Arbeit erledigt ein Programm, das man Compiler nennt. Das Produkt dieser Übersetzung ist eine Datei mit sogenanntem Objektcode. Diese Datei hat für unser Beispiel hello.c typisch den Namen hello.obj. Ein weiterer Schritt – das zugehörige Programm ist der "Linker" – erzeugt dann das ausführbare Programm, d.h. die eigentliche Programmdatei. Sie hat dann den Namen hello.exe.

Ich muß voraussetzen, daß der Leser ein funktionierendes C-System installiert hat. Trotz der Fülle an neuen Begriffen sind an dieser Stelle einige Bemerkungen zu den für die Entwicklung von C-Programmen erforderlichen Werkzeugen (der Software) nützlich. Als C-System bezeichnen wir alle Komponenten, die wir für die Erstellung eines fertigen C-Programms brauchen. Die Minimalkomponenten sind der Preprozessor, der Compiler, der Linker, die Bibliotheken (*libraries*) mit den Bibliotheksfunktionen und die Definitionsdateien zu den Bibliotheksfunktionen.

Wenn bei der Arbeit mit einem C-System Probleme auftreten, dann meist deshalb, weil die benötigten Programme (Compiler, Linker), die Definitionsdateien und/oder die Bibliotheksfunktionen nicht gefunden werden. Bei einer korrekten Installation des C-Systems wird festgelegt, in welchem Verzeichnis diese Komponenten abgelegt werden. Die neueren Compiler sind C/C++ Compiler, d.h. sie übersetzen sowohl C als auch C++ Programme.

Grundsätzlich sind zwei Varianten zu unterscheiden:

1) Die klassische Vorgehensweise

Diese Methode wird vor allem auf UNIX-Systemen verwendet. UNIX ist ein besonders wichtiges Betriebssystem. UNIX gibt es für unterschiedlichste Computer und C wurde eigentlich entwickelt, um damit den Großteil des UNIX-Systems zu schreiben. Ein UNIX-System hat meist alles inkludiert, was man zur Entwicklung von C-Programmen braucht. Immer mehr Bedeutung gewinnt LINUX als Betriebssystem. LINUX ist ein frei verfügbares, zu UNIX kompatibles System. LINUX enthält den GNU-C/C++ Compiler, ein im Rahmen des GNU-Projektes entwickeltes Produkt. Ein ausführbares C-Programm wird in zwei Schritten erzeugt:

Der Quelltext des C-Programms wird mit einem Text-Editor Ihrer Wahl erstellt und als Datei mit der Erweiterung `.c` abgespeichert. Wir nennen diese Dateien hier einfach auch C-Files. Die Erweiterung entscheidet auch darüber, ob ein kombinierter C/C++ Compiler als C oder als C++ Compiler arbeitet.

Anschließend startet man den Compiler von der Kommandozeile aus. Den GNU-C Compiler startet man mit `gcc`, viele andere C-Compiler mit `cc`. Um aus dem Quelltext `hello.c` ein ausführbares Programm zu erzeugen und zu starten, geben Sie folgende Kommandos ein:

Ausführbares Programm erzeugen: `gcc -Wall -ansi -o hello hello.c`

Programm starten: `./hello`

Der Schalter `-o hello` gibt an, welchen Namen das erzeugte ausführbare Programm hat. Ohne diesen Schalter hat es immer den Namen `a.out`. Der Schalter `-Wall` sorgt für eine besonders gründliche Prüfung des Quelltextes und erzeugt bei schlampiger Programmierweise Warnungen. Der Schalter `-ansi` steht für strikte Beachtung des genormten Sprachstandards. Der C-Compiler prüft die sprachliche Korrektheit des Programms und erzeugt, falls unser Programm keine Fehler enthält, die Objektdatei. Anschließend wird automatisch der Linker aufgerufen.

2) Verwenden einer integrierten Entwicklungsumgebung (IDE):

Eine Entwicklungsumgebung stellt den Editor und das C-System in einer gemeinsamen Benutzeroberfläche zur Verfügung. Diese Oberfläche erlaubt die menügesteuerte Einstellung der Optionen, den Aufruf des Compilers/Linkers und den Test des Programms. Die Hauptkomponenten, also Compiler und Linker, können aber auch als eigenständige Programme verwendet werden, d.h. man kann auch nach der klassischen Art vorgehen.

Aus kleinen und einfachen Entwicklungsumgebungen wie z.B. Borlands Turbo C, die noch auf ein bis zwei Disketten Platz hatten, haben sich IDE's (Borland C++ Builder, Microsoft Visual C++, etc.) für die Entwicklung von Programmen für Windows 98, NT, 2000 entwikkelt. Mittelpunkt dieser IDE's ist die (teilweise automatische) Erzeugung von C++ Programmcode und die Verwendung von Klassenbibliotheken, also der objektorientierte Ansatz. Sie helfen besonders bei der Programmierung der für Windows-Programme üblichen Benutzerschnittstelle. Man kann diese Werkzeuge für die Praxis zum Inhalt dieses Buches verwenden, aber das hieße mit Kanonen auf Spatzen schießen. Meine derzeitige Empfehlung für die Entwicklung von C Programmen in einer Microsoft Windows Umgebung (95 / 98 / NT 4.0) ist **Lcc-Win32**. Dieses System bietet für seine Größe (die fertige Installation erfordert weniger als 10 MByte) eine Menge von sehr praxisnahen Möglichkeiten und wird von Jacob Navia kostenlos zur Verfügung gestellt. Wenn im Buch Hinweise zur Arbeit mit einer IDE enthalten sind, dann beziehen sie sich auf Lcc-Win32, gelten aber grundsätzlich auch für jedes andere Produkt. Die Lcc-Win32 IDE stellt folgende Menüpunkte zur Auswahl:

Menü	Bedeutung
File	Dateien öffnen, neu erzeugen, speichern, drucken, IDE beenden. Vergessen Sie beim Dateinamen nicht auf die Endung . c !
Edit/Search	Textverarbeitungsfunktionen für die Bearbeitung des Quelltextes
Project	Entwicklungsumgebungen definieren für ihre Arbeit ein Projekt. Es wird festgelegt, was erzeugt werden soll (Konsolenanwendung, ausführbares Windowsprogramm, DLL etc.). Für alle Programme im Buch ist der Typ der Anwendung die voreingestellte "*Console Application*". Weiters muß eingestellt werden, wo sich die C-Files befinden und welche C-Files Teil des Projektes sind. Das ausführbare Programm entsteht standardmäßig in einem Unterverzeichnis (LCC). Verwenden Sie zunächst auf keinen Fall irgendwelche Assistenten (*wizards*), die automatisch halbfertige Programme erzeugen.
Compiler	Programm übersetzen, ausführbares Programm erzeugen (Make), Programm starten, Debugger starten (ändert den Menüpunkt Compiler auf Debug)
Debug	Erlaubt die schrittweise Ausführung des Programms, dabei können ausgewählte Variablen beobachtet werden. Dient in erster Linie der Fehlersuche, kann aber auch verwendet werden, um das Verständnis für den Ablauf von Programmen zu fördern.

Die weiteren Menüpunkte sind für den Anfänger zunächst nicht relevant. Für Ihre ersten Übungsprogramme empfehle ich folgende Vorgangsweise: Erstellen Sie sich für ihre C-Programme einen Ordner (Verzeichnis), z.B. mit dem Namen cprog. Starten Sie die IDE, stellen Sie mit Project → Configuration dieses Verzeichnis als *Current Directory* ein. Mit File → New → Name (hello.c) neues File erzeugen, Quelltext eingeben und mit File → Save im Verzeichnis cprog speichern. Jetzt erzeugen Sie sich mit Project → Create ein Projekt und nennen es z.B. cprog. Für die weiteren Schritte können Sie fast alle Voreinstellungen übernehmen. Den "*... wizard to generate the application skeleton*" verwenden Sie nicht. Wählen Sie das Programm (hello.c) aus, um es dem Projekt hinzuzufügen. Folgen Sie den weiteren Anweisungen. Mit Compiler → Make erstellen Sie das ausführbare Programm. Wenn Fehlermeldungen erzeugt werden, müssen Sie die Fehler im Quellcode des Programmes beheben, die Änderungen speichern und wieder Make wählen. Mit Compiler → Execute wird das Programm gestartet.

Für die weiteren Programme erzeugen Sie wieder C-Files, mit Project → Add/Delete Files entfernen Sie das vorhergehende C-File aus dem Projekt und ersetzen es durch das neue C-File. Anmerkung: Erst in Kapitel 5 lernen wir Programme zu schreiben, die aus mehreren Quelltextdateien zusammengestellt sind.

Aufgabe 1-1: Machen Sie sich mit Ihrem Übungssystem vertraut, indem Sie die beiden Programmbeispiele abtippen, übersetzen und ausführen. Stellen Sie sich eine Kurzanleitung für folgende Tätigkeiten zusammen:

* Zeichen löschen, Wort löschen, Zeile löschen
* Block markieren, kopieren, verschieben, löschen
* Quelltext übersetzen, ausführbares Programm erzeugen
* Programm ausführen

Aufgabe 1-2: Prüfen Sie, welche Dateien auf Ihrem Arbeitsverzeichnis entstehen.

Besprechung der beiden Programme:

Beiden Programmen gemeinsam sind die Teile

```
#include <stdio.h>
int main(void)
{
  ....
  return 0;
}
```

Die Anweisung

```
  #include <stdio.h>
```

bewirkt, daß an dieser Stelle vor der eigentlichen Übersetzung die Datei stdio.h eingefügt wird. Diese Datei enthält Informationen, die es dem Compiler ermöglichen, die prinzipiell korrekte Verwendung der Funktionen zur Ein- und Ausgabe zu prüfen. Anweisungen, die mit dem Zeichen # beginnen, werden von einem Zusatzprogramm, dem Preprozessor, ausgeführt. Wie der Name richtig vermuten läßt, handelt es sich dabei um ein Programm, das den Quelltext vor der Übersetzung bearbeitet. Die Datei `stdio.h` ist Teil des C-Systems und wird in einem bestimmten Verzeichnis gesucht.

Ein C-Programm erledigt seine Aufgabe nach dem Prinzip "Teile und herrsche", d.h. eine Aufgabe wird in klar definierte Teilaufgaben zerlegt. Diese Teilaufgaben werden durch einzelne Funktionen ausgeführt, welche sich gegenseitig aufrufen können. Eine Funktion ist ein Teilprogramm, das im Programmablauf aufgerufen wird, eine bestimmte Arbeit eigenständig erledigt und dann die Kontrolle wieder an die aufrufende Funktion zurückgibt. `printf` und `main` sind Beispiele für Funktionen. Das Besondere an der Funktion `main` ist, daß sie die Verbindung zum Betriebssystem des Computers darstellt. Startet man ein Programm auf Betriebssystemebene, so wird die Funktion `main` aktiviert. Man kann ein Programm mit zusätzlichen Argumenten aufrufen, so wie wir es von der Kommandoschnittstelle zu einem Betriebssystem gewohnt sind. Ein Programm kann nach Beendigung dem Betriebssystem in Form einer Zahl eine Information (Rückgabewert) hinterlassen. Dieser Information kann das Betriebssystem entnehmen, ob das Programm erfolgreich beendet wurde, oder ob ein Fehler aufgetreten ist. In der Zeile

```
int main(void)
```

bedeutet `int`, daß das Programm dem System eine ganze Zahl als Nachricht hinterläßt. Das Wort `void` in der Klammer bedeutet, daß das Programm nicht auf Argumente vorbereitet ist.

Innerhalb von `main` wird mit der Anweisung

```
printf("Hello, world\n");
```

die Funktion `printf` aufgerufen, um den gewünschten Text am Bildschirm auszugeben. Der Text wird zwischen doppelten Hochkommas " " eingeschlossen. \n ist die Schreibweise für einen Zeilenvorschub, d.h. die nächste Ausgabe beginnt dann am Anfang der nächsten Zeile. `printf` erledigt diese Aufgabe und gibt die Kontrolle wieder an die Funktion `main` zurück. `main` wiederum wird mit der Anweisung

```
return 0;
```

beendet. Mit Null als Rückgabewert wird dem Betriebssystem das ordnungsgemäße Ende des Programms mitgeteilt.

Wird das Programm `addint` ausgeführt, so ergibt sich am Bildschirm folgender Dialog:

```
> addint <Eingabe-Taste>
Addition a + b
a = 5
b = 7
    5 +     7 =      12
>
```

Das > -Zeichen steht für den Beginn der Kommandozeile (Eingabeaufforderung) des Betriebssystems. Die Benutzereingaben sind fett gedruckt. Programme starten Sie aus der Entwicklungsumgebung heraus oder durch Doppelklick auf die ausführbare Datei (EXE-File) im Explorer oder aus der Kommandozeile. Um das Programm aus der Kommandozeile zu starten, wechseln Sie in das Verzeichnis mit dem ausführbaren Programm. Dann müssen Sie nur noch den Programmnamen tippen und mit der Eingabetaste quittieren.

Besprechung des Programms addint:

Mit

```
int a, b, c;
```

werden drei Variablen vom Typ int vereinbart und bezeichnet. a, b und c sind Bezeichner (*identifier*) für diese Variablen. Von Variablen spricht man deshalb, weil a, b und c während des Programmablaufs unterschiedliche Werte annehmen können. Für den Datentyp int sind diese Werte auf ganze Zahlen innerhalb gewisser Grenzen eingeschränkt.

```
printf("Addition a + b\n");
printf("a = ");
```

erzeugt die Ausgaben für einen Dialog zwischen Computer und Benutzer.

```
scanf("%i", &a);
```

liest die vom Benutzer nach der Aufforderung a = eingetippte Zahl und weist sie der Variablen a zu. Das &-Zeichen vor dem a sorgt dafür, daß die Funktion scanf erfährt, wo sich a im Speicher befindet. Wir merken uns vorläufig einfach für die Verwendung von scanf, daß wir den Variablenbezeichnern ein & voranstellen müssen. Die Funktion scanf erkennt am %i, daß die eingelesene Folge von Zeichen als ganze Zahl zu interpretieren ist. Das Programm arbeitet nicht korrekt, wenn eine falsche Eingabe wie z.B. a = 23.56 (eine ganze Zahl darf keinen Dezimalpunkt enthalten) oder a = XYZ (keine Zahl) gemacht wird.

```
printf("b = "); scanf("%i", &b);
```

sorgt für die dialoggeführte Eingabe eines Wertes für b und ist ein Beispiel für mehrere Anweisungen in einer Programmzeile. Der Strichpunkt beendet eine Anweisung, er dient als Trenner und ist ein wichtiger Teil der Syntax. Unter Syntax versteht man die Menge der grammatikalischen Regeln einer Sprache.

```
c = a + b;
```

addiert a und b und weist das Ergebnis der Variablen c zu.

```
printf("%i + %i = %i\n", a, b, c);
```

gibt die Rechnung am Bildschirm aus. Mit a, b, c wird festgelegt, was ausgegeben wird. Zu jedem Wert, der ausgegeben wird, muß festgelegt werden, in welcher Form (man spricht auch von Format) er ausgegeben wird. Mit einem Prozentzeichen (%) beginnt eine sogenannte Formatspezifikation, sie endet in unserem Beispiel jeweils mit dem Umwandlungszeichen i.

Die drei Formatspezifikationen legen fest, wie wir die aktuellen Werte der Variablen `a`, `b`, `c` ausgeben wollen. C bietet für die Formatierung von Ausgaben vielfältige Möglichkeiten, auf die wir später noch eingehen werden. Das erste `%i` wird für die Ausgabe von `a`, das zweite `%i` für die Ausgabe von `b` und das dritte `%i` für die Ausgabe von `c` verwendet. `printf` kann ohne diese Angaben nicht wissen, daß a, b und c ganze Zahlen sind. Von einem Umwandlungszeichen spricht man deshalb, weil die Zahlenwerte intern in einer anderen Form gespeichert sind. Die restlichen Zeichen der Zeichenkette `"%i + %i = %i\n"`, auch die Leerzeichen und das Zeilenvorschubzeichen `\n` , werden als Begleittext ausgegeben.

Zusammenfassung:

```
#include <stdio.h>

int main(void)
{
   Vereinbarungen

   Anweisungen

   return 0;
}
```

ist die äußere, verpflichtende Form des Quelltextes für ein einfaches C-Programm. Die Funktion `main` beginnt mit einer Kopfzeile (*header*), das ist die Zeile

```
   int main(void)
```

gefolgt von einem Rumpf (*body*). Als Rumpf bezeichnet man den zwischen den geschwungenen Klammern eingeschlossenen Teil. Die Kopfzeile einer Funktion enthält insbesondere einen Bezeichner für die Funktion, wobei der Bezeichner `main` für die "Hauptfunktion" oder das "Hauptprogramm" vorgegeben ist. Der Rumpf einer Funktion beginnt in der Regel mit der Vereinbarung von Variablen. Diesen Teil braucht der Compiler, um für unsere Daten Speicherplatz zu reservieren und zu verwalten. Der Rest des Rumpfes enthält die Anweisungen. Die letzte Anweisung

```
   return 0;
```

beendet das Programm mit der Rückgabe des Wertes 0 (für Erfolg) an das Betriebssystem.

Aufgabe 1-3: Ändern Sie im Programm `hello` den Ausgabetext, geben Sie mehrere Zeilen Text aus.

Aufgabe 1-4: Schreiben Sie ausgehend von `addint` neue Programme, die z.B. andere Grundrechnungsarten (`-` , `*`, `/`) verwenden, oder lassen Sie einen Ausdruck der Form `(a+b)*c` berechnen.

1.2 Grundbegriffe der Syntax, Kommentare

Für eine Programmiersprache sind genaue Regeln definiert, die festlegen, wie der Text eines korrekten Programms formuliert sein muß. Die Syntax einer Programmiersprache definiert, ausgehend von den erlaubten Zeichen, wie man aus diesen Zeichen Grundsymbole und "Sätze" bildet. Für C wurden diese Regeln zunächst von den Entwicklern Kernighan und Ritchie festgelegt. Diese erste Version, kurz K&R genannt, wurde überarbeitet und im Jahre 1989 unter der Bezeichnung ANSI X3.159-1989 genormt. Dieser ANSI C Standard wurde 1990 unter der Bezeichnung ISO/IEC 9899:1990 zum internationalen Standard. (ANSI = American National Standards Institute, ISO = International Organisation for Standardisation, IEC = International Electrical Commission) Ein internationales Gremium entwickelt diesen C-Standard weiter und hat 1999 mit ISO/IEC 9899:1999 den derzeit gültigen Standard festgelegt. Wo Hinweise auf diese C-Standards notwendig sind, verwende ich die üblichen Kurzbezeichnungen K&R, ANSI C (C90) und C99. C9X wurde für den in Entwicklung befindlichen Standard C99 verwendet. Sprachelemente, die erst mit C99 eingeführt wurden, sind im Buch enthalten, soweit ich sie für das Zielpublikum des Buches für wichtig halte. Sie sind aber gekennzeichnet, weil Ihr C-System vielleicht noch nicht C99-konform ist. Lcc-win32 hat einen Großteil der Änderungen bereits implementiert.

1.2.1 Zeichensatz und Wörter

In einem C-Programm sind folgende Zeichen erlaubt:

Buchstaben	`a b c ... z A B C ... Z`
Ziffern	`0 1 2 3 4 5 6 7 8 9`
Sonderzeichen	`! " # % & ' ( ) * + , - . / :`
	`; < = > ? [ \ ] ^ _ { | } ~`
Trennzeichen	z.B. *blank*, *newline*, *tab*

Aus dem Zeichenstrom des Programms bildet der Compiler zusammengehörige Einheiten (*token*). Der Compiler erkennt diese zusammengehörigen Einheiten dann als:

* Schlüsselwörter (*keyword*)
* Bezeichner (*identifier*), sind vom Programmierer gewählte Namen
* Konstanten (*constant*)
* Zeichenkettenkonstanten (*string-literals*)
* Operatoren und Satzzeichen (*punctuator*)

Der C-Compiler kümmert sich nicht um die Zeilenstruktur des Quelltextes. Er kümmert sich auch nicht darum, ob statt eines Leerzeichens mehrere Leerzeichen als Trennzeichen verwendet werden. Für den Compiler ist ein C-Programm ein eindimensionaler Zeichenstrom, für den Leser ist er ein zweidimensionales Gebilde, dessen Form (*Layout*) die Lesbarkeit des Programmcodes entscheidend beeinflußt. Wir hätten unser Programm `addint.c` auch in der folgenden Form gestalten können:

```
#include <stdio.h>
int main(void) {  int a, b, c; printf("Addition a + b\n");
printf("a = "); scanf("%i", &a); printf("b = "); scanf("%i", &b);
c = a + b; printf ("%i + %i = %i\n", a, b, c); return 0;}
```

Dieser Programmierstil macht Programme unleserlich. Da C für viele Sprachkonstrukte statt Schlüsselwörtern Sonderzeichen verwendet, ist die formale Gestaltung des Quelltextes besonders wichtig. Anmerkung: Im Buch mußte ich wegen des "drohenden" Seitenumbruchs manchmal auf eine Leerzeile verzichten oder zwei Anweisungen in eine Zeile schreiben.

1.2.2 Syntaxnotation

Die Syntax einer Programmiersprache muß irgendwie formal dargestellt werden. Ein Beispiel für eine solche Darstellung von Regeln ist die Online-Hilfe des Betriebssystems, wo z.B. angegeben wird, wie man eine Kommandozeile zu formulieren hat. Der überwiegende Teil der C-Literatur verwendet zur Darstellung der Syntax eine sogenannte erweiterte Backus-Naur-Form. Diese Form der Syntaxbeschreibung kann mit einem einfachen Textsystem dargestellt werden, weil keine graphischen Symbole verwendet werden.

Ein Syntaxbegriff wird *kursiv* geschrieben. Syntaxbegriffe werden durch Syntaxregeln, man kann auch von Produktionsregeln sprechen, definiert:

> *digit* ::= 0 | 1 | 2 | 3 | 4 | 5 | 6 | 7 | 8 | 9
>
> *letter* ::= a | b | c | ... | z | A | B | C | ... | Z
>
> *identifier* ::= *letter* | _ { *letter* | *digit* | _ }$_{0+}$

Nicht kursiv geschriebene Symbole sind Teil der Zeichen- oder Wortmenge der Sprache und sind genau so hinzuschreiben. Die Symbole der Syntaxnotation selber sind natürlich nicht Teil der Sätze.

Symbol	Bedeutung
::=	"definiert als" oder "läßt sich überführen in"
I oder neue Zeile	Auswahl, kann auch als "oder" gelesen werden
{}$_1$	wähle eine der eingeschlossenen Einzelangaben
{}$_{0+}$	wiederhole das Eingeschlossene 0- oder mehrmals
{}$_{1+}$	wiederhole das Eingeschlossene 1- oder mehrmals
{}$_{opt}$	optionaler Teil, d.h. kann auch weggelassen werden

Bei dieser Schreibweise muß man etwas aufpassen, weil das Auswahlzeichen (I), geschwungene und spitze Klammern auch zulässige Zeichen in C-Programmen sind. Es gibt auch Schreibweisen, die ohne Klammern auskommen, z.B. verwendet das ISO/IEC 9899 Dokument keine Klammern.

Die Beschreibung der oben definierten Syntaxbegriffe in Worten lautet:

`digit`   eine Ziffer aus der Menge 0 bis 9

`letter`   ein Klein- oder Großbuchstabe

`identifier`   muß mit einem Buchstaben oder dem Sonderzeichen _ (`underscore`)
               beginnen, kann dann mit Buchstaben, Ziffern oder dem Zeichen _ fort-
               gesetzt werden

Mit einer Syntaxnotation allein können nicht alle Regeln erfaßt werden. Zum Beispiel legt die Definition von `identifier` nicht fest, wie lange ein Bezeichner werden darf und wieviel Zeichen signifikant sind. Solche Details müssen zusätzlich verbal beschrieben werden. C90 verlangt mindestens 31 signifikante Zeichen, die Bezeichner dürfen auch länger sein. C99 hat die Zahl der signifikanten Zeichen auf 63 erhöht. C unterscheidet im Gegensatz zu vielen anderen Sprachen zwischen Groß und Kleinbuchstaben, xmax, Xmax und XMAX sind daher drei verschiedene Bezeichner. Üblicher Stil ist, für Bezeichner fast ausschließlich Kleinbuchstaben zu verwenden. Das _-Zeichen (Unterstrich, `underscore`) wird verwendet, um zwei Wörter oder ein Wort und einen Zusatz zu einem Bezeichner zu verbinden. Ein Bezeichner darf kein Leerzeichen enthalten. Aussagekräftige Bezeichner sind wichtig für die Lesbarkeit und deshalb ein Kriterium für die Qualität eines Programms.

Beispiele für gültige Bezeichner:

`i, liste, sortiert, fehler, FEHLER, text_farbe, text_hoehe`

Falsch konstruierte Bezeichner:

`linien-breite, 1tezahl`

sind nicht erlaubt, weil ein Bindestrich vorkommt, bzw. ein Bezeichner nicht mit einer Ziffer beginnen darf.

Ich werde im Rahmen des Buches immer wieder Syntaxregeln formal darstellen. Dabei ist mir die Lesbarkeit wichtiger als eine lückenlos vollständige Darstellung.

1.2.3 Schlüsselwörter

Schlüsselwörter sind reservierte Wörter, welche nicht neu definiert werden können.

```
auto        do          goto        signed      unsigned
break       double      if          sizeof      void
case        else        int         static      volatile
char        enum        long        struct      while
const       extern      register    switch
continue    float       return      typedef
default     for         short       union
C99 definiert zusätzlich die Schlüsselwörter:
_Bool       _Complex    _Imaginary  inline      restrict
```

1.2.4 Kommentare

In C ist die Gefahr groß, schlecht lesbaren Code zu schreiben. Deshalb ist die begleitende Kommentierung des Programmtextes besonders wichtig. Jeder erfahrene Programmierer weiß, wie schwer man nach längerer Zeit auch selber geschriebene Programme lesen kann, wenn der Programmcode keine Kommentare enthält. Es lohnt sich, Programme von Beginn an sauber zu kommentieren.

Einige Möglichkeiten der Gestaltung von Kommentaren:

```
/* Kommentar */

/*
 * Kommentar kann auch in dieser Form
 * geschrieben werden, um ihn vom Code
 * abzuheben
 */
/*********************\
* Kommentar in einer    *
* Kommentarbox          *
\*********************/

// C99 erlaubt auch // als Beginn für einen Kommentar
// der Kommentar endet mit dem Ende der Zeile

/*
// Damit sind auch verschachtelte Kommentare möglich!
*/
```

Was soll kommentiert werden ?

∗ Dateiname, Autor, Datum und Zweck eines Programms am Beginn des Programmcodes
∗ die verwendeten Variablen
∗ die Funktion von einzelnen Programmabschnitten
∗ besondere Anweisungen

Ein Programm kann auch überkommentiert sein. Nicht kommentiert werden Anweisungen, deren Zweck ohnehin klar ist, also z.B.:

```
printf("%i\n", i);      /* i ausgeben */
y = x*y - 3/x;          // y berechnen
```

Für Programme in einem Lehrbuch gelten etwas andere Überlegungen. Dem Anfänger rate ich, alles zu kommentieren, was für ihn neu ist. Damit wird die Programmsammlung zum persönlichen Lehrbuch.

1.2.5 Fehlermeldungen des Compilers

Der Compiler kann nur syntaktisch korrekte Programme vollständig übersetzen. Syntax-fehler werden vom Compiler erkannt und gemeldet. Die heutigen Compiler zeigen sehr genau die Position und Art des Fehlers. Mit diesen Informationen findet man den Fehler meist sehr rasch. In der Unterrichtspraxis erlebe ich oft, daß Fehlermeldungen nicht gelesen werden. Vermutlich sind das die Auswirkungen der überhandnehmenden Bilderflut und einer oft auf Symbole reduzierten Sprache. Es lohnt sich, die Fehlermeldungen des Compilers aufmerksam zu studieren und sich in der Interpretation der Fehlermeldungen zu üben. Lesen Sie dazu den Text der Fehlermeldungen auch dann, wenn Sie den Grund des Fehlers schon erkannt haben. Bauen Sie zur Übung in korrekte Programme Ihnen bekannte Fehler ein. Der Compiler unterscheidet zwischen echten Fehlern und Warnungen. Solange der Compiler Fehler feststellt, kann kein ausführbares Programm erzeugt werden. Aber auch die Warnungen sollte man ernst nehmen und die entsprechenden Ursachen beheben.

Kontrollfragen:

1) Erklären Sie die Begriffe Syntax, Syntaxregel, Backus-Naur-Form!

2) Welche zusammengehörigen Einheiten innerhalb eines Programms unterscheidet C?

3) Welche Symbole werden für die Definition von Syntaxregeln verwendet?

4) Nach welchen Regeln werden Bezeichner gebildet? Wie viele Zeichen sind signifikant?

5) Was müssen Sie bzgl. Groß- und Kleinschreibung beachten?

6) Welchen Zweck erfüllen Kommentare?

7) Wie gestaltet man Kommentare?

8) Was soll kommentiert werden?

9) Was soll nicht kommentiert werden?

10) Wie gestaltet man ein Programm übersichtlich?

11) Was sind Schlüsselwörter? Zählen Sie einige Schlüsselwörter auf!

12) Wie reagiert der Compiler auf Syntaxfehler?

Aufgabe 1-5: Ergänzen Sie die ersten Übungsprogramme um den Dateinamen des Quelltextes als Kommentar.

Aufgabe 1-6: Schreiben Sie ein Programm, das eine Division durch Null ausführen muß. Was passiert?

1.3 Datentypen und Ausdrücke

1.3.1 Datentypen

Computer verarbeiten hauptsächlich Zahlen, Zeichen, Text und Bilder. Für die Zahlen ist es sinnvoll, zwischen ganzen Zahlen und rationalen bzw. reellen Zahlen zu unterscheiden. Intern werden alle Informationen durch eine Folge von Bits dargestellt. Als Bit bezeichnet man die elementare Informationseinheit (0 oder 1). Die Bits werden in Gruppen (Bytes) eingeteilt. Das ein Byte 8 Bits hat, ist üblich, aber nicht zwingend vorgeschrieben. Die neue, eindeutige Bezeichnung für 8 Bits ist Oktett. Die technische Realisierung der internen Darstellung wird durch die Architektur des Prozessors bestimmt und ist daher nicht einheitlich. Die folgenden Angaben gelten jedoch für die meisten heute üblichen C-Systeme.

Die Menge der reellen Zahlen im mathematischen Sinn kann nicht dargestellt werden. Man spricht daher besser von Gleitkommazahlen, das sind Zahlen mit Vorkomma- und Nachkommastellen, die auch einen Exponenten enthalten können. In C wählt man als Datentyp für Gleitkommazahlen hauptsächlich den Typ double. Eine ungenauere Form, die weniger Platz beansprucht, ist der Typ float. Der zulässige Wertebereich für den Betrag der Zahl ist für den Typ double typisch 10^{-308} bis 10^{+308}, für den Typ float 10^{-38} bis 10^{+38}. Die Genauigkeit der Darstellung ist für den Typ double ca. 15 Dezimalstellen, für den Typ float ca. 7 Dezimalstellen. Für die Speicherung benötigt ein double-Wert mit den genannten Eigenschaften 8 Oktetts, ein float-Wert 4 Oktetts. Im Programmtext vorkommende Zahlenwerte, die einen Dezimalpunkt oder einen Exponenten enthalten sind, vom Typ double. Rechenoperationen werden laut ANSI-C immer mit double-Werten ausgeführt. Die Typen float, double und long float (ein manchmal zusätzlich verfügbarer Typ) bilden die Familie der Gleitkommatypen (floating types).

Der Standardtyp für ganze Zahlen ist der Typ int. Der zulässige Zahlenbereich ist typisch ± 2 Mrd. Um diesen Zahlenbereich zu codieren, benötigt man für eine Zahl 4 Oktetts, was den heute üblichen 32-Bit Prozessoren entspricht. Der Typ char benötigt ein Byte, was die Codierung von 256 verschiedene Zeichen ermöglicht.

Im Gegensatz zu anderen Programmiersprachen kennt C90 keinen eigenen Datentyp, um die beiden logischen Werte WAHR (TRUE) und FALSCH (FALSE) zu verwalten. Erst C99 definiert mit _Bool einen speziellen Typ für die Wahrheitswerte TRUE und FALSE. Es bleibt aber dabei, daß für TRUE der Wert 1 und für FALSE der Wert 0 verwendet wird.

Eine Zusammenfassung ergibt folgende vorläufige Tabelle der einfachen Datentypen:

Datentyp	Verwendung für	Datentyp	Verwendung für
char	Zeichen	float	Gleitkommazahlen mit einfacher Genauigkeit
int	ganze Zahlen	double	Gleitkommazahlen mit doppelter Genauigkeit
_Bool	nur 0 und 1		

Die Anwendung in Programmen betrifft die Vereinbarung von Variablen, die Wertzuweisungen an die Variablen und die Verwendung der scanf und printf-Funktionen:

```
/* datentypen.c */
#include <stdio.h>
int main(void)
{
  _Bool neu;          // C99
  char   c1, c2 ;
  int    i, j;
  float  x;
  double y;

  i = 3;
  printf("j = "); scanf("%i", &j);
  printf("i, j : %i  %i\n", i, j);
  x = 3.0;  /* double-Wert 3.0 wird in einen float-Wert umgewandelt */
  y = 1E-5;
  printf("x, y : %f  %f\n", x, y);
  printf("x = "); scanf("%f", &x);
  printf("y = "); scanf("%lf", &y);
  printf("x, y : %f  %f\n", x, y);
  c1 = 'A'; c2 = '1';
  printf("c1, c2 : %c  %c\n", c1, c2);
  neu = 1; printf("neu = %1i\n", neu);
  return 0;
}
```

Achten wir darauf, den vereinbarten Variablen eines bestimmten Datentyps nur Werte aus dem zulässigen Bereich zuzuweisen. Fixe Zahlenwerte wie 0, 4, 367, 0.0, 34.5, 12E4 nennt man Konstanten. 'A' ist die Zeichenkonstante für den Buchstaben A, die Ziffer eins schreibt man als Zeichenkonstante in der Form '1', d.h. das Zeichen wird zwischen zwei Hochkommas eingeschlossen. Für Konstanten erkennt der Compiler an der Schreibweise, um welchen Typ es sich handelt. Zahlen ohne Dezimalpunkt oder Exponent werden als ganze Zahlen interpretiert, andere Zahlen sind Gleitkommazahlen mit doppelter Genauigkeit.

Für die verschiedenen Datentypen müssen für die Ein-/Ausgabe verschiedene Formatspezifikationen (Umwandlungszeichen) verwendet werden:

Datentyp	Formatspezifikation	
	Lesen mit scanf	Ausgabe mit printf
int	%d oder %i	%nd oder %ni
double	%lf	%n.p$f
float	%f	%n.p$f
char	%c	%c

n ist die gesamte Anzahl der Stellen, inklusive Vorzeichen und Dezimalpunkt, **p** ist die Anzahl der Nachkommastellen. Diese Angaben nennt man Feldweite (*field width*) und Genauigkeit (*precision*). Verwenden Sie für die Eingabe mit scanf keine Angaben zur Feldweite oder Genauigkeit, also die einfache Form %d, %i bzw. %f. Für die Gestaltung der Ausgabe verwendet man meist Angaben zur Feldweite (z.B. %4d, %8i, %8.2f). %i und %d verhalten sich nicht genau gleich, der Unterschied ist jedoch derzeit nicht wichtig. Besonders kritisch ist die Anwendung der scanf-Funktion. Verwendet man falsche Formatspezifikationen, so werden ohne Fehlermeldung falsche Werte abgespeichert. Will man einen double-Wert lesen, so muß man %lf (*long float*) verwenden.

1.3.2 Ausdrücke (*expressions*) und Operatoren (*operators*)

Mathematische Terme formuliert auch der Anfänger intuitiv zumindest syntaktisch richtig:

```
u = r*i;
p = u*i;
s = s0 + v*t;
s = g*t*t/2;
```

Eine andere Schreibweise der letzten Formel, z.B. in der Form

```
s = 1/2*g*t*t
```

erzeugt allerdings ein nicht beabsichtigtes Resultat. 1/2 hat in C das Resultat 0, wie wir gleich sehen werden. Für die Verknüpfung von Ganzzahlwerten und/oder Gleitkommawerten stehen folgende arithmetische Operatoren zur Verfügung:

```
arithmetic-op ::=  +  |  -  |  *  |  /  |  %
```

+ , - , * , / sind die Operatoren für die Grundrechnungsarten. Wenn ein Ganzzahlwert mit einem Gleitkommawert verknüpft wird, so ist das Resultat ein Gleitkommawert. Sind beide Operanden vom gleichen Typ, so hat auch das Resultat diesen Typ. Ein häufiger Fehler ist, nicht zu beachten, daß die Division von zwei int-Werten wieder einen int-Wert, also eine ganze Zahl ergibt, man nennt das eine Ganzzahldivision:

```
8 / 2 = 4      8 / 3 = 2      1 / 2 = 0
```

Als Ergänzung zur Ganzzahldivision ergibt der % -Operator den Rest der Ganzzahldivision. Die beiden Operanden müssen int-Werte sein.

```
8 % 2 = 0      8 % 3 = 2      1 % 2 = 1
```

Arithmetische Ausdrücke genügen der Syntaxregel

```
arithmetic-expr ::=  expr arithmetic-op expr
```

Auch die Zuweisung zählt zur Syntaxkategorie Ausdruck:

```
assignment-expr ::= lvalue assignment-op expr

lvalue ::= identifier | ...
```

```
a = 4
```

ist ein solcher Zuweisungsausdruck (Syntaxbegriffe:*assignment-expression*). Als `lvalue` wird der Bezeichner a verwendet; = ist der wichtigste Zuweisungsoperator (*assignment-op*); die Konstante 4 ist ein besonders einfacher Ausdruck. Ein wichtiges Detail der Syntax - das wir später noch besprechen - ist, wie aus einem Ausdruck eine Anweisung entsteht:

```
expression-statement ::= expression_opt ;
```

Die arithmetischen Operatoren verknüpfen immer zwei Ausdrücke miteinander, welche als Operanden wirken. Plus- und Minuszeichen treten auch als sogenannte unäre Operatoren auf, wenn man sie einfach als Vorzeichen vor einen Ausdruck setzt. Unäre Operatoren wirken nur auf einen Operanden.

Zwei weitere Gruppen von Ausdrücken mit zugehörigen Operatoren werden durch folgende Syntaxregeln definiert:

```
equality-expression    ::=    expression == expression

                              expression != expression


relational-expression ::=    expression <  expression

                              expression <= expression

                              expression >  expression

                              expression >= expression
```

Beispiele für solche Ausdrücke sind

```
a == b      a != 5      b < 5        x  >=  3.1415
```

Diese Ausdrücke prüfen, ob eine Relation richtig (wahr) oder falsch ist, das Resultat ist also ein Boolscher Wert. Ist der Ausdruck wahr, so ist das Resultat 1, sonst 0. Trotz des neuen Typs `_Bool` hat auch in C99 das Resultat den Datentyp `int`.

Mit den Vereinbarungen

```
int a, b;
float x;
```

und den Zuweisungen

```
a = 4; b = 6; x = 4.0;
```

ergeben sich für folgende Ausdrücke die Resultate

```
a == b            0     falsch
a != 4            0     falsch
4 <  5            1     wahr
x >= 3.1415       1     wahr
```

Logische Ausdrücke verknüpfen Wahrheitswerte mit den logischen Operatoren NICHT, UND, ODER (*NOT, AND, OR*):

```
logical-expression :==    ! expression

                          expression || expression

                          expression && expression
```

C verwendet für diese Operatoren die Sonderzeichen

! für NOT, dieser Operator wirkt nur auf einen Operanden, es handelt sich um einen unären Operator mit folgender Wirkung:

x	!x
0	1
1	0

&& für das logische UND, zwei logische Ausdrücke werden nach folgenden Regeln verknüpft (Wahrheitstabelle) :

a	b	a && b
0	0	0
0	1	0
1	0	0
1	1	1

|| ist das Symbol für das logische ODER. Es gelten die Regeln:

a	b	a || b
0	0	0
0	1	1
1	0	1
1	1	1

Typische Beispiele dazu:

```
( c >= 'a' ) && ( c <= 'z' )      Prüft, ob ein Zeichen ein Kleinbuchstabe ist.
( x > 0 ) && ( y > 0 )            Prüft, ob sowohl die x-Koordinate als auch
                                  die y-Koordinate positiv ist.
```

Für das Zusammentreffen von mehreren Operatoren in einem Ausdruck muß definiert sein, welche Vorrangregeln gelten. Natürlich gilt z.B. die Regel "Punktrechnung vor Strichrechnung". Treffen Operatoren gleicher Priorität zusammen, so ist festgelegt, in welcher Richtung ausgewertet (zusammengefaßt) wird. Die folgende Tabelle zeigt die Rangordnung der uns bereits bekannten Operatoren.

Operatoren	Auswertungsrichtung	
( )	links nach rechts	hohe Priorität
! + - (unär)	rechts nach links	
* / %	links nach rechts	
+ -	links nach rechts	
< <= > >=	links nach rechts	
== !=	links nach rechts	
&&	links nach rechts	
||	links nach rechts	
=	rechts nach links	niedere Priorität

Im Zweifelsfall, aber auch zur besseren Lesbarkeit, setzen wir Klammern.

Kontrollfragen:

1) Welche Grunddatentypen haben wir bisher verwendet?

2) Warum ist der mögliche Wertebereich von Zahlen beschränkt?

3) Was ist der Unterschied zwischen int-, float-, double- Werten? Nach welchen Kriterien wählt man den geeigneten Typ?

4) Wie wird der Typ einer Variablen festgelegt?

5) Was ist eine Konstante? Wie wird der Typ einer Konstanten bestimmt?

6) Was ist ein Operator?

7) Welche Operatoren gibt es zur Bildung von arithmetischen Ausdrücken?

8) Was ist für die Operatoren / und % zu beachten?

9) Nach welchen Regeln wird das Resultat eines Ausdruckes bestimmt?

10) Was ist der Unterschied zwischen Ausdruck und Anweisung?

11) Was versteht man unter einem L-Wert?

12) Was versteht man unter Vorrangregeln?

Aufgabe 1-7: Welche Resultate haben die Ausdrücke im folgenden Programm, welche Ausgaben erzeugt das Programm? Die tatsächliche Ausführung des Programms bringt Überraschungen und vermutlich einige Fragen.

```c
/* expr.c  */

#include <stdio.h>

int main(void)
{
  char      c;
  int       i, j, k;
  int       error;
  float     x, y, z;
  double    dx, dy, dz;

  c = 'w';
  i = 1; j = 2; k = 3;
  x = 1.0; y = 1E-8;
  dx = 1.0; dy = 1E-8;
  error = 0;
  printf("'a' < c              : %d\n", 'a' < c);
  printf("i - 5 * j >= k + 1   : %d\n", i - 5*j >= k+1);
  printf("j = 4                : %d\n", j = 4);
  printf("j = %d\n", j);
  printf("j == 4               : %d\n", j == 4);
  printf("j != 4               : %d\n", j != 4);
  printf("x + y                : %20.15f\n", x + y);
  z = x + y;
  printf("z = x + y            : %20.15f\n", z);
  printf("x < x + y            : %d\n", x < x + y);
  printf("x < z                : %d\n", x < z);
  printf("dx + dy              : %20.15f\n", dx + dy);
  dz = dx + dy;
  printf("dz = dx + dy         : %20.15f\n", dz);
  printf("dx < dx + dy         : %d\n", dx < dx + dy);
  printf("'v' == c - 1         : %d\n", 'v' == c - 1);
  printf("!error               : %d\n", !error);
  printf("i < j  && y > 0.0    : %d\n", i < j && y > 0.0);

  return 0;

}
```

Aufgabe 1-8: Schreiben Sie ein Programm, das verschiedene `float`-Werte einem `int`-Wert zuweist (`intwert = floatwert;`). Was passiert dabei?

1.4 Algorithmen und Kontrollstrukturen

1.4.1 Algorithmen

Die bisherigen Programme sind einfach genug, um sie sofort als C-Programm schreiben zu können. Für die Entwicklung von Programmen, die komplexere Aufgaben lösen sollen, bewährt sich ein zweistufiges Verfahren. In der ersten Phase bemüht man sich um die grundsätzliche Lösung, das heißt, man formuliert die einzelnen Schritte zur Lösung der Aufgabe. Eine Anleitung zur Lösung einer Aufgabe nennt man einen Algorithmus. Nach der Erfassung der Aufgabenstellung (Problemanalyse) ist die Formulierung einer solchen Anleitung die im Grunde wichtigste und oft auch schwierigste Phase der Programmentwicklung. Der Anfänger muß sich zunächst daran gewöhnen, die Lösung einer Aufgabe in relativ primitiven Einzelschritten anzugeben. Im Gegensatz zum Computer verfügen wir über erstaunliche Fähigkeiten und können Aufgaben nach völlig anderen Mustern lösen als dieser. Um für einen Computer Algorithmen zu entwerfen, müssen wir wieder lernen, mit einfachen Anweisungen Aufgaben lösen. Die Stärke des Computers ist die Geschwindigkeit und Zuverlässigkeit, mit der er diese einfachen Anweisungen ausführt, die große Speicherkapazität und die Tatsache, daß Maschinen beliebig oft und beliebig lange ihre eintönige Arbeit verrichten.

Ein Algorithmus ist also eine Folge von Anweisungen, deren korrekte Ausführung eine bestimmte Aufgabe durchführt. Die Ausführung selber wird als Prozeß bezeichnet. Prozessor nennt man allgemein jene Einheit, die Prozesse ausführt. Beispiele für Algorithmen aus dem täglichen Leben sind Kochrezepte, Bastel- oder Bauanleitungen. Aber auch eingelernte und im Laufe der Zeit automatisierte Rechentechniken wie das händische Multiplizieren, Dividieren oder Wurzelziehen sind Beispiele für Algorithmen.

Die Anweisungen in Algorithmen formuliert man zunächst mit einfachen, knappen Sätzen. Man nennt diese Formulierung Pseudocode. Pseudocode deshalb, weil dieser Code nicht für einen bestimmten Compiler und schon gar nicht für einen bestimmten Prozessor bestimmt ist. Alternativen zu Pseudocode sind Flußdiagramme oder Struktogramme (→Kapitel 5).

Jedes prinzipiell mit einem Computer lösbare Problem kann durch die Kombination von drei grundlegenden Verfahren gelöst werden:
* Sequenz, d.h. aufeinanderfolgende Anweisungen
* Wiederholung
* Auswahl

1.4.2 Sequenz

Die Anweisungen einer Sequenz werden einfach in der Reihenfolge ihrer gewünschten Abfolge niedergeschrieben, meist eine Anweisung pro Zeile. Alle bisherigen Programme verwenden nur eine solche lineare Folge von Anweisungen. Viele Wünsche kann man mit diesem einfachen Programmtyp nicht erfüllen. Für die Formulierung von Wiederholungen und Auswahl benötigen wir jedoch noch einige Syntaxbegriffe zum Thema Sequenz.

Die Begriffe

```
statement-list ::= { statement }
                                 1+
compound-statement ::= { statement-list }
```

gelten für eine Folge von Anweisungen. Die erste Regel definiert eine Anweisungsliste als eine Folge von Anweisungen, sie muß mindestens eine Anweisung enthalten. Das *compound-statement* oder die Verbundanweisung faßt eine Liste von Anweisungen zu einer übergeordneten, einzelnen Anweisung zusammen.

Beispiele:

```
{ /* a und b einlesen, addieren und das Resultat ausgeben */
  printf("a = "); scanf("%f", &a);
  printf("b = "); scanf("%f", &b);
  c = a + b;
  printf ("%8.2f + %8.2f = %8.2f\n", a, b, c);
}

{ /* x und y tauschen */
  h = x;
  x = y;
  y = h;
}
```

1.4.3 Wiederholung

Diese naheliegende Verbesserung des Additionsprogramms bietet die Möglichkeit, mehrere Rechnungen auszuführen, ohne das Programm immer wieder neu starten zu müssen. Dazu muß die Eingabe der Zahlen, die Rechnung und die Ausgabe des Resultates wiederholt werden. Wichtig ist zu überlegen, wie die Wiederholung beendet wird, ohne den Computer abschalten zu müssen. Das heißt, nach jedem Durchgang muß geprüft werden, ob jetzt Schluß sein soll oder eine weitere Rechnung ausgeführt werden soll. Eine naheliegende Lösung ist, nach jeder Rechnung den Benutzer zu fragen, ob er eine weitere Rechnung ausführen will. Die Antwort ist dann JA oder NEIN und entscheidet, ob das Programm weiterläuft oder beendet wird. Eine andere Lösung ist, die Vereinbarung zu treffen, daß bestimmte Werte für a und b, z.B. a = 0 oder b = 0, das Programm beenden sollen. Entscheiden wir uns für letztere Variante, so lautet der Pseudocode für das verbesserte Additions-Programm:

```
Startmeldung (Zweck des Programms) ausgeben
Wiederhole
   die beiden Zahlen a und b anfordern und einlesen
   a und b addieren und als c abspeichern
   Resultat ausgeben
solange a und b ungleich Null sind
```

Wir kontrollieren hier die Wiederholung – man spricht auch von einer Schleife – am Ende der zu wiederholenden Anweisungen. Die angegebene Bedingung muß erfüllt sein, damit die Anweisungen weiter ausgeführt werden. Eine solche Bedingung nennt man Ausführungsbedingung. Wir könnten die Schleife auch über eine Abbruchbedingung steuern:

```
Startmeldung (Zweck des Programms) ausgeben
Wiederhole
   die beiden Zahlen a und b anfordern und einlesen
   a und b addieren und als c abspeichern
   Resultat ausgeben
bis a oder b gleich Null ist
```

Bei dieser Schreibweise wird die Schleife abgebrochen, wenn die gewählte Bedingung erfüllt ist.

Die Verwendung einiger Standardformulierungen mit Schlüsselwörtern wie **Wiederhole**, **solange** oder **bis** erleichtert die spätere Übersetzung in ein C-Programm.

Wiederhole	**Wiederhole**	*Kopf*
Anweisungen	*Anweisungen*	*Rumpf*
solange *Bedingung*	**bis** *Bedingung*	*Fuß*

Die zu wiederholenden Anweisungen nennt man auch den Schleifenrumpf. Getreu diesem Bild spricht man auch von einem Kopf (Beginn) und einem Fuß (Ende) der Schleife.

Je nach dem, ob die Wiederholung am Ende oder am Beginn der Schleife kontrolliert wird, spricht man von einer fußgesteuerten oder einer kopfgesteuerten Schleife. Durch die Kombination von kopf- oder fußgesteuert mit Ausführungs- oder Abbruchbedingung ergeben sich vier Möglichkeiten, eine Wiederholung zu steuern. Eine weitere Möglichkeit ist dann noch eine oder mehrere Abbruchbedingungen an beliebiger Stelle im Schleifenrumpf. Der Pseudocode für eine kopfgesteuerte Schleife mit Ausführungsbedingung lautet:

```
Solange Bedingung wiederhole
   Anweisungen
```

Die kopfgesteuerte Schleife ist die allgemeinere und deshalb auch wichtigere Form einer Schleife. Sie bietet die manchmal wertvolle Möglichkeit, den Rumpf der Schleife unter Umständen gar nie auszuführen. Man nennt sie deshalb auch die abweisende Schleife.

Der zweite Schritt ist die Übersetzung des formulierten Pseudocodes in eine Programmiersprache. In C stehen drei Anweisungen zur Auswahl, um Wiederholungen zu programmieren.

Die Syntax nennt eine solche Wiederholungsanweisung *iteration-statement*:

```
iteration-statement ::= do-statement
                        while-statement
                        for-statement
```

Die do-Anweisung:

Das

> *do-statement* ::= **do** *statement* **while** (*expression*);

realisiert eine fußgesteuerte Schleife, wobei die Steuerung über eine Ausführungsbedingung erfolgt. Die Gegenüberstellung von Pseudocode und C-Code kann wie eine Wörterbuch zur Übersetzung von Pseudocode in C-Code betrachtet werden:

Wiederhole	**do**
Anweisungen	*statement*
solange *Bedingung*	**while** (*expression*);

Der C-Code muß die definierte Syntax genau einhalten. Auch die beiden Klammern müssen gesetzt werden. Die Ausführungsbedingung ist als logischer Ausdruck (*expression*) zu formulieren. Ausgewertet ist dieser Ausdruck entweder WAHR oder FALSCH, d.h. in C 1 oder 0. Die Syntax verlangt zwischen do und while genau eine Anweisung. Hier benötigt man oft die Verbundanweisung, die aus mehreren Anweisungen eine einzelne Anweisung macht.

Für unser Programmbeispiel müssen wir die nicht ganz präzise Formulierung der Bedingung

> a und b ungleich Null

nach C übersetzen. Sie lautet in C

> a != 0   &&   b != 0

Die Rangordnung der Operatoren ist so, daß keine Klammern gesetzt werden müssen, Klammern erhöhen allerdings die Lesbarkeit.

Das C-Programm zu unserem verbesserten Additionsprogramm lautet:

```c
/* addwhile.c */
#include <stdio.h>
int main(void)
{
  double a, b, c;
  printf("Addition a + b, (a und b reell)!\n");
  printf("Ende mit a = 0 oder b = 0\n\n");
  do {
    printf("a = "); scanf("%lf", &a);
    printf("b = "); scanf("%lf", &b);
    c = a + b;
    printf ("%8.2f + %8.2f = %8.2f\n", a, b, c);
  } while ( (a != 0) && (b != 0) );
  return 0;
}
```

Die while-Anweisung:

Das

```
while-statement ::= while ( expression ) statement
```

realisiert eine kopfgesteuerte Schleife. Der Schleifenrumpf wird ausgeführt, solange die Bedingung, also der Ausdruck in der Klammer, erfüllt ist. Die Übersetzung von Pseudocode in C-Code lautet:

```
Solange Bedingung wiederhole          while ( expression )
   Anweisung(en)                         statement
```

Als Beispiel dazu wollen wir eine Tabelle von Funktionswerten erzeugen, z.B. eine Tabelle mit Werten der Sinus-Funktion.

Entwurf in Pseudocode:

```
Anfangswert (xmin), Endwert (xmax) und Schrittweite (dx)
für die x-Werte  im Dialog festlegen
x = xmin
Solange x < xmax wiederhole {
  Berechne y = sin(x)
  x und y ausgeben
  x um dx erhöhen
}
```

Im Pseudocode ist durch die Einrückung sichtbar, welche Anweisungen den Schleifenrumpf bilden. Man kann aber im Pseudocode zur Betonung Klammern setzen.

```
/* sinus.c erzeugt eine Tabelle der Sinusfunktion */

#include <stdio.h>
#include <math.h>   /* fuer die Funktion sin(x) */

int main(void)
{
  double xmin, xmax, dx;
  double x, y;

  printf("Tabelle der Sinusfunktion\ny = sin(x)\n");
  printf("------------------------\n");
  printf("xmin = "); scanf("%lf", &xmin);
  printf("xmax = "); scanf("%lf", &xmax);
  printf("dx   = "); scanf("%lf", &dx);
  printf("------------------------\n");
```

```
   x = xmin;
   while ( x < xmax) {
     y = sin(x);                /* x im Bogenmass (Radiant) */
     printf("%7.3f  %8.3f\n", x, y);
     x = x + dx;
   }
   printf("------------------------\n");

   return 0;
}
```

Genau so, wie die Datei `stdio.h` für die Funktionen `printf` und `scanf` mit `#include` eingebunden werden muß, erfordert die Funktion `sin(x)` die Einbindung der Datei `math.h`. Das Argument der Funktion `sin(x)` ist ein Wert im Bogenmaß. Manche UNIX C-Compiler binden die Bibliothek für die mathematischen Funktionen nicht automatisch dazu. Der Aufruf des C-Compilers lautet dann:

```
   cc -o sinus -Wall -ansi -lm sinus.c
```

Die for-Anweisung:

Besonders häufig wird das *for-statement* verwendet.

```
   for-statement ::= for ( expr1; expr2; expr3 ) statement
```

Es ist äquivalent zu

```
   expr1;
   while ( expr2 ) {
     statement
     expr3;
   }
```

d.h. *expr1* wird zur Initialisierung der Kontrollvariablen verwendet, *expr2* formuliert eine Ausführungsbedingung und *expr3* verändert die Kontrollvariable. Eine Hauptanwendung ist die sogenannte Zählschleife, bei der ein Zähler, typisch ein `int`-Wert, fortlaufende Zahlen annimmt (1, 2, 3, ... n-1, n):

```
   for (i = 1; i <= n; i++) statement
```

Im Ausdruck `i++` wird erstmals einen sehr praktischen Operator verwendet. `i++` erhöht (inkrementiert) `i` um eins. `i--` erniedrigt (dekrementiert) `i` um eins. Die beiden Operatoren `++` und `--` können nur für `int`-Typen verwendet werden. Man kann auch durch Dekrementierung eine umgekehrte Reihenfolge (n, n-1, ... 3, 2, 1) erreichen:

```
   for (i = n; i > 0; i--) statement
```

Beispiel: Ein Programm soll jene Rechnung durchführen, die nach einer Anekdote der Mathematiker Carl Friedrich Gauß (1777-1855) als Schüler nach einer kurzen Überlegung gelöst hatte. Der Lehrer wollte die Kinder damit beschäftigen, die Zahlen von 1 bis 100 zusammenzuzählen.

```c
/* sum.c    Summe der natürlichen Zahlen bis n    */
#include <stdio.h>
int main(void)
{
  int i, n, sum;

  n = 100;  sum = 0;
  for (i = 1; i <= n; i++)
     sum = sum + i;

  printf("1 + 2 + ... + %d = %d\n", n, sum);
  return 0;
}
```

Besprechung des Programms:

```c
sum = 0;
```

setzt die für die Summe verwendete Variable sum zuerst auf Null. Dies ist wichtig, weil der Anfangswert einer Variablen zunächst ein zufälliger Wert ist. Die Anweisung

```c
sum = sum + i;
```

ist so zu lesen: Hole sum aus dem Speicher (der alte Wert), addiere i dazu und schreibe den neuen Wert wieder in den Speicher zurück. Das Gleichheitszeichen darf nicht im Sinne einer mathematischen Gleichung verstanden werden.

Im nächsten Beispiel wird das Produkt einer Reihe von Zahlen berechnet. Das Programm soll zuerst nach der Anzahl der Zahlen fragen, dann die einzelnen Zahlen einlesen und das Produkt berechnen. Es soll parallel zur Eingabe der Zahlen fortlaufend die Multiplikationen ausführen.

Algorithmus in Pseudocode:

```
Benutzerdialog für Anzahl der Zahlen (n)
(Erste) Zahl (z) lesen
Produkt p = z
Für i = 2 bis n führe aus
  Ausgabe: i
  Zahl einlesen (z)
  Produkt = Produkt * Zahl
Produkt ausgeben
```

C-Programm:

```
/* produkt.c */

#include <stdio.h>

int main(void)
{
  double z;    /* die einzelnen Zahlen          */
  double p;    /* das Produkt der Zahlen         */
  int i, n;    /* Zaehler und Anzahl der Zahlen */

  printf("Produkt von n Zahlen berechnen\n");
  printf("n = "); scanf("%d", &n);

  printf(" 1: "); scanf("%lf", &z);
  p = z;
  for (i = 2; i <= n; i++) {
    printf("%2d: ", i); scanf("%lf", &z);
    p = p * z;
  }
  printf("Das Produkt der Zahlen ist %10.5g\n", p);
  return 0;
}
```

Eine Wiederholung kann eine weitere Wiederholung enthalten. Man nennt das verschachtelte Schleifen. Dabei ist zu beachten:

*   Die Syntax verlangt als Schleifenrumpf eine Anweisung. Diese Anweisung kann eine
    weitere do- , while- oder for-Anweisung sein. Eine for- oder while-Anweisung
    als Ganzes gilt, obwohl sie mehrere Anweisungen enthält, wieder als einzelne Anwei-
    sung. Eine Verbundanweisung ist nur dann erforderlich, wenn mehr als eine Anweisung
    im Schleifenrumpf ausgeführt werden soll.

*   Bei mehrfach verschachtelten Schleifen mit w1, w2, ... Wiederholungen je Schleife ist zu
    beachten, daß der innerste Teil der Anweisungen w1·w2·w3·... -mal abgearbeitet wird.

Das folgende Fragment eines Programms erzeugt eine einspaltige Tabelle des "kleinen 1x1":

```
int a,b;
for (a = 1; a <= 10; a++)
  for (b = 1; b <= 10; b++)
    printf("%2d * %2d = %3d\n", a, b, a*b);
```

Das Programm `maltab.c` erzeugt eine quadratische 1x1-Tabelle:

```
/* maltab.c */

#include <stdio.h>

int main(void)
{
  int a, b ;

  printf("\n    |");                    // Kopfzeile
  for (b = 1; b <= 10; b++)
    printf("%3i ", b);

  printf("\n");                         // Trennlinie
  for (b = 1; b <= 11; b++)
    printf("---+");
  printf("\n");

  for (a = 1 ; a <= 10 ; a++ ) {        // erzeugt die Zeilen
    printf ("%2i |", a);                // Beginn einer Zeile
    for (b = 1 ; b <= 10 ; b++ )        // die einzelnen Spalten
      printf ("%3i ",a*b);
    printf("\n\n");                     // Abschluss der Zeile
  }
  return 0;
} /* end main */
```

Programmieraufgabe:

Die Exponentialfunktion e^x kann man in eine unendliche Reihe der Form

$$e^x = 1 + x + \frac{x^2}{2!} + \frac{x^3}{3!} + \frac{x^4}{4!} + \ldots \quad = \sum_{i=0}^{\infty} \frac{x^i}{i!}$$

entwickeln. $i\,!$ ist die Fakultät von i und ist definiert als

```
i! = 1·2·3· ... ·(i-1)·i.
```

Die einzelnen Summanden können leicht aus dem vorhergehenden Summanden berechnet werden. Im Nenner ist fortlaufend mit den aufsteigenden ganzen Zahlen zu multiplizieren, im Zähler ist fortlaufend mit x zu multiplizieren. Die Summenbildung wird abgebrochen, wenn die Summanden kleiner als eine bestimmte Genauigkeit (Epsilon) werden. Zur Kontrolle soll jeweils ausgegeben werden: die fortlaufende Nummer des Summanden, der Summand und der aktuelle Wert der Summe.

Algorithmus:

```
x und Genauigkeit lesen;
Summe s = 1; Summandennummer i = 0;
Nenner n = 1; Zähler z = 1;
Wiederhole
   Summandennummer i um eins erhöhen;
   Nenner n = n*i; Zähler z = z*x;
   Summand si = z/n;
   Summe s = s + si;
   Ausgabe i, si, s;
bis Summand < Genauigkeit
```

Quelltext des Programms:

```c
/* ehochx1.c
   berechnet e^x nach der Taylorreihenentwicklung */
#include <stdio.h>
int main(void)
{
  double x, g;   /* Exponent, Genauigkeit           */
  int n;         /* Nenner, ist gleich i!           */
  double z;      /* Zaehler, ist gleich x^i         */
  double si;     /* die einzelnen Summanden         */
  double s;      /* Summe, ist gleich Resultat      */
  int i;         /* Nummer des aktuellen Summanden  */
  printf("Berechnung von e^x \n\n");
  printf("x = "); scanf("%lf", &x);
  printf("Genauigkeit g = "); scanf("%lf", &g);
  printf("  i      Summand        Summe  \n");
  printf("--------------------------\n");

  s = 1.0; i = 0; n = 1; z = 1.0;
  do {
    i++;
    n = n*i;     z = z*x;
    si = z/n;    s = s + si;
    printf("%3d %12.6f %12.6f\n", i, si, s);
  } while (si > g);

  return 0;
} /* end main */
```

Aufgabe 1-9: Arbeitet das Programm `ehochx1.c` für alle sinnvollen Eingaben korrekt? Überlegen Sie, ob das Programm zur Berechnung der Funktion e^x noch verbessert werden kann. Schreiben Sie ein besseres Programm (`ehochx2.c`) zur Lösung der Aufgabe.

Aufgabe 1-10: Schreiben Sie ein Programm, das den Mittelwert von n Zahlen berechnet.

Aufgabe 1-11: Der Sinus von x kann mit der Summe der ersten n Terme der Reihe

$$\sin(x) = x - \frac{x^3}{3!} + \frac{x^5}{5!} - \frac{x^7}{7!} + \frac{x^9}{9!} - \dots$$

berechnet werden (x im Bogenmaß). Schreiben Sie ein Programm, das nach dieser Methode den Sinus einer Zahl berechnet. Beenden Sie das Aufsummieren, wenn sich zwei aufeinanderfolgende Summenwerte um weniger als 10^{-4} unterscheiden.

1.4.4 Auswahl

Neben der Wiederholung braucht man in Algorithmen und Programmen die Möglichkeit der Auswahl. Dazu wird eine Bedingung formuliert, um dann zu entscheiden, ob eine Anweisung ausgeführt wird oder welche von zwei Anweisungen ausgeführt wird. Die Pseudocodeformulierungen dafür sind:

```
Falls Bedingung                Falls Bedingung
    dann Anweisungen               dann Anweisungen
                                   sonst Anweisungen
```

Im ersten Fall spricht man von einer bedingten Anweisung. Eine Anweisung oder eine Gruppe von Anweisungen wird nur dann ausgeführt, wenn die Bedingung erfüllt ist. Den zweiten Fall nennt man Alternative oder Zweifachauswahl. Je nachdem, ob die Bedingung erfüllt ist oder nicht, werden verschiedene Anweisungen ausgeführt.

Die C-Lösung für diese Konstrukte ist das *if-statement*:

```
if-statement ::= if ( expression ) statement
                 { else statement }opt
```

Das `if-statement` beginnt mit dem Schlüsselwort `if`, gefolgt von einem Ausdruck, der auf jeden Fall in einer Klammer stehen muß. Das Resultat dieses Ausdrucks ist im Normalfall ein Wahrheitswert (0 für falsch und 1 für wahr). Dem Ausdruck in der Klammer muß eine Anweisung folgen. Der weitere Teil, durch das Schlüsselwort `else` eingeleitet, ist optional, d.h. er kann auch fehlen.

Beispiel für eine bedingte Anweisung:

```
/* Berechnung von 1/z, wenn z = a + j·b  (komplexe Zahl) */
betragsquad = a*a + b*b;
if ( betragsquad > 0.0 ) {
   a = a / betragsquad;
   b = -b / betragsquad;
}
```

Eine Verbesserung dieser Berechnung könnte sein, einen Fehlertext auszugeben, falls 1/z nicht berechnet werden kann, was automatisch zu einem Beispiel für eine echte Zweifachauswahl wird:

```
/* Berechnung von 1/z, wenn z = a + j·b  (komplexe Zahl) */
betragsquad = a*a + b*b;
if ( betragsquad > 0.0 ) {
  a = a / betragsquad;
  b = -b / betragsquad;
  }
else
  printf("Berechnung von 1/z ist nicht moeglich\n");
```

Aufgabe 1-12: Schreiben Sie ein Programm, das für eine ganze Zahl prüft, ob sie positiv oder negativ ist. Das Programm soll eine entsprechende Meldung ausgeben.

1.4.5 Beispiele

Erfahrungsgemäß hat der Schüler beim Entwurf von Algorithmen zunächst Probleme. Einige Tips und zwei Beispiele sollen bei der Überwindung dieser Hürde helfen.

Visualisieren Sie die Aufgabenstellung am Papier durch Skizzen, durch konkrete Zahlenwerte, durch den Zustand der Daten vor und nach der Verarbeitung. Versuchen Sie die Aufgabenstellung und deren Lösung zunächst völlig unabhängig vom Programmieren zu begreifen. Lösen Sie die Aufgabe zunächst am Papier, übernehmen Sie die Rolle des Prozessors.

Besonders für den Anfänger ist es wichtig, den Algorithmusentwurf von der Codierung zu trennen, weil dann zwei Schwierigkeiten nicht gleichzeitig, sondern hintereinander gemeistert werden müssen. Ein wichtiges Prinzip beim Entwurf von Algorithmen ist das Prinzip der schrittweisen Verfeinerung. Das heißt, man löst die Aufgabe in mehreren Stufen und geht dabei immer mehr ins Detail. Nur die letzte, oft sprachabhängige Verfeinerung der Lösung macht man unmittelbar im Quelltext des Programms.

Ist der Algorithmus formuliert, so ist die Codierung dann nur noch eine Übersetzung von einer Sprache (Pseudocode) in eine andere Sprache (C). Mit dem Algorithmus sind die benötigten Daten (Variablen, Konstanten) größtenteils festgelegt. Für die Vereinbarung der Daten muß nur noch der passende Datentyp festgelegt werden.

Schreiben Sie den Pseudocode mit dem Programmeditor zu Beginn des Programms als Kommentar. Kopieren Sie dann den Pseudocode in den Rumpf des C-Programms und ersetzen sie den Pseudocode an Ort und Stelle Zeile für Zeile durch die entsprechenden C-Anweisungen. Oft erhöht eine zusätzliche Variable oder Zeile die Lesbarkeit und Sicherheit des Programms, codieren Sie also eher defensiv.

Monte Carlo Verfahren

Mit dem Monte Carlo Verfahren soll die Fläche einer Figur berechnet werden.

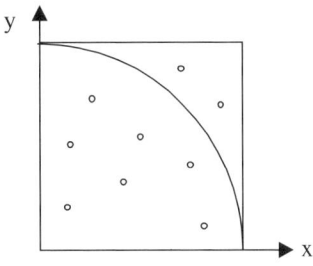

Um das Resultat auch überprüfen zu können, wählen wir als Figur einen Viertelkreis. Das Prinzip des Verfahrens kann man sich folgendermaßen vorstellen: Wir werfen eine Hand voll Kieselsteine auf ein Quadrat mit dem eingeschlossenen Viertelkreis und zählen dann die Treffer innerhalb des Viertelkreises und die Treffer im Quadrat. Die Zahl der Treffer im Viertelkreis verhält sich zur Zahl der Treffer im Quadrat wie der Flächeninhalt des Viertelkreises zum Flächeninhalt des Quadrates, wenn die Treffer statistisch gleichmäßig verteilt sind.

Es gilt also:

$$\frac{\text{Viertelkreisfläche}}{\text{Fläche des Quadrates}} = \frac{\text{Treffer im Viertelkreis}}{\text{Treffer im Quadrat}}$$

Wählt man als Radius r = 1 so lautet die Beziehung:

$$\frac{\text{Viertelkreisfläche}}{1 \cdot 1} = \frac{\text{Treffer im Viertelkreis}}{\text{Treffer im Quadrat}} \quad \text{oder} \quad \text{Kreisfläche} = \frac{\text{Treffer im Viertelkreis}}{\text{Treffer im Quadrat}}$$

Das Verfahren kann aber auch verwendet werden, um angenähert π zu berechnen, wenn für die Kreisfläche die bekannte Formel $r^2 \pi$ einsetzt wird:

$$\frac{\frac{1^2 \pi}{4}}{1 \cdot 1} = \frac{\pi}{4} = \frac{\text{Treffer im Viertelkreis}}{\text{Treffer im Quadrat}}$$

Die Treffer mit den Kieselsteinen ersetzen wir durch Zufallszahlen, welche uns das Programm erzeugt. Die Zufallszahlen sollen im Bereich 0 bis 1 sein, damit ist die Zahl der Treffer im Quadrat gleich der Zahl der erzeugten Zufallszahlen. Bevor wir mit der Formulierung des Verfahrens beginnen, legen wir noch Bezeichner für die relevanten Daten fest.

n	Anzahl der erzeugten Zufallszahlen = Anzahl der Treffer im Quadrat
treffer	Anzahl der Treffer im Viertelkreis
x, y	Koordinaten eines Treffers, d.h. die Position eines Treffers
pi	π

Nach diesen Überlegungen lautet der Algorithmus in grober Form:

```
Eingabe n
treffer = 0
Wiederhole n mal {
   erzeuge zwei Zufallszahlen x und y im Bereich 0 bis 1
   Falls der Punkt x,y innerhalb des Viertelkreises ist
   dann erhöhe die Zahl der Treffer um 1
}
pi = 4 * (treffer / n )
Resultat ausgeben
```

Natürlich müssen wir jetzt noch Detailfragen lösen, d.h. den Algorithmus verfeinern. Um für x und y zufällige Werte im Bereich 0 bis 1 zu erzeugen, verwenden wir die Bibliotheksfunktion rand (von *random* = zufällig). Über die Online-Hilfe (Cursor auf das Wort rand positionieren und F1 drücken) zu dieser Funktion erfahren wir in etwa:

Synopsis:

```
#include <stdlib.h>
int rand(void);
```

Description:
The rand function computes a sequence of pseudo-random integers in the range 0 to RAND_MAX. Lcc-win32 defines RAND_MAX to 0xFFFF in stdlib.h. ...
Returns: The rand function returns a pseudo-random integer.

Anmerkung: Diese Zufallszahlen werden durch einen Algorithmus berechnet und sind daher keine echten Zufallszahlen (*pseudo-random numbers*). Sie sind aber recht gut statistisch verteilt.

Das bedeutet für uns: Wenn wir die Funktion verwenden, dann müssen wir die Datei stdlib.h einbinden. Die Funktion erwartet kein Argument und sie liefert als Resultat einen int-Wert im Bereich 0 bis RAND_MAX. Die Anweisung

```
x = 1.0*rand()/RAND_MAX;  (1)
```

ergibt dann Werte zwischen 0.0 und 1.0. Korrekt ist die Zeile jedoch nur deshalb, weil zuerst 1.0*rand() berechnet wird, double*int ergibt double und double/int ergibt dann wieder einen double-Wert. Das Resultat des Ausdrucks rand()/RAND_MAX ist wegen der Ganzzahldivision fast immer Null. Zwischenfrage: Welche Werte erzeugt der Ausdruck rand() % 6 + 1?

Einfacher ist die Prüfung, ob ein Punkt innerhalb des Viertelkreises ist. Dies ist der Fall, wenn der Abstand r des Punktes vom Ursprung kleiner als 1 ist, d.h. $\sqrt{x^2 + y^2} < 1$ ist.

Wenn wir uns jetzt noch Gedanken darüber machen, wie wir den Satz

Wiederhole n mal

dann tatsächlich in C formulieren, dann lautet der Algorithmus in seiner endgültigen Form:

```
Eingabe n
treffer = 0
Für i =0 bis n-1 wiederhole {
  x = Zufallszahl laut (1)
  y = Zufallszahl laut (1)
  Falls Wurzel(x*x + y*y) < 1
  dann treffer = treffer + 1
}
pi = 4 * (treffer / n )
Resultat ausgeben
```

Eine reine Übersetzungsarbeit ergibt das fertige C-Programm:

```c
/* montecarlo.c */

#include <stdio.h>
#include <stdlib.h>    // fuer rand() und RAND_MAX
#include <math.h>      // fuer sqrt() = wurzel()

int main(void)
{
  int i, n;            // Zaehler, Anzahl der Zufallszahlen
  int treffer;
  double x, y;
  double pi;

  printf("Berechnung von pi, Anzahl der Zufallszahlen = ");
  scanf("%i", &n);
  treffer = 0;
  for (i = 0; i < n; i++) {
    x = 1.0*rand()/RAND_MAX;
    y = 1.0*rand()/RAND_MAX;
    if (sqrt(x*x + y*y) < 1)
      treffer = treffer + 1;
  }
  pi = 4.0 * treffer / n;
  printf("pi = %8.6f\n", pi);
  return 0;
}
```

Nullstellen einer Funktion

Ein Programm soll eine Tabelle von Funktionswerten $y = f(x)$ ausgeben und entdecken, wenn zwischen zwei aufeinanderfolgenden x-Werten die Funktion die x-Achse schneidet, also eine Nullstelle hat. Die Funktion $y = e^{-0.1\,x}\cos x$ hat im Bereich $x = 0$ bis 10 drei solche Nullstellen.

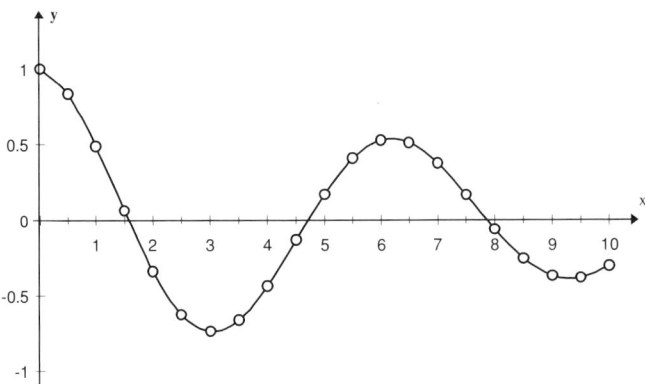

An der Nullstelle einer Funktion ändert sich das Vorzeichen des Funktionswertes. In der Schleife, die mit der Schrittweite Δx die Funktion abtastet, müssen wir daher laufend das Vorzeichen des Funktionswertes bestimmen und mit dem Vorzeichen des vorhergehenden Wertes vergleichen. Diese beiden Vorzeichen merken wir uns in zwei Variablen.

Auch am Vorzeichen des Produktes von zwei aufeinander folgenden Funktionswerten kann man eine Nullstelle erkennen. Das Produkt $f(x)\cdot f(x+\Delta x)$ ist negativ, wenn eine Nullstelle zwischen x und $x+\Delta x$ liegt, sonst ist es positiv.

Algorithmus in Pseudocode:

```
Im Benutzerdialog xmin, xmax und Δx einlesen
x = xmin
y = f(x) berechnen
x und y ausgeben
Vorzeichen von y bestimmen -> altes_vorzeichen
Wiederhole
  x = x + Δx
  y = f(x) berechnen
  Vorzeichen von y bestimmen -> aktuelles_vorzeichen
  Falls aktuelles_vorzeichen ≠ altes_vorzeichen
    dann Ausgabe: Nullstelle vorhanden
  x und y ausgeben
  altes_vorzeichen = aktuelles_vorzeichen
solange x <= xmax
```

C-Programm:

```
/* nullstelle.c */

#include <stdio.h>
#include <math.h>

int main(void)
{
  double x, xmin, xmax, dx;    /* die x-Werte    */
  double y;                    /* Funktionswerte */
  char altes_vorzeichen, aktuelles_vorzeichen;

  printf("Tabelle einer Funktion, Nullstellen entdecken\n");
  printf("xmin xmax dx: ");
  scanf("%lf %lf %lf", &xmin, &xmax, &dx);

  x = xmin;
  y = exp(0.1*x)*cos(x);
  printf("%8.2f  %8.3f\n", x, y);
  if (y < 0.0)
    altes_vorzeichen = '-';
  else
    altes_vorzeichen = '+';

  do {
    x = x + dx;
    y = exp(0.1*x)*cos(x);
    if (y < 0.0)
      aktuelles_vorzeichen = '-';
    else
      aktuelles_vorzeichen = '+';
    if (aktuelles_vorzeichen != altes_vorzeichen)
      printf("Nullstelle vorhanden\n");
    printf("%8.2f  %8.3f\n", x, y);
    altes_vorzeichen = aktuelles_vorzeichen;
  } while (x <= xmax);

  return 0;

} /*end main */
```

Damit das Einlesen der Werte für `xmin`, `xmax` und `dx` über den Dialog

```
printf("xmin xmax dx: ");
scanf("%lf %lf %lf", &xmin, &xmax, &dx);
```

korrekt ausgeführt wird, muß der Benutzer die Werte bei der Eingabe durch mindestens ein Zwischenraumzeichen (Leerzeichen, Tabulator oder Eingabetaste) trennen. Andere Trennzeichen, wie z.B. einen Beistrich, darf er nicht verwenden.

1.4.6 Zusammenfassung: Von der Aufgabe zum Programm

Die einzelnen Stufen der Programmierung:

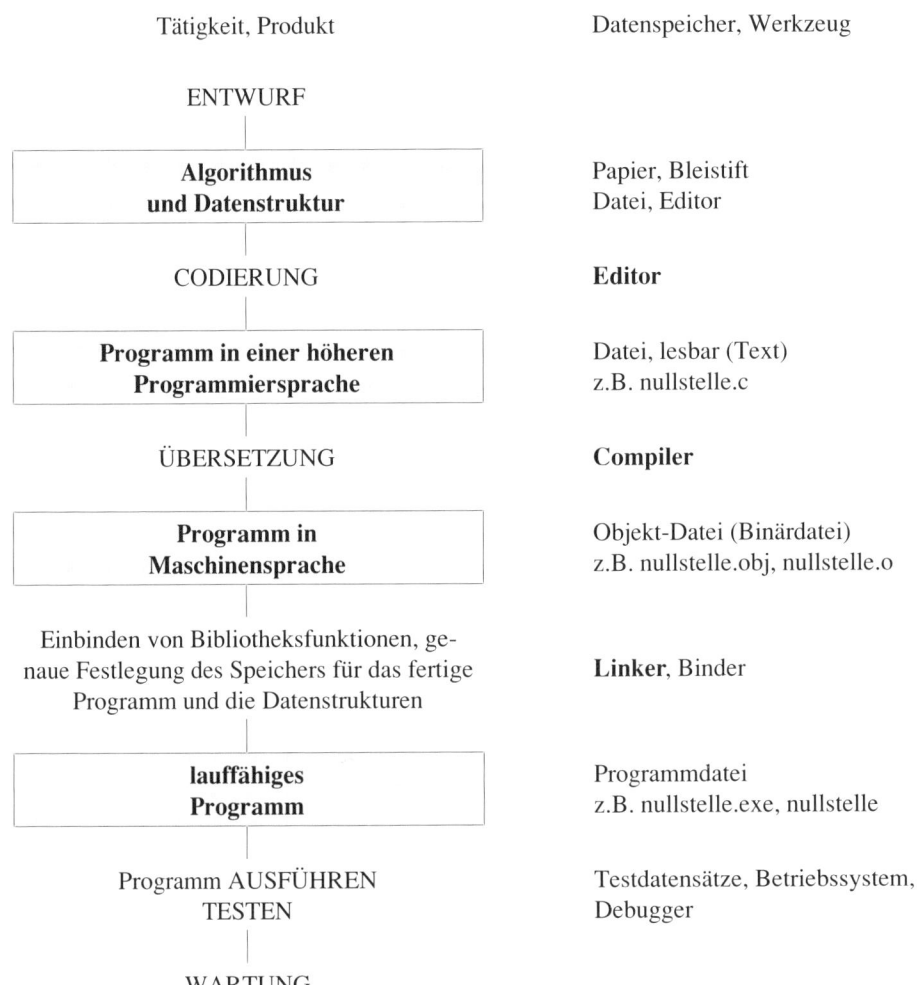

Tätigkeit, Produkt   Datenspeicher, Werkzeug

ENTWURF

**Algorithmus
und Datenstruktur**   Papier, Bleistift
                                             Datei, Editor

CODIERUNG   **Editor**

**Programm in einer höheren
Programmiersprache**   Datei, lesbar (Text)
                                             z.B. nullstelle.c

ÜBERSETZUNG   **Compiler**

**Programm in
Maschinensprache**   Objekt-Datei (Binärdatei)
                                             z.B. nullstelle.obj, nullstelle.o

Einbinden von Bibliotheksfunktionen, ge-   **Linker**, Binder
naue Festlegung des Speichers für das fertige
Programm und die Datenstrukturen

**lauffähiges
Programm**   Programmdatei
                                             z.B. nullstelle.exe, nullstelle

Programm AUSFÜHREN   Testdatensätze, Betriebssystem,
TESTEN   Debugger

WARTUNG

Wir haben mit den Datentypen und den Kontrollstrukturen die grundlegenden Aspekte der Programmierung kennengelernt und können zusammenfassen: Nach der Problemanalyse werden geeignete Datentypen festgelegt und ein Algorithmus zur Lösung der Aufgabe entworfen. Den Algorithmus formulieren wir in Pseudocode. Die nächste Stufe, einen gegebenen Algorithmus als Programm in einer Programmiersprache auszudrücken, bezeichnet man als Codierung.

Der Quelltext eines Programms besteht aus Informationen über die verwendeten Daten, man spricht von der Datenstruktur (Vereinbarungsteil), und aus der Kontrollstruktur, das ist die Abfolge der Anweisungen, welche der Computer ausführen soll (Ausführungsteil). Dies drückt man durch die Kurzform

Programm = Datenstruktur + Kontrollstruktur

aus. Compiler und Linker erzeugen aus dem Quelltext das ausführbare Programm.

In der Regel läuft ein Programm nicht auf Anhieb korrekt. Zunächst muß es frei von Syntaxfehlern sein. Zusätzlich können in der Testphase Laufzeitfehler (*run-time-errors*) auftreten, welche zu einem Abbruch des Programms führen. Typische Laufzeitfehler sind eine Division durch Null oder der Zugriff auf einen nicht erlaubten Speicherbereich. Oft erzeugt ein Programm überhaupt falsche Resultate, oder es arbeitet nur für bestimmte Eingabedaten korrekt.

Verlieren Sie nicht den Mut, wenn Sie derzeit noch öfters den folgenden Zyklus (als Algorithmus formuliert) durchlaufen:

```
Wiederhole
  Wiederhole
    Quelltext eingeben oder ändern
    Übersetzen, ausführbares Programm erzeugen
  bis der Code keine Syntaxfehler mehr enthält
  Programm testen
bis das Programm korrekt arbeitet
```

Fehlersuche erfordert Übung und konsequentes Vorgehen. Da Ihr Übungssystem vermutlich auch einen Debugger zur Verfügung stellt, einige Bemerkungen dazu. Typische Möglichkeiten eines Debuggers sind:

Befehl	lcc-win32
Debugger starten	ALT-D
Programm schrittweise ausführen (*step, trace*)	F4
Haltepunkte (*breakpoints*) setzen, um das Programm an bestimmten Stellen anzuhalten	F2
Ausgewählte Variablen beobachten (*watch points*), zusätzlich zeigen moderne Debugger die aktuell interessanten Variablen automatisch an.	ALT-D, W

Debugger zeigen oft auch den erzeugten Assemblercode und dessen schrittweise Ausführung. Ebenfalls angezeigt werden kann der aktuellen Zustand der CPU-Register und der Zustand des Speichers. Steht kein Debugger zur Verfügung, so kann man sich mit Kontrollausgaben von signifikanten Daten helfen.

Aufgabe 1-13: Größter gemeinsamer Teiler

Führen Sie folgenden Pseudocode für die Berechnung des größten gemeinsamen Teilers (GGT) zweier natürlichen Zahlen a, b auf einem Blatt Papier aus.

```
a und b einlesen;
Wiederhole
   Berechne den Rest r der Ganzzahldivision a / b.
   Ersetze a durch b.
   Ersetze b durch den berechneten Rest.
bis Rest r gleich Null ist.
Der letzte Wert von a ist der GGT.
```

Tragen Sie dazu in einer Tabelle die fortlaufenden Werte für a, b und r ein. Wählen Sie dazu zwei Werte für a und b.

a	b	r
42	8	2
8	2	

Schreiben Sie ein C Programm zu diesem Pseudocode

Aufgabe 1-14: Übersetzen Sie folgenden Pseudocode in ein vollständiges C-Programm. Der Algorithmus liest die Ziffern einer positiven ganzen Zahl als Zeichen und berechnet den entsprechenden Zahlenwert. Taucht ein Zeichen auf, das keine gültige Ziffer ist, soll eine Fehlermeldung ausgegeben werden und das Zeichen für die Berechnung der Zahl ignoriert werden.

```
Zahl = 0
Zeichen c lesen (mit getchar() )
Solange c kein '\n' Zeichen ist wiederhole
  Falls das Zeichen eine gültige Ziffer ist
  dann
     aus bisheriger Zahl und der neuen Ziffer neue
     Zahl berechnen
  sonst
     Fehlermeldung ausgeben
  Zeichen c lesen
Zahl ausgeben
```

Aufgabe 1-15: Schreiben Sie ein Programm, das eine Tabelle von Funktionswerten *f(x)* erstellt. *f(x)* kann eine beliebige Funktion sein z.B. x^2 , *x/(1-x)* oder auch *sin(x)* , *cos(x)* etc. Falls Sie eine Funktion aus der Mathematikbibliothek (siehe Anhang) verwenden, vergessen Sie nicht, mit `#include <math.h>` die zugehörige Definitionsdatei einzubinden. Das Programm soll nach je 20 Funktionswerten die Ausgabe stoppen und auf die Betätigung der Eingabetaste warten. Dies erreicht man durch den Aufruf der Funktion `getchar()`. Eingaben: Anfangswert xmin, Schrittweite dx und Endwert xmax.

Aufgabe 1-16: Schreiben Sie ein Programm, das einen Tannenbaum aus Sternchen ausgibt. Die Parameter sind die Gesamthöhe des Baums in Zeilen (7) und die Stammhöhe (3).

Hinweis:

Eine bestimmte Anzahl (n) Zeichen kann man mit der Anweisung

```
for (i = 0; i < n), i++) putchar('*');
```

ausgeben. `putchar(' ')` gibt ein Leerzeichen aus, `putchar('\n')` erzeugt eine neue Zeile.

Kontrollfragen:

1) Was ist ein Algorithmus?

2) Welche grundlegenden Kontrollstrukturen gibt es?

3) Wozu dient die Verbundanweisung? Wie lautet die Syntax?

4) Welche Arten von Schleifen gibt es?

5) Was ist eine Abbruchbedingung?

6) Wie lautet die Syntax für die do-, while- und for-Anweisung?

7) Was versteht man unter einer Zählschleife?
   Welche Form hat die Zählschleife in C?

8) Wie lautet der Pseudocode für eine Zweifachauswahl?

9) Wie lautet die Syntax für die if-Anweisung?

10) Was versteht man unter Datenstruktur?

11) Welche Schritte sind für die Erstellung eines Programms erforderlich, welche Werkzeuge werden verwendet und welche Produkte entstehen dabei?

1.5 Vektoren und Zeichenketten

1.5.1 Vektoren

Oft will man mit Programmen viele gleichartige einzelne Daten verwalten. Ein Beispiel ist z.B. die Liste der Teilnehmer eines Kurses, eine Tabelle mit Meßwerten, eine Liste von Artikeln etc. Es wäre ein mühseliges Unterfangen, müßten wir jetzt für jeden Wert einen neuen Bezeichner festlegen. Die höheren Programmiersprachen bieten dafür ein Konzept an, das der Indexschreibweise entspricht, die wir ganz automatisch verwenden, wenn wir mit vielen Werten umgehen müssen. Wir schreiben z.B. für n verschiedene x-Werte

```
x_i  i = 1, 2, 3, ...bis n
```

und bezeichnen dann einzelne Werte mit x_1, x_2, x_3 usw. In C bezeichnet man den entsprechenden Datentyp als Vektor. Im Englischen spricht man auch von *array*. Für uns nicht günstig ist die oft übliche Übersetzung des Begriffs *array* mit "Feld". Einen einzelnen indizierten Wert bezeichnen wir als Element. Alle Elemente eines Vektors sind vom gleichen Datentyp. Die Vereinbarung eines Vektors ist einfach:

```
float x[20];
```

vereinbart einen Vektor mit dem Namen x. Der Vektor hat Platz für 20 Elemente vom Typ float. Die Indizes der 20 Elemente sind 0,1,2,...18,19.

```
int liste[100];
```

vereinbart 100 Elemente mit dem Typ int unter dem Namen liste.

Die Auswahl der einzelnen Elemente erfolgt in der Form x[*Index*] beziehungsweise liste[*Index*]. Index ist ein Ausdruck, kann also berechnet werden, muß aber eine positive ganz Zahl ergeben, die im Bereich der definierten Werte liegt. Die Einhaltung des zulässigen Bereiches wird bei C-Programmen nicht überwacht und ist deshalb auch einer der häufigsten Programmfehler. Etwas ungewohnt ist zunächst, daß die Indizierung immer mit 0 beginnt.

Wir widmen uns nun einer sehr typischen Programmieraufgabe. Eine Liste von Zahlen soll sortiert werden. Ein erster und wichtiger Schritt zur Lösung einer Aufgabe ist eine schriftliche oder graphische Darstellung der Aufgabe, z.B. in Form eines konkreten Beispieles. Die folgenden Zahlen sollen der Größe nach sortiert werden:

```
23
12
37
 5
56
```

Da Sortieren eine wichtige Standardaufgabe ist, gibt es dafür auch viele, teilweise recht komplizierte Algorithmen. Das wohl bekannteste Verfahren ist das folgende:

Vergleiche je zwei aufeinanderfolgende Zahlen und vertausche sie, falls die Reihenfolge nicht stimmt. Um das Verfahren zu demonstrieren, numerieren wir die einzelnen Zahlen und markieren, welche beiden Zahlen gerade verglichen werden. Wir vergleichen zuerst die erste Zahl mit der zweiten Zahl, dann die zweite Zahl mit der dritten Zahl usw.:

Nr.	1,2	2,3	3,4	4,5	
1	23	12	12	12	12
2	12	23	23	23	23
3	37	37	37	5	5
4	5	5	5	37	37
5	56	56	56	56	56

1. Durchgang

Der gewünschte "Sortiereffekt" kann nach einem Durchgang erkannt werden. Nach zwei weiteren Durchgängen ergibt sich die gewünschte Reihenfolge:

1	12	12	12	12	12
2	23	23	5	5	5
3	5	5	23	23	23
4	37	37	37	37	37
5	56	56	56	56	56

2. Durchgang

1	12	5	5	5	5
2	5	12	12	12	12
3	23	23	23	23	23
4	37	37	37	37	37
5	56	56	56	56	56

3. Durchgang

Ein weiterer Durchgang endet ohne Tausch. Daran erkennt man auch, daß die Zahlen sortiert sind. Eine etwas genauere Analyse des Verfahrens zeigt folgendes:

* Falsch plazierte Zahlen steigen mit jedem Durchgang um eine Position höher, wie Luftblasen im Wasser, daher nennt man das Verfahren auch "Bubble-Sort"
* Ein Durchgang ist auf jeden Fall notwendig, um zu prüfen, ob die Zahlen eventuell schon sortiert sind
* Für n Zahlen sind im ungünstigsten Fall n-1 weitere Durchgänge notwendig

Nach diesen Überlegungen können wir folgenden Algorithmus formulieren :

```
Wiederhole
    Vergleiche der Reihe nach je zwei benachbarte Elemente
    und tausche sie, falls notwendig;
    merke, ob ein Tausch notwendig war (dann sind die Zahlen
    noch nicht sortiert)
solange die Zahlen nicht sortiert sind
```

Für eine verfeinerte Formulierung legen wir noch Bezeichner für die Daten fest. Die einzelnen Zahlen speichern wir in einem Vektor $(x_0, x_1, x_2, \ldots x_{n-1})$. Wir berücksichtigen dabei, daß die Indizierung in C mit 0 beginnt. n ist die Anzahl der Zahlen und i ist der Index, der eine bestimmte Zahl auswählt. Die n-te Zahl hat den Index $n-1$. Mit dem Bezeichner `sortiert` merken wir uns, ob die Zahlen mittlerweile sortiert sind oder nicht.

Wir vereinbaren:

```
Sortiert = WAHR     falls die Zahlen sortiert sind
Sortiert = FALSCH   sonst, d.h. die Zahlen sind unsortiert
```

Mit diesen Überlegungen ergibt sich als Algorithmus für das Sortieren von n Zahlen:

> Zahlen einlesen und als x_0, x_1, x_2... speichern;
> **Wiederhole**
>   Sortiert <- WAHR;
>   **Für** i von 0 bis n-2 **führe aus**
>   **Falls** $x_{i+1} < x_i$
>   **dann** Tausche x_i mit x_{i+1};
>   Sortiert <- FALSCH;
> **solange** Sortiert gleich FALSCH ist;
> Zahlen ausgeben;

Damit ist der Algorithmus, also der Programmablauf oder die Kontrollstruktur des Programms, fertig entworfen. Widmen wir noch einige Gedanken der zweiten Komponente von Programmen, der Datenstruktur.

Bezeichner	Typ	Zweck
x	int	Vektor mit den Zahlenwerten
n	int	Anzahl der zu sortierenden Zahlen
i	int	Index der aktuellen Zahl
sortiert	int	Zustandsmerker (sortiert / nicht sortiert)
h	int	Hilfsvariable für den Tausch zweier Zahlen

Für die Codierung in C besprechen wir noch eine weitere Anweisung, die den Preprozessor betrifft. Neben der `#include` Anweisung sind Anweisungen der Form

```
#define Suchtext Ersatztext
```

möglich. Die Anweisungen

```
#define TRUE   1
#define FALSE  0
#define NMAX   100
```

bewirken, daß der Preprozessor für die Wörter `TRUE`, `FALSE` und `NMAX` den angegebenen Ersatztext einsetzt.

```
/* bubble.c */

#include <stdio.h>
#define TRUE   1
#define FALSE  0
#define NMAX   100

int main(void)
{
  int sortiert;          /* steuert die Schleife      */
  int i,n;               /* Index, Anzahl der Zahlen   */
  int x[NMAX];           /* Indizierte Zahlenwerte     */
  int h;                 /* für Tausch                 */

  /* Einlesen der Zahlen */

  printf("Bubble sortiert maximal %3d Zahlen !\n", NMAX);
  printf("Wieviele Zahlen sollen sortiert werden? ");
  scanf("%i", &n);
  for (i = 0; i < n; i++) {
    printf("%2i : ", i+1); scanf("%i", &x[i]);
  }

  /* Sortieren */

  do {
    sortiert = TRUE;
    for (i = 0; i < n-1; i++)
      if ( x[i+1] < x[i] ) {
        h = x[i]; x[i] = x[i+1]; x[i+1] = h; // tauschen
        sortiert = FALSE;
      }
  } while (sortiert == FALSE);

  /* sortierte Zahlen ausgeben */

  for (i = 0; i < n; i++)
    printf("%2i : %6i\n", i, x[i]);

  return 0;
}
```

1.5.2 Zeichenketten

Für Zeichenketten (*strings*) verwendet C keinen speziellen Datentyp. Zeichenketten sind Vektoren mit Elementen des Typs char. Die Anzahl der verfügbaren oder mit Werten belegten Elemente eines Vektors muß in C prinzipiell vom Programmierer beachtet werden. Im Prinzip gibt es dafür zwei Möglichkeiten. Man merkt sich den Index des letzten gültigen Elements, oder man definiert einen besonderen Wert, der das Ende des Vektors anzeigt. Letztere Methode verwendet man in C für Zeichenketten. Das Zeichen mit dem Code 0 – die Ersatzdarstellung ist '\0' – dient als Abschlußzeichen für eine Zeichenkette

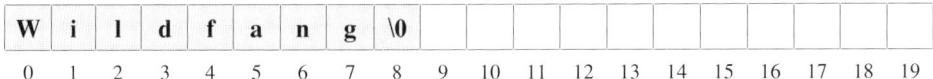

```
W   i   l   d   f   a   n   g   \0
0   1   2   3   4   5   6   7   8   9  10  11  12  13  14  15  16  17  18  19
```

In C lassen sich Zeichenketten als Ganzes nicht mit Operatoren bearbeiten. C stellt aber für die Arbeit mit Zeichenketten eine Fülle von Funktionen in der Standardbibliothek zur Verfügung. Diese Funktionen beachten und verwalten in einer konsistenten Weise das Abschlußzeichen. Fürs erste begnügen wir uns mit drei Programmbeispielen. Das erste Programm liest ein Wort und wandelt alle Kleinbuchstaben in Großbuchstaben um. Das neue Wort wird wieder ausgegeben.

```c
/* string11.c */

#include <stdio.h>
#include <ctype.h>
#define   MAXLENGTH 20

int main(void)
{
  char    wort[MAXLENGTH];
  int     i, laenge;

  printf("Ein Wort eingeben: ");
  scanf("%s", wort);
  laenge = 0;
  while (wort[laenge] != '\0')
    laenge++;
  for (i = 0; i < laenge; i++)
    if (islower(wort[i])) wort[i] = toupper(wort[i]);
  printf("%s\n", wort);
  return 0;
}
```

Besprechung des Programms:

```
#include <ctype.h>
```

stellt die Funktionen `islower` und `toupper` zur Verfügung. Die Funktion `islower` prüft, ob ein Zeichen ein Kleinbuchstabe ist, `toupper` wandelt einen Kleinbuchstaben in einen Großbuchstaben um.

```
char wort[MAXLENGTH];
```

vereinbart eine Zeichenkette für die Aufnahme von maximal `MAXLENGTH` Zeichen inklusive des Abschlußzeichens `'\0'`.

```
printf("Programm string10: Ein Wort eingeben: ");
scanf("%s", wort);
```

ist ein Dialog zum Einlesen des Wortes. Die Formatspezifikation `%s` (Umwandlungszeichen s für string) ignoriert führende Leerzeichen und beendet die Eingabe mit dem Ende eines Wortes. Das Abschlußzeichen wird automatisch angehängt. Mit dem Argument `wort` übergeben wir der `scanf`-Funktion die Position der Zeichenkette im Speicher. Den &-Operator benötigen wir hier nicht, weil der Bezeichner eines Vektoren oder einer Zeichenketten bereits die von `scanf` benötigte Adresse darstellt.

Die nächsten Programmzeilen

```
laenge = 0;
while (wort[laenge] != '\0')
   laenge++;
```

bestimmen die Länge der Zeichenkette, das ist die Anzahl der regulären Zeichen. Da das erste Zeichen den Index 0 hat, ist die Länge ident mit dem Index des Abschlußzeichens.

```
for (i = 0; i < laenge; i++)
   if (islower(wort[i])) wort[i] = toupper(wort[i]);
```

prüft für jedes Zeichen, ob es sich um einen Kleinbuchstaben handelt und wandelt das Zeichen, falls nötig, in einen Großbuchstaben um.

```
printf("%s\n", wort);
```

gibt das Wort wieder aus, es enthält jetzt keine Kleinbuchstaben mehr.

Die Standardbibliothek stellt für die häufigsten Arbeiten mit Zeichenketten fertige Funktionen zur Verfügung. Beispiele für solche Grundaufgaben sind etwa die Länge einer Zeichenkette bestimmen, zwei Zeichenketten zusammenfügen oder eine bestimmte Folge von Zeichen in einer Zeichenkette suchen. Auch für die Ein-/Ausgabe gibt es mehrere Möglichkeiten. Einige dieser Standardaufgaben selber in Angriff zu nehmen ist trotzdem als Training zur Verbesserung der Programmiertechnik empfehlenswert.

Zeichenkette mit Leerzeichen einlesen:

Die verwendete %s-Umwandlung zum Lesen einer Zeichenkette versagt, wenn eine Zeichenkette eingelesen werden soll, die Leerzeichen enthält. Die %s-Umwandlung sorgt für das Überlesen von Zwischenraumzeichen am Beginn, liest dann ein Wort und stoppt, wenn wieder Zwischenraumzeichen folgen.

Die Bibliotheksfunktion getchar liest genau ein Zeichen, auch Leerzeichen und Steuerzeichen. Wenn wir mit dieser Funktion die Zeichen einzeln einlesen, lautet der Programmtext, welcher eine Zeile Text von der Tastatur liest:

```c
/* string12.c */

#include <stdio.h>
#define NMAX 100

int main(void)
{
  char zeile[NMAX];        // Platz fuer eine Zeile Text
  char c;                  // ein einzelnes Zeichen
  int i;

  i = 0;
  c = getchar();           // Zeichen lesen
  while (c != '\n') {      // war es schon das Zeilenende ?
    zeile[i] = c;          // in der Zeichenkette ablegen
    i++;                   // Platz fuer naechstes Zeichen
    c = getchar();
  }
  zeile[i] = '\0';         // Zeichenkette abschliessen !!!

  printf("Eingegeben wurde:\n%s\n", zeile);

  return 0;
}
```

Für die Ausgabe mit printf kann man %s verwenden, die Zeichenkette wird Zeichen für Zeichen ausgegeben, bis das Abschlußzeichen '\0' erreicht wird. Die Bibliotheksfunktion für die jetzt gelöste Aufgabe hat den Namen gets (für *getstring*). gets liest eine Zeile von der Tastatur, das Zeilenendezeichen '\n' wird nicht abgespeichert, die Zeichenkette wird mit '\0' abgeschlossen.

Zwei Zeichenketten zusammenfügen (addieren)

```
/* string13.c */

#include <stdio.h>
#define NMAX 200

int main(void)
{
  char s1[NMAX], s2[NMAX], s3[NMAX];
  int i, j;

  printf("s1 = "); gets(s1);
  printf("s2 = "); gets(s2);

  /* Zeichenekette s1 auf s3 kopieren */
  for (i = 0; s1[i] != '\0'; i++)
    s3[i] = s1[i];

  /* Zeichenkette s2 anschliessen */
  j = i;
  for (i = 0; s2[i] != '\0'; i++) {
    s3[j] = s2[i];
    j++;
  }
  /* Abschlusszeichen nicht vergessen */
  s3[j] = '\0';

  puts(s3);  // weitere Funktion fuer die Ausgabe
  return 0;
}
```

Kontrollfragen:

1) Wie vereinbart man einen Vektor und wie erfolgt der Zugriff auf die einzelnen Elemente?

2) Welche Werte sind für den Index erlaubt?

3) Wie werden in C Zeichenketten verwaltet?

4) Wie wird die aktuelle Länge einer Zeichenkette festgehalten?

5) Welche Möglichkeiten gibt es für die Ein-/Ausgabe einer Zeichenkette?

Aufgabe 1-17: Schreiben Sie ein Programm, welches das innere Produkt zweier Vektoren berechnet. Das innere Produkt zweier Vektoren **a**, **b** mit den Komponenten

```
a₁, a₂, a₃, ... aₙ   (Vektor 1)
b₁, b₂, b₃, ... bₙ   (Vektor 2)
```

ist definiert als

$$\mathbf{a} \cdot \mathbf{b} = a_1 \cdot b_1 + a_2 \cdot b_2 + a_3 \cdot b_3 + \ldots + a_n \cdot b_n$$

Aufgabe 1-18: Für eine Liste von maximal 100 Zahlen ist zu prüfen, wie viele Zahlen kleiner als eine bestimmte Zahl sind.

Aufgabe 1-19: Für eine ganze Zahl ist zu prüfen, wie oft sie in einer Liste von maximal 100 Zahlen vorkommt und an welchen Stellen sie vorkommt.

Aufgabe 1-20: Die kleinste Zahl einer Liste von n Zahlen findet man durch folgenden Algorithmus:

```
Behaupte, die erste Zahl sei die kleinste Zahl
Für die restlichen Zahlen (2,3,....n) führe aus
   Falls die Zahl kleiner ist als die derzeit kleinste Zahl
   dann ist diese Zahl die neue kleinste Zahl
```

Schreiben Sie ein Programm zu diesem Algorithmus. Stellen Sie zusätzlich fest, welche Position (Vektorindex) die kleinste Zahl hat.

Aufgabe 1-21: Eine andere Sortiermethode ist folgende:

```
Suche die kleinste Zahl der zu sortierenden n Zahlen, bringe
diese Zahl durch Tausch an die erste Stelle. Suche die
kleinste Zahl der restlichen n-1 Zahlen, bringe diese Zahl
durch Tausch an die zweite Stelle, usw.
```

Beispiel:

0:	23	5	5	5	5
1:	12	12	12	12	12
2:	37	37	23	23	23
3:	5	23	37	37	37
4:	56	56	56	56	56

Formulieren Sie einen Algorithmus zu diesem Verfahren und schreiben Sie ein C-Programm dazu.

Aufgabe 1-22: Schreiben Sie ein Programm, das eine Zeichenkette einliest und sie in umgekehrter Folge wieder ausgibt (Wort umdrehen).

1.6 Adressen und Zeiger

Neben der CPU ist der Hauptspeicher (*memory*) ein wichtiges Betriebsmittel. Die Größe des verfügbaren Speichers liegt heute für Personalcomputer bei 64 bis 128 MByte. Auf Hochleistungscomputern können auch 1 GByte und mehr installiert sein. Programme, die unter einem modernen Betriebssystem ablaufen, verwenden den physikalischen Speicher nicht direkt. Das Betriebssystem stellt sogenannten virtuellen Speicher zur Verfügung und kümmert sich um die Verwaltung des physikalischen Speichers. Die Größe einer elementaren Speicherzelle ist ein Byte. Die Zellen sind fortlaufend numeriert. Die Adresse einer Speicherzelle ist nichts anderes als diese Nummer. Die folgende Abbildung zeigt, wie die Daten des Sortierprogramms `bubble.c` im Speicher abgelegt sind. Die Adressen sind willkürlich gewählt.

Adressen	Inhalte	Bezeichner
1412	37	h
1408	0	sortiert
1404	2	i
1400	5	n
1396	--	x[99]
1008	37	x[2]
1004	12	x[1]
1000	23	x[0]

In C kann leicht ermittelt werden, bei welcher Adresse eine Variable gespeichert ist. Dazu wird der Adreßoperator **&** verwendet. Der Ausdruck `&sortiert` liefert die Adresse, ab der die Variable `sortiert` abgespeichert ist. Genauso sind `&i`, `&n` die Adressen, ab denen die Variablen `i` und `n` abgespeichert sind. Für unser Beispiel würde `&sortiert` den Wert 1408, `&i` den Wert 1404, `&n` den Wert 1400 haben. Ebenso würde `&x[0]` den Wert 1000 haben. Der Bereich der Adressen ist hier willkürlich angenommen. Diesen Wert hat auch der Ausdruck `x`, also der Vektorbezeichner ohne Indizierungsangabe. Der Bezeichner eines Vektors oder einer Zeichenkette hat als Wert die Anfangsadresse des Vektors oder der Zeichenkette. Damit ist auch klar, warum eine Zeichenkette als Argument von `scanf` keinen &-Operator benötigt.

Da die Adresse einer Variablen so leicht ermittelt werden kann, ist es naheliegend, einen speziellen Datentyp zu verwenden, um solche Adressen abzuspeichern. Diesen Datentyp bezeichnet man als Zeiger (*pointer*). Das Konzept der Zeiger ist für die Programmiersprache C von herausragender Bedeutung.

Durch die Vereinbarungen

```
int   *p_i;        /* Zeiger auf einen int-Wert   */
float *p_f;        /* Zeiger auf einen float-Wert */
```

werden die zwei Zeigervariablen p_i und p_f definiert. Auch die Schreibweise int * p_i ist möglich. Zwischen dem Schlüsselwort für den Datentyp, dem Stern und dem Bezeichner für die Zeigervariable können beliebig viele Leerzeichen sein. Sind zusätzlich die Variablen

```
int   i;
float f;
```

definiert, so sind folgende Zuweisungen möglich :

```
i = 12;   f = 12.4;
p_i = &i;
p_f = &f;
```

Im Speicher ergibt sich z.B. folgende Situation:

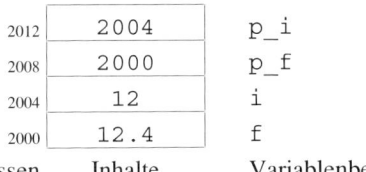

Adressen   Inhalte   Variablenbezeichner

Natürlich kann man bei bekannter Adresse auf den Inhalt der folgenden Speicherzellen zugreifen. C stellt dafür den Inhaltsoperator (*dereferencing operator*), das Operatorzeichen dafür ist ein Stern (*), zur Verfügung. Der Inhaltsoperator ist wie der Operator & ein unärer Operator, der nachfolgende Operand muß vom Typ Zeiger sein. Ein Zeiger ist immer ein Zeiger auf einen bestimmten Datentyp. Dieser Datentyp wird in der Vereinbarung festgelegt. p_f ist ein Zeiger auf einen float-Wert. p_i ist ein Zeiger auf einen int-Wert. Die Größe der Speicherzelle und die Interpretation des Inhaltes ergibt sich aus dem Datentyp, auf den der Zeiger zeigt.

Für obige Abbildung gilt:

```
*p_i  ist 12
*p_f  ist 12.4
```

Damit bekommt auch die bevorzugte Schreibweise für die Vereinbarung von Zeigervariablen

```
int *p_i, i;        oder        float *p_f, f;
```

eine einleuchtende Begründung. Im Ausführungsteil ist der Ausdruck *p_i genauso vom Typ int wie der Bezeichner i; *p_f und f sind vom Typ float. Beachten Sie aber, daß mit obigen Vereinbarungen die Variablen p_i, i, p_f und f vereinbart werden. p_i und p_f sind Zeigervariablen.

Übungsbeispiel: Die Variablen eines Programms stehen folgendermaßen im Speicher:

Typ	Variable	Adresse
int	k	2028
	x[2]	2024
	x[1]	2020
int[]	x[0]	2016
int *	p_i	2012
float *	p_f	2008
float	b	2004
float	a	2000

Welche Speicherinhalte ergeben sich durch folgende Zeilen C-Code ?

1.Durchgang	2.Durchgang
a = 2.0;	b = 2*a+5;
p_f = &b;	p_f = &a;
*p_f = 4.0;	*p_f = 20.7;
x[1] = 1;	p_i = a;
x[2] = 2;	for(k=0; k < 3; k++)x[k] = k*k;
p_i = &k;	

Lösung:

Typ	Variable	Adresse	Inhalt nach dem	
			1. Durchgang	2. Durchgang
int	k	2028	?	3
	x[2]	2024	2	4
	x[1]	2020	1	1
int[]	x[0]	2016	?	0
int *	p_i	2012	2028	2016
float *	p_f	2008	2004	2000
float	b	2004	4.0	9.0
float	a	2000	2.0	20.7

Kontrollfragen:

1) Wie ist der Hauptspeicher eines Computers organisiert?

2) Welche Speicherkapazität steht auf Ihrem Computer zur Verfügung?

3) Welche Größe haben die elementaren Speicherzellen?

4) Welcher Ausdruck liefert zu einer Variablen ihre Adresse?

5) Gibt es einen Unterschied zwischen Zeigern und Adressen?
   Wenn ja, welchen?

6) Wie vereinbart man Zeigervariablen?

7) Welcher Ausdruck liefert zu einer Adresse den Inhalt?

Bekanntlich merkt man sich selber Erlebtes besser als erzählte Geschichten. Deshalb sollten Sie die folgenden Aufgaben lösen und über das "Erlebte" gründlich nachdenken.

Aufgabe 1-23: Vereinbaren Sie in einem Programm einige Variablen mit unterschiedlichem Datentyp, und verwenden Sie den Adreßoperator und die `printf`-Funktion, um festzustellen, wie die Variablen im Speicher angeordnet sind. `%p` ist die richtige Formatspezifikation für die Ausgabe einer Adresse mit `printf`. Der Zahlenwert der Adresse wird als hexadezimale Zahl ausgegeben. Will man die Adresse als Dezimalzahl sehen, so kann man `%u` verwenden. Streng genommen müssen wir dann den Adreßwert allerdings in einen `unsigned`-Wert umwandeln (siehe Kapitel 2). Das Umwandlungszeichen u ist richtig für den Datentyp *unsigned*, das sind nicht vorzeichenbehaftete (positive) ganze Zahlen. p (für *pointer*) ist das Umwandlungszeichen für Adreßwerte.

```
float f;
...
printf("Adresse von f:  %u   %p\n", (unsigned) &f, &f);
```

Aufgabe 1-24: Adressen und Zeiger: Ein Programm soll die Arbeit mit Zeigern und Adressen demonstrieren:

a) Variablen definieren:
   x(`float`), y(`double`), i(`int`),
   p_f (Zeiger auf `float`), p_lf (Zeiger auf `double`), p_i (Zeiger auf `int`)

b) Anfangswerte zuordnen, z.B.: x = 32.5, y = 1E-8, i = 1

c) Den Zeigern die Adressen der dazu passenden Variablen zuordnen.

d) Über die Zeiger die Inhalte der Variablen ändern.

e) Die Inhalte der Variablen x, y und i ausgeben.

f) Die Inhalte und Adressen der Zeigervariablen p_f, p_lf und p_i ausgeben

Aufgabe 1-25: Vektoren und Adressen: Vereinbaren Sie einen Vektor **v** mit Elementen vom Typ `double` und legen Sie Inhalte für die einzelnen Elemente fest, zum Beispiel:

```
for (i = 0; i < n; i++) v[i] = i;
```

Wählen Sie in einer weiteren Schleife die einzelnen Elemente aus und geben Sie in Tabellenform für jedes Element die Adresse des Elementes (`%p`) und den Inhalt des Elementes aus.

Aufgabe 1-26: Zeichenketten und Adressen: Wie die vorige Aufgabe, jedoch mit einer Zeichenkette.

Aufgabe 1-27: Wo steht das Programm im Speicher? Überzeugen Sie sich davon, daß auch dem Bezeichner `main` eine Adresse zugeordnet ist.

```
printf("main = %p\n", main);
```

1.7 Modularisierung, Funktionen

1.7.1 Allgemeines, Begriffe

Ein wichtiges Prinzip beim Entwurf von Algorithmen ist die Modularisierung. Darunter versteht man die Zerlegung einer Aufgabe in mehrere in sich abgeschlossene Teilaufgaben. Diese Zerlegung ergibt sich auch durch das Konzept der schrittweisen Verfeinerung beim Entwurf von Algorithmen. Ein erster Grobentwurf für ein Programm zum Sortieren von Zahlen hat folgende Form:

```
Programm Bubble-Sort
{
    Zahlen einlesen;
    Zahlen sortieren;
    sortierte Zahlen ausgeben;
}
```

Damit ist automatisch eine Zerlegung in drei Teilaufgaben gegeben. Eine wichtige Forderung an eine Programmiersprache ist es, diese Vorgangsweise entsprechend zu unterstützen. Viele Programmiersprachen erlauben es, sogenannte Unterprogramme zu schreiben, welche vom Hauptprogramm aufgerufen werden, sich aber auch gegenseitig aufrufen können. Ein Aspekt der Unterprogrammtechnik steht in unmittelbarem Zusammenhang zu einem Grobentwurf in Pseudocode. Es ist naheliegend, jede Pseudocodeanweisung durch den Aufruf eines Unterprogramms zu realisieren. Dadurch ergeben sich quasi neue Anweisungen in der Programmiersprache. Folgender Ausschnitt aus einem C-Programm verwendet syntaktisch richtige Anweisungen:

```
int main(void)              /* bubble sort */
{
    ...
    Zahlen_einlesen();
    Zahlen_sortieren();
    Zahlen_ausgeben();
    ...
}
```

C unterstützt selbstverständlich diesen Stil des Programmierens. Bevor wir uns mit dieser Programmiertechnik beschäftigen, möchte ich einige Begriffe genau definieren, da sie oft unterschiedlich verwendet werden bzw. auch sprachabhängige Bedeutung haben.

Unterprogramm:

Dieser auch allgemein verwendbare Begriff paßt gut zu den Möglichkeiten in den Sprachen FORTRAN und PASCAL. Diese Sprachen unterscheiden zwei Typen von Unterprogrammen, das echte Unterprogramm (FORTRAN verwendet dafür das Schlüsselwort SUBROUTINE, PASCAL das Schlüsselwort PROCEDURE) und das Funktionsunterprogramm. Für das Funktionsunterprogramm verwenden FORTRAN und PASCAL das Schlüsselwort FUNCTION. Das Funktionsunterprogramm ist für die Berechnung von Funktionswerten im mathematischen Sinne geeignet.

Funktion bzw. Routine:

In C gibt es nur einen Typ von Unterprogramm, die englischsprachige Literatur nennt es *function*. Die *function* ist in C

* kein Unterprogramm im Sinne von hierarchischer Struktur, weil in C alle *functions* gleichwertig sind, und sie ist

* keine Funktion im mathematischen Sinne oder im Sinne eines Funktionsunterprogramms, wenngleich sie auch für diesen Zweck verwendet werden kann.

Wir verwenden daher den Begriff **Funktion** oder manchmal auch den Begriff **Routine** als Übersetzung für den Begriff *function.* Der Begriff **Routine** paßt besser zum allgemeineren Charakter einer *function*, andererseits ist der Begriff in der deutschsprachigen C-Literatur nicht üblich.

Modul:

In der Terminologie des Programmentwurfs bezeichnet man ein Unterprogramm oder Teilprogramm auch als Modul. In der Terminologie der Programmiersprachen ist Modul eher einer sogenannten Übersetzungseinheit (*translation-unit*) gleichzusetzen. Eine Übersetzungseinheit ist eine Datei mit Quelltext, die der Compiler als syntaktisch vollständige Einheit akzeptiert und übersetzt. Ein Modul kann mehrere Funktionen enthalten.

C verwendet das Prinzip der Modularisierung besonders ausgeprägt. Viele Möglichkeiten, welche man von einer höheren Programmiersprache erwartet - komfortable Ein/Ausgabe, mathematische Funktionen, Funktionen zur Bearbeitung von Zeichenketten etc. - werden in einer Bibliothek zur Verfügung gestellt, welche für diese Aufgaben eine Vielzahl von Funktionen enthält. Dies wiederum macht es möglich, den Sprachumfang selbst klein zu halten.

Die Aufteilung einer Aufgabe auf Teilaufgaben ist ein wesentlicher Aspekt der Programmiertechnik. Es ist wichtig, diese Teilaufgaben genau zu definieren und aufeinander abzustimmen. In einer Analogie wird hier der Programmierer zum Leiter einer Abteilung mit mehreren Mitarbeitern, die gemeinsam an einem Projekt arbeiten. Die Aufgabe wird in Einzelaufgaben für die einzelnen Mitarbeiter zerlegt. Für jede Teilaufgabe müssen die erforderlichen Daten zur Verfügung gestellt werden und die erwarteten Resultate festgelegt werden.

Die Vorteile dieses Systems sind:

* Eine Aufgabe kann in überschaubare Teilaufgaben zerlegt werden, welche unabhängig voneinander (auch von verschiedenen Programmierern) gelöst werden können.

* Das Programm kann in mehrere, kleinere Quelltextdateien aufgeteilt werden.

* Oft können bereits vorhandene Funktionen verwendet werden.

* Man kann Modulbibliotheken für immer wieder benötigte Aufgaben schreiben und diese Bibliotheken dann in mehreren Programmen verwenden.

* Modularisierung bringt größere Sicherheit und erleichtert das Testen.

Die Aufteilung eines Programms auf mehrere Module ist Thema des 5. Kapitels. Trotzdem soll das folgende Bild schon jetzt veranschaulichen, wie ein größeres Programm aus mehreren Modulen zusammengesetzt wird.

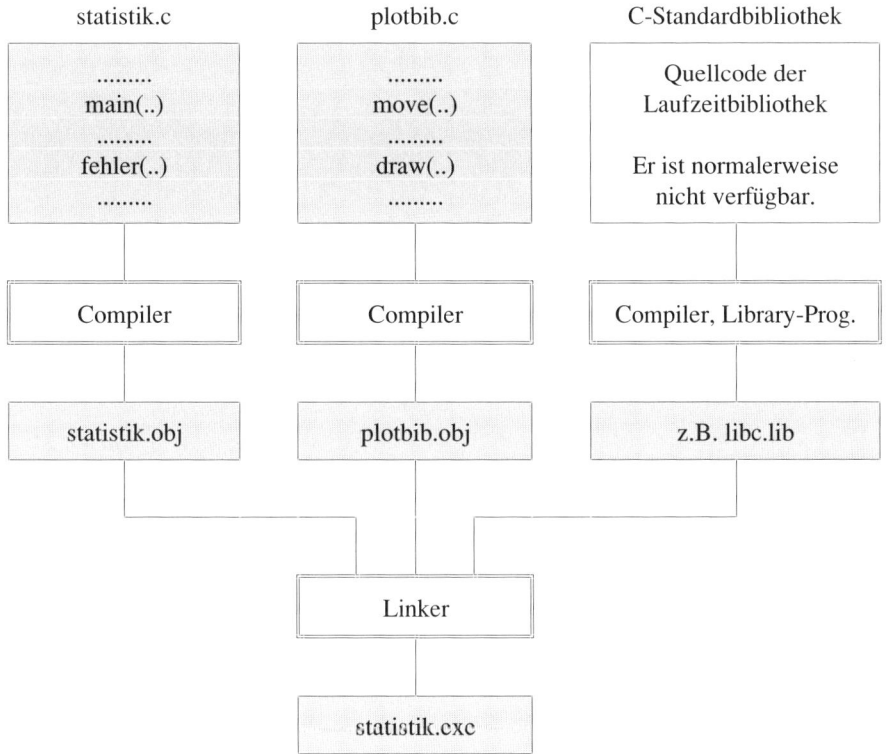

Wir bleiben jedoch vorläufig bei Programmen, die zur Gänze in einer Datei verwaltet werden.

Der folgende Programmcode zeigt, wie man Funktionen definiert und verwendet. Die Funktionen benötigen für ihre Arbeit keine weiteren Informationen, und sie berechnen auch keine Resultate.

```c
/* zweierpo.c  */

#include <stdio.h>

void schirmloeschen(void)      /* Funktion schirmloeschen */
{
  int i;
  for(i = 0; i < 25; i++)
    putchar('\n');
}

void trennlinie(void)          /* Funktion trennlinie     */
{
  int i;
  for(i = 0; i < 20; i++)
    putchar('-');
  putchar('\n');
}

int main(void)            /* Funktion main                 */
{
  int i, n;
  int zp;                 /* Zweierpotenz                  */

  n = 15;                 /* Zweierpotenzen bis 2^15       */
  schirmloeschen();       /* schirmloeschen aufrufen       */
  trennlinie();           /* trennlinie aufrufen           */
  printf(" i    2^i\n");
  trennlinie();           /* weitere Trennlinie drucken    */
  printf("%2d    %6d\n", 0, 1);
  zp = 1;
  for (i = 1; i <= n; i++) {
    zp = zp*2;
    printf("%2d    %6d\n", i, zp);
  }
  trennlinie();
  return 0;
}
```

Das Programm löscht zu Beginn den Bildschirm und erzeugt dann eine Tabelle der Zweier-potenzen. Das Löschen des Schirmes und das Einfügen einer Trennlinie wird von Funktio-nen ausgeführt.

Besprechung des Programms:

Das Programm enthält drei Funktionen. Eine Funktion `schirmloeschen`, eine Funktion `trennlinie` und die Funktion `main`. Die Funktion `main` ist im Prinzip gleichwertig zu jeder anderen Funktion, trotzdem sind einige Besonderheiten zu beachten. `main` ist ein re-servierter Bezeichner und die Schnittstelle zum Betriebssystem. Das Betriebssystem startet beim Aufruf des Programms die Funktion `main`.

```
void schirmloeschen(void)
void trennlinie(void)
```

sind die Kopfzeilen (*header*) der zwei zusätzlichen Funktionen. Das Schlüsselwort `void` steht für "leer", "nichts", d.h. die Parameterliste (...) ist leer und die Funktion liefert keinen Wert zurück. Der Rumpf der Funktionen - das ist der Teil { ... } - enthält wie der Rumpf der Funktion `main` Vereinbarungen und Anweisungen.

Wie man den Bildschirm löscht, ist systemabhängig. Einem Terminal, das nach der ANSI-Norm arbeitet, schickt man z.B. die Zeichensequenz <ESC>[2J. Eine systemunabhängige Notlösung ist, Leerzeilen auszugeben und damit den Bildschirm nach oben zu rollen.

```
for(i = 0; i < 25; i++)
  putchar('\n');
```

gibt 25 mal das Steuerzeichen '\n' aus und erzeugt damit 25 leere Zeilen am Bildschirm.

```
putchar(c);
```

ist der Aufruf einer Funktion der Standardbibliothek, die das Zeichen c (hier '\n' bzw. '-') auf den Bildschirm schreibt.

In der Funktion `trennlinie` verwenden wir eine `for`-Schleife, um 20 mal das Zeichen '-' auszugeben.

Der Aufruf der Funktionen `schirmloeschen` und `trennlinie` erfolgt in der Form

```
schirmloeschen();
trennlinie();
```

Die Anweisungen der Funktionen werden beim Aufruf ausgeführt, am Ende der Funktion er-folgt ein Rücksprung in die aufrufende Funktion `main`, wo mit der nächsten Anweisung fortgesetzt wird.

1.7.2 Datenaustausch zwischen Funktionen

Ein wichtiger Aspekt der Zerlegung eines Programms in Funktionen ist der Gültigkeitsbereich der Variablen innerhalb einer Funktion, man spricht auch von Sichtbarkeit. Für eine C-Funktion gilt ein strenges Lokalitätsprinzip, d.h. eine Funktion ist nach außen abgeschlossen, nichts ist außerhalb der Funktion sichtbar.

Jede Funktion verwaltet ihre Daten (Variablen) in einem eigenen Speicherbereich, die Variable i der Funktion `trennlinie` hat mit der Variablen i der Funktion `main` nichts zu tun. Die Variablen der Funktion `main` (n und zp) stehen anderen Funktionen nicht zur Verfügung, sie sind außerhalb der Funktion nicht sichtbar. Die Sichtbarkeit gilt nicht nur für die Variablen. Der gesamte Rumpf einer Funktion ist nur lokal gültig.

Der verwendete Mechanismus der Bereitstellung des Speichers beschränkt zudem die Lebensdauer der lokalen Variablen. Erst beim Aufruf einer Funktion wird für die Daten der Funktion Speicherplatz reserviert. Dieser Speicherplatz steht während der Ausführung der Funktion zur Verfügung, wird aber wieder freigegeben, wenn die Funktion beendet ist.

Innerhalb eines Programms muß natürlich ein Datenaustausch zwischen Funktionen möglich sein. Dafür gibt es drei Möglichkeiten:

1) Eine Funktion kann mit Argumenten aus der Parameterliste arbeiten.

2) Eine Funktion kann einen Wert (ein Resultat) an die aufrufende Funktion zurückliefern.

3) Global gültige Daten sind in mehreren Funktionen verfügbar.

Die Möglichkeiten 1 und 2 sind das Thema der folgenden Seiten. Global gültige Daten werden im Kapitel 5 behandelt.

Die allgemeine Form einer Funktion ist

```
function-definition ::=
type-specifier function-name( parameter-declaration-list )
{
  declarations
  statements
}
```

Die Parameterliste (*parameter-declaration-list*) ermöglicht den Transport von Daten der aufrufenden Funktion in die aufgerufene Funktion. Mit *type-specifier* wird der Datentyp des Resultates festgelegt. Für das Resultat ist die Transportrichtung umgekehrt.

1.7.2.1 Parameterliste

Für die Parameterliste gilt vereinfacht die Syntax

```
parameter-declaration-list ::=
        parameter-declaration {, parameter-declaration }₀₊
```

Die Parameterliste ist eine Liste von Vereinbarungen. Jeder Parameter muß einzeln definiert werden, die einzelnen Vereinbarungen sind durch Beistriche getrennt. Für jeden Parameter muß ein Datentyp und ein Bezeichner festgelegt sein. Für einfache Datentypen und Zeiger als Parameter gilt die Syntax:

```
parameter-declaration ::= type { * }opt identifier
```

Beispiel für eine Parameterliste:

```
(int n, float x, float y, float *px)
```

Der Datentyp muß für jeden Parameter angegeben werden. Eine Liste von Bezeichnern zu einem Datentyp, wie es im Vereinbarungsteil einer Funktion möglich ist, ist nicht erlaubt:

```
(int n, float x, y, *px)    /* falsch ! */
```

Innerhalb der Funktion können die in der Parameterliste vereinbarten Parameter wie Variablen verwendet werden, sie sind auch tatsächlich Teil der lokalen Variablen einer Funktion. Eine leere Parameterliste wird durch das Schlüsselwort `void` definiert.

Wir verbessern jetzt die Funktion `trennlinie` dadurch, daß die Länge der Trennlinie beim Aufruf der Funktion als Argument übergeben werden kann:

```
void trennlinie (int laenge)
{
  int i;
  for (i = 0; i < laenge; i++) putchar('-');
  putchar('\n');
}
```

Korrekte Aufrufe dieser Funktion sind

```
trennlinie(40);
```

oder wenn in der aufrufenden Funktion also z.B. in `main` zusätzlich eine Variable `lt` vom Typ `int` bekannt ist und einen definierten Wert hat:

```
trennlinie(lt);
```

Beim Aufruf einer Funktion werden den vereinbarten Parametern (man spricht auch von formalen Parametern) aktuelle Parameter zugewiesen. Für jeden formalen Parameter muß ein passender aktueller Parameter (ein Argument) übergeben werden. Die Argumente werden in den Speicherbereich der Funktion kopiert.

Speicherbereich für die Funktion `main`:

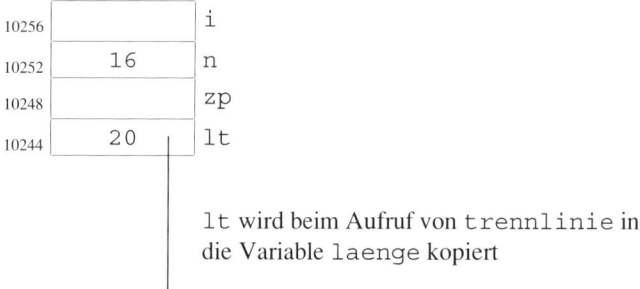

lt wird beim Aufruf von `trennlinie` in
die Variable `laenge` kopiert

Speicherbereich für die Funktion `trennlinie`:

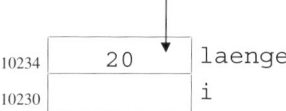

Eine Kopie der Variablen `lt` wird von der Funktion `trennlinie` als `laenge` verwendet.
Eine eventuelle Änderung der Variablen `laenge` in der Funktion `trennlinie` hat auf das
Original `lt` keinen Einfluß.

Aufgabe 1-28: Weitere Argumente

Erweitern Sie die Funktion `trennlinie` um einen Parameter, mit dem festgelegt wird,
welches Zeichen für die Trennlinie verwendet wird. Die Kopfzeile der Funktion lautet dann:

```
void trennlinie (int laenge, char zeichen)
```

Aufgabe 1-29: Alle Grunddatentypen als Argumente

Schreiben und testen Sie eine Funktion, die jeweils einen Wert aller Grunddatentypen als
Argument entgegen nimmt und zur Kontrolle am Bildschirm ausgibt.

Aufgabe 1-30: Argumente als Kopie?

Überlegen Sie sich ein Programm, mit dem gezeigt werden kann:
a) Für die Argumente und Variablen einer Funktion wird neuer Speicherplatz verwendet.
b) Eine Änderung der Argumente in der Funktion verändert die Originale nicht.

1.7.2.2 Daten der aufrufenden Funktion ändern

Oft will man in einer Funktion Daten der aufrufenden Funktion verändern oder auch erstmals mit Werten belegen. Ein Beispiel für eine solche Funktion ist die Bibliotheksfunktion scanf(....), welche Daten von der Tastatur einliest und diese Daten im Speicher ablegt. Wie kann eine Funktion Daten der aufrufenden Funktion verändern? Ein typisches Beispiel dafür ist eine Funktion, welche zwei Zahlen vertauschen soll.

```
int main(void)
{
  int x, y;
  x = 5;   y = 7;
  printf("x = %3d   y = %3d\n", x, y);
  tausche ( ? );      /* x und y soll vertauscht werden */
  printf("x = %3d   y = %3d\n", x, y);
  return 0;
}
```

Anordnung der Variablen x und y im Speicher:

10256	5	x
10252	7	y

Die folgenden Überlegungen sind für ein Verständnis der Sprache C besonders wichtig. In der Funktion tausche sind die Variablen x und y nicht bekannt. Um x und y zu ändern (in unserem Falle zu tauschen) müssen wir wissen, wo x und y im Speicher stehen, d.h. wir müssen die zugehörigen Adressen kennen. Diese liefert der Adreßoperator. Die Ausdrücke &x, &y ergeben die Werte 10256 und 10252. Diese Werte übergeben wir der Funktion tausche in der Parameterliste als Argumente. Um diese Adreßwerte beim Aufruf als aktuelle Parameter übernehmen zu können, müssen zwei Zeiger als Parameter verwendet werden. Sie wissen bereits, wie man Zeigervariablen vereinbart und wie man auf über Zeiger adressierte Inhalte zugreifen kann. Der Code für die Funktion tausche lautet:

```
void tausche(int *a, int *b)
{
  int h;
  h  = *a;
  *a = *b;
  *b = h;
}
```

Mit `int *a, int *b` werden zwei Zeiger `a, b` definiert.

Der Aufruf der Funktion erfolgt in der Form:

```
tausche (&x, &y);
```

Studieren Sie nun die einzelnen Vorgänge im Speicher anhand des folgenden Bildes. Die Ziffern in Klammer geben an, in welcher Reihenfolge die einzelnen Schritte ablaufen.

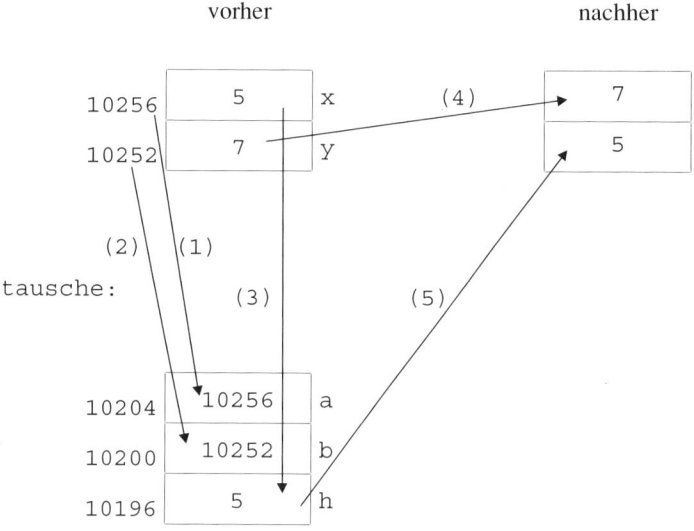

Die Funktion `main` hat die Variablen `x` und `y` ab den Adressen `10256` bzw. `10252` gespeichert. Beim Aufruf der Funktion `tausche` werden die Adressen dieser Variablen als aktuelle Parameter übergeben:

```
tausche (&x, &y);    (1) (2)
```

Die Adreßwerte werden in den Speicher für die Variablen `a` und `b` der Funktion `tausche` kopiert, d.h. `a` hat den Wert `10256`, `b` hat den Wert `10252`. Dies ist die Situation, bevor mit der eigentlichen Ausführung der Anweisungen der Funktion `tausche` begonnen wird. Der Zugriff auf die Variablen `x` und `y` der Funktion `main` erfolgt durch Dereferenzierung der Zeiger auf diese Variablen. Als Dereferenzierung bezeichnet man den Zugriff auf den Inhalt von Speicherzellen über Adressen. Dazu müssen wir auf die Zeiger `a` und `b` den Inhaltsoperator anwenden. Vor dem Tausch ist `*a = x = 5` und `*b = y = 7`.

```
h  = *a;    /* (3) kopiert x in den Speicher für h */
*a = *b;    /* (4) kopiert y in den Speicher für x */
*b = h;     /* (5) kopiert h in den Speicher für y */
```

Die für den Tausch erforderliche Hilfsvariable h ist eine lokale Variable vom selben Typ wie die Variablen x und y. Für die Funktion main hat diese Hilfsvariable oder andere Details der Funktion tausche keine Bedeutung.

Der Aufruf einer Funktion kann auch als Delegierung einer Arbeit an eine untergeordnete Dienststelle verstanden werden. Der Umfang der Arbeit ist genau festgelegt, die benötigten Daten werden als aktuelle Parameter zur Verfügung gestellt. Wie die Arbeit erledigt wird, kümmert den Auftraggeber (die aufrufende Funktion) nicht.

1.7.2.3 Vektoren als Parameter von Funktionen

Ein Vektor als formaler Parameter einer Funktion wird in der Form

```
type identifier[]
```

angegeben. Als aktuelles Argument wird der Bezeichner des Vektors (ohne &-Operator !), also die Adresse des ersten Vektorelementes, übergeben. Eine Information über die Länge des Vektors ist damit nicht verbunden. Die Funktion kennt jedoch den Datentyp der Vektorelemente und damit die Größe eines Elementes. Diese Informationen (Adresse des ersten Elementes und Größe eines Elementes) reichen aus, um die einzelnen Elemente des Vektors über den Index auszuwählen. Da vermutlich der größte zulässige Index in der Funktion benötigt wird, muß er als zusätzliches Argument übergeben werden.

Als Beispiel implementieren wir unseren Sortieralgorithmus als Funktion.

```c
/* Sortieren von n Elementen des Vektors x */

#define TRUE  1
#define FALSE 0

void zahlen_sortieren (int x[], int n)
{
  int i, h;
  int sortiert;

  do {
    sortiert = TRUE;
    for (i = 0; i < n-1; i++)
      if ( x[i+1] < x[i] ) {
        h = x[i]; x[i] = x[i+1]; x[i+1] = h;
        sortiert = FALSE;
      }
  } while (sortiert == FALSE);

}
```

Diese Funktion sortiert beliebig viele in einem Vektor fortlaufend angeordnete **int**-Werte. Jede andere Funktion kann diese Funktion verwenden. Ein Programm, das die drei Aufgaben "Zahlen einlesen, Zahlen sortieren und Zahlen ausgeben" auf drei Funktionen aufteilt, hat folgende Form:

```
int main(void)
{
  int v[50];    /* Liste von Zahlen */
  int n;        /* Anzahl der Zahlen */

  zahlen_einlesen(v, &n);
  zahlen_ausgeben(v, n);
  zahlen_sortieren(v, n);
  zahlen_ausgeben(v, n);
  return 0;
}
```

Aufgabe 1-31: Schreiben Sie den Programmcode für die Funktionen Zahlen_einlesen und Zahlen_ausgeben. Die einzelnen Funktionen sind in einer Datei in folgender Reihenfolge anzuführen:

```
#include <stdio.h>

void zahlen_einlesen (int x[], int *n)
{
  ...
}
void zahlen_ausgeben (int x[], int n)
{
  ...
}
void zahlen_sortieren (int x[], int n)
{
  ...
}
int main(void)
{
  ...
}
```

1.7.2.4 Resultat einer Funktion, return-Anweisung

Die C-Funktion kann auch ein Resultat an die aufrufende Funktion liefern. Man nützt diese Möglichkeit im wesentlichen auf zwei Arten. Die erste Anwendung entspricht dem mathematischen Funktionsbegriff. Für ein oder mehrere Argumente wird ein von diesen Argumenten abhängiger Funktionswert berechnet.

```
y = f1(x) = 2x² + x - 4
z = f2(x,y) =   x² + y²
```

Aus der Sicht der Funktion sind x und y Eingabewerte, das Resultat $f(x,..)$ wird berechnet und zurückgeliefert. Die Realisierung in C ist einfach:

```
double f1(double x)
{
  double y;

  y = 2*x*x + x - 4;
  return y;
}

double f2(double x, double y)
{
  return (x*x + y*y);
}
```

Die Kopfzeile der Funktion beginnt mit einem Typbezeichner für den Datentyp des Resultates. Mit der return-Anweisung

```
return-statement ::= return expression_opt ;
```

wird das Resultat und die Kontrolle wieder an die aufrufende Funktion zurückgegeben.

Der Aufruf dieser Funktionen erfolgt z.B. in der Form

```
x = 2.0;
y = f1(x);
dy = f1(x + 0.1*x) - f1(x);
r2 = f2(x, 3.0);
```

Typische Beispiele für Funktionen dieser Form sind die in der C-Bibliothek zur Verfügung stehenden mathematischen Funktionen $sin(x)$, $cos(x)$, ... $sqrt(x)$, $pow(x, n)$. Will man sie verwenden, so ist die Datei math.h einzubinden:

```
#include <math.h>
```

math.h enthält die Funktionsprototypen für diese Funktionen.

Die nächste Funktion liefert als Resultat 1, falls eine Zeichenkette mit den Zeichen 'j', 'J', 'Y', 'y' beginnt bzw. 0 für jedes andere erste Zeichen der Zeichenkette.

```
int pruefe_antwort(char antwort[])
{
   char t;
   t = antwort[0];
   return (t == 'j' || t == 'J' || t == 'Y' || t == 'y');
}
```

Zwei weitere Beispiele für Funktionen: Die Funktion sign ermittelt das Vorzeichen einer Zahl, die Funktion quadrant bestimmt den Quadranten, in dem ein Punkt im kartesischen Koordinatensystem liegt:

```
/* Bestimmt das Vorzeichen einer float-Zahl,
   bzw. liefert 0, wenn die Zahl exakt 0.0 ist   */

int sign (double x)
{
   if (x < 0)
      return -1;
   else if (x == 0.0)
      return 0;
   else
      return 1;
}

/*                                              ^y
                                         2       |      1
     quadrant ermittelt                          |
     den Quadranten, in dem           --------0-------->x
     ein Punkt P(x,y) liegt                      |
                                         3       |      4           */
int quadrant (double x, double y)
{
   if ( x == 0.0 && y == 0.0 ) return 0;
   if ( x >  0.0 && y >= 0.0 ) return 1;
   if ( x <= 0.0 && y >  0.0 ) return 2;
   if ( x <  0.0 && y <= 0.0 ) return 3;
   if ( x >= 0.0 && y <  0.0 ) return 4;
}
```

Beide Beispiele zeigen, wie in einer Funktion auch mehrere `return`-Anweisungen verwendet werden können. Sobald das Resultat eindeutig feststeht, kann die Funktion mit `return` beendet werden.

Häufig verwendet man das Resultat einer Funktion, um den Erfolg einer Funktion an die aufrufende Funktion zu melden. Die Funktion liefert dann einen `int`-Wert. Den einzelnen Zahlenwerten kann man Erfolgs- oder Fehlermeldungen zuordnen. Ein Beispiel dafür sind die Bibliotheksfunktionen `scanf` und `fscanf`. Sie liefern als Resultat die Anzahl der erfolgreich gelesenen Argumente. Wir werden dies in den Programmbeispielen zum Arbeiten mit Dateien nützen. Die bisherige Verwendung von `scanf` zeigt uns, daß das Resultat einer Funktion nicht verwendet werden muß.

Das nächste Beispiel ist eine Funktion, welche eine komplexe Zahl **z** in die Inverse **1/z** umwandelt. Es gilt:

```
z = a + j·b     1/z = ( a - j·b ) / ( a² + b² )
```

1/z kann nicht berechnet werden, wenn der Betrag der komplexen Zahl Null ist. Die Funktion liefert für diesen Fall als Resultat den Wert Null. Im Normalfall liefert sie als Resultat Eins.

Um den in zwei `double`-Variablen festgehaltenen Real- und Imaginärteil der Zahl zu ändern, benötigt die Funktion `cinv` zwei Zeiger auf diese Variablen. Um den Erfolg der Berechnung als Resultat der Funktion zur Verfügung zu stellen, definieren wir den Typ der Funktion als `int`. Der Typ einer Funktion ist der Datentyp des Resultats. Den Nenner der Berechnungsformel für die Zahl **1/z** müssen wir berechnen, bevor der Real- oder Imaginärteil der ursprünglichen Zahl **z** verändert wird. Das Zusammentreffen des Inhaltsoperators mit dem Operator für die Multiplikation wirkt etwas eigenartig, die Schreibweise ist aber richtig.

Die im Quellcode gleich anschließend folgende Funktion `main` verwendet die Funktion `cinv` und dokumentiert die Ergebnisse. Für die Ausgabe verwenden wir für positive oder negative Imaginärteile unterschiedliche Formatierungsangaben:

```
if (b >= 0) /* positiver Imaginaerteil */
   printf("\n1/z = %12.6g + j%-12.6g\n", a, b);
else
   printf("\n1/z = %12.6g - j%-12.6g\n", a, fabs(b));
```

Das Umwandlungszeichen `g` in der Formatspezifikation `%12.6g` erzeugt eine Ausgabe, die je nach Größe der Zahl automatisch zwischen Fixkommadarstellung (`#####.######`) und Exponentialdarstellung (`##.#####e±##`) wechselt. Das Minus-Zeichen in der Formatspezifikation `%-12.6g` bewirkt, daß die Zahl immer linksbündig ausgegeben wird.

```
/* cinv.c
   berechnet in einer Funktion die Inverse
   einer komplexen Zahl z = a + j b                  */

#include <stdio.h>
#include <math.h>

int cinv (double *a, double *b)
{
  double betragquadrat;
  betragquadrat = (*a) * (*a) + (*b) * (*b);
  if (betragquadrat > 0.0) {
     *a = +(*a) / betragquadrat;
     *b = -(*b) / betragquadrat;
     return 1;
  }
  else
     return 0;
}

int main(void)
{
  double a, b;     /* Realteil und Imaginaerteil */
  int status;      /* Fehlercode                 */

  do {
    printf("\nkomplexe Zahl z = a + jb  : a b ? ");
    scanf("%lf %lf", &a, &b);
    status = cinv(&a, &b);
    if (status) {
      if (b >= 0) /* positiver Imaginaerteil */
        printf("\n1/z = %12.6g + j%-12.6g\n", a, b);
      else
        printf("\n1/z = %12.6g - j%-12.6g\n", a, fabs(b));
      }
    else
      printf("Fehler: |z| = 0 !\n\n");
  } while (status > 0);

  return 0;
}
```

1.7.3 Funktionsprototypen

Beim Aufruf einer Funktion prüft der Compiler, ob die Anzahl und der Typ der übergebenen aktuellen Parameter mit der Anzahl und dem Typ der formalen Parameter der Funktion übereinstimmen. Wir haben in unseren Beispielen den Code der Funktionen immer so angeordnet, daß der Aufruf der Funktion nach dem Code der Funktion erfolgte. Den vollständigen Code einer Funktion bezeichnet man als Definition einer Funktion. Dadurch ist gewährleistet, daß der Compiler die formale Parameterliste der Funktion beim Aufruf der Funktion kennt. Wir müssen uns dazu vorstellen, daß der Compiler den Code nur einmal "liest". Er kann nicht an einer Stelle unterbrechen, um im Rest der Datei nach fehlenden Informationen zu suchen. Diese bisherige Vorgangsweise ist nicht immer möglich.

Der Code einer Funktion kann z.B. in einer anderen Datei stehen oder überhaupt nicht als Quelltext verfügbar sein. Dies gilt z.B. für alle Bibliotheksfunktionen eines C-Systems. Falls sich zwei Funktionen gegenseitig aufrufen, kann nur eine der Funktionen definiert sein, bevor sie von der anderen Funktion aufgerufen wird.

Das heißt, wir brauchen eine weitere Möglichkeit, dem Compiler die Namen und die Parameterliste der verwendeten Funktionen bekanntzumachen. Die Anweisungen im Rumpf einer Funktion sind beim Aufruf der Funktion für den Compiler völlig uninteressant. Für die korrekte Verwendung einer Funktion müssen wir wissen:

∗ Welche Aufgabe führt die Funktion aus? (Dies wissen wir durch die verbale Beschreibung der Funktion.)

∗ Welchen Namen hat die Funktion?

∗ Wie ist die Parameterliste aufgebaut? Welche Bedeutung haben die einzelnen Parameter?

∗ Liefert die Funktion ein Resultat? Welchen Datentyp hat das Resultat?

Alle diese Informationen sind in der Kopfzeile einer Funktion enthalten. Man bezeichnet die Angabe einer solchen Kopfzeile in der Form

```
type function-name (parameter-type-list);
```

als Funktionsprototyp. Die Sytax für die *parameter-type-list* erlaubt im Gegensatz zur *parameter-declaration-list* das Weglassen von Bezeichnern für die Argumente. Guten Programmierstil kennzeichnet, auch im Prototyp eine *parameter-declaration-list* zu verwenden.

Die von uns in praktisch allen Programmen mit #include eingebundenen Dateien vom Typ *.h (*headerfiles*, Definitionsdateien) enthalten die Prototypen für die Funktionen der C-Bibliothek. Wir beschäftigen uns mit Prototypen im Kapitel 5 ausführlicher. Wir wissen jetzt aber zumindest, daß die Einbindung dieser Dateien deshalb wichtig ist, weil der Compiler damit den korrekten Aufruf der Bibliotheksfunktionen überprüfen kann. Fehlende Prototypen können zu völlig falschen Resultaten führen, dies gilt insbesondere für die Verwendung der mathematischen Bibliotheksfunktionen, deren Prototypen in der Datei math.h stehen. Trotzdem ist die Verwendung von Prototypen nicht zwingend erforderlich. Auf fehlende Prototypen reagiert der Compiler nur mit Warnungen.

Kontrollfragen:

1) Erklären Sie die Begriffe Modularisierung, Modul, Funktion, Unterprogramm.

2) Welche Vorteile hat das Konzept der Modularisierung?

3) Wie wird ein Programm aus mehreren Quelldateien zusammengesetzt?

4) Was ist eine Übersetzungseinheit?

5) Welche Bedeutung hat das Schlüsselwort `void`?

6) Welche Möglichkeiten zum Austausch von Daten zwischen Funktionen kennen Sie?

7) Was versteht man unter der Parameterliste einer Funktion?

8) Wie ist die formale Parameterliste aufgebaut?

9) Was sind formale und aktuelle Parameter?

10) Welche Regeln sind zu beachten, wenn beim Aufruf einer Funktion die formalen Parameter durch aktuelle Parameter "ersetzt" werden? Was passiert dabei wirklich?

11) Wie ändert man Daten der aufrufenden Funktion?

12) Wie behandelt man Vektoren als Parameter einer Funktion?
Was wird dabei kopiert? Was wird nicht kopiert?

13) Ist eine Zeichenkette in einer Funktion gegen Änderungen abgesichert?
Kann man Vektoren und Zeichenketten als "readonly" an eine Funktion übergeben?

14) Was versteht man unter dem Resultat einer Funktion?

15) Welche Form hat die `return`-Anweisung? Was bewirkt sie?

Für folgende Aufgaben ist je eine Funktion und eine Funktion `main` als Testumgebung zu schreiben. Überlegen Sie jeweils sorgfältig, welche Datentypen zu wählen sind. Überlegen Sie, ob die Funktion den Zweck einer mathematischen Funktion erfüllen soll oder einem allgemeinen Zweck dient. Bestimmen Sie nach diesen Kriterien den Typ der Funktion.

Aufgabe 1-32: Die größere von zwei Zahlen ist zu bestimmen.

Aufgabe 1-33: Drei Zahlen sind zu sortieren.

Aufgabe 1-34: Der Funktionswert f(x) = sin(x)/x ist zu berechnen. Für x ~ 0 ist f(x) = 1 zu setzen.

Aufgabe 1-35: Winkel zur x-Achse

Für einen Punkt mit den kartesischen Koordinaten x, y ist der Winkel zu berechnen, den er mit der x-Achse einschließt.

Aufgabe 1-36: Winkel einer komplexen Zahl

Eine Funktion soll den Winkel φ berechnen, den ein komplexer Zeiger $z = (re, im)$ mit der positiven reellen Achse bildet.

Aufgabe 1-37: Geradengleichung

Eine Funktion soll eine Gerade durch zwei Punkte berechnen. Gegeben sind die Koordinaten der beiden Punkte. Gesucht ist die Steigung k und der Achsenabschnitt d für die Geradengleichung $y = k\,x + d$.

Aufgabe 1-38: Winkel zwischen zwei Geraden

Eine Funktion soll den Absolutbetrag des kleineren Winkels zwischen zwei Geraden berechnen. (Der Wertebereich der Bibliotheksfunktion `atan(x)` ist $-\pi/2$ bis $+\pi/2$.)

Aufgabe 1-39: Schnittpunkt von zwei Geraden

Der Schnittpunkt (x, y) zweier Geraden ist zu berechnen. Gegeben sind die Steigung k und der Achsenabschnitt d der Geraden. Der Schnittpunkt (x, y) ist zu berechnen. Ein Fehlercode soll gesetzt werden, falls es keinen Schnittpunkt gibt.

Aufgabe 1-40: Konjugierte einer komplexen Zahl

Eine komplexe Zahl $z = (re, im)$ soll durch eine Funktion `cstern` in die konjugiert komplexe Zahl $z^* = (re, -im)$ umgewandelt werden.

Aufgabe 1-41: Aus einer Liste von Zahlen (Vektor) ist die größte Zahl zu ermitteln.

Aufgabe 1-42: Eine Funktion soll prüfen, ob ein Zeichen eine Dezimalziffer ist.

Aufgabe 1-43: Eine Funktion soll aus einer Telefonnummer alle Zeichen, die keine Ziffern sind, entfernen. Beispiel: `"(0049)5599-85675/344"` → `"0049559985675344"`

Aufgabe 1-44: Sägezahn

Eine Funktion **saegezahn** soll den aktuellen Wert einer Sägezahnspannung liefern. Die Argumente der Funktion sind die maximale Spannung Umax, die Periodendauer T und die aktuelle Zeit t.

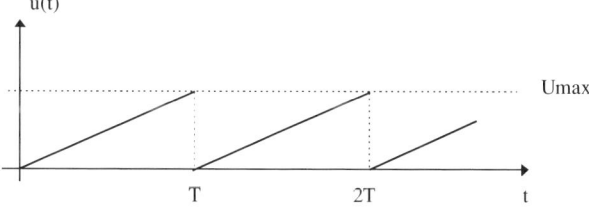

1.8   Ein-/Ausgabe

1.8.1   Allgemeines

Neben der CPU und dem Hauptspeicher (*memory*) eines Computers gibt es weitere für eine praktische Verwendung wichtige Komponenten. Es sind dies Geräte zur langfristigen Speicherung von großen Datenmengen, wie Plattenlaufwerke, Bandstationen, CD-Laufwerke und Geräte, welche als Schnittstelle zur eigentlichen Außenwelt dienen, d.s. Bildschirm, Tastatur (eine Kombination von Bildschirm und Tastatur nennt man Terminal), Drucker, Plotter, Maus und Tablett.

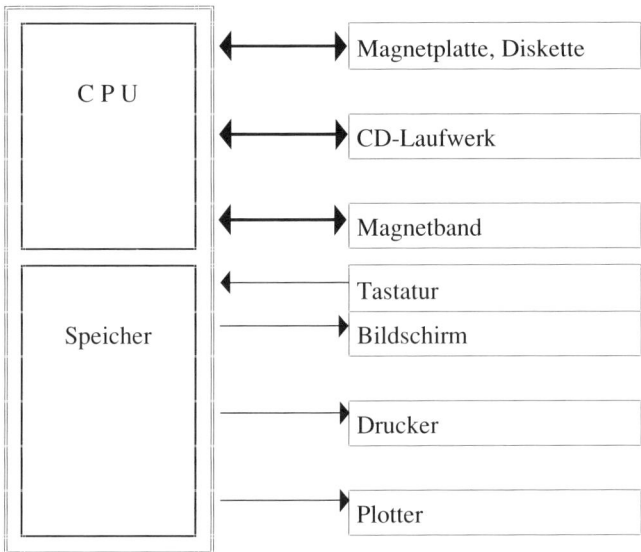

Aus der Sicht einer Programmiersprache werden diese Geräte alle gleich behandelt. Dies ist möglich, weil die Details der Programmierung dieser Geräte elementaren Betriebssystemfunktionen vorbehalten sind. In den bisherigen Beispielen wurde die Ein-/Ausgabe nur kochrezeptartig verwendet. Die Eingaben wurden von der Tastatur erwartet, die Ausgabe erfolgte auf dem zugehörigen Bildschirm. Dies ist für erste Übungsprogramme typisch. Oft werden von Programmen jedoch Daten verarbeitet, welche in einer Datei gespeichert sind. Von der Tastatur holt sich ein größeres Programm nur die Befehle, um einen im Laufe der Zeit entstandenen Bestand von Daten zu bearbeiten. Die wichtigsten Datenquellen sind daher Dateien, meist auf Magnetplatten abgespeichert, und Eingabegeräte. Die Ausgabe erfolgt vielfach wieder auf eine Datei, einen Bildschirm, einen Drucker oder einen Plotter. Die Ein-/Ausgabe erfolgt in höheren Programmiersprachen praktisch geräteunabhängig durch den Aufruf von Funktionen.

Ein-/Ausgabe kann als Transport von Daten gesehen werden, es stellen sich für jede E/A Operation drei Fragen :

* Was wird transportiert ?

* Wohin/Woher wird transportiert ?

* Wie wird transportiert ?

1.8.2 Ein-/Ausgabe und Dateien

1.8.2.1 Ein-/Ausgabeumleitung

Wie schon erwähnt, gibt es keinen prinzipiellen Unterschied für den Transport von Daten zwischen Programm (Hauptspeicher) und Dateien oder Geräten. Dies zeigt sich auch in der von vielen Betriebssystemen zur Verfügung gestellten Möglichkeit der Ein- bzw. Ausgabeumleitung. Um z.B. die Zahlenwerte für unser Sortierprogramm von einer Datei unsort.dat einzulesen, genügt es, das Programm folgendermaßen zu starten:

```
prompt> bubble < unsort.dat
```

stdin "zeigt" jetzt nicht mehr auf die Tastatur, sondern auf die Datei unsort.dat. In dieser Datei – einer einfachen Textdatei – steht pro Zeile eine Zahl. Die Befehlszeile paßt sowohl für WINDOWS 95/98 oder NT als auch für UNIX oder LINUX. Um auch die Ausgabe (stdout) auf eine Datei sort.dat umzuleiten, startet man das Programm in der Form:

```
prompt> bubble < unsort.dat > sort.dat
```

Für die Vorgangsweise bei anderen Betriebssystemen sind die zugehörigen Handbücher zu Rate zu ziehen.

1.8.2.2 Die Funktionen fopen und fclose

Will man mit einem C-Programm auf eine Datei zugreifen, so muß man die Datei öffnen und eine Verbindung zu dieser Datei herstellen. Die Verbindung zur Datei erfolgt über eine für unser derzeitiges Wissen noch zu komplizierte Datenstruktur mit dem Namen FILE. Diese Datenstruktur ist in der Datei stdio.h definiert. fopen stellt diese Verbindung zu einer Datei her und liefert als Resultat einen Zeiger auf diese vom System vorbereitete und verwaltete Struktur. Die Argumente der Funktion fopen sind eine Zeichenkette für den Dateinamen und eine Zeichenkette, welche die Art des Zugriffs auf die Datei festlegt. Der Prototyp der Funktion fopen ist:

```
FILE *fopen(char *filename, char *mode);
```

Man muß eine Variable vom Typ Zeiger auf den Typ FILE vereinbaren,

```
FILE *f;    /* f ist ein Zeiger auf den Typ FILE */
```

die Funktion in der Form

```
f = fopen("filename", "mode");
```

aufrufen, und kann dann mit Funktionen der Standardbibliothek auf die Datei zugreifen. C behandelt Dateien wie einen sequentiellen Strom von Daten und verwendet dafür den Begriff *stream*. Ist der Zugriff auf die Datei beendet, so schließt man die Datei mit der Funktion

```
int fclose (FILE *f);
```

wieder.

Programme, welche mit Dateien arbeiten, haben folgenden Aufbau:

```
#include <stdio.h>

int main (void)
{
  FILE *fin;      /* Zeiger auf Datenstruktur FILE   */
  FILE *fout;

  fin = fopen("zahlen.txt", "r");    /* r fuer read  */
  fout = fopen("ausgabe.txt", "w");  /* w fuer write */

  /*
     Zugriff auf die Dateien mittels Bibliotheksfunktionen
     fscanf, fprintf
     fgets, fputs
     fgetc, fputc
     usw.
  */

  fclose(fin);
  fclose(fout);
  return 0;

}
```

`fin` und `fout` sind aussagekräftige Bezeichner für den Eingabe- und Ausgabestrom.

Auch die Funktionen `printf` und `scanf` verwenden dieses Konzept. Sie verwenden automatisch die zwei vordefinierten *Streams* `stdout` und `stdin`. Weiters ist `stderr` vordefiniert, ein Strom, der für Fehlerausgaben gedacht ist.

1.8.3 Funktionen der Standardbibliothek für die Ein-/Ausgabe

1.8.3.1 Die Funktionen fprintf und printf

Die wichtigste Funktion zur Ausgabe ist `fprintf`. Die beiden "f" im Namen `fprintf` sind Hinweise auf "File" und "formatiert". Im Gegensatz zu `printf` benötigt `fprintf` für das Ziel der Ausgabe ein explizites Argument. Nehmen wir an, wir wollen einen `int`-Wert und einen `float`-Wert auf den Bildschirm ausgeben. Der entsprechende Code lautet:

```
....
int    i;
double x;
....
fprintf(stdout, "%5d  %8.2f", i, x);
          ↑        ↑    ↑     ↑ ↑
       wohin      wie        was
```

Das erste Argument (`stdout`) ist ein Zeiger auf eine Datenstruktur, die für den Bildschirm automatisch eingerichtet ist. `stdout` ist eine Abkürzung für Standardausgabe und ist normalerweise dem Bildschirm zugeordnet, an dem man gerade arbeitet.

Das zweite Argument der Funktion `fprintf` ist die bereits bekannte Zeichenkette, welche meist eine Mischung aus Text und Formatspezifikationen enthält. `%5d` und `%8.2f` sind solche Formatspezifikationen. Sie geben an, wie die Werte `i` und `x` ausgegeben werden. Anschließend an die Formatzeichenkette folgt die Liste jener Werte, welche ausgegeben werden. Die `printf`-Funktion ist ein Beispiel für eine Funktion mit einer variablen Parameterliste. Damit fehlen der Funktion aber auch die sonst üblichen Informationen über den Typ der aktuellen Argumente. Diese Informationen bekommt die Funktion über die Umwandlungszeichen in der Formatzeichenkette. Für jedes Element der E/A Liste (was wird transportiert) muß eine Formatspezifikation (wie wird transportiert) angegeben werden. Nicht zum Typ des Argumentes passende Umwandlungszeichen führen zu falschen Ausgaben! Der GNU-C Compiler prüft, ob die Umwandlungszeichen zu den Argumenten passen.

Für die Ausgabe auf `stdout` gibt es die bisher verwendete Kurzform

```
printf( ....... ) .
```

Sie ist äquivalent zu

```
fprintf(stdout, ........ ) .
```

Die Transporteinheiten sind die elementaren Datentypen. Mehrere Elemente eines Vektors kann man nicht in einer Anweisung ausgeben. Eine Ausnahme bilden Zeichenketten.

1.8.3.2 Die Funktionen fscanf und scanf

Für die Eingabe, also für das Lesen von einem File, wird die Funktion `fscanf(....)` verwendet. Beachten Sie bei der Verwendung der Funktion:

∗ In den Formatspezifikationen verwendet man für Eingaben (insbesondere von der Tastatur) in der Regel keine Feldweiten.

∗ Für die Daten sind ausnahmslos Adreßwerte anzugeben.

Beispiel (Lesen von der Standardeingabe `stdin`):

```
int i;
double a;
fscanf(stdin,"%i %lf", &n , &a);
```

Für jedes Argument muß eine Formatspezifikation angegeben werden. Die Umwandlungszeichen für Zahlen (`%i`, `%f`, `%lf` usw.) ignorieren führende Zwischenraumzeichen (*white spaces*), also Leerzeichen `' '`, neue Zeile `'\n'`, Wagenrücklauf `'\r'`, Tabulator `'\t'`, Vertikaltabulator `'\v'` und Seitenvorschub `'\f'`. Für die `%c`-Umwandlung sind alle Zeichen gültige Zeichen.

Die Funktion

```
scanf( .... )
```

ist äquivalent zu

```
fscanf(stdin, ..... )
```

`fscanf` liefert ein Resultat, mit dem man prüfen kann, ob das Lesen und Umwandeln der Werte korrekt ausgeführt wurde. Das Resultat ist ein `int`-Wert, der gleich der Anzahl der erfolgreichen Zuweisungen an die Liste der Argumente ist. Folgender Aufruf von `fscanf` liefert als Resultat 2, wenn beide Werte erfolgreich abgelegt werden konnten:

```
fscanf("%lf %lf", &x, &y);
```

Das Resultat hat den Wert EOF (End Of File), falls das Dateiende erreicht wurde. EOF ist in `stdio.h` meist mit `-1` vereinbart. Man kann das Resultat einer Variablen zuweisen oder unmittelbar prüfen:

```
status = fscanf("%lf %lf", &x, &y);
if (fscanf("%lf %lf", &x, &y) == 2) ....
while ( fscanf("%lf %lf", &x, &y) != EOF ) ....
```

Das Programm `fileio1.c` zeigt uns den C-Code für eine immer wiederkehrende Aufgabe. Zahlenwerte sollen aus einer Datei gelesen werden. Ob die Zahlen durch je einen Zeilentrenner oder durch andere Zwischenraumzeichen getrennt sind, spielt für die Gestaltung des C-Codes keine Rolle. Der grundsätzliche Algorithmus für das Lesen einer Datei lautet:

```
Datei öffnen;
Solange das Ende der Datei nicht erreicht ist
   Zahl lesen
Datei schließen;
```

Die Eingabefunktionen der Standardbibliothek ermöglichen eine etwas andere Form. Wir können auf jeden Fall den Versuch machen, Daten zu lesen; gelingt dies nicht, weil das Ende der Datei erreicht ist, so erkennen wir das am Resultat der Funktion. Im ersten Programmbeispiel zu diesem Thema wählen wir eine gut lesbare Form von C-Code. Wir verwenden die Variable status, um über den Status der Datei informiert zu sein.

```c
/* fileio1.c
   Liest von einer Textdatei Zahlenwerte ein; berechnet
   deren arithmetischen und quadratischen Mittelwert */

#include <stdio.h>
#include <math.h>

int main (void)
{
  double zahl ;      /* aktuelle Zahl                     */
  double mw, qmw;    /* Mittelwert, quadr. Mittelwert     */
  int    n;          /* Anzahl der eingelesenen Zahlen    */
  FILE   *ifp;       /* Zeiger auf Datenstruktur FILE     */
  int    status;     /* Resultat von fscanf               */

  ifp = fopen ("zahlen.txt","r");
  mw  = 0.0;
  qmw = 0.0;
  n = 0;
  status = fscanf(ifp,"%lf", &zahl);
  while (status != EOF) {
    mw = mw + zahl;
    qmw = qmw + zahl*zahl;
    n++;
    status = fscanf(ifp,"%lf", &zahl);
  }
  mw = mw / n;
  qmw = sqrt( qmw / n );
  printf("mw = %8.2f, qmw = %8.2f\n", mw, qmw);
  fclose (ifp);
  return 0;
}
```

1.8.3.3 Die Funktionen sscanf und sprintf

Diese Funktionen bieten die Formatierungsmöglichkeiten der `fscanf`- und `fprintf`-Funktionen, Quelle bzw. Ziel ist jedoch keine Datei, sondern eine Zeichenkette. Diese Zeichenkette ist als erstes Argument anzugeben.

```
char text[50];
double strom;
sscanf("100E-3", "%lf", &strom);
sprintf(text, "Strom I = %12.6g A", strom);
drawtext(20.0, 50.0, text);
```

Die beiden Funktionen sind für die praktische Programmierarbeit äußerst wertvoll. Zum Beispiel erlauben die Ausgabefunktionen in einer Windows-Umgebung nur die Ausgabe einer fertigen Zeichenkette:

```
drawtext(posx, posy, text);
```

In die Zeichenkette schreibt man vorher mit allen Formatierungsmöglichkeiten eine beliebige Mischung aus Text und Zahlenwerten.

1.8.3.4 Die Funktionen fgets und fputs

Man merkt bald, daß das Lesen einer Textdatei mit der `fscanf`-Funktion viele Wünsche nicht erfüllt. Wie lesen wir eine ganze Zeile Text mit Zwischenraumzeichen? Wie lesen wir eine Tabelle von Zahlen, entdecken dabei Fehler und setzen trotzdem das Lesen fort?

`fgets` liest eine Zeile Text aus einer Datei, `fputs` schreibt eine Zeichenkette auf eine Datei.

```
char *fgets(char *buffer, int n, FILE *fin);
int fputs(char *text, FILE *fout);
```

`fgets` liest maximal n-1 Zeichen bzw. bis zum nächsten Zeilenendezeichen aus dem Strom `fin` und speichert die Zeichen in der Zeichenkette `buffer`. Das Zeilenendezeichen `'\n'` wird ebenfalls abgespeichert. `fputs` schreibt die Zeichenkette `text` auf den Strom `fout`. Es wird kein zusätzliches `'\n'` angehängt.

Das folgende Programmbeispiel zeigt, wie man eine Tabelle von Zahlen relativ robust aus einer Datei liest. Korrekte Datenzeilen enthalten zwei durch Leerzeichen oder Tabulatoren getrennte Gleitkommazahlen. Zusätzlich sind Kommentarzeilen erlaubt. Eine Kommentarzeile muß in der ersten Spalte einen * enthalten.

```
* Kommentarzeile: Datei fileio2.in
34.6    12.56
1E4     -23.6
* naechste Zeile enthaelt Fehler
100 , 200
20.0    12.57
* Ende
```

Ein robustes Programm muß auch prüfen, ob die gewünschte Datei geöffnet werden konnte:

```
ifp = fopen(filename,"r");
if (ifp == NULL) {
  printf("Fehler beim Oeffnen der Datei %s\n", filename);
  exit(1);        /* Programm mit Status 1 abbrechen */
}
```

Die Bibliotheksfunktion `exit` verwendet man für das vorzeitige Abbrechen eines Programms. Die Funktion erledigt alle Aufräumarbeiten und meldet das Argument als Status an das System.

Wir lesen die einzelnen Zeilen der Datei zunächst mit der Programmzeile

```
while (fgets(zeile, 80, ifp) != NULL)
```

Diese Zeile steuert auch die Schleife. `fgets` liefert NULL, wenn das Ende der Datei erreicht ist. Die Zeile werden wir weiter analysieren, bzw. mit

```
status = sscanf(zeile, "%lf %lf", &x, &y);
```

weiterverarbeiten.

```
/* fileio2.c
   Liest Zahlen aus einer Textdatei,
   Kommentarzeilen und fehlerhafte Zeilen werden erkannt */

#include <stdio.h>
#include <stdlib.h>     /* fuer die Funktion exit */

int main (void)
{
  char   filename[12];
  char   zeile[80];
  double x, y;
  int    status;
  int    n;               /* Anzahl der gelesenen Zeilen*/
  FILE   *ifp;
  printf("Filename der Textdatei ? ");
  scanf("%s", filename);
  ifp = fopen(filename,"r");
  if (ifp == NULL) {
    printf("Fehler beim Oeffnen der Datei %s\n", filename);
    exit(1);        /* Programm mit Status 1 abbrechen */
  }
```

```
  n = 0;
  while (fgets(zeile, 80, ifp) != NULL) {
    n++;
    if (zeile[0] == '*')   /* Kommentarzeile */
      fputs(zeile, stdout);
    else {
      status = sscanf(zeile, "%lf %lf", &x, &y);
      if (status == 2)
        printf("Read: %8.4g  %8.4g\n", x, y);
      else {
        printf("Fehler in Zeile %2d: ", n);
        fputs(zeile, stdout);
      }
    }
  } /* end while */

  printf("\n%2d Zeilen gelesen\n", n);
  fclose(ifp);
  return 0;
}
```

1.8.3.5 Die Funktionen fgetc und fputc

Diese beiden oft verwendeten Funktionen dienen der Ein- bzw. Ausgabe von einzelnen Zeichen. Das Programm `fileio3.c` zeigt eine typische Verwendung dieser Funktionen:

Der Prototyp für die Funktion `fgetc` ist

```
  int fgetc(FILE *f);
```

Das Resultat ist im Normalfall der Code des Zeichens als `int`-Wert. Falls das Ende der Datei erreicht wird, ist das Resultat EOF. Die Konstante EOF hat einen Wert, der oft außerhalb des erlaubten Wertebereiches des Typs `char` liegt. Innerhalb von verschiedenen C-Systemen gibt es hier kleinere Unterschiede. Deshalb ist das Resultat der Funktion auch ein `int`-Wert. Für Zeichen, welche man mit `fgetc` liest, verwenden wir daher den Typ `int`. Den Code des Zeichens kann ein **int**-Wert auf jeden Fall aufnehmen. Wie die EOF-Marke einer Datei tatsächlich ausschaut, wird vom Betriebssystem festgelegt. Für den C-Programmierer ist das nicht interessant, da er sich darauf verlassen kann, daß die Funktion `fgetc` das Ende einer Datei erkennt und dann als Resultat EOF liefert. Auf der Tastatur wird EOF mit Ctrl/Z oder unter UNIX/LINUX mit Ctrl/D erzeugt.

Mit `fputc` schreibt man Zeichen auf eine Datei. Der Prototyp für `fputc` lautet

```
  int fputc(int c, FILE *f);
```

Programmbeispiel:

```
/* fileio3.c
   Liest eine Textdatei Zeichen für Zeichen ein, und
   kopiert die Zeichen auf eine neue Datei, eventuelle
   Grossbuchstaben werden in Kleinbuchstaben umgewandelt */

#include <stdio.h>
#include <stdlib.h>   /* fuer exit()  */

int main (void)
{
  int    c;               /* das aktuelle Zeichen */
  char   filename[25];    /* Dateiname            */
  FILE   *ifp, *ofp;

  printf("Filename der Textdatei ? ");
  scanf("%s", filename);
  if ( (ifp = fopen(filename, "r")) == NULL ) {
    printf("Datei %s nicht gefunden\n", filename);
    exit(1);
  }
  ofp = fopen("out.txt","w");
  while ((c = fgetc(ifp)) != EOF) {
    if ((c >= 'A') && (c <= 'Z')) c += 'a' - 'A' ;
    fputc(c, ofp);
  }
  fclose(ifp); fclose(ofp);
  return 0;
}
```

Besprechung des Programms:

```
  while ((c = fgetc(ifp)) != EOF) {
    if ((c >= 'A') && (c <= 'Z')) c += 'a' - 'A' ;
    fputc(c, ofp);
  }
```

In dieser Schleife, in typischem C-Code ausgedrückt, werden die Zeichen der Datei mit fgetc(ifp) gelesen. Erst wird geprüft, ob es sich nicht um das EOF-Zeichen handelt, dann wird geprüft, ob es sich um einen Großbuchstaben handelt. Falls dies der Fall ist, wird das Zeichen in einen Kleinbuchstaben umgewandelt. Warum das so funktioniert, erfahren Sie im nächsten Kapitel. Schlußendlich wird das Zeichen auf die neue Zieldatei ausgegeben.

getchar und putchar

Dies sind zwei Sonderformen der Funktionen `fgetc` und `fputc` für das Lesen von der Standardeingabe `stdin` und das Schreiben auf die Standardausgabe `stdout`:

```
c = getchar();    ist äquivalent zu   c = fgetc(stdin);
putchar(c);       ist äquivalent zu   fputc(c, stdout);
```

Kontrollfragen:

1) Was sind Quelle und Ziel von Ein- bzw. Ausgaben?

2) Ist dabei zwischen Geräten und Dateien zu unterscheiden?

3) Welche Fragen stellen sich für E/A Operationen?

4) Welche Funktionen stellt die C-Bibliothek für die E/A zur Verfügung?

5) Was versteht man unter Ein-/Ausgabeumleitung?

6) Was bewirken die Funktionen `fopen` und `fclose`?

7) Welchen Datentyp hat das Resultat der Funktion `fopen`?

8) Wie ist die bisherige Verwendung der Funktionen `printf` und `scanf` in das neu erworbene Wissen einzuordnen?

9) Welche Resultate liefert die Funktion `(f)scanf`?

10) Welche Bedeutung hat die Konstante EOF?

Aufgabe 1-45: Schreiben Sie ein Programm, das eine Datei zeichenweise liest und die einzelnen Zeichen vor der Ausgabe auf eine andere Datei verändert. Vorschläge für diese Änderungen:

1) Zu jedem Zeichen eine Konstante (z.B. die Zahl 5) addieren. Damit haben Sie ein einfaches Codierprogramm.

2) Ausgewählte Zeichen (z.B. die Zeichen mit einem Wert kleiner als 32) in folgender Form ausgeben: `fprintf(fout,"<%2d>", c);`

3) Ein bestimmtes Zeichen durch einen beliebigen Ersatztext ersetzen.

Beachten Sie jedoch, daß eine Änderung des Zeilentrennzeichens '\n' die Zeilenstruktur der Datei zerstört!

2 Datendarstellung in Rechnern, elementare Datentypen

Dieses Kapitel beginnt mit den Grundlagen der Codierung von Zahlen und Zeichen im Computer. Sie lernen die elementaren Datentypen und ihre zulässigen Wertebereiche kennen. Sie lernen mehrere Standards zur Codierung von Zeichen kennen, wissen Details über den ASCII-Code und erfahren etwas über die interne Darstellung von ganzen Zahlen und Gleitkommazahlen und über die Genauigkeit der Gleitkommazahlen. Sie erfahren mehr über die Vereinbarung von Variablen und verwenden die `typedef`-Anweisung, um neue Typbezeichner zu vereinbaren.

2.1 Allgemeines zu Zahlensystemen und Codes

2.1.1 Zahlensysteme

Das uns geläufige Zahlensystem, das Dezimalsystem, stellt Zahlenwerte nach folgendem Prinzip dar:

$$x = \sum_{i=-m}^{n} b_i \, B^i$$

```
b   .... Ziffern   0 <= b < B
B   .... Basis,  B = 2,3,4,5,....
```

Man nennt Zahlensysteme, die dieses Prinzip der Zahlendarstellung verwenden, polyadische Zahlensysteme. Für das Zehnersystem ist die Basis B = 10, die ganzzahligen Potenzen von 10 sind ... 0.01, 0.1, 1, 10, 100, 1000, ... Die einzelnen Ziffern einer Zahl sind mit dem zugehörigen Stellenwert zu multiplizieren:

```
427.34
```

ist die Kurzschreibweise für die Summe

```
 4·100 + 2·10 + 7·1 + 3·0.1 + 4·0.01
```

Die Basis B ist eine beliebige Zahl. Wir kommen nur deshalb gerade mit dem Zehnersystem so gut zurecht, weil wir dieses System gewohnt sind. In der Informatik verwendet man auch Zahlensysteme mit anderen Zahlen als Basis:

Zahlensystem	Basis	Ziffern
dual	2	0,1
oktal	8	0,1,2,3,4,5,6,7
dezimal	10	0,1,2,3,4,5,6,7,8,9
hexadezimal	16	0,1,2,3,4,5,6,7,8,9,A,B,C,D,E,F

Wenn wir verschiedene Zahlensysteme nebeneinander verwenden, muß für eine Zahl das gewählte Zahlensystem angegeben werden. Die übliche Schreibweise ist

$$n = b_n b_{n-1} b_{n-2} \ldots b_1 b_0 b_{-1} b_{-2} \ldots b_{-m}{}_B$$

wobei führende Nullen weggelassen werden.

Beispiel für die Darstellung einer Zahl in verschiedenen Systemen:

$$76_{10} = 1001100_2 = 114_8 = 4C_{16}$$

Die gewichteten Ziffernsummen sind (im Dezimalsystem ausgedrückt):

$$76_{10} \quad\quad = 7 \cdot 10 + 6 \cdot 1 \quad\quad\quad = 76$$

$$1001100_2 = 1 \cdot 64 + 1 \cdot 8 + 1 \cdot 4 = 76$$

$$114_8 \quad\quad = 1 \cdot 64 + 1 \cdot 8 + 4 \cdot 1 = 76$$

$$4C_{16} \quad\quad = 4 \cdot 16 + 12 \cdot 1 \quad\quad\quad = 76$$

Stellenwerte (dezimal) der Ziffern für verschiedene Zahlensysteme:

	2	8	10	16
b^7	128	2 097 152	10 000 000	268 435 456
b^6	64	262 144	1 000 000	16 777 216
b^5	32	32 768	100 000	1 048 576
b^4	16	4 096	10 000	65 536
b^3	8	512	1 000	4 096
b^2	4	64	100	256
b^1	2	8	10	16
b^0	1	1	1	1
b^{-1}	0.5	0.125	0.1	0.0625
b^{-2}	0.25	0.015625	0.01	0.00390625
b^{-3}	0.125	0.001953125	0.001	0.00024414..

Bedeutung der verschiedenen Systeme:

Das **Dezimalsystem** ist das von uns normalerweise verwendete Zahlensystem. Zahlenwerte dieser Form können wir unmittelbar lesen und uns den Zahlenwert auch vorstellen. Für die interne Zahlendarstellung in Computern wird dieses System nicht verwendet. Die Ein- und Ausgaberoutinen erledigen die Aufgabe der Umwandlung von Zahlen im Dezimalsystem in die Form der internen Darstellung.

Das oktale und hexadezimale System hat deshalb eine wichtige Bedeutung, weil ein einfacher Zusammenhang mit dem Dualsystem besteht. Dieser Zusammenhang ergibt sich deshalb, weil 8 und 16 ganzzahlige Potenzen von 2 sind. Die Einteilung einer Dualzahl von rechts nach links in Dreiergruppen ergibt die entsprechende Oktalzahl, die Einteilung in Vierergruppen ergibt die entsprechende Hexadezimalzahl.

Das **Dualsystem** hat für die elektronische Datenverarbeitung eine besondere Bedeutung, weil als Ziffern nur 0 und 1 notwendig sind, was der Informationseinheit 1 Bit entspricht.

Aufgabe 2-1: Berechnen Sie den Wert der folgenden Zahlen im Dezimalsystem: 1010011001_2, 11.101_2, 12021_3, 103576_8, 245.37_8, $1A4_{16}$, $FFFF_{16}$.

Aufgabe 2-2: Überprüfen Sie die Behauptung über den Zusammenhang zwischen Dual-, Oktal- und Hexadezimalsystem (Dreier- und Vierergruppen). Zeigen Sie dazu den Zusammenhang anhand einiger Beispiele.

Die Funktionen (f)scanf und (f)printf können ganze Zahlen im Dezimalsystem, im Oktalsystem und im Hexadezimalsystem ausgeben und lesen. Die zugehörigen Umwandlungszeichen sind **d**, **o** und **x** bzw. **X**. **x** verwendet die Kleinbuchstaben a, b, c, d, e, f für die Hexziffern 10, 11, 12, 13, 14, 15. **X** verwendet die Großbuchstaben A, B, C, D, E, F. Die Umwandlungszeichen **o**, **x** und **X** interpretieren das zugehörige Argument allerdings als nicht vorzeichenbehaftete Zahl.

Das folgende C-Programm erzeugt eine Tabelle von Zahlen im Dezimal-, Oktal- und Hexadezimalsystem:

```
/* zahlsys.c
   erzeugt eine Tabelle der ganzen Zahlen
   in dezimaler, oktaler und hexadezimaler Darstellung */

#include <stdio.h>

int main(void)
{
  int i, n;

  printf("Erzeugt eine Tabelle der Zahlen 0 bis n \n");
  printf("in verschiedenen Zahlensystemen : n = ? ");
  scanf("%d",&n);
  printf("-------------------\n");
  printf("   10      8    16 \n");
  printf("-------------------\n");

  for (i = 0; i <= n; i++)
    printf ("%5d %6o %5X\n",i, i, i);

  return 0;
}
```

Beispiel für eine Programmausführung (gekürzt):

```
Erzeugt eine Tabelle der Zahlen 0 bis n
in verschiedenen Zahlensystemen : n = ? 100
------------------
     10       8      16
------------------
      0       0       0
      1       1       1
      2       2       2
. . . . . . . . . . . . . . .
      7       7       7
      8      10       8
      9      11       9
     10      12       A
     11      13       B
     12      14       C
     13      15       D
     14      16       E
     15      17       F
     16      20      10
     17      21      11
. . . . . . . . . . . . . . .
     32      40      20
. . . . . . . . . . . . . . .
     64      80      40
. . . . . . . . . . . . . . .
     99     143      63
    100     144      64
```

2.1.2 Codes

Zur Darstellung, Abspeicherung und zum Austausch von Information benützen wir bestimmte Zeichen, deren Bedeutung wir (vielfach durch weit zurückliegende kulturelle Errungenschaften) vereinbart haben.

Beispiele dafür sind

* die Dezimalziffern 0 ... 9

* das lat. Alphabet a ... z, A ... Z

* das griechische Alphabet α ... ω, A ... Ω

* die Schriftzeichen der Chinesen, Japaner, ...

* die römischen Ziffern I, V, X, L, C, D, M

* Flaggenzeichen in der Schiffahrt

* Rauchzeichen

* Morsecode

Ein Code verwendet aufgrund einer einmal getroffenen Vereinbarung eine bestimmte, genau definierte Menge von Zeichen für die Informationsdarstellung. Diese Menge nennt man den Zeichenvorrat.

Das Wort Code hat in der Informatik mehrere Bedeutungen. Für das hier behandelte Thema ist Code eine Abbildungsvorschrift, die jedem Zeichen oder einer Folge von Zeichen eines Zeichenvorrates (Urbildmenge) eindeutig ein Zeichen oder eine Zeichenfolge aus einem möglicherweise anderen Zeichenvorrat (Bildmenge) zuordnet.

Die meisten Codes sind umkehrbar eindeutig, d.h. zwei verschiedenen Zeichenfolgen aus der Urbildmenge werden stets zwei verschiedene Zeichenfolgen über der Bildmenge zugeordnet. Den Vorgang des Übersetzens eines Zeichens oder einer Zeichenfolge der Urbildmenge in die Bildmenge bezeichnet man als Codierung oder Verschlüsselung; der umgekehrte Vorgang heißt Decodierung oder Entschlüsselung.

Das Funktionsprinzip der heutigen Computer verlangt binäre Codes. Für binäre Codes ist der Zeichenvorrat auf zwei Zeichen (**0** und **1**) beschränkt. Diese kleinste Einheit für die codierte Darstellung von Daten nennt man ein Bit (*binary digit*). **0** und **1** können als Ziffern interpretiert werden (z.B. für die Darstellung von Zahlen im Dualsystem). Der Wert eines Bits kann aber auch als FALSCH (*false*) und WAHR (*true*) interpretiert werden. Da man mit **0** und **1** nur zwei Möglichkeiten hat, bildet man Zeichenfolgen aus diesem Zeichenvorrat. Diese Zeichenfolgen (Bitkombinationen, Codeworte) haben je nach Länge spezielle Namen:

Länge	Bezeichnung	Anzahl der möglichen Codeworte
1	Bit	2
4	Nibble, Tetrade	16
8	Oktett (Byte)	256
16	Wort (*word*)	65 536
32	Langwort (*longword*)	4 294 967 296

2.2 Ganze Zahlen (*integer*)

2.2.1 Interne Darstellung (Codierung) ganzer Zahlen

Positive Zahlenwerte, das ist der Bereich der natürlichen Zahlen inkl. 0, werden im Computer als binäre Zahl gespeichert und verarbeitet. Die positiven Zahlen bezeichnet man auch als nicht vorzeichenbehaftete Zahlen (*unsigned*). Vorzeichenbehaftete Zahlen (*signed*) werden in der Regel in der sogenannten Zweierkomplementdarstellung codiert. Dies bringt Vorteile für die in Computern verwendeten Rechenschaltungen. Eine weitere Möglichkeit für die Darstellung von ganzen Zahlen ist die Exzeßdarstellung.

a) natürliche Zahlen und 0 (*unsigned integer*)

werden als Dualzahlen codiert, der darstellbare Bereich mit N Bit ist 0 - 2^N-1.

Anzahl Bits	Zahl der Oktetts	größte mögliche Zahl
8	1	255
16	2	65 535
32	4	4 294 967 295

b) vorzeichenbehaftete ganze Zahlen (*signed integer*)

Für die Codierung von positiven und negativen Zahlen gibt es mehrere Möglichkeiten. Eine Möglichkeit der Codierung ist, ein Bit als **Vorzeichenbit** (**S**ign) zu verwenden und zu vereinbaren, daß ein gesetztes Bit negatives Vorzeichen bedeutet, ein nicht gesetztes Bit (Wert 0) ein positives Vorzeichen bedeutet. Die restlichen Bits sind der Betrag der Zahl im Binärsystem. Diese Codierung würde auch unserer Schreibweise von Zahlen mit den Vorzeichen + und - entsprechen:

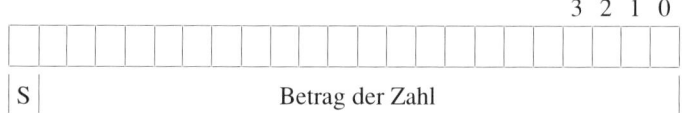

Diese Codierung hat gegenüber der in Computern verwendeten Zweierkomplementdarstellung einige Nachteile. Der Aufwand für die Rechenschaltung im Computer wäre größer. Für die Zahl Null gibt es zwei verschiedene Bitmuster, was ebenfalls unangenehm ist.

Bei der **Zweierkomplementdarstellung** hat ein gesetztes höchstwertiges Bit den Wert -2^{N-1}, entspricht also einer negativen Zahl. Die anderen Bits werden als positive Dualzahl interpretiert. Der Zahlenwert einer vorzeichenbehafteten Zahl z mit N Binärziffern ist

$$z = -b_{N-1} \cdot 2^{N-1} + \sum_{i=0}^{N-2} b_i \cdot 2^i$$

Der darstellbare Zahlenbereich mit N Binärziffern ist -2^{N-1} bis $+2^{N-1}$-1, der Bereich der negativen Zahlen ist um 1 größer als der Bereich der positiven Zahlen. Der wesentliche Vorteil dieser Darstellung ist, daß die Subtraktion wie eine Addition ausgeführt werden kann.

Beispiel:

```
  +2  =  0010        +2  =  0010
  +5  =  0101        -5  =  1011
  ────────────       ────────────
  +7  =  0111        -3  =  1101
```

Für eine Darstellung mit 4 Binärziffern (4 Bits) ergeben sich z.B. folgende Bitmuster und zugehörige Zahlenwerte. In der Tabelle ist zusätzlich angegeben, wie das gleiche Codewort (Bitmuster) als nicht vorzeichenbehaftete Zahl interpretiert würde.

Code	unsigned	signed	Code	unsigned	signed
0000	0	0	1000	8	-8
0001	1	1	1001	9	-7
0010	2	2	1010	10	-6
0011	3	3	1011	11	-5
0100	4	4	1100	12	-4
0101	5	5	1101	13	-3
0110	6	6	1110	14	-2
0111	7	7	1111	15	-1

Da diese Codierung die Arbeitsweise von Computern wesentlich beeinflußt, will ich einige Details der Zweierkomplementdarstellung behandeln.

Wie bildet man aus dem Code einer Zahl x den Code für die Zahl *-x*?

Für eine 4-Bit-Codierung gilt laut obiger Tabelle: Der Code von *-1* (*signed*) ist gleich dem Code von *15* (*unsigned*); der Code von *-2* (*signed*) ist gleich dem Code von *14* (*unsigned*). Die für $N=4$ gültige allgemeine Regel ist offensichtlich: Der Code der Zahl *-x* (*signed*) ist gleich dem Code der Zahl *16 - x* (*unsigned*). Für beliebiges N gilt: Der Code der Zahl *-x* ist gleich dem Code der Zahl $2^N - x$. $2^N - x$ ist die Ergänzung von x auf 2^N. In einer Darstellung mit N Dualziffern ist $2^N - x$ das sogenannte Zweierkomplement der Zahl x. Für $N=4$ ergibt diese Rechnung für das Zweierkomplement der Zahl *5* das Codewort 1011.

```
   10000  =   16
 -  0101  =    5
   ─────────────
    1011  =   -5  (11)
```

Für die Bildung des Zweierkomplementes gibt es einen einfachen und zudem aufschlußreichen Trick. Die Subtraktion $a - x$ ist dann leicht auszuführen, wenn a aus lauter Einsen besteht. Wir machen deshalb die Umwandlung

$$2^N - x = \underbrace{\mathbf{2^N - 1} - x}_{\text{Einerkomplement}} + 1$$

Die Ergänzung einer Zahl x auf die Zahl $2^N - 1$ bezeichnet man als Einerkomplement. Für die Bildung des Einerkomplementes braucht man nur 0 durch 1 und 1 durch 0 ersetzen. Das heißt, das Zweierkomplement einer Zahl ist gleich dem um 1 erhöhten Einerkomplement der Zahl.

```
    1111
 -  0101
   ──────
    1010   (Einerkomplement der Zahl 5)
 +     1   +1
   ──────
    1011   Zweierkomplement der Zahl 5 = Code für -5
```

Die für die Ausführung der Addition und Subtraktion wichtigen Eigenschaften der Zweierkomplementdarstellung sieht man im Zahlenkreis (Beispiel für N=4) besonders deutlich:

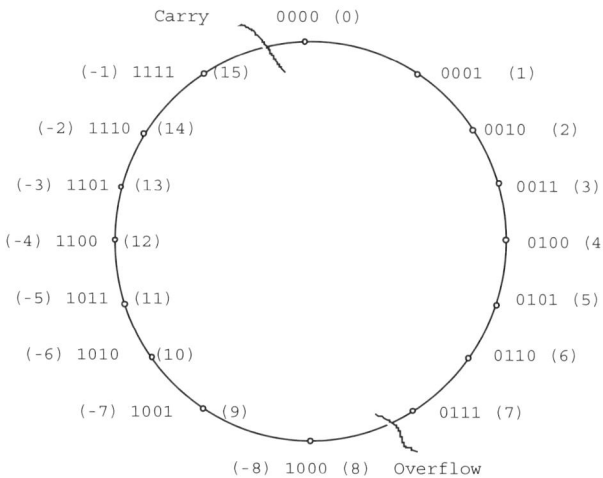

Für eine Addition muß man im Uhrzeigersinn weiterschreiten, für eine Subtraktion gegen
den Uhrzeigersinn. Wie man sofort sieht, ergeben sich falsche Resultate, sobald der Punkt
0111 (die größte positive Zahl) überschritten wird. Die CPU's von Computern enthalten
neben den "normalen" Registern ein spezielles Statusregister. In diesem Statusregister sind
Bits vorgesehen, welche die Eigenschaften des Resultates der letzten Rechenoperation anzeigen:

Bit	Bedeutung
Overflow	Resultat kann nicht korrekt dargestellt werden
Carry	Es hat einen Übertrag gegeben, oder es war ein Borgen notwendig
Sign	Vorzeichenbit
Zero	Resultat war Null

Höhere Programmiersprachen erlauben keinen unmittelbaren Zugriff auf das Statusregister.
Im Kapitel 4 finden Sie den Quellcode des Programms intarith.c, das die Gesetze der
Ganzzahlarithmetik in einem kleinen Zahlenbereich demonstriert. Als Folge der Zweierkomplementdarstellung ergeben sich für den Laien überraschende Resultate. Das Programm
verwendet eine 8-Bit Zweierkomplementdarstellung für die Operanden und liefert z.B. folgende Resultate:

```
     29  +     36  =     65
    120  +      7  =    127
    120  +      8  =  -128
   -128  +      1  =  -127
   -128  -      1  =    127
     10  *     12  =    120
     10  *     13  =  -126
      8  /      2  =      4
      8  /      3  =      2
     27  /     12  =      2
     -5  /      1  =     -5
```

In einer 16 oder 32-Bit Codierung treten diese Rechenfehler genau so auf, nur ist der zulässige Zahlenbereich entsprechend größer.

Der mit der Zweierkomplementdarstellung mögliche Zahlenbereich für eine Codierung mit 8, 16, 32 und 64 Bits ist:

Bit	größte negative Zahl	größte positive Zahl
8	- 128	127
16	- 32 768	32 767
32	- 2 147 483 648	2 147 483 647
64	- 9 223 372 036 854 775 807	9 223 372 036 854 775 808

Eine dritte Möglichkeit der Codierung von vorzeichenbehafteten Zahlen, die **Exzeßdarstellung** ist wichtig, weil diese Art der Codierung für die Darstellung des Exponenten bei Gleitkommazahlen verwendet wird. Zum Wert der Zahl x wird eine positive Zahl q mit dem Ziel addiert, daß das Ergebnis nicht negativ ist. Die Zahl q, der Exzeß, muß gleich dem Betrag der größten negativen Zahl gewählt werden.

Für $N=4$ wählt man z.B. $q=2^3=8$ und erhält folgende Codeworte für die Zahlen -8 bis +7:

Zahl x	x + q	Code
-8	0	0000
-7	1	0001
-6	2	0010
...	..	..
0	8	1000
1	9	1001
..	..	..
6	14	1110
7	15	1111

Zusammenfassung:

Zahlendarstellung in Rechnern beruht auf Vereinbarungen über die Zuordnung von Bitmustern zu Zahlenwerten (Code). Das gleiche Bitmuster kann je nach Vereinbarung unterschiedlich interpretiert werden. Diese Tatsache ist oft der Grund für fehlerhafte C-Programme.

2.2.2 Datentypen für ganze Zahlen in C

C stellt für ganze Zahlen außergewöhnlich viele Varianten an Datentypen zur Verfügung. Die Unterschiede liegen einerseits in der Länge, also in der Anzahl der für die Speicherung verwendeten Bits, andererseits in der Wahl von nur positiven oder positiven und negativen Zahlen.

ausführliche Schreibweise	Kurzschreibweisen		
`_Bool`			
`unsigned char` `signed char`	`char`		
`unsigned short int` `signed short int`	`unsigned short` `short int`	`short`	
`unsigned int` `signed int`	`unsigned` `int`		
`unsigned long int` `signed long int`	`unsigned long` `long int`	`long`	
`unsigned long long int` `signed long long int`	`unsigned long long` `long long int`	`long long`	

Wird `short`, `long` oder `long long` angegeben, so kann `int` weggelassen werden. Der Ersatzwert für das Vorzeichen ist `signed`. Die Typen `_Bool` und `long long int` werden erst im C99-Standard definiert. Ob `char` als `signed` oder `unsigned` implementiert ist, ist compilerspezifisch, bzw. kann als Option oder Compilerschalter angegeben werden. Der Typ `char` wird verwendet, um die Zeichen des verwendeten Grundzeichensatzes zu speichern, er kann aber auch für die Darstellung kleiner ganzer Zahlen verwendet werden. Diese Datentypen für ganze Zahlen und Zeichen bilden zusammen die Familie der *integral data types*. Oft ist in Ausdrücken nur ein Typ dieser Familie erlaubt. Ich nenne diesen verallgemeinerten Typ einen Ganzzahltyp oder einfach *integer*-Typ.

Für die tatsächliche Implementierung dieser Datentypen läßt der Standard einigen Freiraum. Die für die interne Darstellung der einzelnen Typen verwendete Anzahl von Bits kann daher unterschiedlich sein. Der Typ `int` ist der zentrale Datentyp in C. Er ist in der Größe den CPU-Registern des Computers angepaßt. Die Zentraleinheit eines Computers (CPU) verwendet ca. 10 bis 20 Register, um die Daten und Adressen für die momentanen Operationen zu speichern. Diese Register haben heute eine typische Größe von 4 Byte (32-Bit Architektur). Mit 32-Bit Registern kann man 4.294.967.296 Bytes (4 Gigabyte) adressieren. Mit einem 16-Bit Register kann man 65.536 Bytes (64 Kilobyte) adressieren. Der Typ `int` ist in der Regel so groß, daß er genau in ein CPU-Register paßt.

Die Typen `short` und `long` müssen nicht unbedingt kürzer oder länger als der Typ `int` sein. Es gilt jedoch immer: `short <= int <= long <= long long`. Eine Implementierung darf weitere Datentypen verwenden, Visual C++ (noch C90) verwendet z.B. den Typ `__int64`. Die Tabelle zeigt Beispiele für unterschiedliche Implementierungen. Angegeben ist die Größe der Typen in Oktetts:

	char	short	int	long	long long
MS Visual C++ 6.0	1	2	4	4	8
lcc-win32	1	2	4	4	8
C Compiler für DOS	1	2	2	4	-

Für Variablen ergibt sich der Typ durch die Vereinbarung:

```
char c1, c2;
unsigned short  word;
long z;
```

Für Konstanten gelten folgende Syntaxregeln:

$$integer\text{-}constant ::= decimal\text{-}constant\ integer\text{-}suffix_{opt}$$
$$octal\text{-}constant\ integer\text{-}suffix_{opt}$$
$$hex\text{-}constant\ integer\text{-}suffix_{opt}$$

$$decimal\text{-}constant ::= 0\ |\ nonzero\text{-}digit\ \{\ digit\ \}_{0+}$$

$$octal\text{-}constant\quad ::= 0\ \{\ octal\text{-}digit\ \}_{0+}$$

$$hex\text{-}constant\quad ::= \{\ 0x\ |\ 0X\ \}_{1}\ \{\ hex\text{-}digit\ \}_{1+}$$

$$integer\text{-}suffix\quad ::= \{\ u\ |\ U\ \}_{opt}\ \{\ l\ |\ L\ \}_{opt}\ \{\ ll\ |\ LL\ \}_{opt}$$

Einige Beispiele bringen vermutlich Klarheit in die auf den ersten Blick komplizierten Regeln.

```
     456       int
 2000000       long
     456ul     unsigned long
     023       int in oktaler Schreibweise
   0xAB4       int in HEX-Schreibweise
   0xffffu     unsigned int in hex-schreibweise
      1LL      long long
```

Eine ganzzahlige Konstante wie 456 hat den Typ `int`, solange die Zahl nicht zu groß ist und die gewünschte Darstellung nicht mit einer Endung (integer-suffix) angegeben wird. Beginnt eine ganzzahlige Konstante mit **0** (Null), so wird sie als Oktalzahl interpretiert; beginnt die Konstante mit **0x** oder **0X**, so wird sie als Hex-Zahl interpretiert. Diese Konstanten können durch den unären Minus-Operator in negative Werte umgewandelt werden.

2.2.3 (f)printf und (f)scanf Umwandlungen für ganze Zahlen

Umwandlungszeichen:

Zeichen	printf-Arg.	printf-Ausgabe	scanf-Arg.	scanf-Eingabewert
i	int	signed dezimal	int *	±int-Konstante
d	int	signed dezimal	int *	±Dezimalkonstante
u	(unsigned) int	unsigned dezimal	unsigned *	Dezimalkonstante
o	(unsigned) int	unsigned oktal	unsigned *	Oktalkonstante
x	(unsigned) int	unsigned hex	unsigned *	hex-Konstante
X	(unsigned) int	unsigned hex	unsigned *	HEX-Konstante

Diese Umwandlungszeichen können mit einer Längenangabe, die als Vorsilbe zu schreiben ist, versehen werden. Dann ändert sich der zugehörige Datentyp laut folgender Tabelle:

Längenangabe	hh	h	l	ll	j	z	t
Datentyp	char	short	long	long long	intmax_t	size_t	ptrdiff_t
Anmerkung	C99			C99	C99	C99	C99

Die %i-Umwandlung erlaubt Eingabewerte nach den Regeln für Integerkonstanten, also auch Werte wie 077 oder 0x1f. Gültige Umwandlungsangaben mit einer Längenangabe sind z.B.: %hhd, %li oder %llX. Werte vom Typ _Bool, char und short int werden als Argument der fprintf-Funktion zunächst immer in einen int-Wert umgewandelt. Die weiteren Details der Ausgabe können mit den Längenangaben hh und h in Kombination mit den Umwandlungszeichen noch beeinflußt werden. Für die Typen long und long long sind die Ausgaben nur dann immer korrekt, wenn die Längenangabe l bzw. ll verwendet wird. Für die Eingabe müssen Sie auf jeden Fall die zur Länge passenden Umwandlungszeichen verwenden, sonst riskieren Sie sonderbare Seiteneffekte, d.h. es können sich andere Daten ändern.

Zwischen dem %-Zeichen und dem Umwandlungszeichen können neben Feldweiten weitere Steuerzeichen (Flags) eingefügt werden. Ein - erzeugt statt der rechtsbündigen Ausrichtung linksbündige Ausrichtung, ein + gibt auch positive Zahlen mit dem Vorzeichen aus. Eine Zusammenstellung dieser Steuerzeichen finden sie bei den Umwandlungen für Gleitkommazahlen bzw. im Anhang des Buches.

Beispiel:

```
int i = 210853;
printf("%8i|%-8i|%+8i|%.8i\n", i, i, i, i);
erzeugt die Ausgabe:
  210853|210853  | +210853|00210853
```

2.3 Zeichen und Zeichensätze

2.3.1 Codierung von Zeichen

Seit etwa 6000 Jahren verwendet der Mensch die Schrift. Zunächst in Form von Symbolen, seit etwa 3000 Jahren werden Alphabete verwendet, die in Zeichen oder Zeichengruppen Laute darstellen. Mit dem Telegraph hat Samuel Morse auch den Morse-Code entwickelt, welcher die Buchstaben, Ziffern und auch Satzzeichen als unterschiedlich lange Folge von Punkten und Strichen repräsentiert. Für die Kommunikation mittels Fernschreiber wurde ein weltweit einheitlicher 5-Bit Code, bekannt unter dem Namen Internationales Telegrafen-alphabet (CCITT) Nr. 2, verwendet. Mit 5 Bits kann man 32 verschiedene Zeichen darstellen. Für die eindeutige Darstellung von 26 Buchstaben, 10 Ziffern und einigen Sonderzeichen reicht das nicht aus. Der Trick dabei ist, daß ein Bitmuster zwei verschiedene Bedeutungen hat. Welche Bedeutung ein Bitmuster gerade hat, ergibt sich durch den Zustand, welcher zwischen Buchstaben und Ziffer/Zeichen umgeschaltet werden kann. Zur Umschaltung wird ein bestimmtes Bitmuster verwendet.

Für die Computer wurde dann der ASCII-Code (American Standard Code for Information Interchange) entwickelt, ein 7-Bit Code mit 128 möglichen Zeichen. Es gibt keine andere Norm, die derart weit verbreitet ist und die Arbeit mit Computern so wesentlich bestimmt. Der ASCII-Code ist ein amerikanischer Standard, das Problem für den Rest der Welt ist, daß er keine Umlaute, keine Akzente und andere Zusätze enthält, wie sie in vielen Sprachen vorkommen. Eine Lösung war zunächst, 12 Zeichen des Codes (#, $, @, [, \,], {, |, }, ^, `, ~) länderspezifisch durch andere Zeichen zu ersetzen. Eine Folge, die meiner Generation noch bekannt ist, war, daß am Matrixdrucker mit DIP-Schaltern eingestellt wurde, ob er für die Codes dieser 12 Zeichen jetzt die Zeichen der US-Version oder die Zeichen der deutschen Referenzversion, (Umlaute, ß) druckt.

Mit den 8 Bits, die auf vielen Computern das Byte bilden, war der Weg frei für eine Erweiterung des ASCII-Zeichensatzes auf 8 Bit und damit 256 mögliche Zeichen. ISO/IEC 8859 definiert einen 8-Bit Code mit zwei Codetabellen. Die Codes 0 bis 127 sind immer gleich und entsprechen dem ASCII-Code in der US Version. Die zweite Häfte mit den Codes 128 bis 255 kann länderspezifischen Anforderungen angepaßt werden. ISO/IEC definiert so Zeichensätze wie Latin 1 für die westeuropäischen Länder oder Latin 2 für die osteuropäischen Länder. Microsoft definiert so den Zeichensatz von Windows (ANSI-Zeichensatz), der trotz des Namens nur fast, aber doch nicht ganz mit dem ISO/IEC Zeichensatz 8859-1 überein stimmt. Auch die aus der DOS-Zeit noch bekannten Codeseiten wie Codeseite 437 oder Codeseite 850 nutzen die zweite Hälfte dieses 8-Bit Zeichensatzes. Sie haben sicher schon bemerkt, daß eine mit einem MS-Windows-Editor codierte Anweisung `printf("Schöne Grüße")` im Konsolfenster dann z.B. als `Sch÷ne Gr³e` erscheint. Der Grund liegt im Unterschied zwischen dem Windows-Zeichensatz und der für Konsolprogramme z.B. eingestellten Codepage 850. Anmerkung: Der Windows-NT Konsol-Befehl CHCP zeigt die aktive Codepage an oder ändert sie.

Für die in Amerika und Europa verwendeten Zeichen ist ein 8-Bit Zeichensatz mit Code-seiten eine Lösung, mit der man leben kann. Will man jedoch die mehr als 20 000 Schrift-symbole der fernöstlichen Schriften codieren, so benötigt man andere Konzepte. Eine Lö-sung sind Multibyte-Zeichensätze. Eine Folge von Zeichen wird als Folge von Bytes darge-stellt, wobei für ein Zeichen ein oder mehrere Bytes verwendet werden. Bei der Verarbei-tung der Zeichenfolge wird als Anfangszustand der Ein-Byte-Mode festgelegt. Für jedes Byte wird überprüft, ob das Byte ein gültiger Ein-Byte-Code ist, oder ob es sich um eine Sequenz handelt, die den Zustand z.B. in den Zwei-Byte-Mode umschaltet.

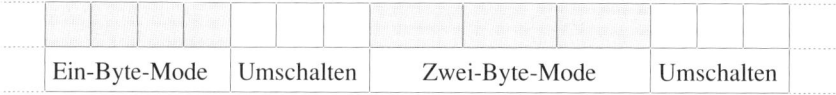

| Ein-Byte-Mode | Umschalten | Zwei-Byte-Mode | Umschalten |

Ein interessantes Konzept, aber nicht ganz einfach. Es ist eher geeignet für die Übertragung von Daten als für die Verarbeitung von Daten am Computer.

Eine andere Lösung der aufgezeigten Probleme, alle Schriftzeichen dieser Welt im Compu-ter eindeutig zu codieren liegt auf der Hand und entspricht der in der Welt der Computer üblichen Vorgangsweise. Wenn ein Oktett nicht ausreicht, um alle Zeichen darzustellen, so muß die Zahl der Oktetts erhöht werden. Eine Initiative einiger Firmen ist der Unicode, ein 16-Bit Code. Mit ISO/IEC 10646 wurde ein 32-Bit Code, der UCS-4-Oktett-Code (*universal character set*) als internationaler Standard festgelegt. Unicode hat bereits große Bedeutung, und wird von vielen Betriebssystemen unterstützt. Längerfristig wird wohl der UCS-4 Code der Code der Zukunft sein. Der UCS-4 Code ist so konzipiert, daß ASCII- und Unicode eine Untermenge sind.

2.3.2 Der ANSI/ASCII-Code und der Datentyp char

Den (erweiterten) ASCII-Code und seine Besonderheiten muß man als Programmierer be-sonders gut kennen.

Es gibt zwei Gruppen von Zeichen: Steuerzeichen (*control codes*) 0 bis 31_{10} und druckbare Zeichen (*printable characters*).

Die Bits $b_6b_5b_4b_3b_2b_1b_0$ sind folgendermaßen belegt:

* Für die Steuerzeichen sind b_6 und $b_5 = 0$
* Für die Ziffern 0 bis 9 sind $b_6 = 0$, b_5 und $b_4 = 1$. Die Bits b_3 bis b_0 sind der Binärcode (BCD-Code) der Ziffer. Das Zeichen für die Ziffer 0 hat den Code 48.
* Klein- und Großbuchstaben unterscheiden sich im Bit b_5. Für die Kleinbuchstaben ist das Bit auf eins gesetzt, für die Großbuchstaben ist es 0. Die Kleinbuchstaben haben einen um 32 größeren Code als die entsprechenden Großbuchstaben. 'A' hat zum Beispiel den Code $1000001 = 65_{10}$, 'a' hat den Code $1100001 = 97_{10}$.

Am Terminal gibt es spezielle Tastenkombinationen, um wichtige Steuerzeichen zu erzeu-gen. Was spezielle Tastenkombinationen auslösen, ist vom Betriebssystem abhängig. Die Interpretation der folgenden Eingaben ist jedoch weitgehend einheitlich.

Tasten	Codewort	Symbol	Beschreibung
CTRL/G	0000111	BEL	Glocke
CTRL/I	0001001	HT	horizontaler Tabulator
CTRL/L	0001100	FF	neue Seite (*form feed*)
CTRL/M	0001101	CR	Wagenrücklauf (*carriage return*)
CTRL/J	0001010	LF	neue Zeile (*line feed*)

Schriftzeichensatz Latin 1 codiert nach ISO/IEC Teil 1

	0	32	64	96	128	160	192	224
0	NUL	*SP*	@	'		*NS*	À	à
1	SOH	!	A	a		¡	Á	á
2	STX	''	B	b		¢	Â	â
3	ETX	#	C	c		£	Ã	ã
4	EOT	$	D	d		¤	Ä	ä
5	ENQ	%	E	e		¥	Å	å
6	ACK	&	F	f		¦	Æ	æ
7	BEL	'	G	g		§	Ç	ç
8	BS	(	H	h		¨	È	è
9	Hat	)	I	i		©	É	é
10	LF	*	J	j		ª	Ê	ê
11	VT	+	K	k		«	Ë	ë
12	FF	,	L	l		¬	Ì	ì
13	CR	-	M	m		-	Í	í
14	SO	.	N	n		®	Î	î
15	SI	/	O	o		¯	Ï	ï
16	DLE	0	P	p		°	Đ	ð
17	DC1	1	Q	q		±	Ñ	ñ
18	DC2	2	R	r		²	Ò	ò
19	DC3	3	S	s		³	Ó	ó
20	DC4	4	T	t		´	Ô	ô
21	NAK	5	U	u		µ	Õ	õ
22	SYN	6	V	v		¶	Ö	ö
23	ETB	7	W	w		·	×	÷
24	CAN	8	X	x		¸	Ø	ø
25	EM	9	Y	y		¹	Ù	ù
26	SUB	·	Z	z		º	Ú	ú
27	ESC	;	[	{		»	Û	û
28	FS	<	\	|		¼	Ü	ü
29	QS	=	]	}		½	Ý	ý
30	RS	>	^	~		¾	Þ	þ
31	US	?	_	DEL		¿	ß	ÿ

Die Spalte 128 trägt die vertikale Beschriftung: Steuerzeichen

Die Codezeichen 0 bis 127 sind der ASCII-Code. Die Zeichencodes 0 bis 31 sind Steuerzeichen, die Steuerzeichen treten im Bereich 128 bis 159 noch einmal auf. Es gibt einige weitere nicht druckbare Zeichen, SP ist das Leerzeichen (*space*), NS das nicht trennbare Leerzeichen (no-break space), SH das Silbentrennzeichen (*soft hyphen*) und DEL der Code für Löschen (*delete*).

Der Datentyp `char` ist vorgesehen für die Codierung eines ANSI/ASCII Zeichens. Er benötigt je Zeichen 1 Byte zu 8 Bit, kann auch als ganze Zahl im Bereich 0-255 (`unsigned char`) oder -128 bis 127 (`signed char`) betrachtet werden und gehört zur Familie der Ganzzahltypen. Man kann auf den Typ `char` alle arithmetischen Operatoren anwenden. Für Zeichenketten werden lückenlos aufeinanderfolgende Bytes, die mit einer 0 abgeschlossen sind, verwendet. Zeichenketten sind also Vektoren mit Elementen vom Typ `char`. Etwas verwunderlich ist zunächst, daß die Funktionen zur Ein-/Ausgabe eines Zeichens einen `int`-Wert als Resultat liefern. Damit läßt sich eindeutig zwischen EOF und allen gültigen ANSI/ASCII-Zeichen unterscheiden. EOF hat den Wert -1. Zeichenkonstanten wie `'a'`, `'b'`, `'0'`, `'1'` werden vom Compiler in die dem Code entsprechenden Ganzzahlwerte umgewandelt. Laut obiger Tabelle entspricht dem Buchstaben 'a' die Zahl 97, dem 'b' die Zahl 98, dem Buchstaben 'A' die Zahl 65 usw. Das Zeichen für die Ziffer '0' hat den Zahlencode 48, '1' den Zahlencode 49 bis 57 für das Ziffernzeichen '9'.

In C gibt es eine spezielle Schreibweise (Ersatzdarstellung) für die wichtigsten Steuerzeichen und andere besondere Zeichen. Ein Beispiel für eine Ersatzdarstellung ist die Schreibweise \n für das Zeilenvorschubzeichen. Das Zeichen \ (*backslash*) wird als *escape character* bezeichnet und wird verwendet, um die übliche Bedeutung des nachfolgenden Zeichens zu umgehen. (*escape* = entweichen, entkommen, umgehen ...). Folgende Ersatzdarstellungen sind festgelegt:

Escapesequenz	Benennung	Kurzzeichen	Code dezimal
\0	Nullzeichen	NUL	0
\a	Glocke (bell)	BEL	7
\b	Rückwärtsschritt (*backspace*)	BS	8
\f	Seitenvorschub (*formfeed*)	FF	12
\n	Zeilenvorschub (*linefeed*)	LF	10
\r	Wagenrücklauf (*carriage return*)	CR	13
\t	Horizontal-Tabulator	TAB	9
\v	Vertikal-Tabulator	VT	11
\\	Rückwärts-Schrägstrich (*backslash*)		92
\?	Fragezeichen		63
\'	Apostroph		39
\"	Anführungszeichen		34
\ooo	oktale Zahl		
\xhh	hexadezimale Zahl		

Die letzten Darstellungen erlauben es, ein Zeichen durch den numerischen Wert des Codes anzugeben: `'\033'` `'\x1B'` stellen das Steuerzeichen ESC dar.

2.3.3 Ein- und Ausgabe von Zeichen, (f)printf und (f)scanf-Umwandlungen

Für die Ausgabe von Zeichen mit `(f)printf` verwendet man die `%c` Umwandlung. Die voreingestellte Feldweite ist 1. Verwendet man eine Feldweitenangabe (`%wc`), so werden w Druckpositionen ausgegeben. Die Ausgabe erfolgt rechtsbündig mit führenden Leerzeichen, bzw. linksbündig mit nachfolgenden Leerzeichen (Format `%-wc`). Im folgenden Beispiel ist _ das Zeichen für ein Leerzeichen.

Anweisung	Ausgabe
printf("%c",'A')	A
printf("%3c",'A')	__A
printf("%-3c",'A')	A__

Werte vom Typ `char` können aber auch mit Umwandlungszeichen für Ganzzahltypen ausgegeben werden. Dann wird der Zahlenwert des zugehörigen Codes ausgegeben. Umgekehrt kann man Ganzzahlwerte innerhalb des zulässigen Bereiches auch mit einem `%c`-Format ausgeben. Die folgenden Beispiele zeigen, wie die Typen `int` und `char` wechselseitig verwendet werden können, und daß die "externe" Darstellung lediglich durch das Umwandlungszeichen bestimmt wird.

```
char c; int  i;
for ( i = 'a'; i <= 'z'; ++i)
    printf("%c",i);              /* Ausgabe abc ... z    */
for ( c = 65; c <= 90; ++c)
    printf("%c",c);              /* Ausgabe ABC ... Z    */
for ( c = '0'; c <= '9'; ++c)
    printf("%2d ",c);            /* Ausgabe 48 49 ... 57 */
```

Alternativ kann für die Ausgabe von Zeichen die bereits besprochene Funktion

```
fputc(int c, FILE *f)
```

verwendet werden. Der Prototyp verlangt für das erste Argument den Typ `int`, wird ein Argument vom Typ `char` verwendet, so wird es automatisch umgewandelt und als Zeichen ausgegeben. Das zweite Argument ist ein Zeiger auf den Ausgabestrom, der mit `fopen` geöffnet wurde. Der Aufruf `putchar(c)` ist äquivalent zu `fputc(c, stdout)`.

Für das Lesen eines einzelnen Zeichens verwendet man die Funktion

```
int fgetc(FILE *f)
```

`fgetc` liefert das nächste Zeichen im Eingabestrom als Resultat. Ein Aufruf `fgetc(fin)` holt das nächste Zeichen, ohne es einer Variablen zuzuweisen. Für das Lesen von der Standardeingabe gibt es die Kurzform `getchar()`. Die Funktion `ungetc` mit dem Prototyp

```
int ungetc(int c, FILE *f)
```

stellt das zuletzt gelesene Zeichen wieder in den Strom zurück.

Natürlich kann man auch mit (f)scanf Zeichen lesen. Das Umwandlungszeichen für den Typ char ist c.

```
char c;
scanf("%c", &c);
```

holt das nächste Zeichen vom Eingabestrom stdin und legt es in der Variablen c ab. Das Lesen von Zeichen macht erfahrungsgemäß einige (allerdings vermeidbare) Schwierigkeiten. Das Verhalten des nächsten Programms kann zunächst einige Verwirrung hervorrufen.

```
#include <stdio.h>

int main(void)
{
  int c;

  do {
    printf("\nZeichen eingeben: ");
    c = getchar();
    putchar(c);
  } while (c != EOF);

  return 0;
}
```

* Gibt man ein Zeichen ein, so reagiert das Programm scheinbar überhaupt nicht.
* Mit der Ausgabe beginnt das Programm erst, nachdem die Eingabetaste gedrückt wird.
* Die Eingabetaste erzeugt ein Zeichen, das gelesen werden muß.

Solche und ähnliche Probleme treten auf, wenn wir zwei Dinge nicht beachten:

* Jedes Zeichen wird eingelesen, bzw. muß eingelesen werden. Auch Zwischenraumzeichen wie Leerzeichen, Zeilentrennzeichen (Eingabetaste) und das EOF-Zeichen (meist CTRL/Z bzw. auf einem UNIX/LINUX-System CTRL/D) müssen verarbeitet werden. Zwischenraumzeichen sind Leerzeichen, Tabulatorzeichen \t, Zeilentrenner \n, Wagenrücklauf \r, Vertikaltabulator \v und Seitenvorschub \f.
* Das Programm macht keinen direkten Zugriff auf die Tastatur. Die Tastatureingaben werden in einem Zwischenspeicher (*buffer*) gesammelt. Das Programm verarbeitet die im Puffer gesammelten Eingaben erst, wenn die Eingabe mit der Eingabetaste abgeschlossen wird. Die Eingabetaste erzeugt das Zeilentrennzeichen \n.

Die folgenden Beispiele von C-Code widmen sich dem abwechselnden Lesen von Zahlen und Zeichen und den damit verbundenen Problemen.

Oft will man die Ausgabe am Bildschirm anhalten oder einen Bildschirminhalt am Ende des Programms noch festhalten. Dazu läßt man das Programm auf das Drücken der Eingabetaste warten. Die Anweisung

```
getchar();
```

erfüllt diese Funktion. Man hilft dem Benutzer, wenn man ihn darauf aufmerksam macht, wie es weitergeht:

```
printf("\nWeiter mit Eingabetaste !"); getchar();
```

Führende Leerzeichen lesen:

```
while ( getchar() == ' ' )
   ;
```

Ein Zeichen und das von der Eingabetaste kommende Zeilentrennzeichen kann auf verschiedene Arten gelesen werden:

```
c = getchar(); getchar();
```

Das eigentliche Zeichen wird gelesen und der Variablen c zugewiesen. Das Zeilentrennzeichen wird gelesen, aber nicht weiter verwendet.

```
scanf("%c%c", &c, &dummy);
```

Das Zeilentrennzeichen wird von einer Hilfsvariablen übernommen. Im englischen Sprachraum bezeichnet man eine solche Variable als *dummy*-Variable.

```
scanf("%c\n", &c);   oder   scanf("%c ", &c);
```

Diese Anweisung hat ihre Tücken. Sie liest ein Zeichen und ignoriert alle noch folgenden Zwischenraumzeichen ebenfalls. Ein beliebiges Zwischenraumzeichen in der Formatzeichenkette sorgt dafür, daß ein Zwischenraumzeichen oder eine Gruppe von Zwischenraumzeichen im Eingabestrom überlesen (ignoriert) werden. Gewöhnliche Zeichen in der Formatzeichenkette müssen mit den Zeichen im Eingabestrom übereinstimmen, damit der Eingabestrom weiter verarbeitet wird.

```
scanf("%c%*c", &c);
```

Der Stern (*) unterdrückt die Zuweisung des durch das Umwandlungszeichen definierten nächsten Feldes im Eingabestrom. %*c überliest das nächste Zeichen, in diesem Fall das Zeilentrennzeichen.

Noch sicherer ist es, statt eines Zeichens eine Zeichenkette zu lesen und die dann auszuwerten. Will man z.B. eine Antwort "Ja" oder "Nein" einlesen, so sind die Programmzeilen

```
char antwort[10];
scanf("%s", antwort);
if (toupper(antwort[0]) == 'J') ...
```

relativ tolerant gegenüber verschiedenen Eingaben. Insbesondere werden das noch im Puffer befindliche Zeilenendezeichen und führende Zwischenraumzeichen überlesen.

2.3.4 Breite Zeichen und Unicode

Um Zeichensätze wie den Unicode oder den UCS-4 Code zu implementieren benötigt man
für ein Zeichen mehr als ein Byte. Man spricht von breiten Zeichen (*wide characters*). Die
herausragende Bedeutung des Typs char in C läßt leicht übersehen, daß schon im ISO/IEC
Standard von 1990 eine Unterstützung von breiten Zeichen und Multibyte-Zeichensätzen
schlummert. Der C90 Standard definiert den Datentyp wchar_t als Datentyp für breite
Zeichen und definiert einige wenige Bibliotheksfunktionen für die Arbeit mit breiten Zeichen und Multibyte-Zeichenketten. Der C99 Standard definiert praktisch alle Bibliotheksfunktionen, die mit Zeichenketten arbeiten auch in einer Version für breite Zeichen. Praktische Implementierungen verwenden für den Typ wchar_t zwei Bytes und codieren die
Zeichen als Unicode. Charles Petzold, anerkannter Lehrmeister der Windows-Programmierung in C, schreibt seine Programmbeispiele fast ausschließlich so, daß Unicode verwendet
wird. Im Programm wchar.c werden breite Zeichen und Bibliotheksfunktionen für breite
Zeichen verwendet.

```c
/* wchar.c */

#include <stdio.h>
#include <wchar.h>

int main(void)
{
  wchar_t us1[20];          // Platz für 19+1 breite Zeichen
  wchar_t us2[] = L"abcde"; // 5 Breite Zeichen + L'\0'
  int len;

  len = wcslen(us2);             // ergibt 5
  printf("Laenge = %3i\n", len);
  swprintf(us1, L"%4i", 1234);
  len = wcslen(us1);             // ergibt 4

  return 0;
}
```

Die Zeile

```c
  wchar_t us2[] = L"abcde";
```

definiert die breite Zeichenkette us2 und initialisiert sie mit der Zeichenkette "abcde".
Das **L** kennzeichnet eine folgende Zeichenkettenkonstante oder eine folgende Zeichenkonstante als breite Zeichen. Die Länge wird dabei automatisch ermittelt, deshalb die Schreibweise us2[].

```
swprintf(us1, L"%4i", 1234);
```

ist die *wide-character* Version der Bibliotheksfunktion `sprintf`. Beide Funktionen funktionieren wie die `printf`-Funktion, nur ist das Ziel der Ausgabe eine Zeichenkette, bei `swprintf` eine breite Zeichenkette. Konsequenterweise wird auch für die Formatzeichenkette eine breite Zeichenkette erwartet. Im Speicher wird `us1` dann so abgelegt:

$$49 \quad 00 \quad 50 \quad 00 \quad 51 \quad 00 \quad 52 \quad 00 \quad 00 \quad 00 \quad ... \quad ...$$

$$\text{'1'} \qquad \text{'2'} \qquad \text{'3'} \qquad \text{'4'} \qquad \text{'\textbackslash 0'}$$

$\rightarrow$ aufsteigende Adressen

2.4 Reelle Zahlen

Der im Prinzip kontinuierliche Zahlenbereich der reellen Zahlen kann in Digitalrechnern prinzipiell nicht vollständig dargestellt werden. Man müßte dazu ja über unendlich viele Codewörter verfügen. Man kann nur rationale Zahlen in einem bestimmten Zahlensystem mit einer begrenzten Anzahl von Stellen darstellen.

2.4.1 Festkommazahlen

Zur Darstellung von nicht ganzen Dezimalzahlen kann eine feste Anzahl von Nachkommastellen verwendet werden. Diese Art der Darstellung wird als Festkommadarstellung bezeichnet. Bei der Festkommadarstellung im Dualsystem werden die rechts vom "Dualpunkt" stehenden Dualziffern mit negativen Zweierpotenzen gewichtet.

$$\text{z.B.} \quad 101.11 = 1 \cdot 2^2 + 0 \cdot 2^1 + 1 \cdot 2^0 + 1 \cdot 2^{-1} + 1 \cdot 2^{-2}$$
$$= \quad 4 \quad + \quad 0 \quad + \quad 1 \quad + 0.5 \quad + 0.25 = 5.75$$

Wir zeigen an einem Beispiel, wie man eine nicht ganze Zahl vom Dezimalsystem (Quellsystem) in das Dualsystem (Zielsystem) umrechnet. Die Rechnung erfolgt im Quellsystem.

25.7 soll ins Dualsystem übertragen werden:

```
  25 : 2 = 12    Rest                1
  12 : 2 =  6    Rest                0
   6 : 2 =  3    Rest                0
   3 : 2 =  1    Rest                1
   1 : 2 =  0    Rest                1
--------------------------------
 0.7 x 2 = 1.4   Ganzzahlanteil     1
 0.4 x 2 = 0.8   Ganzzahlanteil     0
 0.8 x 2 = 1.6                      1
 0.6 x 2 = 1.2                      1
 0.2 x 2 = 0.4                      0

 (25.7)   = (11001.10110....)
       10                      2
```

Zuerst wird der ganzzahlige Anteil durch fortlaufende Division durch 2 in das Dualsystem übertragen. Der Rest der Division ist jeweils anzuschreiben. Die Dualziffern ergeben sich in umgekehrter Reihenfolge.

Der nicht ganzzahlige Anteil wird fortlaufend mit 2 multipliziert. Vom Ergebnis der Multiplikation wird der ganzzahlige Anteil abgeschnitten. Er stellt die zugehörige Dualziffer dar. Die Nachkommastellen ergeben sich laut obigem Verfahren fortlaufend von links nach rechts.

Wie das Beispiel zeigt, können selbst einfache Dezimalbrüche auf endlose Dualbrüche führen. Eine genaue Darstellung ist daher nur in Ausnahmefällen möglich.

2.4.2 Gleitkommadarstellung

Ein Nachteil der Festkommadarstellung ist, daß nur Zahlen aus einem sehr begrenzten Bereich dargestellt werden können. Mit Hilfe der Gleitkommadarstellung können sowohl sehr kleine als auch sehr große Zahlen dargestellt werden.

Bei der Gleitkommadarstellung wird ein variabler Skalierungsfaktor, der Exponent, gemeinsam mit der Mantisse der Zahl gespeichert. Um eine eindeutige Darstellung zu erhalten, wird die sogenannte normalisierte Darstellung verwendet. Man wählt zum Beispiel die Mantisse so, daß die erste Stelle nach dem Dezimalpunkt die erste von Null verschiedene Ziffer ist:

$$123 \quad = 0.123 \cdot 10^3 \qquad\qquad 0.034 = 0.34 \cdot 10^{-1}$$

Bei der Gleitkommadarstellung im Dualsystem wird eine Zweierpotenz als Skalierungsfaktor verwendet. Sowohl Mantisse als auch Exponent werden als Dualzahl dargestellt. Wir wollen als Beispiel die Zahl 5.75_{10} als normalisierte Gleitkommazahl im Dualsystem darstellen:

Zuerst berechnen wir die Festkommadarstellung der Zahl im Dualsystem: $(5.75)_{10} = (101.11)_2$, dann wird normalisiert: $101.11 = 1.0111 * 2^2$. Im Dualsystem wird entweder auf 1.xxxx oder auf 0.1xxx normalisiert.

Der Exponent wird häufig in Exzeßdarstellung gespeichert. Die Darstellung des Exponenten wird dann als Charakteristik bezeichnet. Die Mantisse wird meist durch Vorzeichen und Betrag gespeichert.

Die häufig verwendete standardisierte Gleitkommadarstellung (IEEE-P754 Standard) verwendet folgende Formate:

Einfache Genauigkeit (*single precision*) (32 Bit)

S	e_7.	e_0	m_1	m_{23}

Doppelte Genauigkeit (*double precision*) (64 Bit)

S	e_{10}	e_0	m_1	m_{52}

Der Exponent wird in Exzeßdarstellung mit den Offsets

```
2⁷-1     =    127 bei einfacher Genauigkeit
2¹⁰-1    =    1023 bei doppelter Genauigkeit
```

dargestellt. Normalisiert wird auf 1.xxxxxx . Der immer vorhandene führende Einser (m_0) wird nicht abgespeichert. Ein Bit wird für das Vorzeichen der Zahl verwendet. Für negative Zahlen ist es 1, für positive Zahlen 0.

Als Übung ermitteln wir die interne Darstellung der Zahl 5.75 nach diesem Standard:

```
5.75₁₀ = 101.11 = 1.0111 * 2²

Mantisse : 01110000...
Exponent : 2+Exzess = 2+127 = 129 = 10000001


-> 5.75 =   0 10000001 01110000000000000000000
```

Einige Zahlen und die interne Darstellung dieser Zahlen:

```
                Vorzeichen
                ↑ Exponent Mantisse
                S 76543210
       1.0000   0 01111111 00000000000000000000000
      -1.0000   1 01111111 00000000000000000000000
       2.0000   0 10000000 00000000000000000000000
       3.0000   0 10000000 10000000000000000000000
       4.0000   0 10000001 00000000000000000000000
       5.0000   0 10000001 01000000000000000000000
       6.0000   0 10000001 10000000000000000000000
       0.5000   0 01111110 00000000000000000000000
       0.2500   0 01111101 00000000000000000000000
       0.0100   0 01111000 01000111101011100001010
       0.0010   0 01110101 00000110001001001101111
       0.0001   0 01110001 10100011011011100010111
       0.0000   0 00000000 00000000000000000000000
     6.80E+38   0 11111111 11111111111111111111111  (1)
     3.40E+38   0 11111110 11111111111111111111111  (2)
     1.17E-38   0 00000001 00000000000000000000000  (3)
       0.0000   0 00000000 00000000000000000000000  (4)
```

Anmerkungen zur Tabelle:

1) 6.80E+38 ist die theoretisch größte darstellbare Zahl. Ein Exponent mit lauter Einsen wird aber verwendet, um einen Überlauf anzuzeigen, d.h. die Zahl ist nicht gültig.

2) 3.40E+38 ist die größte praktisch darstellbare Zahl.

3) 1.17E-38 ist die kleinste praktisch darstellbare Zahl

4) Der Exponent 0 ist für die exakte Darstellung der Zahl 0.0 reserviert.

Aufgabe 2-3: Überprüfen Sie die angegebenen Zahlenwerte für die kleinste und größte Zahl. Beachten Sie dabei, daß der führende Einser ($1.xxxx*2^{exp}$) nicht abgespeichert ist, aber trotzdem berücksichtigt werden muß.

2.4.3 C-Gleitkommatypen (*floating types*)

ANSI-C kennt die Typen `float`, `double` und `long double`, um mit Gleitkommazahlen zu rechnen. Statt dem Schlüsselwort `double` kann auch `long float` verwendet werden. Der Typ `long double` muß nicht unbedingt mit besseren Kenndaten als der Typ `double` implementiert sein. Die Grenzwerte der Darstellung für ein C-System können der Datei `float.h` entnommen werden und sind typisch:

Typ	kleinste Zahl	größte Zahl	Genauigkeit
`float`	1.7E-38	3.4E+38	1.19E-7
`double`	1.7E-308	1.7E+308	2.22E-16
`long double`	3.4E-4932	1.1E+4932	1.08E-19

Auch für Gleitkommazahlen müssen wir zwischen Variablen und Konstanten unterscheiden. Für Variablen ist der Typ durch die Vereinbarung festgelegt. Für die Schreibweise und Interpretation von Konstanten gelten folgende Regeln: Der Arbeitstyp in C ist `double`, d.h. die Gleitkommakonstanten sind standardmäßig vom Typ `double`.

Für die Schreibweise von Gleitkommakonstanten gelten die Syntaxregeln:

```
float-constant ::= f-constant {f-suffix}opt

f-constant ::=   i-part . f-part e-part

                 i-part . f-part

                 i-part .

                         . f-part

                         . f-part e-part

                 i-part   e-part

i-part    ::= { digit }1+
f-part    ::= { digit }1+
e-part    ::= { e | E }1 {+ | -}opt { digit }1+
f-suffix  ::= f | F | l | L
```

Die Regeln wirken nur beim ersten Hinsehen etwas kompliziert. Betrachten Sie die Regeln auch als Übung zum Lesen von Backus-Naur-Notation. Eine praktische und einfache Merkregel lautet:

```
f-constant ::= muß entweder einen Dezimalpunkt oder einen
               Exponenten enthalten (oder beides)
```

Beispiele:

```
3.14159      /* double */
314.159e-2F  /* float  */
0e0          /* 0.0    */
1.           /* 1.0    */
```

falsch sind:

```
3,14159      /* Komma nicht erlaubt */
1264         /* Dezimalpunkt oder Exponent fehlt */
.e0          /* int_part oder f_part fehlt */
```

Der C99 Standard erweitert die Möglichkeiten noch und unterscheidet zwischen *decimal-floating-constant* und *hexadecimal-floating-constant*. Eine Gleitkommakonstante kann dann z.B. auch in der Form `0xFF.p-2` angegeben werden.

2.4.4 (f)printf und (f)scanf Umwandlungen für Gleitkommazahlen

Für die Ausgabe von Gleitkommawerten stehen drei Umwandlungszeichen zur Verfügung.

`%f` erzeugt eine Ausgabe im Festkommaformat. Die Ausgabe erfolgt standardmäßig mit 6 Nachkommastellen. Die Formatspezifikation `%n.pf` erzeugt eine Feldweite von n Druckpositionen und verwendet p Nachkommastellen. Reichen die angegebenen Werte zur Darstellung der Zahl nicht aus, wird die Ausgabefeldweite automatisch vergrößert.

`%e` oder `%E` erzeugen Ausgaben der Form `[-]`*d.dddddd***e**±*dd* beziehungsweise `[-]`*d.dddddd***E**±*dd*.

`%g` oder `%G` erzeugen Ausgaben im e-Format, wenn der Exponent kleiner als -4 oder größer als die Genauigkeit ist; sonst wird das f-Format verwendet.

C99 erweitert um die Umwandlungen `%a` und `%A`, welche die Zahlen in einer Hexadezimaldarstellung ausgeben.

Die Feldbreite `n` in der optionalen n.p Angabe legt die minimale Anzahl von Druckpositionen inklusive eventuellem Vorzeichen, Dezimalpunkt und Exponent fest. Wird diese Feldbreite nicht ausgenützt, so erfolgt die Ausgabe rechtsbündig. Die Genauigkeit p gibt für f, e, E- Umwandlungen die Anzahl der Ziffern nach dem Dezimalpunkt an. In Kombination mit g oder G-Umwandlungen gibt sie die Zahl von signifikanten Ziffern an. Die Feldweite sollte für die f-Umwandlung um mindestens 3 größer als die Genauigkeit sein, wenn man die Form ±#.### wünscht. Für die e, E, und g, G-Umwandlungen ist zu beachten, daß auch der Platz für den Exponenten in der Feldweite enthalten sein muß. Für p=0 wird auch der Dezimalpunkt unterdrückt.

Statt der Feldweite und der Genauigkeit kann auch ein * verwendet werden. Dann wird als Wert für die Feldweite bzw. Genauigkeit der Wert der nächsten Argumente, die vom Typ int sein müssen, verwendet:

```
printf("%*.*f\n", 8, 1, 12.6);
```

ist äquivalent zu

```
printf("%8.1f\n", 12.6);
```

Nach dem %-Zeichen können Steuerzeichen (*flags*) mit folgender Bedeutung eingefügt werden:

-     Veranlaßt linksbündige Ausrichtung.

+   Bestimmt, daß die Zahl immer mit einem Vorzeichen ausgegeben wird.

    (Leerzeichen) gibt, falls kein Vorzeichen ausgegeben wird, statt des Vorzeichens ein Leerzeichen aus.

0   Bis zur Feldbreite wird mit führenden Nullen aufgefüllt.

Die Ausgabe enthält immer einen Dezimalpunkt; bei g und G werden Nullen am Schluß nicht unterdrückt.

Das Programm prfloat.c zeigt die Wirkung von verschiedenen Formatspezifikationen.

```c
/* prfloat.c */

#include <stdio.h>
int main(void)
{
  double x, f; /* Zahl und Multiplikationsfaktor */

  printf("double-Wert : "); scanf("%lf", &x);
  printf("%%+12.4e       %%+12.4g       %%f\n");
  printf("123456789012 123456789012 1234567890\n");
  printf("----------------------------------------\n");
  for (f = 1e-6; f < 1e+7; f = -f*10)
    printf("%+12.4e %+12.4g %f\n", f*x, f*x, f*x);
  return 0;

}
```

Besprechung des Programms:

Will man eine bestimmte Feldweite unter allen Umständen einhalten, so muß man die Umwandlungszeichen e, E, g oder G verwenden. Die Feldweite sollte um mindestens 7 größer sein als die Genauigkeit. Die letzte Ziffer entsteht durch Rundung der abgeschnittenen Stellen.

```
printf("%%12.4e      %%12.4g      %%f\n");
```

Um ein %-Zeichen auszugeben, muß die Schreibweise %% verwendet werden.

```
for (f = 1e-6; f < 1e+7; f = -f*10)
  printf("%12.4e %12.4g %f\n", f*x, f*x, f*x);
```

Der Multiplikationsfaktor f wird mit dem Wert 1e-6 initialisiert; er wird für jeden weiteren Schleifendurchlauf mit 10 multipliziert und wechselt zudem laufend das Vorzeichen.

f < 1e+7 ist die Ausführungsbedingung, die nur für positive Werte von f erreicht wird.

Beim Lesen von Gleitkommazahlen mit scanf ist unbedingt für einen float-Wert die Umwandlung %f und für einen double-Wert die Umwandlung %lf zu verwenden. Auch ein float-Argument wird an die printf-Funktion als double-Wert übergeben, deshalb genügt die einheitliche Umwandlung mit %f.

2.5 Der sizeof-Operator

C verwendet den unären Operator sizeof um die Anzahl von Bytes zu bestimmen, welche zur Speicherung eines Objektes verwendet werden. Ein Ausdruck der Form

```
sizeof ( type-name )      |      sizeof expression
```

liefert die Anzahl von Bytes als Zahl vom Typ size_t. size_t ist in stddef.h z.B. als unsigned int definiert. Das Objekt kann ein Typbezeichner oder ein Ausdruck sein. Ist das Argument ein Typbezeichner, so muß man Klammern setzen. Weniger merken muß man sich, wenn man immer Klammern setzt.

C99 definiert einen Längenmodifizierer z, welcher kombiniert mit d, i, o, u, x, X die passende printf- und scanf-Umwandlungen für den Datentyp size_t ergibt.

Aufgabe 2-3: Schreiben Sie ein Programm, das für alle Grunddatentypen den verwendeten Speicherplatz am Bildschirm ausgibt. Welches Resultat liefert sizeof, wenn man als Objekt eine Zeichenkette oder einen Vektor angibt? Verwenden Sie dazu Anweisungen wie die folgenden:

```
float x[10];
printf("int    : %u Bytes\n", sizeof(int));
printf("double : %u Bytes\n", sizeof(double));
printf("x[10]  : %u Bytes\n", sizeof(x));
printf("wchar_t: %zu Bytes\n", sizeof(wchar_t)); // nur C99
```

2.6 Typumwandlungen (*casts*)

Treffen in einer Operation Operanden mit unterschiedlichem Datentyp zusammen, so kommen definierte Regeln zur Anwendung, nach denen eine automatische (implizite) Typumwandlung stattfindet. Wir besprechen diese Regeln im Zusammenhang mit den Operatoren.

Zudem kann man eine explizite Typumwandlung mit einer unären Umwandlungsoperation (*cast*) der Form

```
(type-specifier) expression
```

erzwingen. Beispiele dazu:

```
(double) i
(long) ('A' + 1.0)
x = (float) ((int) y + 1)
pc = (unsigned char *) p;     // Zeigertyp ändern
```

2.7 Vereinbarungen

Wir haben den Begriff Vereinbarung in einer sehr allgemein gültigen Form verwendet. In C-Programmen gibt es zwei Arten von Vereinbarungen. Vereinbarungen, die Speicherplatz reservieren, nennen wir Definitionen. Beispiele dafür sind die Definition von Variablen oder die Definition einer Funktion. Vereinbarungen, die eine Variable, einen Datentyp oder eine Funktion nur beschreiben, nennen wir Deklarationen. Ein Beispiel für eine Deklaration ist ein Funktionsprototyp.

Beispiele für die Definition von Variablen haben wir mittlerweile in ausreichender Anzahl gesehen. Die Vereinbarungen

```
int    i,j;
char   c1,c2;
float  x;
double dx, dy;
```

genügen der Syntax

```
type-specifier  identifier { , identifier }₀₊ ;
```

Die Typangabe (*type-specifier*) legt den Datentyp der zu definierenden Variablen fest. Die Bezeichner (*identifier*) legen die Namen der Variablen fest. Diese Syntax ist ein Sonderfall der Syntax für die Definition von Variablen:

```
declaration ::= declaration-specifiers declaratorlist ;

declaratorlist ::= declarator { = initializer }_opt
                   { , declarator { = initializer }_opt }₁₊ ;
```

Diese Syntax beschreibt die Definition einfacher Variablen, die Definition strukturierter Daten, die Deklaration von neuen Typbezeichnern und die Deklaration von (externen) Variablen. Trotz der notwendigen Unterscheidung zwischen Definition und Deklaration verwendet die Literatur in den Syntaxbeschreibungen den Begriff *declaration* für ein Konstrukt, das sowohl eine Definition als auch eine Deklaration sein kann. Die *declaration-specifiers* sind eine Mischung aus Angaben zur Speicherklasse (*storage-class*), weiteren Attributen (*type-qualifier*) und Typbezeichnern (*type-specifier*). Die Möglichkeiten, welche sich hinter der Syntaxdefinition *declaration* verbergen, sind sehr vielfältig und auch sehr kompliziert. Zum Glück kann man auch mit einfachen Vereinbarungen die üblichen Datenstrukturen realisieren. Die Bedeutung der Angaben zur Speicherklasse besprechen wir später noch ausführlich. Auf die *type-qualifier* werde ich am Ende dieses Abschnittes kurz eingehen. Für einfache Definitionen genügt als *declaration-specifier* ein *type-specifier*. Dieser wiederum ist ein einfacher Datentyp. Beispiele für gültige Typbezeichner sind `unsigned char`, `short`, `unsigned int`, `unsigned long`, `float`, `double` oder `long double`. Für ein Element der Deklaratorliste gilt die (vereinfachte) Syntax:

$$declarator ::= identifier$$
$$* \; declarator$$
$$declarator \; [const\text{-}int\text{-}expr_{opt}]$$
$$declarator \; (parameter\text{-}type\text{-}list)$$

Daß der Syntaxbegriff *declarator* in der Definition wieder vorkommt, ist typisch für viele Syntaxregeln und ist die Voraussetzung für die Vereinbarung von komplizierten strukturierten Datentypen. In den einfachen Fällen steht für *declarator* ein Bezeichner (*identifier*). Die folgenden Vereinbarungen sind je ein Beispiel für die vier genannten Möglichkeiten. Die erste Zeile vereinbart einfache Variablen, die zweite Zeile vereinbart einen Zeiger, die dritte einen Vektor. Die vierte Zeile ist die Deklaration einer Funktion, also ein Funktionsprototyp.

```
int    i, j;
float *pf;
float x[10];
void zahlen_lesen(float x[], int *n);
```

Die Syntax erlaubt die Initialisierung von Variablen:

$$declaratorlist ::= declarator \; \{ \; = \; initializer \; \}_{opt}$$
$$\{ \; , \; declarator \; \{ \; = \; initializer \; \}_{opt} \; \}_{1+} \; ;$$

Initialisierung heißt, den Daten mit der Vereinbarung Anfangswerte zuzuweisen. Es ist eine gute Gewohnheit und entspricht auch dem algorithmischen Denken, daß man einer Variablen einen Wert zuweisen muß, bevor man deren Wert das erste Mal verwendet. Obwohl in C unter bestimmten Bedingungen Speicherplätze mit Null vorbelegt sind, sollte man auf die explizite Initialisierung von Variablen nicht verzichten.

```
int i, sum;
for (i = 1; i <= 100; i++) sum = sum + i;
```

Es ist wichtig, daß die Compiler auf diese Situation mit einer Warnung reagieren. Bei Entwicklungsumgebungen, welche auf Tastendruck aus Quelltext ein lauffähiges Programm erzeugen und es auch sofort ausführen, bleiben solche Warnungen jedoch oft unentdeckt.

Für einfache Datentypen ist der Initialisierungsteil von der Form

initializer ::= *expression*

Der Ausdruck ist im einfachsten Fall eine Konstante. Er kann aber auch ein arithmetischer Ausdruck mit Konstanten und bereits initialisierten Variablen als Operanden sein. Zur Initialisierung von Zeigern kann auf bereits definierte Variablen der Adreßoperator angewandt werden:

```
int  i, sum = 0;
int  a = 2, b = a + 3;
float x = 2.5;
float *pf = &x;
char s1[50];
char s2[] = "Zeichenkette initialisieren";
char *ps1 = s1;
```

Für die Zeichenkette s2 ergibt sich die Länge aus der angegebenen Zeichenkette.

Die Modifizierer const, volatile und restrict, in der Grammatik durch

type-qualifier ::= const | volatile | restrict

definiert, haben vereinfacht formuliert folgende Bedeutung: Objekte mit dem Attribut const werden im schreibgeschützten Speicher abgelegt, sie können während der Laufzeit nur gelesen werden. Eine Wertzuweisung erfolgt durch Initialisierung. volatile bedeutet, daß auf dieses Objekt auch von einem anderen Prozess zugegriffen werden kann und veranlaßt den Compiler, bei einer allfälligen Optimierung diese Variable entsprechend zu behandeln. Die meisten Compiler optimieren den Code, d.h. sie verändern den Code, um z.B. die Ausführungszeit zu verkürzen. Der Modifizierer restrict wird erst mit C99 eingeführt. Er verhindert Seiteneffekte, wie sie durch mehrere Zeiger auf ein Objekt möglich sind und hilft dem Compilerbauer bei der Optimierung des Codes. In einer nach dem C99 Standard ausgeführten Bibliothek wird restrict häufig für Argumente der Bibliotheksfunktionen verwendet.

Beispiel:

```
const double pi = 3.14159265;
```

Obwohl es sich bei pi um eine "Variable" handelt, kann ihr Wert im Programm nicht mehr verändert werden. Der Modifizierer const kann auch für formale Parameter einer Funktion verwendet werden. Auf das Objekt ist dann nur Lesezugriff möglich. Dies ist bei Vektoren oder Zeichenketten wichtig.

2.8 typedef und enum

2.8.1 typedef

Für den Anfänger kann es verwirrend wirken, wenn die vielfältigen Möglichkeiten zur Vereinbarung von Datentypen und Variablen auch verwendet werden. Man kann die Vereinbarung von Datentypen und die Definition von Variablen auch trennen. Es gibt die Möglichkeit, Datentypen und einen zugehörigen Typbezeichner zu vereinbaren. Die Syntax dafür ist

```
typedecl ::= typedef  type-declarator  type-identifier ;
```

Für *type-declarator* ist ein bereits bekannter Datentyp oder eine Typdeklaration einzusetzen. Mit *type-identifier* wird ein Bezeichner für den durch *type-declarator* festgelegten Datentyp gewählt.

Beispiele:

```
typedef  float   real;
typedef  int *   p_to_int;
```

Mit diesen Anweisungen werden die zwei Typbezeichner `real` und `p_to_int` vereinbart. Diese Typbezeichner können in nachfolgenden Vereinbarungen als *type-specifier* verwendet werden:

```
real x,y;
p_to_int  p1, p2;
```

Die Verwendung von `typedef` ist vor allem für die Vereinbarung von speziellen Datentypen sinnvoll. Ein passendes Beispiel dafür sind Aufzählungen.

2.8.2 Aufzählungen, enum

In Programmieraufgaben tauchen öfters Größen auf, die nur einen Wert aus einer gegebenen Liste annehmen können. Beispiele dafür sind:

```
Wochentag  (Mo, Di, Mi, Do, Fr, Sa, So)
Bauteil    (R, L, C)
Farbe      (rot, blau, gruen)
```

Solche Werte kann man in Programmen durch zugehörige Zahlen (1, 2, ...) codieren. Die Lesbarkeit des Programms leidet allerdings darunter. Eine zunächst naheliegende Lösung ist, die Preprozessoranweisung `#define` zu verwenden, um den gut lesbaren Namen Zahlen zuzuordnen. In C gibt es jedoch auch eine allgemeinere Lösung, die Zuordnung von aufzählbaren Konstanten an ganze Zahlen dem Compiler zu überlassen. Mit dem Schlüsselwort `enum` beginnt eine Aufzählung von Bezeichnern, denen automatisch Zahlenwerte zugeordnet werden. Kombiniert man die Aufzählung noch mit `typedef`, so entsteht ein neuer Datentyp.

Beispiel:

```
typedef   enum { blau, rot, gruen }  t_farbe;
```

Es ist eine gute Gewohnheit, alle vereinbarten neuen Datentypen mit der Vorsilbe t_ zu versehen. Dadurch kann man sofort erkennen, daß es sich um einen Bezeichner für einen Datentyp handelt, und der eigentliche Name (hier farbe) steht als Bezeichner für eine Variable zur Verfügung. Das Beispiel entspricht der Syntax:

```
typedef   enum   { enum-list }   type-identifier;

enum-list ::= enumerator { , enumerator }₀₊
```
$$enum\text{-}list ::= enumerator\ \{\ ,\ enumerator\ \}_{0+}$$
$$enumerator ::= identifier\ \{\ =\ constant\text{-}integral\text{-}expr\ \}_{opt}$$

Intern werden die aufgezählten Bezeichner durch Zahlen repräsentiert. Standardmäßig werden den aufgezählten Werten fortlaufend die Zahlen 0, 1, 2, ... zugeordnet. Variablen vom Typ t_farbe definiert man in der gewohnten Weise:

```
t_farbe farbe;
t_farbe f1, f2;
```

Programmbeispiel:

```
/* typedef.c */

#include <stdio.h>

int main(void)
{
  typedef enum { blau, gruen, rot } t_farbe;
  t_farbe    f1, f2;

  f1 = rot;
  f2 = gruen;
  printf("Farbe f1 = %d\n", f1);
  if (f2 == gruen) printf("Farbe f2 ist gruen\n");

  return 0;

}
```

Die Eingabe und Ausgabe von enum-Werten in Form der gewählten Namen wird nicht unterstützt. Die gewählten Namen sind Bezeichner und keine Zeichenketten. Meist lohnt es sich, diesen Komfort durch etwas zusätzliche Programmierarbeit zu erreichen.

Ohne Verwendung von `typedef` ergeben sich z.B. folgende Anweisungen:

```
enum farbe {rot, gruen, blau} ;
```

deklariert einen Typ `enum  farbe`. Variablen sind noch keine definiert, zwei zugehörige Variablen werden durch

```
enum farbe  f1, f2;
```

definiert. Die Variablen `f1`, `f2` können Werte aus der Liste { rot, gruen, blau } annehmen, also z.B.

```
f1 = gruen;   f2 = blau;
```

Intern werden solche Aufzähltypen durch Zahlen (`int`) dargestellt. Die Zuordnung ist 0 für das erste Element, 1 für das zweite Element usw. Diese Zuordnung kann auch geändert werden:

```
enum farbliste { rot = 1, blau, gruen, gelb = 6 } f1, f2;
```

Nach der Zuweisung `rot  =  1` wird weiter durchnummeriert, bis eine neue Zuweisung erfolgt. `blau` bekommt den Wert 2, `gruen` den Wert 3. Eine Zahl kann auch mehrfach vorkommen; die Bezeichner müssen eindeutig sein. Obige Vereinbarung deklariert den Typ `enum  farbliste` und definiert die Variablen `f1` und `f2`.

Aufgabe 2-4: Ein Programm soll eine Codetabelle der Codes von 0 bis 255 erzeugen. Steuerzeichen sollen nicht ausgegeben werden. Testen Sie das Programm dann mit unterschiedlichen Codetabellen für die Konsole.

Aufgabe 2-5: Die Bibliotheksfunktion `atoi` wandelt eine Zeichenkette in einen `int`-Wert um. Schreiben Sie ein Programm, das für eine Tastatureingabe diese Umwandlung macht. Wenn die Eingabe keine `int`-Konstante ist, soll eine Fehlermeldung erzeugt werden. Erweitern Sie die zulässigen Eingaben beginnend mit positiven ganzen Zahlen im Dezimalsystem über ein zusätzlich erlaubtes Vorzeichen bis hin zu allen erlaubten Schreibweisen für int-Konstanten.

Aufgabe 2-6: Genauigkeit der `double`-Darstellung: Ein Programm soll in einer Schleife zur Zahl 1.0 einen Wert x addieren, der laufend kleiner wird. Beginnen Sie z.B. mit x = 1.0 und halbieren Sie x mit jedem weiteren Durchgang. Bei welchem x unterscheidet sich 1.0 nicht mehr von 1.0 + x?

Aufgabe 2-7: Zeichencode mit drei Zuständen:

Stellen Sie sich eine Zeichenkette vor, in der Zeichen nach folgenden Regeln codiert sind: Der Code ist ein 6-Bit Code, der im Bereich 0-31 die ASCII-Steuerzeichen enthalten soll und im Bereich 32 bis 63 die restlichen ASCII-Zeichen. Die Bedeutung der Codes im Bereich 32 bis 63 soll zwischen drei Zuständen umschaltbar sein. Im Zustand Z0 entspricht der Code dem ASCII-Code, im Zustand Z1 soll der Code z das ASCII-Zeichen mit dem z + 32 darstellen und im Zustand Z2 das ASCII-Zeichen mit dem Code z + 64.

Eine Steuersequenz bestehend aus einem ESC-Zeichen, dem Zeichen '(' und der Nummer 0 bis 2 soll den Zustand umschalten. Schreiben Sie ein Programm, das eine so kodierte Zeichenkette dekodiert und ausgibt.

Beispiel für eine so codierte Zeichenkette, die mit

```
char s[] = "123\x1B(1123\x1B(2123";
```

erzeugt werden kann (\x1B ist die Ersatzdarstellung für das Steuerzeichen ESC):

Code (dez.)	49	50	51	27	40	49	49	50	51	27	40	50	49	50	51
Zeichen	1	2	3	ESC	(	1	Q	R	S	ESC	(	2	q	r	s
Zustand	Z0	Z0	Z0	umschalten			Z1	Z1	Z1	umschalten			Z2	Z2	Z2

Kontrollfragen:

1) Wie werden ganze Zahlen codiert?

2) Wie bildet man das Einer- und Zweierkomplement einer Dualzahl?

3) Welche Bedeutung hat die Exzeß-Darstellung ganzer Zahlen?

4) Welche Datentypen für ganze Zahlen gibt es in C?

5) Welche Umwandlungszeichen gibt es für die Ein-/Ausgabe von ganzen Zahlen?

6) Was ist für den Typ `char` zu beachten?

7) Was wissen Sie über den ASCII-CODE?

8) Was ist der Unterschied zwischen Multibytezeichen und breiten Zeichen?

9) Welche Datentypen sind für die Speicherung von Gleitkommazahlen geeignet?

10) Gibt es Grenzwerte für diese Zahlen?

11) Wie groß ist die Genauigkeit der Darstellung?

12) Welche Umwandlungszeichen gibt es für die Ein-/Ausgabe von Gleitkommazahlen?

13) Was ist ein **cast**-Operator?

14) Wie werden Variablen im Vereinbarungsteil initialisiert?

15) Wie initialisiert man eine Zeichenkette?

16) Was bewirken die Modifizierer `const` und `volatile`?

17) Welche Vorteile bringt die `typedef`-Vereinbarung?

18) Welche Vorteile bringen `enum`-Typen? Gibt es auch Nachteile?

3 Operatoren und Ausdrücke, mathematische Funktionen

3.1 Arithmetische Operatoren

Mit den arithmetischen Operatoren

sind Sie bereits vertraut. Zu beachten sind:

* Die Vorrangregeln, wobei die aus der Grundschule bekannte Regel Punktrechnung (* / %) vor Strichrechnung (+ -) gilt. Die Zusammenfassung erfolgt von links nach rechts.
* Der Ausdruck a/b ergibt für zwei Ganzzahl-Werte als Operanden nur den Ganzzahlteil der Division.
* Der Ausdruck a%b liefert den Rest, der entsteht, wenn a durch b dividiert wird. Der %-Operator kann auf Gleitkomma-Typen (float, double) nicht angewendet werden. Für negative Werte ist es systemabhängig, welches Vorzeichen das Resultat erhält.
* Bei Mischung von Ganzzahl-Typen mit Gleitkomma-Typen ist das Resultat vom Gleitkomma-Typ.

Beispiele:

```
int    i = 5, j = 2, k = 23;
float  x = 2.0, y = 5.5;
double d = 2.4;
```

Ausdruck	Resultat
i / j	2
i % j	1
x + 1/5	2.0
x + 1./5	2.2
k % i * j	6
k % (i * j)	3
k - 7 % 5	21
x * y - i	6.0
y / x	2.75
y % x	nicht erlaubt
d / 2	1.2
-5 % 2	-1

Im Zweifelsfall, aber auch als kleine Programmierübung, kann man sich die Resultate auch berechnen lassen:

```c
/* arithop.c */
#include <stdio.h>
int main(void)
{
  int    i = 5, j = 2, k = 23;
  float  x = 2.0, y = 5.5;
  double d = 2.4;

  printf("\n\n");
  printf("i / j      = %-3i\n", i / j );
  printf("i %% j      = %-3i\n", i % j );
  printf("x + 1 / 5  = %-6.2f\n", x + 1 / 5 );
  printf("x + 1./ 5  = %-6.2f\n", x + 1./ 5 );
  printf("k %% i * j  = %-3i\n", k % i * j);
  printf("k %% (i*j)  = %-3i\n", k % (i * j));
  printf("k - 7 %% 5  = %-3i\n", k - 7 % 5);
  printf("x * y - i  = %-6.2f\n", x * y - i);
  printf("y / x      = %-6.2f\n", y / x);
  /* printf(" y % x     = %f\n", y % x);
     --> Compilermeldung : Illegal use of floating point */
  printf("d / 2      = %-6.2f\n", d / 2);
  printf("-5 %% 2     = %-3i\n", -5 % 2);
  return 0;
}
```

3.2 Die Zuweisungsoperatoren, L-Werte

Die Zuweisung ist die unmittelbarste Art, den Wert von Variablen festzulegen. C bietet in diesem Zusammenhang einige recht interessante Möglichkeiten. In der Grammatik heißt es:

assignment-expression ::= lvalue assignment-op expression

lvalue ::=

      *identifier | *expression | identifier[expression] | ...*

*assignment-op ::= = | += | -= | *= | /= | %= | ...*

K&R definieren den Begriff L-Wert und den damit zusammenhängenden Begriff Objekt folgendermaßen (Zitat):

"Ein Objekt ist ein benannter Speicherbereich; ein L-Wert ist ein Ausdruck, der ein Objekt bezeichnet. Ein triviales Beispiel für einen L-Wert-Ausdruck ist ein Variablenbezeichner mit geeignetem Typ und passender Speicherklasse. Es gibt Operatoren, die L-Werte liefern: Ist etwa E ein Ausdruck, der einen Zeigerwert liefert, dann ist *E ein L-Wert-Ausdruck, der das Objekt bezeichnet, auf das E zeigt. Die Bezeichnung L-Wert erinnert an die Zuweisung E1 = E2, bei welcher der linke Operand E1 ein L-Wert-Ausdruck sein muß."

Beispielprogramm mit Fehlermeldungen des Compilers:

```
/* errors.c */
#define NMAX 20
int main(void)
{
  int i, n;
  int a[NMAX], b[NMAX];
  float x, *px;

  i = 0;
  n = NMAX / 2;
  NMAX = 10; /* (1) Error  : Lvalue required */
  x = 2*x;   /* (2) Warning: Use x before definition */
  for (i = 0; i < NMAX; i++)
    a[i] = 0;
  b = a;     /* (3) Error  : Lvalue required */
  px = &x;
  *px = 8.0;
  return 0;
}
```

zu (1): NMAX ist eine Konstante; der Preprozessor hat in der Zuweisung NMAX = 10 das Symbol NMAX durch 20 ersetzt, so entsteht die Anweisung 20 = 10; was keinen Sinn macht. Die Meldung des Compilers ist auch klar genug.

zu (2): Die Warnung des Compilers betrifft einen oft anzutreffenden Programmierfehler. x taucht auf der rechten Seite einer Zuweisung auf (manche verwenden als Gegenstück zu L-Wert auch den Begriff R-Wert), auf der Speicherebene bedeutet das einen Lesezugriff; bevor x einen Wert zugewiesen bekommen hat, ist x noch nicht "definiert".

zu (3): b = a; ist ebenfalls eine nicht erlaubte Anweisung. Der Vektorbezeichner allein ist die Adresse des ersten Elementes des Vektors. Diese Adresse wird vom System für die ganze Laufzeit des Programms festgelegt. Sie ist also eine Zeigerkonstante und damit kein L-Wert.

Die eventuell beabsichtige Kopie des Vektors a in einen zweiten Vektor b muß in C aus-
programmiert werden:

```
/* kopiert den Vektor a in den Vektor b */
int i;
for (i = 0; i < NMAX; i++)
  b[i] = a[i];
```

Die Zuweisung

```
b[i] = ...
```

ist ein Beispiel für

```
lvalue ::= identifier[expression]  | ...
```

Statt eines Bezeichners kann auch ein "echter" Ausdruck wie

```
b[i++] = ... oder  b[i+1] = ...
```

verwendet werden. Der Fall

```
lvalue ::=  *expression | ...
```

ergibt sich hauptsächlich im Zusammenhang mit Rückgabewerten von Funktionen. Um den
Inhalt eines Objektes durch eine beliebige Funktion zu ändern, wird ja dieser Funktion die
Adresse des Objektes als Argument übergeben. In der Funktion erfolgt der Zugriff dann über
den Inhaltsoperator. Der Ausdruck ist in diesem Fall vom Typ Zeiger. Wir betrachten dazu
eine Funktion, welche zwei Zahlen der Größe nach sortiert, d.h. die beiden Zahlen sollen
dann vertauscht werden, wenn die erste Zahl größer als die zweite Zahl ist:

```
void sort(int *a, int *b)
{
  int t;
  if (*a > *b) {
    t = *a;
    *a = *b;
    *b = t;     }
}
```

Ausdrücke vom Typ

```
lvalue op= expression
```

sind äquivalent zu

```
lvalue = lvalue op expression
```

und sind typisch für C-Programme. Die zu diesen Sonderformen der Zuweisung äquivalen-
ten Ausdrücke sind z.B.:

Ausdruck	äquivalenter Ausdruck
`sum += 4;`	`sum = sum + 4;`
`prod *= i;`	`prod = prod * i;`
`x /= 2.0`	`x = x / 2.0;`

Diese Form der Zuweisung gibt es kombiniert mit den bereits bekannten arithmetischen Operatoren `+ - * / %`. Aber auch die Bitoperatoren `^ & | << >>` können in der Form `op=` verwendet werden. Die Bitoperatoren werden noch ausführlich besprochen.

Nach einiger Zeit der Gewöhnung gibt man den C Entwicklern K&R recht, wenn sie argumentieren: *Ganz abgesehen von der prägnanten Formulierung reflektieren zusammengesetzte Operatoren eher die menschliche Denkweise. Wir sagen schließlich "Addiere 2 zu i" oder "Vergrößere i um 2" und nicht "Nimm i, addiere 2 und schreibe das Resultat zurück nach i". Deshalb ist der Ausdruck i += 2 der Formulierung i = i + 2 vorzuziehen.*

Die Zuweisung ist von der Syntaxkategorie *expression* und nicht, wie vielleicht erwartet, von der Syntaxkategorie *statement*. Dies ist ein wichtiges syntaktisches Detail. Dadurch sind Ausdrücke der Form

```
a = b = c
```

erlaubt. Die Zusammenfassung erfolgt von rechts nach links, d.h. ein äquivalenter Ausdruck ist

```
a = ( b = c )
```

Die Zuweisung

```
lvalue assignment-op expression
```

hat den Wert des Ausdruckes als unmittelbares Resultat. Typische Anwendungen sind die Initialisierung von mehreren Werten

```
a = b = c = 0.0;
```

oder die Verwendung des Resultates der Zuweisung als Operand in einer Vergleichsoperation:

```
while ((c = getc(fin)) != EOF) {...}
if ((fout = fopen("ftab.txt", "r")) == NULL) {...}
```

statt

```
c = getc(fin);
while (c != EOF) {...}

fout = fopen("ftab.txt", "r");
if (fout == NULL) {...}
```

3.3 Unäre Ausdrücke

Eine weitere Kategorie von Ausdrücken ist vom Typ:

```
unary-expression ::=
  +expression
  -expression
  !expression
  ~expression
  *expression
  &lvalue
  ++lvalue
  lvalue++
  --lvalue
  lvalue--
  (type-name) expression
  sizeof (type-name) | sizeof expression
```

Das gemeinsame Merkmal dieser Ausdrücke ist die Anwendung eines Operators auf einen Operanden (`unary-expression`).

`-expression` ist die unäre Vorzeichenumkehr.

`+expression` ist ohne Wirkung, aber aus Symmetriegründen ebenfalls erlaubt.

`!expression` ist die unäre logische Negation. Alle einfachen Datentypen können im richtigen Kontext als logische Werte interpretiert werden. In C wird jeder Ausdruck mit dem Wert Null als logisch FALSCH, jeder Wert ungleich Null als logisch WAHR interpretiert. Dabei gelten als Null die Werte 0, 0.0, '\0' und der Zeigerwert NULL.

`~expression` ist die bitweise Negation eines Ganzzahl-Wertes.

`*expression` Inhaltsoperator, liefert den bei `expression` abgelegten Inhalt.

`&expression` Adreßoperator, liefert die Adresse des durch `expression` festgelegten Objekts.

Ausdrücke vom Typ

```
  ++lvalue | lvalue++ | --lvalue | lvalue--
```

sind charakteristisch für C-Programme. Es ist dies die im Befehlssatz von Prozessoren enthaltene Inkrementierung und Dekrementierung von Ganzzahlwerten. ++ steht für Inkrementierung (Erhöhung um eins), -- steht für Dekrementierung (Erniedrigung um eins). Beide Varianten gibt es als Postfix- und Prefixausdruck. Diese Operatoren können nur auf Ganzzahltypen und Zeiger angewandt werden.

Solange solche Ausdrücke allein stehen, ist die Wirkung einfach und für Postfix- und Prefix-form gleich:

```
i++ oder ++i
```

erhöht i um eins und ist äquivalent zu `i += 1` oder `i = i + 1`.

```
i-- oder --i
```

vermindert i um eins und ist äquivalent zu `i -= 1` oder `i = i - 1`.

Im Zusammenhang mit Zuweisungen muß man sorgfältig arbeiten. Für einen ursprünglichen Anfangswert i = 1 ergeben die folgenden Ausdrücke – nacheinander ausgeführt – folgende Ergebnisse:

Ausdrücke	äquivalenter Ausdruck	Ergebnis
`k = i++;`	`k = i; i = i + 1;`	`k = 1; i = 2;`
`k = ++i;`	`i = i + 1; k = i;`	`k = 3; i = 3;`

`(type-name) expression` bewirkt eine explizite Typumwandlung des Resultates von `expression` in den durch `type-name` definierten Typ. Man spricht von einem `cast`-Operator.

`sizeof (type-name) | sizeof expression` liefert den Speicherplatzbedarf des Objektes in Byte.

3.4 Vergleichsoperatoren

Mit Vergleichsoperatoren kann man für zwei Ausdrücke feststellen, ob sie gleich oder ungleich sind bzw. welche Relation zwischen den beiden Ausdrücken vorliegt:

* Gleichheitsoperatoren (`equality-operators`)

`==`	gleich
`!=`	nicht gleich

* Relationsoperatoren (`relational-operators`)

`<`	kleiner als
`>`	größer als
`<=`	kleiner oder gleich
`>=`	größer oder gleich

Mit diesen Operatoren bildet man Ausdrücke der Form:

```
equality-expr      ::=   expr == expr

                         expr != expr


relational-expr ::=      expr <  expr

                         expr >  expr

                         expr <= expr

                         expr >= expr
```

In der Rangordnung kommen die Relationsoperatoren nach den arithmetischen Operatoren. Die Rangordnung der Gleichheitsoperatoren wiederum ist kleiner als die der Relationsoperatoren. Das Resultat der Vergleichsausdrücke ist entweder WAHR (true) oder FALSCH (false). Das Resultat ist vom Typ int und hat den Wert 0 oder 1.

Beispiele:

```
#define NMAX 20
#define EPSILON 1E-6
int m = -3, n = 16, jmax = 5;
char c = 'K';
double x = 0.0;
double y = -1E-5;
```

Ausdruck	Ergebnis
'a' < 'A'	0
'A' == 65	1
m < 2	1
n > NMAX	0
x >= EPSILON	0
(n + jmax) > NMAX	1
c > 'A'	1
c != 'k'	1
x == 0.0	1
y < EPSILON	1
NMAX > n > jmax	0

Der letzte Ausdruck ist syntaktisch korrekt, macht aber in der Regel keinen Sinn. Er leistet nicht das, was der Mathematiker lesen würde. Entsprechend den Vorrangregeln ist der Ausdruck äquivalent zu (NMAX > n) > jmax.

Im Zusammenhang mit Vergleichsoperatoren stolpern viele C-Programmierer (besonders jene mit Erfahrung in anderen Sprachen) zunächst über einige typische Programmierfehler:

`a =< b`	kein gültiger Operator
`a <> b`	kein gültiger Operator
`a < = b`	Zwischenraum zwischen `<` und `=`, der Operator kann nicht erkannt werden
`a + b =! c`	äquivalent zu `(a + b) = (!c)`, `(a + b)` ist kein L-Wert

Besonders kritisch ist fehlerhafter Programmcode, der syntaktisch in Ordnung ist, aber nicht die geplante Wirkung hat:

`a >> b`	als Vergleichsoperator gibt es den Operator `>>` nicht, dies ist ein Schiebeoperator, siehe Kapitel Bitoperatoren
`a =! 1`	`=!` statt `!=` äquivalent zu `a = (!1)`, d.h. a wird 0 und der Ausdruck ist damit 0

Ein häufiger Fehler ist:

```
if (a = b)
    . . . . .
```

statt

```
if (a == b)
    . . . . .
```

Der Ausdruck `a = b` hat den Wert `b` und wird dann logisch interpretiert, das Resultat hängt nur von `b` ab.

Ein ebenfalls häufiger Fehler ist es, berechnete Gleitkommazahlen auf Gleichheit mit `0.0` zu prüfen. Wegen der begrenzten Rechengenauigkeit führt das meist zu einem nicht erwarteten Verhalten des Programms. Statt mit Null vergleicht man mit einem Wert, der etwas größer als die Rechengenauigkeit ist (z.B. 1E-6). Für eine konkrete Situation muß man sich allerdings überlegen, welche Zahlenwerte mit welchen Operatoren verknüpft werden.

Oft wird auch der Fehler gemacht, die Differenz zweier Werte, die sich z.B. in einem Iterationsverfahren einander nähern sollen, zu vergleichen

```
(x - xalt) > 1E-3
```

statt den Absolutbetrag der Differenz zu vergleichen

```
fabs(x - xalt) > 1E-3
```

3.5 Logische Operatoren und Ausdrücke

Logische Operatoren sind der NOT-, der AND- und der OR-Operator.

Der unäre Negationsoperator (!) kann auf jeden einfachen Ausdruck angewendet werden. Für jeden Wert ungleich Null ist das Resultat 0, für Werte exakt Null wird der Ausdruck 1. Das Resultat ist vom Typ int.

Eine häufige Anwendung ergibt sich im Zusammenhang mit Variablen, die man zur Steuerung des Kontrollflusses verwendet.

```
int fertig, sortiert;
!fertig      /* nicht fertig  */
!sortiert    /* nicht sortiert */
```

Achtung: Für den !-Operator gilt nicht die normale Logik, in der NOT(NOT s) = s gilt. In C gilt z.B. !!5 ergibt 1. Der !-Operator wird von rechts nach links abgearbeitet, so daß !!5 = !(!5) = !(0) = 1 folgt.

Ergänzt um die logischen Ausdrücke UND (AND) bzw. ODER (OR) lautet die Syntax für einen logischen Ausdruck:

```
logical-expression ::=  !expression

                        expression && expression

                        expression || expression
```

&& ist der Operator für das logische UND, || ist der Operator für das logische ODER. Es gilt folgende Wahrheitstafel:

a	b	a && b	a || b
0	0	0	0
0	1	0	1
1	0	0	1
1	1	1	1

Die Wertigkeit von && ist höher als die von ||, aber beide haben eine kleinere Wertigkeit als unäre, arithmetische Operatoren und Vergleichsoperatoren, lediglich die Zuweisungsoperatoren haben noch kleinere Wertigkeit.

Beispiele :

```
(x > a) && (x < b)            Ist x im Intervall ]a,b[ ?
(x >= a) && (x <= b)          Ist x im Intervall [a,b] ?
(x < a) || (x > b)           Ist x außerhalb des Intervalls [a,b] ?
((c == 'j') || (c == 'J'))   Ist c = 'j' oder c = 'J' ?
```

typische Fehler:

a | | b	Leerzeichen dazwischen
a & b	Bitweise UND-Verknüpfung
a & &b	entspricht a & (&b) &b ist Adresse von b

Short-Circuit Evaluation

Ausdrücke mit den Operatoren && und || werden strikt von links nach rechts ausgewertet. Die Auswertung wird abgebrochen, sobald das Resultat feststeht. Dies nennt man *short-circuit-evaluation*. Manchmal findet man C-Code, der dieses Verhalten bewußt nützt, wie folgender Programmausschnitt zeigt:

```
/* es sollen nicht mehr als 3 Zeichen gelesen werden */
int cnt = 0;
while (++cnt <= 3 && (c = getchar()) != EOF) {
.....
```

Wenn der Ausdruck ++cnt <= 3 falsch wird, wird kein Zeichen mehr eingelesen. Solche Programmzeilen sollten nur in Ausnahmefällen verwendet – und dann kommentiert – werden.

3.6 Der Komma-Operator

Zwei Ausdrücke, die durch Komma getrennt sind

```
comma-expression  ::= expr1 , expr2
```

werden von links nach rechts ausgeführt, Datentyp und Resultat des Ausdruckes sind Typ und Wert von *expr2*.

Man verwendet solche Ausdrücke oft in for-Anweisungen:

```
/* Summe der Elemente des Vektors x[] */
for (summe = 0, i = 0; i < n; i++)
  summe += x[i];

/* Zeichenkette s umdrehen */
int i, j;
char c;
for (i = 0, j = strlen(s) 1 ; i < j ; i++, j--) {
  c = s[i];
  s[i] = s[j];
  s[j] = c;
}
```

Für die Bildung "kunstvoller" Ausdrücke ist der Kommaoperator nicht gedacht:

```
r = (a2 = (a+e)/2, a1 = 0);
```

Die Schreibweise

```
r = a1 = 0;   a2 = (a+e)/2;
```

ist zwar etwas länger, aber besser lesbar.

3.7 Implizite Typumwandlung

Treffen in einem arithmetischen Ausdruck verschiedene Datentypen zusammen, so wird, bevor die Rechnung ausgeführt wird, der niederwertigere Typ in den höherwertigen Typ umgewandelt. Dabei gilt folgende Rangordnung:

Datentyp	Wertigkeit
long double	hoch
double	
float	
long long int	
long int	
int	
short int	
char	
_Bool	niedrig

Integer-Erweiterung: Alle char, short int und enum-Werte in einem Ausdruck werden in int-Werte umgewandelt. Man nennt diesen Vorgang Integer-Erweiterung (*integral promotion*). Wenn mit dem Typ int nicht alle Werte dargestellt werden können, wird weiter nach unsigned int umgewandelt.

Wenn man defensiv codiert, genügen diese Regeln. K&R schreiben, es wäre eine kleine Anzahl von Regeln, nach denen die impliziten Typumwandlungen stattfinden. Die Beschreibung aller Regeln benötigt aber sowohl bei K&R als auch im ISO/IEC Standard vier Seiten. Vorsicht ist geboten, wenn unsigned-Werte beteiligt sind und bei der Umwandlung von char nach int. Beispiel:

```
char c; int i; float f; double d; float r;
r = (c/i) + (f*d) - (f+i);
```

Für die Division c/i wird c nach int umgewandelt, das Resultat ist vom Typ int. Für die Multiplikation f*d wird f nach double umgewandelt, das Resultat ist vom Typ double. Für die Addition von f+i wird i nach float umgewandelt, das Resultat ist vom Typ float. Dann wird zuerst die Addition ausgeführt, das Resultat ist vom Typ double, für die Subtraktion wird das Resultat von (f+i) nach double umgewandelt, der Ausdruck ist vom Typ double. Mit der Zuweisung wird der Ausdruck als float-Wert abgelegt.

Bei einer Zuweisung bestimmt der Typ des L-Wertes den Typ des Resultates. Bei der Umwandlung von Gleitpunkttypen in Ganzzahltypen wird der Dezimalbruch abgeschnitten. Kann der Resultatwert durch den Ganzzahltyp nicht dargestellt werden, so ist das Resultat undefiniert. Das Resultat ist auch undefiniert, wenn ein negativer Gleitpunktwert in einen unsigned int-Typ umgewandelt wird. Bei der Zuweisung eines beliebigen Wertes an den Typ _Bool ist das Resultat 0 für Werte die gleich 0 sind und 1 für alle anderen Werte.

Bei der Umwandlung von höherwertigen in niederwertige Gleitpunkttypen geht auf jeden Fall Genauigkeit verloren. Das Resultat kann entweder der nächsthöhere oder der nächstniedere Wert sein. Liegt das Resultat nicht im zulässigen (kleineren) Zahlenbereich, so ist der Effekt undefiniert.

Diese Regeln gelten auch für explizite Typumwandlung mit einem cast-Operator.

3.8 Rangordnung der Operatoren und Reihenfolge der Auswertung

Für Operatoren gibt es Regeln zur Rangordnung (*precedence*) und Assoziativität (*associativity*), um die Auswertung von Ausdrücken genau zu definieren. Ausdrücke innerhalb von Klammern ( ) werden zuerst ausgewertet. Damit kann die Reihenfolge der Auswertung gesteuert werden. Klammern erhöhen aber auch die Lesbarkeit des Codes.

Beispiele für Rangordnung und Klammern:

```
char c = 'w';
int  i = 1, j = 2, k = 3;
int *pi = &i;
float x = 16.0, y = 15.0;
```

Ausdruck	äquivalenter Ausdruck	Resultat
1 + 2 * k		7
(1 + 2) * k		9
'a' + 1 < c	('a' + 1) < c	1
-i - 5 * j >= k + 1	((-i)-(5*j)) >= (k+1)	0
x - y < 0.01	(x-y) < 0.01	0
x * *pi	x * (*pi)	16.0

Unter Assoziativität versteht man die Reihenfolge der Berechnung, sie kann durch Klammern dargestellt werden. Diese Regeln sind wichtig, wenn Operatoren gleicher Rangordnung in einem Ausdruck vorkommen.

Ausdruck	äquivalenter Ausdruck	Resultat
5 / 2 * 2	((5 / 2) * 2)	4
16. / 2 * 5	(16. / 2) * 5	40.

Für Ausdrücke der Form `zaehler_expr/nenner_expr` ist Vorsicht geboten:

```
16.0 / (2 * 5)  =  1.6
3 / 4 * 5       =  0
```

Besonders tückische Fehler können sich ergeben, wenn mit `#define` Konstanten festgelegt werden. Mit

```
#define A 10      /* statt  #define A  10.0  */
#define B 100     /* statt  #define B 100.0  */
```

ergibt sich z.B. statt des richtigen Wertes 1.1 der Wert 1.0 für den Ausdruck

```
(1 + A/B)
```

Der Fehler ist 10 %, was unter Umständen nicht bemerkt wird.

In welcher Reihenfolge die Operanden eines Operators bewertet (berechnet) werden, ist nicht festgelegt (Ausnahmen sind `&&` , `||` , `?` `:` und der Kommaoperator). In der Anweisung

```
y = f(x) + g(x);
```

kann `f(x)` vor oder nach `g(x)` bewertet werden. Dies kann unter Umständen - wenn z.B. die Funktion `f` eine Variable ändert, von der das Resultat der Funktion `g` abhängt - zu unterschiedlichen Resultaten führen.

Die Reihenfolge der Berechnung von Argumenten einer Funktion ist ebenfalls nicht festgelegt:

```
i = 5;
printf ("%2d %2d\n", i, ++i);
```

kann auf verschiedenen Systemen zu unterschiedlichen Resultaten führen:

```
5  6
6  6
```

Ein weiteres Beispiel für Ausdrücke, welche man vermeiden soll, ist

```
x = 0;
v = (--x) - (x = 4);
```

Funktionsaufrufe, Inkrement- und Dekrementoperatoren verursachen unter Umständen nicht geplante Nebenwirkungen. Ein Beispiel für eine solche Nebenwirkung ist

```
i = 0;
a[i] = i++;
```

Daß `a[i]` den Wert 0 zugewiesen bekommt, ist außer Zweifel, ob aber `a[0]` oder `a[1]` über den Index `i` ausgewählt wird, ist nicht festgelegt.

Zitat (Kernighan/Ritchie): "*In guten Programmen darf systemabhängiges Verhalten nicht riskiert werden. Es ist schlechter Programmierstil, wenn so formuliert wird, daß die Bewertungsreihenfolge eine Rolle spielt.*"

Die folgende Tabelle faßt die Regeln für Vorrang und Assoziativität aller Operatoren zusammen. Sie enthält auch jene Operatoren, die wir bisher noch nicht besprochen haben.

Operatoren	Assoziativität
() [] -> .	links nach rechts
++ -- ! ~ (type) sizeof + (unary) - (unary) * (indirection) & (address)	rechts nach links
* / %	links nach rechts
+ -	links nach rechts
<< >>	links nach rechts
< <= > >=	links nach rechts
== !=	links nach rechts
&	links nach rechts
^	links nach rechts
|	links nach rechts
&&	links nach rechts
||	links nach rechts
?:	rechts nach links
= += -= *= /= %= &= ^= |= <<= >>=	rechts nach links
, (comma operator)	links nach rechts

3.9 Mathematische Funktionen

Mathematische Funktionen sind über die Standardbibliothek verfügbar. Die Definitionsdatei zur Mathematikbibliothek ist `math.h`.

Prototypen und Beschreibung der von ANSI-C (C90) definierten Funktionen:

`double acos(double x);`	arccos(x) im Bereich $[0, +\pi]$
`double asin(double x);`	arcsin(x) im Bereich $[-\pi/2, +\pi/2]$
`double atan(double x);`	arctan(x) im Bereich $[-\pi/2, +\pi/2]$
`double atan2(double y,double x);`	arctan(x/y) im Bereich $[-\pi,+\pi]$

`double cos(double x);`
`double sin(double x);`
`double tan(double x);`
	Argument für cos, sin und tan im Bogenmaß

`double cosh(double x);`
`double sinh(double x);`
`double tanh(double x);`
	Hyperbelfunktionen

`double exp(double x);`	Exponentialfunktion ex
`double frexp(double x,int *exp);`	zerlegt x in eine normalisierte Mantisse im Bereich [0.5, 1], die als Resultat geliefert wird, und eine Potenz von 2, die in *exp abgelegt wird.
`double ldexp(double x,int n);`	$x * 2^n$
`double log(double x);`	natürlicher Logarithmus ln(x), x > 0
`double log10(double x);`	dekadischer Logarithmus lg(x), x > 0
`double modf(double x,double *ip);`	zerlegt x in einen ganzzahligen Teil und einen Rest, die beide das gleiche Vorzeichen wie x besitzen. Der ganzzahlige Teil wird bei *ip abgelegt, der Rest ist das Resultat.
`double pow(double x,double y);`	x^y
`double sqrt(double x);`	Quadratwurzel aus x, $x \geq 0$
`double ceil(double x);`	nächst höherer Ganzzahlwert als double
`double fabs(double x);`	Absolutbetrag |x|
`double floor(double x);`	nächst niedrig. Ganzzahlwert als double
`double fmod(double x,double y);`	Gleitpunktrest von x/y, mit dem gleichen Vorzeichen wie x

Im Zusammenhang mit dem Aufruf dieser Funktionen unterscheidet man zwei verschiedene Fehler. Ein Argumentfehler (*domain error*) liegt vor, wenn der Definitionsbereich der Funktion nicht eingehalten wird. Die Funktion liefert einen systemabhängigen Wert, `errno` erhält den Wert EDOM. `errno` ist ein global gültiger Wert vom Typ `int`, den Sie nach einer Vereinbarung `extern int errno;` verwenden können. Ein Resultatfehler (*range error*) tritt auf, wenn das Resultat nicht mehr dargestellt werden kann. Ist der Absolutbetrag des Funktionswertes zu groß (*overflow*), wird HUGE_VAL mit dem korrekten Vorzeichen als Resultat geliefert und `errno` erhält den Wert ERANGE. Ist der Funktionswert zu klein (*underflow*), wird 0 als Resultat geliefert. Manche Systeme setzen `errno` auf ERANGE, andere nicht. EDOM und ERANGE sind in `errno.h` definiert; HUGE_VAL ist ein positiver `double`-Wert und ist in `math.h` definiert.

Der C99 Standard definiert für die in der Tabelle angeführten Funktionen zusätzliche Funktionen mit `float`-Werten und `long double`-Werten. Die Funktionsnamen enden dann mit einem zusätzlichen f bzw. l. Für die Tangensfunktion sind zum Beispiel die Prototypen:

```
double tan(double x);
float tanf(float x);
long double tanl(long double x);
```

definiert. Insgesamt sind im C99 Standard die Prototypen für mehr als 180 Funktionen aufgelistet.

Kontrollfragen:

1) Welche arithmetischen Operatoren gibt es, und was ist für arithmetische Ausdrücke zu beachten?

2) Welche unären Operatoren kennen Sie?

3) Nennen Sie die wichtigsten Zuweisungsoperatoren. Welche Ausdrücke sind äquivalent zu Ausdrücken der Form `y op= x` ?

4) Welche Regeln gelten für das Zusammentreffen von Ausdrücken mit unterschiedlichem Datentyp ?

5) Was versteht man unter einem L-Wert?

6) Was ist für die Operatoren `++` und `--` zu beachten ?

7) In C ist die Zuweisung keine Anweisung sondern ein Ausdruck. Welche Vorteile (Möglichkeiten) ergeben sich dadurch?

8) Welche Relations- und Gleichheitsoperatoren gibt es in C?
   Welches Resultat haben Ausdrücke mit diesen Operatoren?

9) Welche logischen Operatoren werden in C verwendet?
   Wie werden die Operanden dabei interpretiert?

10) Was ist ein *cast*-Operator?

11) Was versteht man unter impliziter Typumwandlung? Welche Regeln gelten?

12) Warum ist die Festlegung von Vorrang und Assoziativität der Operatoren wichtig?

13) Was versteht man unter *short-circuit evaluation*?

14) Was wissen Sie über den Komma-Operator ?

15) Berechnen Sie die folgenden Ausdrücke und bestimmen Sie den Datentyp des Resulta-
     tes. Für jeden Ausdruck gelten wieder die Anfangswerte.

```
float a = 5.7;
float b = 2.8;
float *pf = &a;
int   i = 7;
int   j = 4;
```

```
(i / j)*(i % j)            (i % j)/2
4*(i++ % j)                4*(++i % j)
(i > j)                    (a < j)
(i< j)(a > b)              i > j && a > b
i > j || a > b             !(i > j)
*pf / b                    j = j && (i = 2)
j = j && (i == 3)          j = !j && (i = i + 1)
j = (i++, i - j)           sqrt(a*b) / (i + j)
fabs(b-a)/(b-a)            ceil(a) / floor(b)
pow(a,3)                   sqrt(-a)
fmod(a/b)*(i%j)
```

Aufgabe 3-1: Schreiben Sie ein Programm, das die Ausdrücke der letzten Übung verwendet
und berechnet.

Aufgabe 3-2: Schreiben Sie ein Programm, das eine Wahrheitstabelle für die logische Verknüpfung a && b erstellt.

Aufgabe 3-3: Schreiben Sie ein Programm, das eine Wahrheitstabelle für den Boolschen
Ausdruck a AND (b OR c) AND NOT d erstellt.

Aufgabe 3-4: Schreiben Sie ein Programm, das die Funktionswerte einer Funktion f(x) auf
eine Datei ausgibt. Die Datei soll in zwei Kolonnen die Werte x und f(x) enthalten. Schreiben Sie für die Funktion f(x), die Sie selber auswählen, eine eigene Funktion. Eingaben:
Anfangswert und Endwert der unabhängigen Variablen x, Schrittweite dx.

Aufgabe 3-5: Schreiben Sie ein Programm, das eine Tabelle mit zwei Spalten (x und f(x) -
Werte) von einer Datei liest und für die Funktion f(x) verschiedene Kenndaten ermittelt. Beispiele für solche Kenndaten: größter und kleinster Funktionswert, Anzahl der Vorzeichen-
wechsel (Nullstellen), Mittelwert.

4 Kontrollstrukturen, strukturierte Programmierung

4.1 Steuer- oder Kontrollfluß, Flußdiagramme

Sie haben im ersten Teil des Buches unter dem Stichwort Kontrollstrukturen bereits einige Möglichkeiten zur Steuerung des Programmablaufs kennengelernt. In den ersten Jahren der Programmierung verwendete man zur Darstellung des Programmablaufs Flußdiagramme. Die Symbole dieser Diagramme sind genormt (DIN 66001), es gibt dafür eigene Schablonen als Zeichenhilfsmittel. Das Flußdiagramm für unseren Bubblesort hat folgende Form:

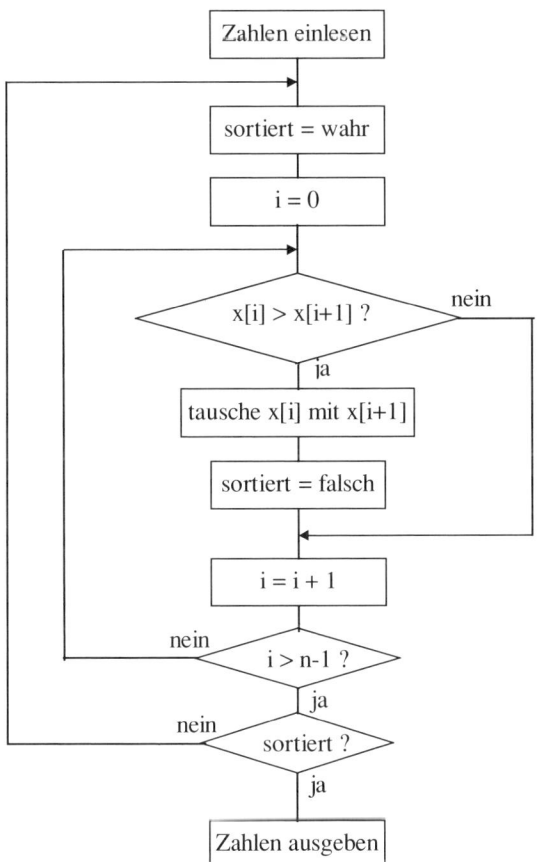

Der Programmablauf ist in einem Flußdiagramm sehr gut lesbar. Flußdiagramme haben jedoch einen entscheidenden Nachteil. Sie erlauben im Programmablauf Sprünge an jede beliebige Stelle. Verwendet man Flußdiagramme zur Entwicklung von Algorithmen, so können sehr unübersichtliche Reihenfolgen des Programmablaufs entstehen. Es entsteht sogenannter Spaghetticode (weil die Wege im Flußdiagramm wie ungeordnete Spaghetti durcheinander gehen). Dieser Programmierstil wird zudem noch von Sprachen wie FORTRAN oder BASIC mit der GOTO-Anweisung unterstützt. Nach einigen Jahren der Softwareentwicklung gab es bei einigen großen Projekten Mißerfolge, die sehr viel Geld kosteten. Eine Folge davon war, daß man sich darüber klar wurde, daß Software ein Industrieprodukt ist, für dessen Entwicklung man genauso wie für die Herstellung anderer Industrieprodukte bestimmte Methoden und Verfahren braucht. Softwareentwicklung ist zwar eine sehr kreative Tätigkeit, sie ist aber keine künstlerische Arbeit mit beliebigem Freiraum, sondern eine Ingenieursdisziplin.

4.2 Strukturierte Programmierung

Einen Ausweg aus dieser "Softwarekrise" suchte man unter anderem mit neuen Methoden des Entwurfs, mit Einschränkungen in den Kontrollstrukturen, mit neuen Darstellungen der Kontrollstruktur und mit neuen Programmiersprachen. Einige Meilensteine dieser Entwicklung sind verknüpft mit Namen wie Dijkstra, Hoare, Wirth, Nassi und Shneiderman. Es entstand das Schlagwort der strukturierten Programmierung. Ein wesentliches Element der strukturierten Programmierung ist die Einschränkung des Kontrollflusses auf einige wenige Grundelemente. Für die Notation oder die graphische Darstellung des Kontrollflusses gibt es mehrere Möglichkeiten. Ich verwende in diesem Buch Pseudocode und Struktogramme (Nassi-Shneiderman-Diagramme).

Der Vorteil von Pseudocode ist, daß man ihn mit einem normalen Editor schreiben kann. Für Pseudocode gibt es keine einheitliche Norm. Ich verwende in diesem Buch eine leicht lesbare Form mit deutschsprachigen Schlüsselwörtern.

Die Struktogramme in diesem Buch entsprechen aus didaktischen Gründen nicht exakt der DIN-Norm 66261. Dadurch ist es möglich, bei der Darstellung von Schleifen zwischen Ausführungsbedingung und Abbruchbedingung zu unterscheiden.

In Verbindung mit geeigneten Sprachen ist das prinzipielle Ziel der strukturierten Programmierung, im Quelltext des Programms den Steuerfluß des Programmes gut sichtbar zu machen. Dies erreicht man durch Einschränkung auf einige wenige Grundmuster. Die Theorie der Algorithmen kann zeigen, daß jedes prinzipiell mit einem Computer lösbare Problem durch die Anwendung von drei Grundstrukturen des Kontrollflusses gelöst werden kann:

* **Folge, Sequenz**
* **Auswahl, Selektion**
* **Wiederholung, Iteration**

Ein weiteres Prinzip der Programmstrukturierung ist die Top-Down-Entwicklung durch schrittweise Verfeinerung. Dabei wird eine zu lösende Teilaufgabe zunächst als Block (Strukturblock) in den Programmentwurf aufgenommen. Für den Aufbau eines solchen Bausteins gelten folgende Regeln:

* Ein Block ist eine abgeschlossene funktionale Einheit, d.h. jeder Baustein steht für eine klar definierte Aufgabe mit einem bekannten Anfangszustand und einem bekannten Endzustand.

* Ein Block hat, als Ganzes betrachtet, genau einen Eingang und genau einen Ausgang, d.h. er kann nur am Beginn betreten und am Ende verlassen werden. Damit sind Sprünge an beliebige Stellen ausgeschlossen. Zugelassen ist nur der Aufruf einer Funktion.

* Der Steuerfluß läuft in einem Block immer von oben nach unten.

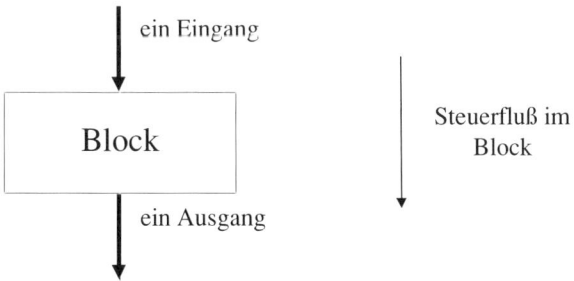

Regeln für die Verknüpfung von Strukturblöcken:

* Auf einer Ebene des Entwurfs werden Blöcke aneinandergereiht oder im Falle der Auswahl nebeneinandergestellt.

* Der Steuerfluß läuft durch ein aus Bausteinen zusammengesetztes Programm immer von oben nach unten und entspricht damit der Reihenfolge im Programmcode. Nur bei Wiederholungen treten Rücksprünge auf, die jedoch an der Gesamtlogik nichts ändern.

* Zunehmende Verfeinerung führt zur Auflösung eines Blocks in weitere Blöcke. So entstehen aufeinander folgende, aber auch ineinander geschachtelte Blöcke. Zu einem Block in einer Entwurfsebene gibt es weitere Struktogramme in der nächst feineren Entwurfsebene. Die verfügbare Software für die Entwicklung von Struktogrammen unterstützt diese Methode. Was für den Konstrukteur das CAD Programm ist, ist für den Softwareentwickler ein System von CASE-Tools (CASE = Computer Aided Software Engineering). Am Papier kann die Änderung oder Verfeinerung von Struktogrammen bald mühsam werden. Vielleicht ist dies einer der Gründe, warum Struktogramme trotz ihrer Vorteile nicht von allen Entwicklern gern verwendet werden.

* Ein untergeordneter Baustein erhält die Steuerung nur von dem ihm übergeordneten Baustein und gibt sie wieder dorthin zurück.

4.3 Arten von Strukturblöcken

Die Forderungen der strukturierten Programmierung erzwingen die bereits erwähnten Einschränkungen im Kontrollfluß auf Sequenz, Auswahl und Wiederholung. Im Prinzip kann ein nach den Regeln der strukturierten Programmierung erstellter Programmentwurf in jeder Programmiersprache codiert werden. Die Umsetzung eines Struktogrammes in Code ist immer möglich. Es kann jedoch nicht der Steuerfluß zu einem beliebigen Code nachträglich mit Struktogrammen dargestellt werden. Für die Beurteilung der Qualität einer Programmiersprache ist entscheidend, wie die strukturierte Programmierung durch geeignete Konstrukte unterstützt wird. Die Gegenüberstellung von Struktogrammen und Codierung in C soll die Arbeitstechnik der Trennung von Entwurf und Codierung fördern. Die allgemeine Darstellung wird durch praktische Beispiele ergänzt.

4.3.1 Elementarblock

Ein Elementarblock ist ein Strukturblock, der aus einer Arbeitsanweisung besteht. Diese Anweisung soll in der Entwurfsphase eine kurze Beschreibung der Aufgabe sein, die auf der betrachteten Ebene nicht weiter aufgelöst (verfeinert) wird. Struktogramme sind primär ein Entwurfshilfsmittel, und enthalten deshalb in dieser Phase keinen Programmcode.

Beispiele:

<table>
<tr><td>n Zahlen einlesen</td><td></td></tr>
</table>

<table>
<tr><td>Zahlen sortieren

Methode: Bubble-Sort</td><td>Die Verfeinerung in einer speziellen Funktion, die an dieser Stelle aufgerufen wird, wird durch einen seitlichen Doppelstrich ausgedrückt.</td></tr>
</table>

In C taucht der Elementarblock auf als

expression-statement	`h = x[i];`

compound-statement	`{ h = x[i];`
	`  x[i] = x[i+1];`
	`  x[i+1] = h; }`

function-call	`fscanf(stdin, "%d", &n);`

Die von der strukturierten Programmierung geforderte Abgeschlossenheit eines Strukturblocks ist in idealer Weise erfüllt, wenn der Strukturblock als Funktion implementiert wird. Aber auch die Verbundanweisung (*compound-statement*) bietet mit einem optionalen Vereinbarungsteil die Möglichkeit z.B. Hilfsvariablen lokal zu definieren:

```
compound-statement ::=

  { { declaration-list_opt statement-list_opt }_1+ }
declaration-list    ::= { declaration }_1+
statement-list      ::= { statement }_1+
```

Die Verbundanweisung mit Deklarationsteil wird in C im Sinne des Gültigkeitsbereiches von Objekten als Block bezeichnet. Die Vereinbarungen innerhalb eines Blocks sind nur lokal gültig. Der C99 Standard hat von C++ übernommen, auch weitere Vereinbarungen an einer beliebigen Stelle innerhalb einer Verbundanweisung zu erlauben. Dies entspricht einem Ziel der Weiterentwicklung von C. Es soll dort, wo es sich nicht um grundsätzlich andere Konzepte handelt, keine Unterschiede zwischen C und C++ geben. Beispiel:

```
{                                        { // ab C99
  ...                                      ...
  { /* neuer Block */                      int i = 0;
    int i = 0;                             while (s[i] != '\0')
    while (s[i] != '\0')                     putchar(s[i++]);
      putchar(s[i++]);                     // i noch gueltig
  }                                        ...
  /* i nicht mehr gueltig */             }
}
```

Die beiden Lösungen sind nicht identisch. In einer neuen Verbundanweisung können außerhalb des Blocks verwendete Bezeichner ein zweites Mal verwendet werden. Das äußere Objekt ist dann nicht mehr "sichtbar". Für eine weitere Vereinbarung an einer beliebigen Stelle der Verbundanweisung, wie es ab C99 möglich ist, muß ein noch nicht verwendeter Bezeichner gewählt werden.

4.3.2 Sequenz

Die Sequenz ist die Aneinanderreihung von elementaren Strukturblöcken (SB).

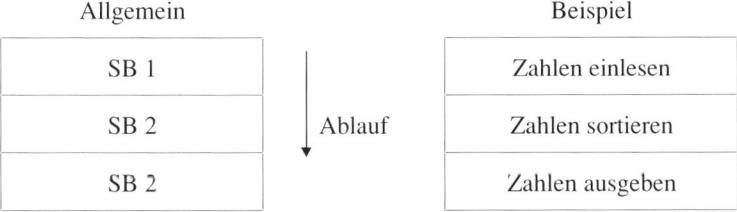

Allgemein		Beispiel
SB 1		Zahlen einlesen
SB 2	Ablauf	Zahlen sortieren
SB 2		Zahlen ausgeben

Es ist eine Frage der Verfeinerungsstufe, ob man die Zusammenfassung mehrerer Anweisungen zu einer Verbundanweisung als Beispiel für eine Sequenz oder einen Elementarblock betrachtet.

4.3.3 Auswahl

Bei der Auswahl (Selektion, Verzweigung) kann man vier Möglichkeiten unterscheiden.

Einfachauswahl

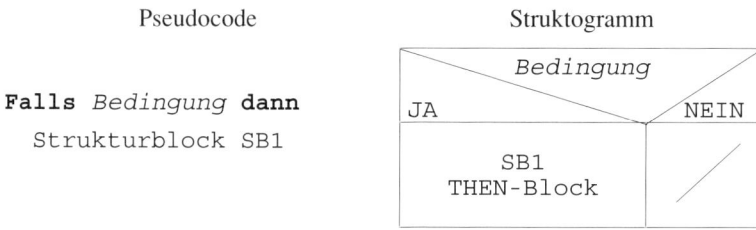

Pseudocode   Struktogramm

Falls *Bedingung* **dann**
    Strukturblock SB1

C-Syntax:

```
conditional-statement-1 ::= if ( expression )
                            statement
```

expression ist ein Ausdruck, welcher logisch interpretiert wird. In der Regel wird es sich also um einen logischen Ausdruck oder einen Vergleichsausdruck handeln. Beachten Sie jedoch, daß in C jeder einfache Datentyp logisch interpretiert werden kann.

Benötigt man mehr als eine "Anweisung" im THEN-Block, dann wird eine Verbundanweisung verwendet, welche für die Grammatik als eine Anweisung gilt.

Eine andere Bezeichnung für die Einfachauswahl ist "bedingte Anweisung". Ein Strukturblock wird in Abhängigkeit von einer Bedingung ausgeführt oder nicht ausgeführt.

Beispiele:

```
if (x[i] > x[i+1]) {   /* Tausch im Bubblesort */
  h = x[i];
  x[i] = x[i+1];
  x[i+1] = h;
}


printf("Der Schüler hat ");
if ( gesamtnote <= 1.5 ) printf("mit Auszeichnung ");
printf("bestanden\n");

if (wert > maximum)
  printf("Maximalwert ueberschritten !\n");

if (fabs(v[i]) > max) {
  max = fabs(v[i]);
  imax = i;
}
```

Zweifachauswahl

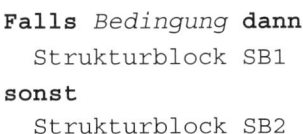

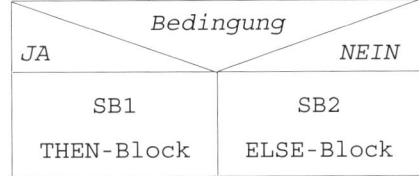

C-Syntax :

```
conditional-statement-2 ::=  if ( expression )
                                  statement
                             else
                                  statement
```

Hat die logische Interpretation von *expression* das Resultat TRUE, so wird der THEN-Block ausgeführt; ist das Resultat FALSE, so wird der ELSE-Block ausgeführt.

Beispiele:

```
if (c < 32)               /* ist c ein Steuerzeichen ?  */
  printf("<%2d>", c);     /* Ersatzdarstellung ausgeben */
else
  printf("%c", c);        /* Zeichen ausgeben           */

if (x <= y)               /* die kleinere von zwei      */
  min = x;                /* auswaehlen                 */
else
  min = y;

if (c >= 'a' && c <= 'z')  /* ist c ein Kleinbuchstabe ? */
  ++kb_zaehler;
else {
  ++nicht_kb_zaehler;
  printf("%c ist kein Kleinbuchstabe\n", c);
}
```

Beachten Sie in den vorigen Beispielen auch die Verwendung des Strichpunktes. Im Zusammenhang mit einer Zuweisung ist der Strichpunkt notwendig, um aus dem Zuweisungsausdruck eine Anweisung (*statement*) zu machen. Nach der schließenden }-Klammer soll kein zusätzlicher Strichpunkt stehen, weil die Verbundanweisung mit } zu Ende ist.

Da das *conditional-statement* zur Syntaxkategorie *statement* zählt, kann man natürlich schreiben

```
if (a == 1)
  if (b == 2)
    printf("***\n");
```

Genauso kann eine if-else-Anweisung als Teil einer anderen if-Anweisung verwendet werden:

```
if (a == 1)
  if (b == 2)
    printf("***\n");
  else
    printf("###\n");
```

Hier ergibt sich eine semantische Schwierigkeit. Von der Syntax her ist nicht klar, welchem if der else-Teil zugeordnet ist. Der folgende Code ist syntaktisch äquivalent:

```
if (a == 1)
  if (b == 2)
    printf("***\n");
else
  printf("###\n");
```

Es gilt die Regel: Ein ELSE-Block wird dem nächstliegenden if zugeordnet, so daß der erste Code die Situation richtig darstellt.

Zur Zweifachauswahl ist auch der bedingte Ausdruck (*conditional-expression*) zu zählen, es gilt die Syntax:

```
conditional-expression ::= expr1 ? expr2 : expr3
```

Zuerst wird *expr1* ausgewertet; falls das Resultat ungleich Null ist (TRUE)
dann wird *expr2* ausgewertet, und der Ausdruck als Ganzes hat das Resultat von *expr2*
sonst wird *expr3* ausgewertet, und der Ausdruck als Ganzes hat das Resultat von *expr3*.

Beispiel :

Der Code   ist äquivalent zu

```
x = (y < z) ? y : z;              if (y < z)
                                    x = y;
                                  else
                                    x = z;
```

Der Typ des Resultates wird entsprechend der beim Zusammentreffen von unterschiedlichen Typen gültigen Regeln festgelegt und hängt nicht davon ab, welcher Ausdruck ausgewertet wird. Ist z.B. *expr2* vom Typ float und *expr3* vom Typ int, so ist das Resultat auf jeden Fall vom Typ float.

Mehrfachauswahl oder Fallunterscheidung

Pseudocode   Struktogramm

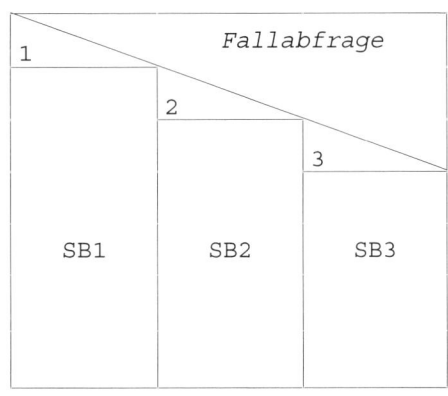

```
Unterscheide zwischen

    Fall 1:

        SB1

    Fall 2:

        SB2

    Fall 3

        SB3
```

Es sind beliebig viele Fälle möglich. Das Struktogramm nach Nassi-Shneiderman ist nicht sehr günstig, weil wenig Platz für die Beschreibung der einzelnen Fälle ist. Als Auswahlvariable können nur Ganzzahl-Typen verwendet werden. Die Realisierung in C erfolgt mit der switch-Anweisung:

```
switch ( integral-expression ) {
  case k1:
    statement
    break;
  case k2:
    statement
    break;
  case k3:
    statement
    break;
}
```

Für die Fallunterscheidung wird der Kontrollausdruck *integral-expression* ausgewertet. Anschließend wird der Programmablauf nach jenem case fortgesetzt, dessen Konstante mit dem Wert des Kontrollausdrucks übereinstimmt. Die Realisierung der Fallunterscheidung in C ist problematisch, da jeder Block mit einer break-Anweisung abgeschlossen werden muß. Sonst werden alle Blöcke nach dem selektierten Block zusätzlich ausgeführt, was natürlich nicht mehr dem Struktogramm entspricht.

Bei diesem Konstrukt muß gewährleistet sein, daß wirklich einer der aufgezählten Fälle eintritt. Es gibt aber auch eine Variante der Fallunterscheidung, welche einen Strukturblock enthält, der immer dann ausgeführt wird, wenn keiner der explizit aufgezählten Fälle eintritt.

Mehrfachauswahl mit SONST-Fall:

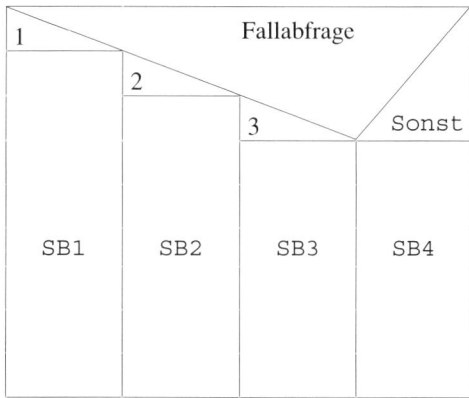

Der Sonstfall ist sehr oft als Fehlerfall zu bezeichnen. In C wird dieser Block mit dem Schlüsselwort `default` bezeichnet:

```
switch ( integral-expression ) {
  case k1:
    statement
    break;
  case k2:
    statement
    break;
  case k3:
    statement
    break;
  default:
    statement
}
```

Das `switch-statement` hat die allgemeine Form:

```
switch ( integral-expression ) {
  case integral-const : statement-list
  case integral-const : statement-list
  .....
  default : statement-list
}
```

In den meisten Fällen wird man die Möglichkeit des `default`-Zweiges nutzen, welcher am Ende angebracht wird. Beachten Sie unbedingt, daß die Liste der Anweisungen mit einer `break`-Anweisung abgeschlossen werden muß, um die Fallunterscheidung, wie sie das Struktogramm festlegt, zu implementieren. Die Liste der Anweisungen kann auch leer sein. Diese Schreibweise benötigt man, wenn Anweisungen für mehrere Fälle gelten sollen:

```
printf("Ja (J) oder Nein (N):");  scanf("%c", &c);
switch (c) {
  case 'j':
  case 'J':
    printf("Die Antwort war Ja\n");
    break;
  case 'n': case 'N':
    printf("Die Antwort war Nein\n");
}
```

Eine Aufzählung in der Form

```
case 'j','J':
```

ist (leider) nicht möglich.

Zusammenfassung zur Ausführung einer `switch`-Anweisung:

1) Auswertung des `switch`-Ausdruckes (Ganzzahl-Typ)

2) Sprung zu jenem `case`-Label, dessen konstanter Wert mit dem in Schritt 1 berechneten Wert übereinstimmt. Falls kein übereinstimmender Wert gefunden wird, wird zum `default`-Label verzweigt. Falls kein `default`-Label existiert, wird die `switch`-Anweisung beendet.

Die einzelnen `case`-Blöcke müssen mit einer `break`-Anweisung beendet werden, da sonst alle noch folgenden Anweisungen bis zum Ende des `switch`-Blocks ausgeführt werden. Eine `break`-Anweisung beendet die `switch`-Anweisung.

Die Fallanweisung wird oft verwendet, um die über ein Menü angebotenen Wahlmöglichkeiten zu implementieren oder auf die den verschiedenen Sondertasten zugeordneten Funktionen (z.B. innerhalb eines Editors) zu reagieren. Der ausgewählte Strukturblock ist dann meist der Aufruf einer Funktion.

Beispiel:

Eine typische Verwendung der Mehrfachauswahl ist die Reaktion auf die Auswahl, die ein Benutzer aufgrund eines Menüs trifft. Ein Programm soll z.B. eine Tabelle verwalten und erlaubt folgende Funktionen:

(1) (alte) Tabelle von Datei lesen

(2) (neue) Tabelle abspeichern

(3) Element einfügen

(4) Element löschen

(5) Tabelle anzeigen

Die Menüauswahl erfolgt in einem Programmteil wie:

```
do {
  printmenu();
  fscanf(stdin,"%d", &wahl);
  switch (wahl) {
    case 0 :
      break;
    case 1 :
      tabelle_lesen(tabelle, &n);
      break;
    case 2 :
      tabelle_speichern(tabelle, n);
      break;
    case 3 :
      einfuegen(tabelle, &n);
      break;
    case 4 :
      loeschen(tabelle, &n);
      break;
    case 5 :
      tabelle_drucken(tabelle, n);
      break;
    default :
      fprintf(stdout,"Falsche Eingabe !\n");
  } /* end switch (wahl) */
} while (wahl);
```

Die Mehrfachauswahl kann auch mit `else if` - Folgen realisiert werden. Dann fällt auch die Einschränkung des Kontrollausdruckes auf einen Ganzzahltyp weg.

```
if ( expression )
   statement
else if ( expression )
   statement
else if ( expression )
   statement
else if ( expression )
   statement
else
   statement
```

Die einzelnen Ausdrücke werden in der angegebenen Reihenfolge bewertet. Sobald eine Bedingung erfüllt ist, wird die abhängige Anweisung ausgeführt; damit ist die Ausführung der gesamten Kette beendet.

Als Beispiel soll der Code für das binäre Suchen dienen. Dies ist ein sehr effizientes Verfahren, um in einer sortierten Liste ein bestimmtes Element zu suchen.

```
Solange die (Teil-)Liste noch ein Element hat
   und das gesuchte Element nicht gefunden ist wiederhole {
   Bestimme das mittlere Element der Liste
   Falls das gesuchte Element kleiner ist als das mittlere Element
      dann suche in der ersten Hälfte weiter
   sonst falls das gesuchte Element größer ist als das mittlere Element
      dann suche in der zweiten Hälfte weiter
   sonst ist das mittlere Element das gesuchte Element
}
```

Beispiel: in der folgenden Liste soll die Zahl 9 gesucht werden. Nach der Teilung der Liste in zwei Teile wird festgestellt, daß die Zahl 9 in der zweiten Hälfte der Liste zu suchen ist (Zahlen 6, 8, 9, 12). Diese Teilliste wird fortlaufend weiter geteilt, bis die Zahl gefunden wird oder festgestellt wird, daß die Zahl nicht enthalten ist.

0:	1	1	1	1
1:	2	2	2	2
2:	3	3	3	3
3:	5	5	5	5
4:	6	6	6	6
5:	8	8	8	8
6:	9	9	9	9
7:	12	12	12	12

```c
int binsuch (int x, int v[], int n)
{
   int erstes, letztes, mittleres;   /* Element */

   erstes = 0; letztes = n-1;
   while (erstes <= letztes) {
      mittleres = (erstes+letztes) / 2;
      if (x < v[mittleres])
         letztes = mittleres - 1;
      else if (x > v[mittleres])
         erstes = mittleres + 1;
      else  /* gefunden */
         return mittleres;
   }
   return -1;   /* nicht gefunden */
}
```

4.3.4 Wiederholung, Iteration

Wiederholung ist einer der wichtigsten Gründe, warum wir Computer verwenden. Computer arbeiten schnell und ohne Ermüdung. Aus didaktischen Gründen möchte ich mit der Endlosschleife beginnen.

Endlosschleife

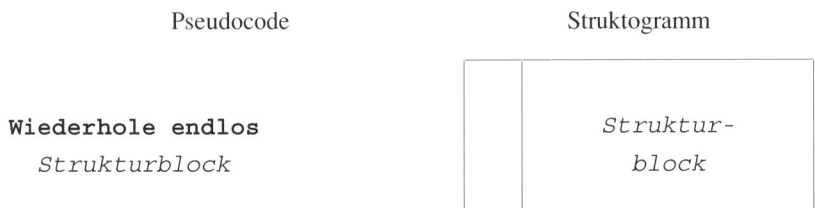

Pseudocode   Struktogramm

Wiederhole endlos   *Struktur-*
Strukturblock   *block*

Mit dem Balken links wird die Wiederholung des Strukturblocks SB zum Ausdruck gebracht. Die Realisierung in C erfolgt in der Form

```
while (1)
    statement
```

oder mit einer `for`-Schleife

```
for(;;)
    statement
```

Absichtliche Endlosschleifen sind in Programmen eher selten. Im Normalfall will man die Schleife beim Eintreffen einer bestimmten Bedingung abbrechen. Dann ergibt sich folgende Situation:

Abbruchbedingungen an beliebiger Stelle

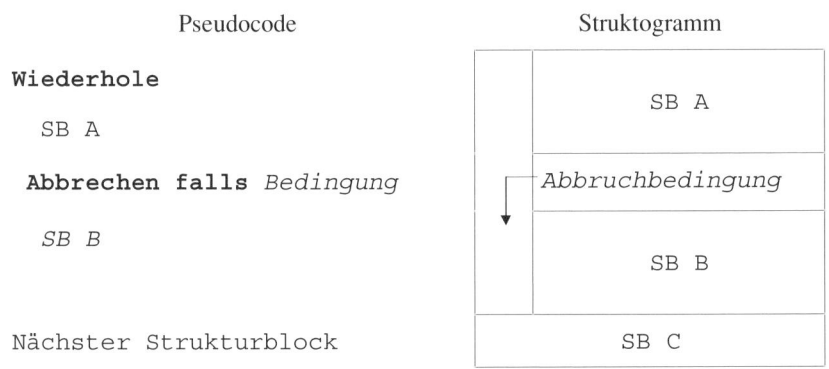

Pseudocode   Struktogramm

Wiederhole   SB A

    SB A

Abbrechen falls *Bedingung*   *Abbruchbedingung*

SB B   SB B

Nächster Strukturblock   SB C

C unterstützt diese Form mit der `break`-Anweisung. Den äußeren Rahmen bildet eine Endlosschleife. Eine `break`-Anweisung wird an eine Abbruchbedingung gekoppelt und beendet die Wiederholung.

```
while(1) {
   statement   /* SB A */
 if ( expr ) break;
   statement   /* SB B */
}
statement      /* SB C */
```

Auch Wiederholungen mit mehreren Abbruchbedingungen sind möglich:

Pseudocode   Struktogramm

Wiederhole

   SB A

   Abbrechen falls *Bedingung*

   SB B

   Abbrechen falls *Bedingung*

   SB C

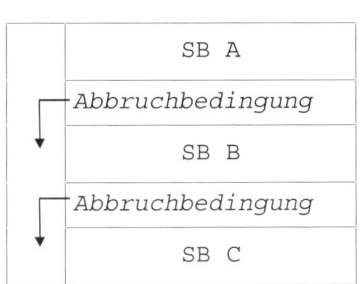

Die Codierung in C ist:

```
while(1) {
    statement  /* SB A */
   if ( exp ) break;
    statement  /* SB B */
   if ( exp ) break;
    statement  /* SB C */
}
```

Die Abbruchbedingung kann aber auch erst am Ende der Schleife auftreten, womit wir wieder bei der bereits bekannten fußgesteuerten Schleife sind.

Fußgesteuerte Schleife mit Abbruchbedingung

Pseudocode   Struktogramm

Wiederhole

  Strukturblock

bis *Bedingung*

Diese Form kann in C entweder wieder mit einer um ein bedingtes `break` erweiterten "Endlosschleife" realisiert werden, oder man ersetzt die Abbruchbedingung durch eine Ausführungsbedingung und erhält damit die

Fußgesteuerte Schleife mit Ausführungsbedingung

Pseudocode   Struktogramm

Wiederhole

  Strukturblock

solange *Bedingung*

Für diesen Typ gibt es in C eine genau passende Anweisung, das *do-statement*:

```
do-statement ::= do
                    statement
                 while ( expression );
```

Am Ende des Strukturblocks (des Schleifenrumpfs) wird geprüft, ob der Strukturblock wiederholt wird. Der Schleifenrumpf wird auf jeden Fall einmal ausgeführt, man spricht auch von einer nichtabweisenden Schleife.

Beispiel:

Häufig will man eine Eingabe solange einfordern, bis sie korrekt ist:

```
do {
  printf("Positive ganze Zahl eingeben: ");
  scanf("%d", &n);
  if (error = (n < 0))
    printf("FEHLER: Positive ganze Zahl eingeben!\n");
} while (error);
```

Verschiebt man die Kontrolle der Schleife an den Beginn der Schleife und formuliert dazu eine Ausführungsbedingung, so entsteht die schlußendlich wichtigste Form einer Schleife, die kopfgesteuerte Schleife mit Ausführungsbedingung.

Kopfgesteuerte Schleife

Pseudocode   Struktogramm

Solange *Bedingung* **wiederhole**

Strukturblock

```
Ausführungsbedingung

    Strukturblock
```

Die Umsetzung in C lautet:

while-statement ::= **while** (*expression*)
                                statement

Die Steuerung einer Wiederholung zu Beginn des Blocks bietet die Möglichkeit, den Block unter Umständen auch nie auszuführen. Man nennt diese Form der Schleife deshalb auch die abweisende Schleife.

Beispiele zur `while`-Anweisung:

```
i = fact = 1 ;        /* Berechnet n! (Fakultaet) */
while (i++ < n)
   fact *= i;

while ((c = getchar()) != EOF) {
  if (c >= 'a' && c <= 'z')
     kleinbuchstaben++;     /* Anzahl der Kleinbuchstaben */
  anzahl_zeichen++;         /* Anzahl aller Zeichen        */
}
```

Die Kontrolle einer Wiederholung mit einer Abbruchbedingung an einer beliebigen Stelle kann auch durch eine kopfgesteuerte Schleife erreicht werden. Dazu ist folgende Umformung erforderlich:

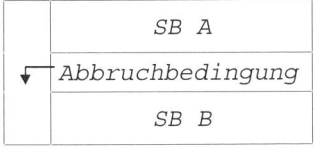

```
      SB A                          SB A

┌─Abbruchbedingung            Ausführungsbedingung

      SB B                          SB B

                                    SB A
```

Die Abbruchbedingung muß in eine Ausführungsbedingung umgewandelt werden. Der Strukturblock A taucht jetzt zweimal auf.

Zählschleife

Eine Sonderform der kopfgesteuerten Schleife ist die Zählschleife. Diese Schleife wird verwendet, um die Kontrollvariable, das ist jene Variable, mit welcher die Schleife kontrolliert wird, fortlaufende ganzzahlige Werte annehmen zu lassen.

Pseudocode   Struktogramm

```
Für i = 1 bis n führe aus

   Strukturblock
```

```
Für i = 1 bis n

        Strukturblock
```

In C:

```
for (i = 1; i <= n; i++)
   statement
```

`i = 1`	ist die Initialisierung der Kontrollvariablen i,
`i <= n`	ist die Ausführungsbedingung der Schleife,
`i++`	erhöht die Kontrollvariable am Ende des Schleifenrumpfs jeweils um 1

Der Anfangswert und Endwert kann beliebig gewählt werden, die Kontrollvariable kann mit `i--` auch dekrementiert werden. Aber auch eine beliebige Schrittweite kann z.B. mit dem Ausdruck `i += step` gewählt werden. In C ist die Verwendung der `for`-Schleife als klassische Zählschleife mit einem Ganzzahlwert als Kontrollvariable nur eine Möglichkeit dieser Anweisung. Da die Kontrollvariable ein beliebiger Datentyp sein kann, ist die `for`-Anweisung die in C wohl häufigste Anweisung zur Implementierung von Wiederholungen.

Der Programmteil

```
for (expr1; expr2; expr3)
   statement
next-statement
```

ist (wenn der Rumpf keine `continue`-Anweisung enthält) äquivalent zu

```
expr1;
while ( expr2 ) {
   statement
   expr3;
}
statement
```

Syntax der `for`-Anweisung:

```
for-statement ::=

    for (expr1opt ; expr2opt ; expr3opt) statement

    for (declarationopt expr2opt ; expr3opt) statement
```

Die zweite Form wird erst durch C99 definiert. Sie erlaubt die Vereinbarung der Kontrollvariablen innerhalb der Anweisung. Dabei wird *expr1* durch eine Vereinbarung mit Initialisierung, welche mit einem Strichpunkt endet, ersetzt. Die Gültigkeit der Kontrollvariablen
beschränkt sich dann auf den Rumpf der Schleife. Die `for`-Anweisung hat alle zur Steuerung der Schleife notwendigen Anweisungen in der Kopfzeile zusammengefaßt und ist
deshalb besonders gut lesbar. Der erste Ausdruck wird nur einmal berechnet. Er dient zur
Initialisierung der Kontrollvariablen. Der dritte Ausdruck wird nach jeder Wiederholung
berechnet, er verändert die Kontrollvariable. Der Typ des ersten und dritten Ausdrucks
unterliegt keiner Einschränkung. Der zweite Ausdruck formuliert die Ausführungsbedingung
der Schleife. Er wird vor jeder Wiederholung berechnet und logisch interpretiert. Wenn er
den Wert 0 (FALSCH) besitzt, wird die Schleife beendet. Die Ausdrücke *expr1*, *expr2*,
expr3 können auch entfallen. Fehlt der Kontrollausdruck *expr2*, so ist sein Ersatzwert 1.

Einige gleichwertige Möglichkeiten, die Summe aller Zahlen von 1 bis 10 ausrechnen:

```
i = 1;                              i = 1;
sum = 0;                           sum = 0;
for (; i <= 10; i++)               for (; i <= 10; )
  sum += i;                          sum += i++;


// C99 Loesung
sum = 0;
for (int i = 1; i <= 10; i++)
  sum += i;

for (i = 1, sum = 0; i <= 10; i++)
  sum += i;
```

Das letzte Beispiel zeigt eine sinnvolle Anwendung des bereits besprochenen Komma-Operators, nämlich im Initialisierungsteil des `for`-Statements.

Die Verwendung des Komma-Operators in der Form

```
for ( i = 1, sum = 0; i <= 10; sum += i, i++) ;
```

ist nicht zu empfehlen. Der Code

```
for ( i = 1, sum = 0; i <= 10; i++, sum += i) ;
```

ist nicht mehr gleichwertig, da zuerst `i++` ausgeführt wird!

4.4 C-Spezifisches

Ich habe bisher bewußt die in der strukturierten Programmierung erlaubten Kontrollstrukturen in den Vordergrund gestellt. Was noch bleibt, ist jener Rest an C-Anweisungen zur Steuerung des Kontrollflusses, welche sich in das Generalthema dieses Kapitels nicht unmittelbar einordnen lassen, weil sie einer strengen Auslegung der Regeln der strukturierten Programmierung nicht standhalten können.

4.4.1 Die Leeranweisung (*empty-statement*)

Die Leeranweisung ist ein einzelner Strichpunkt. Sie ist dann wichtig, wenn die Syntax eine Anweisung verlangt, in Wirklichkeit aber nichts geschehen soll. Das *empty-statement* ist ein Sonderfall des *expression-statement*.

```
expression-statement ::= { expression }opt ;
```

Manchmal ist es nützlich, als Schleifenrumpf nur eine Leeranweisung zu verwenden. Der folgende Code überliest Leerzeichen im Eingabestrom:

```
while ((c = getchar()) == ' ')
    ;
```

Ein irrtümlicher Strichpunkt nach dem Kontrollausdruck einer kopfgesteuerten Schleife verhindert die wiederholte Ausführung des Schleifenkörpers.

```
for ( i = 0; i < n; i++ ) ;
    {
     // wird nicht wiederholt, sondern nur einmal ausgeführt
    }
```

4.4.2 Die goto-Anweisung

Die goto-Anweisung widerspricht der strukturierten Programmierung. Es gibt aber Ausnahmefälle, die eine Verwendung rechtfertigen. Die goto-Anweisung ist ein unbedingter Sprung an eine andere Stelle im Programm. Das Ziel dieses Sprungs wird mit einer Sprungmarke (*label*) gekennzeichnet. Anweisungen mit einer solchen Markierung nennt die C-Syntax labeled-statement:

```
labeled-statement ::= { label : }1+   statement
label ::= identifier
```

Der Gültigkeitsbereich eines Labels erstreckt sich auf den Bereich einer Funktion.

Einige Beispiele :

```
ende:  exit(1);
error1: error2: error3: printf("Fehler aufgetreten\n");
300: a = b + c;   /* falsch, 300 ist kein identifier */
```

Die Syntax für den unbedingten Sprung lautet:

```
goto label;
```

Beispiel:

```
goto error;
...
error: {
  printf("Fehler ist aufgetreten : Programm Stop !\n");
  exit(1);
}
```

4.4.3 Die continue-Anweisung

Die Anweisung

```
continue;
```

unterbricht die laufende Abarbeitung eines Schleifenrumpfes, um am Beginn des Schleifen-rumpfes wieder fortzusetzen. Wird `continue` innerhalb einer `for`-Schleife verwendet, so wird die Kontrollvariable allerdings noch verändert. Das heißt, eine Schleife der Form

```
for (expr1; expr2; expr3) {
  ....
  continue;
  ....
}
```

ist äquivalent zu

```
expr1;
while (expr2) {
  ....
  goto next;
  ....
next:
  expr3;
}
```

Die Konstruktion entspricht nicht den Regeln der strukturierten Programmierung. Sie bietet sich eventuell als Ersatz für mehrere in einem Schleifenrumpf aufeinanderfolgende und ver-schachtelte Einfachauswahlblöcke an.

Den Abschluß des Kapitels bilden zwei Programmbeispiele, welche die bisherigen Inhalte unseres C-Kurses anwenden.

4.5 Programmbeispiele

4.5.1 Kalender

Das erste Beispiel zeigt die Verwendung

* einer Fallunterscheidung und einer Zweifachauswahl
* einer Zählschleife und einer kopfgesteuerten Schleife
* einer Aufzählung für die Bezeichner der Wochentage

Aufgabenstellung:

Für einen Monat ist ein Kalender der Form

```
Mo         6  13  20  27
Di         7  14  21  28
Mi     1   8  15  22  29
Do     2   9  16  23  30
Fr     3  10  17  24  31
Sa     4  11  18  25
So     5  12  19  26
```

zu erstellen. Bekannt ist, mit welchem Wochentag der Monat beginnt und wieviele Tage der Monat hat.

Problemanalyse:

* Aus drucktechnischen Gründen muß die Ausgabe zeilenweise erzeugt werden.
* Die Differenz zwischen zwei in einer Zeile aufeinanderfolgenden Zahlen ist 7.
* Im Kalender gibt es Positionen für Tage, welche nicht gedruckt werden dürfen, weil sie

    a) im vergangenen Monat waren (negatives Datum)

    b) im nächsten Monat sind (Datum größer als Anzahl der Tage im Monat)

Algorithmusentwurf:

Jedem Wochentag läßt sich eine Nummer (tag_nr) zuordnen: Montag = 1, Dienstag = 2, usw. Zwei Beispiele zeigen den Zusammenhang zwischen Datum und Wochentag:

a) der Erste des Monats ist ein Freitag (tag_nr = 5)

b) der Erste des Monats ist ein Mittwoch (tag_nr = 3)

```
Datum :            1  2  3  4  5  6  7  8  9 10 11
Wochentage :       5  6  7  1  2  3  4  5  6  7  1    (a)
Wochentage :       3  4  5  6  7  1  2  3  4  5  6    (b)
                   ↑
            erster_tag
```

Für die Variablen wählen wir aussagekräftige Bezeichner:

```
erster_tag   .... Wochentag des Monatsersten
anzahl_tage .... soviel Tage hat der Monat
tag_nr       .... Nummer der Wochentage ( Montag = 1 usw. )
datum       ....... aktueller Tag des Monats
```

Der Wochentag zu einem beliebigen Datum ergibt sich aus dem Wochentag des Monatsersten nach folgender Formel:

```
tag_nr =   erster_tag + datum - 1
```

Für die erste Woche gilt:

```
datum = tag_nr - erster_tag + 1
```

Für Tage vor dem ersten Tag ergeben sich negative Werte. Dies nützen wir im Algorithmus. Diese Überlegungen reichen, um den Algorithmus zu formulieren:

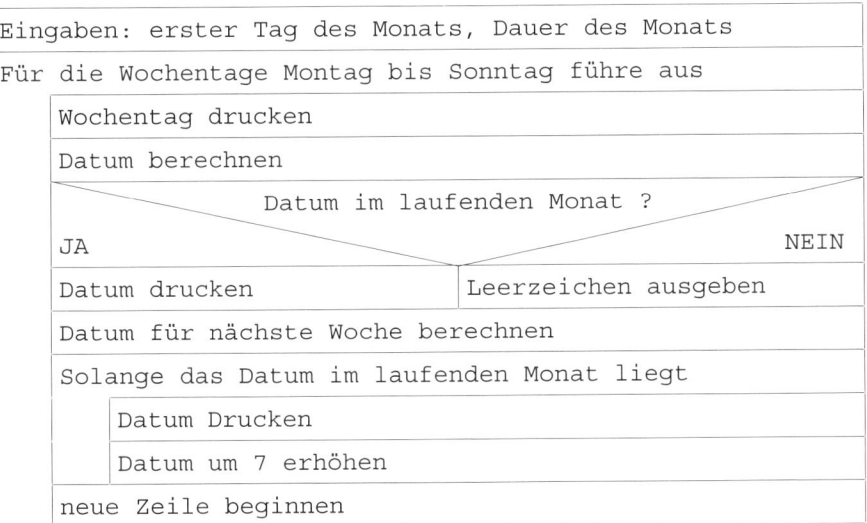

Wir sehen folgende Entwurfs- und Dokumentationsprinzipien:

* Das Konzept des Top-Down-Entwurfs. Wochentag drucken muß noch verfeinert werden.
* Die Anweisungen werden in knapp gehaltener Umgangssprache formuliert und nicht mit Anweisungen einer Programmiersprache.

Beispiel für eine Programmausführung (Test) :

```
Monatskalender
Der erste Tag des Monats ist ein
(Mo (1), Di (2), Mi (3), Do (4) usw.) ? 3
Dauer des Monats ? Tage : 31
---------------------------
Mo            6  13  20  27
Di            7  14  21  28
Mi        1   8  15  22  29
Do        2   9  16  23  30
Fr        3  10  17  24  31
Sa        4  11  18  25
So        5  12  19  26
---------------------------
```

Programmausdruck:

```
/* monatkal.c erzeugt einen Kalender fuer einen Monat */

#include <stdio.h>

enum { Montag = 1, Dienstag, Mittwoch, Donnerstag,
       Freitag, Samstag, Sonntag };

int main(void)
{
  int erster_tag;      /* Wochentag des Monatsersten */
  int tag;             /* die einzelnen Tage 1,2,..7 */
  int datum;           /* aktueller Tag des Monats   */
  int anzahl_tage;     /* Anzahl der Tage im Monat    */

  printf("%s%s%s",
    "Monatskalender\n",
    "Der erste Tag des Monats ist ein\n",
    "Mo(1), Di(2), Mi(3), Do(4), Fr(5), Sa(6), So(7) ? ");
  scanf("%d", &erster_tag);
  printf("Dauer des Monats ? Tage : ");
  scanf("%d", &anzahl_tage);
  printf("---------------------------\n");
```

```
  for (tag = Montag; tag <= Sonntag; tag++) {
    switch (tag) {
      case Montag :
        printf("Mo ");
        break;
      case Dienstag :
        printf("Di ");
        break;
      case Mittwoch :
        printf("Mi ");
        break;
      case Donnerstag :
        printf("Do ");
        break;
      case Freitag :
        printf("Fr ");
        break;
      case Samstag :
        printf("Sa ");
        break;
      case Sonntag :
        printf("So ");
        break;
    } /* end switch */

    datum = tag - erster_tag + 1;
    if (datum > 0)
      printf("%4d", datum);
    else
      printf("     ");
    datum += 7;

    while ( datum <= anzahl_tage ) {
      printf("%4d", datum);
      datum += 7;
    }
    printf("\n");
  } /* end for */

  printf("---------------------------\n");
  return 0;
} /* end main */
```

4.5.2 Rechnen mit Zahlen in der Zweierkomplementdarstellung

Das zweite Beispiel ist das bereits verwendete Programm `intarith.c`. Dieses Programm zeigt mit kleinen Zahlen (`signed char`), wie das Rechnen mit Zahlen in der Zweierkomplementdarstellung erfolgt. Es soll die Vorgänge am Zahlenkreis für eine 8-Bit Darstellung demonstrieren. Das Programm erlaubt Rechnungen mit den Operatoren + - * / . Die Rechnungen werden in der Form

```
Operand Operator Operand
```

eingegeben.

```
Operand  ::=  ganze Zahl
Operator ::=  + | - | * | /
```

Will man das Programm beenden, so gibt man EOF oder eine ungültige Zahl ein. Das Programm gibt keine Hinweise zur Bedienung aus. Als Übungsaufgabe können Sie eine Funktion schreiben, welche zu Beginn des Programms eine Datei mit einer kurzen Bedienungsanleitung am Bildschirm anzeigt.

Struktogramm zum Programm `intarith`:

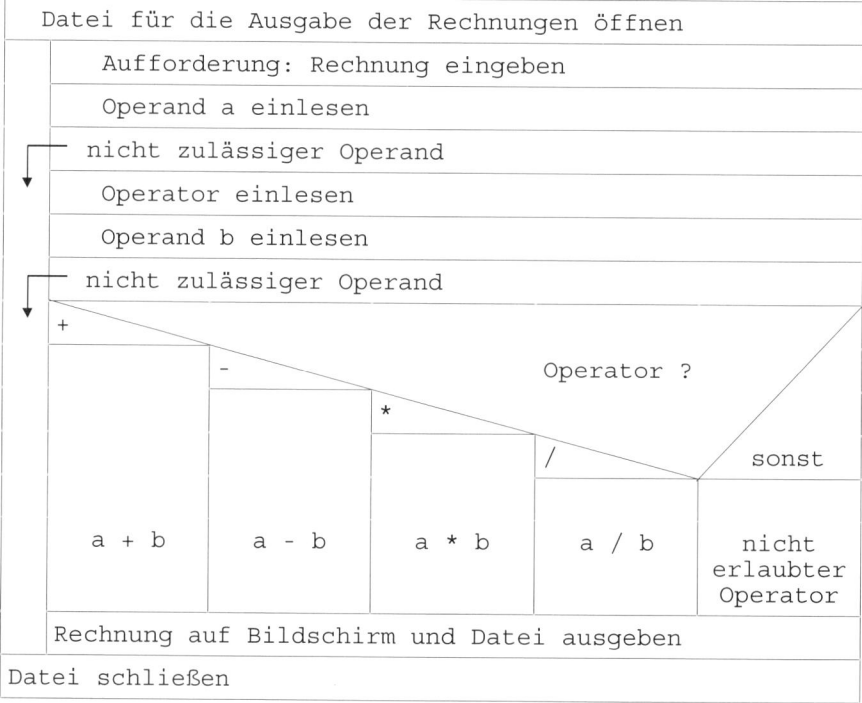

Überlegungen zum Code und Beschreibung einiger Programmteile:

Weil das Programm die Ganzzahlarithmetik anhand einer 8-Bit Darstellung demonstrieren soll, wird für die Operanden der Typ signed char verwendet. In ANSI-C gibt es kein Umwandlungszeichen, um Zahlenwerte dieses Typs korrekt einzulesen. Die Funktion scanf kann erst mit dem C99 Standard durch die Umwandlung %hhi eine Zahl sicher auf ein Objekt vom Typ signed char abspeichern. Das Umwandlungszeichen beschreibt den Typ und damit den Platzbedarf des Arguments im Speicher. Der Code

```
scanf("%d", &a);
```

ist für ein Objekt a vom Typ char nicht korrekt. Das %d-Umwandlungszeichen verwendet für die Speicherung der eingegebene Zahl bei &a 4 Bytes. Dadurch werden aber in der Regel die Inhalte anderer Variablen geändert. Um das zu vermeiden, verwenden wir die Funktion getbyte. Sie liest die Zahlenwerte zunächst als int-Werte und wandelt sie dann mit einem cast Operator in den Typ signed char um. Am Resultat der Funktion getbyte erkennen wir, ob eine zulässige Zahl eingegeben wurde. Eine falsche Eingabe bricht das Programm ab.

```
while ((operator = getchar()) == ' ')
    ;    /* Operator  einlesen */
```

liest nach der ersten Zahl weiter, bis der Operator eingelesen wird.

Der C-Code des Programms:

```
/* intarith.c */

#include <stdio.h>
#include <math.h>

/* getbyte liest eine ganze Zahl im Bereich -128 bis 127 */

int getbyte ( signed char *b)
{
  int z;

  if (scanf("%d", &z) == 1)
     if (z > -129 && z < 128) {
        *b = (signed char) z;
        return 1;
     }
  printf("%s%s",
    "Keine Zahl oder Zahl nicht im zulaessigen Bereich\n",
    "Programm wird abgebrochen\n");
  return 0;
}
```

```c
int main(void)
{
  signed char a, b, c;    /* fuer die Rechnungen      */
  short int size, bits;   /* Anzahl Bytes, Bits       */
  short int min, max;     /* moeglicher Zahlenbereich */
  char operator;          /* Operator +,-,*,/         */
  FILE *f;                /* fuer Ausgabe auf File    */

  printf("%s%s",
  "8-Bit Zweierkomplementdarstellung: Integerarithmetik\n",
  "-------------------------------------------------------\n");
  size = (short int) sizeof (signed char);
  bits = size * 8;
  printf("Bytes fuer den Datentyp char : %2d\n", size);
  min = - (short int) ldexp (1.0, bits-1);  /* 1.0*2^n */
  max = + (short int) ldexp (1.0, bits-1) - 1;
  printf("Zahlenbereich : %d  bis %d\n\n", min, max);
  printf("Syntax : zahl op zahl");
  printf("        op ::= + | - | * | / \n");
  printf("Ende durch EOF oder falsche Eingabe!\n");
  f = fopen("intarith.out","w");  /* Protokollierung */

  while (1) {
    printf("Rechnung : ");
    if (getbyte(&a) != 1) break;                /* Operand a */
    while ((operator = getchar()) == ' ') ; /* Operator  */
    if (getbyte(&b) != 1) break;                /* Operand b */
    switch (operator) {
      case '+' :
        c = a + b;
        break;
      case '-' :
        c = a - b;
        break;
      case '*' :
        c = a * b;
        break;
      case '/' :
        c = a / b;
        break;
      default:
        printf("unzulaessiger Operator !\n");
    } /* end switch */
    printf("%4d %c %4d = %4d\n", a, operator, b, c);
    fprintf(f,"%4d %c %4d = %4d\n", a, operator, b, c);
  } /* end while */
  fclose(f);
  return 0;
} /* end main */
```

Kontrollfragen:

1) Was versteht man unter Kontrollfluß?

2) Welchen Nachteil haben Flußdiagramme?

3) Vor welchem Hintergrund entstand die strukturierte Programmierung?

4) Nennen Sie die Grundsätze der strukturierten Programmierung!

5) Welche Möglichkeiten gibt es zur Darstellung der Kontrollstruktur eines Programms? Welche Vorteile und Nachteile haben die verschiedenen Methoden?

6) Welche Regeln gelten für die Anordnung von Strukturblöcken?

7) Welche elementaren Strukturblöcke gibt es?

8) Welche Form hat die Verbundanweisung und welche Möglichkeiten bietet diese Anweisung?

9) Welche Syntaxregeln gelten für die Codierung einer bedingten Anweisung bzw. der Zweifachauswahl?

10) Wie wird ein bedingter Ausdruck (*conditional-expression*) ausgewertet?

11) Welche Regeln gelten für verschachtelte `if`-Anweisungen?

12) Welche Form haben die Struktogramme für die Mehrfachauswahl?

13) Was ist bei der C-Implementierung der Mehrfachauswahl (`switch`-Anweisung) zu beachten?

14) Wie wird eine `switch`-Anweisung abgearbeitet?

15) Welche Formen der Wiederholung gibt es ? Welche Form haben die zugehörigen Struktogramme?

16) Überlegen Sie sich drei Möglichkeiten, eine Endlosschleife zu codieren.

17) Wie lautet die Syntax für
a) die `while`-Anweisung?
b) die `do`-Anweisung?
c) die `for`-Anweisung?

18) Welche Möglichkeiten der Codierung von Wiederholungen ergeben sich mit der `for`-Anweisung?

19) Wozu benötigt man die Leeranweisung?

20) Was ist im Zusammenhang mit der `goto`-Anweisung zu beachten?

Programmieraufgaben:

Schreiben Sie für die folgenden Aufgaben vollständige C-Programme. Beginnen Sie mit einem sorgfältigen Entwurf für die Datenstruktur und die Kontrollstruktur. Verwenden Sie für den Entwurf der Kontrollstruktur Pseudocode oder Struktogramme. Achten Sie auf guten Programmierstil. Die Qualität eines Programms wird unter anderem bestimmt durch das Layout. Das ist die formale Gestaltung des Codes durch Leerzeilen und Einrückungen, durch Kommentare und aussagekräftige Bezeichner.

Aufgabe 4-1: Für eine Liste von Zahlen ist der gewichtete Mittelwert zu berechnen.

$$gew.\,Mittelwert = \frac{g_1 \cdot x_1 + g_2 \cdot x_2 + \cdots + g_n \cdot x_n}{g_1 + g_2 + \cdots + g_n}$$

Die Gewichte g_i und die Zahlen x_i werden zunächst über die Tastatur eingegeben. Planen Sie das Programm so, daß die Eingabedaten ohne Änderungen durch Eingabeumleitung von einer Datei kommen können. Eine zweite Version des Programms soll die Eingabe wahlweise über die Tastatur oder eine Datei erlauben. Dazu ein Hinweis in Form eines Programmfragmentes:

```
if (datei) {
   fin = fopen(dateiname,"r");
   if (fin == NULL) {
      printf("Datei %s nicht gefunden\n", dateiname);
      exit(1); }
   }
else
   fin = stdin;
}
```

Aufgabe 4-2: Berechnen Sie die Lösungen einer quadratischen Gleichung

$a\,x^2 + b\,x + c = 0$

Verwenden Sie die bekannte Formel

$$x_{1,2} = \frac{-b \pm \sqrt{b^2 - 4ac}}{2a}$$

Berücksichtigen Sie, daß der Ausdruck (b^2 - $4ac$) den Wert 0 annehmen oder negativ werden kann!

Aufgabe 4-3: Bestimmen Sie alle dreistelligen Zahlen, die durch alle ihre Ziffern (ausgenommen die Ziffer Null) teilbar sind. Beispiel: Die Zahl 128 ist durch 1, 2 und 8 teilbar.

Aufgabe 4-4: Ein Programm soll die ersten n Fibonacci-Zahlen berechnen. Die sogenannten Fibonacci-Zahlen sind eine Folge von Zahlen, in der jede Zahl gleich der Summe der beiden vorhergehenen Zahlen ist:

$$F_i = F_{i-1} + F_{i-2} \qquad i = 3, 4, 5 \dots$$

Die beiden ersten Zahlen sind laut Definition 1, d.h. $F_1 = F_2 = 1$. Die ersten Fibonacci-Zahlen lauten 1, 1, 2, 3, 5, 8, 13, ...

Diese Zahlenfolge wurde von Fibonacci im Jahre 1202 als Antwort auf die Frage, wie sich eine Kaninchenpopulation unter bestimmten Bedingungen entwickelt, gefunden.

Aufgabe 4-5: Ein Programm soll eine Textdatei lesen und ermitteln, wie oft die einzelnen Zeichen im Text vorkommen. Verwenden Sie für die Häufigkeit der Zeichen einen Vektor, dessen Indizes die Zahlenwerte der codierten Zeichen sind.

Aufgabe 4-6: Ein Programm soll für mehrere Geldbeträge eine Münzliste erstellen. Die Münzliste ist eine Tabelle, in der angegeben ist, wieviel Stück der einzelnen Geldwerte man benötigt, um alle Geldbeträge ohne Wechselgeld auszahlen zu können. Es soll nur ganzzahlige Geldbeträge geben.

Beispiel:

Geldscheine und Münzen

Betrag	1000	500	100	50	20	10	5	1
5432	5	0	4	0	1	1	0	2
345	0	0	3	0	2	0	1	5
756	0	1	2	1	0	0	1	1
2570	2	1	0	1	1	0	0	0
3678	3	1	1	1	1	0	1	3
12781	10	3	10	3	5	1	3	11

Aufgabe 4-7: Schreiben Sie ein Programm, das n Zeilen mit Sternchen in der folgenden Anordnung druckt:

```
         *
       *   *
     *   *   *   *
   *   *   *   *   *   *
```

Aufgabe 4-8: Die Berechnung der Fläche unter einer Kurve, welche durch eine endliche Anzahl von Punkten y_i gegeben ist, nennt man numerische Integration.

Sehr häufig verwendet man für die Berechnung die Simpsonformel:

$$A = \frac{h}{3}\left\{ y_0 \,+\, y_n \,+\, 4\left(y_1 + y_3 + y_5 + \;\cdots\; + y_{n-1}\right) \,+\, 2\left(y_2 + y_4 + y_6 + \cdots + y_{n-2}\right)\right\}$$

y_i sind die einzelnen y-Werte (Funktionswerte). Für die Simpsonformel muß die Anzahl der Intervalle mit der Breite **h** eine gerade Zahl sein. Gibt man der ersten Stützstelle den Index 0, so ist der Index der letzten Stützstelle (**n**) gleich der Anzahl der Intervalle.

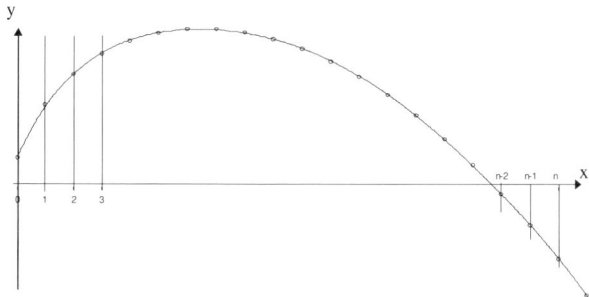

Aufgabe 4-9: Berechnen Sie die Nullstelle(n) einer Funktion *f(x)* nach der Methode der Intervallhalbierung. Ein Intervall mit den Grenzen a,b für das die Funktionswerte *f(a)* und *f(b)* unterschiedliche Vorzeichen haben, wird in zwei gleich große, neue Intervalle aufgeteilt. Als neues Intervall [a,b] wird jenes Intervall verwendet, an dessen Rand die Funktionswerte wieder ungleiche Vorzeichen haben. Dieses Verfahren wird fortgesetzt, bis der Funktionswert in der Intervallmitte mit hinreichender Genauigkeit Null ist.

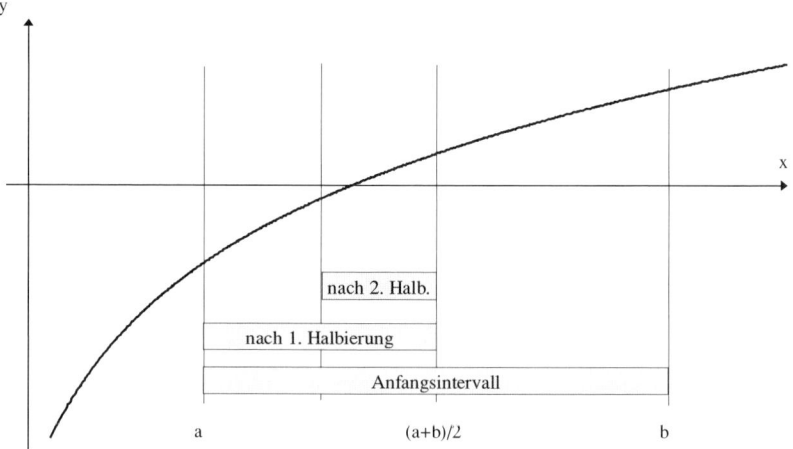

5 Funktionen, Speicherklassen und Modulkonzept

Auf den nächsten Seiten wird ausführlich das Konzept der Modularisierung dargestellt. Zunächst wird das bereits erworbene Wissen über Funktionen wiederholt und präzisiert. Dann erarbeiten Sie weitere Themen: Prototypen, Speicherklassen, Gültigkeitsbereich, Datenkapselung, Definitionsdateien und Rekursion. Am Ende dieses Kapitels können Sie den Quelltext eines Programms auf mehrere Funktionen in mehreren Dateien aufteilen.

Kernpunkt einer Problemlösung ist die Zerlegung der Aufgabe in Teilaufgaben. Unmittelbar mit dieser Strategie verbunden ist das Prinzip der Modularisierung. Unter Modularisierung versteht man die Aufteilung eines größeren Programms auf mehrere Quelltextdateien und Funktionen. Funktionen sind eigenständige Programmteile, die eine definierte Aufgabe ausführen. Die Ausführung des Programms beginnt mit der Funktion `main`. Jede Funktion kann andere Funktionen aufrufen. Eine Funktion kann sich auch selber wieder aufrufen, dies nennt man einen rekursiven Aufruf.

Funktionen arbeiten mit lokal definierten Variablen und mit Argumenten aus der Parameterliste. Sie können aber auch global gültige Daten verwenden. Der Aufruf einer Funktion kann als Ausdruck mit einem Resultat verwendet werden. Welche Datentypen, Variablen und Funktionen an einer bestimmten Stelle bekannt sind, wird durch die Regeln zum Gültigkeitsbereich *(scope rules)* bestimmt.

Die genannten Aspekte lassen sich in folgende Themen einordnen:

* Definition von Funktionen *(function definition)*
* Prototypen *(function prototyping)*
* Speicherklassen *(storage class)* und Gültigkeitsbereich *(scope rules)*
* Datenkapselung
* Rekursion

5.1 Definition von Funktionen

Als Definition einer Funktion wird der vollständige Quelltext einer Funktion bezeichnet. Die Syntax für die Definition einer Funktion lautet:

```
function-definition ::=

  { extern | static }opt  { inline }opt

  type-specifier function-name (parameter-declaration-list)

  compound-statement
```

Ein typisches Beispiel für eine Funktion:

```
int fakultaet (int n)          /* Kopf */
{                              /* Der Rumpf beginnt hier */
  int   i, produkt = 1;

  for ( i = 1; i <= n; i++)
    produkt *= i;

  return produkt;
}                             /* Ende der Funktion fakultaet */
```

Typ, Name und Parameterliste einer Funktion werden als Kopf (*header*) bezeichnet. Der Teil zwischen den Klammern { ... } – die Verbundanweisung – als Rumpf (*body*). In der Parameterliste wird die Vereinbarung der einzelnen Parameter durch Kommas getrennt. Eine wirklich leere Parameterliste wird durch das Schlüsselwort void festgelegt. Werden keine Parameter vereinbart und nicht void angegeben, so ist die Parameterliste nicht festgelegt.

```
int fakultaet
```

vereinbart den Typ des Resultats und den Bezeichner für die Funktion.

```
int n
```

ist die Parameterliste für einen Parameter vom Typ int.

```
return produkt ;
```

beendet die Funktion und sorgt für die Übergabe des Resultats.

```
f = fakultaet(7);
```

ist ein möglicher Aufruf der Funktion.

Eine Funktion als Inline-Funktion zu vereinbaren, ist erst mit C99 auch Teil des Standards geworden. Das inline-Attribut ist ein Hinweis an den Compiler. Es veranlaßt den Compiler nach Möglichkeit beim Aufruf Code einzufügen, anstatt die Funktion mit den üblichen Aufrufmechanismen einzubauen. Diese Neuerung wurde von C++ übernommen:

```
inline void copyright (void)
{
  printf("%s%s%s",
    "+---------------+\n",
    "| (C) K. Zeiner  |\n",
    "+---------------+\n");
}
```

Das erste `void` legt fest, daß die Funktion kein Resultat liefert. Die Funktion erwartet keine Argumente, dies wird durch das Schlüsselwort `void` in der Parameterliste festgelegt. Der Aufruf der Funktion erfolgt mit `copyright()`.

Wird für eine Funktion kein Typ festgelegt, so ist das Resultat vom Typ int. Guter Programmierstil ist, den Typ des Resultats explizit festzulegen oder `void` zu verwenden, falls die Funktion kein Resultat liefert. Für den Typ einer Funktion gibt es keine Einschränkung auf einfache Datentypen.

Das `return-statement` wird verwendet, um eine Funktion explizit zu beenden; es gehört zur Familie der `jump-statements`, da mit der `return`-Anweisung der Rücksprung in die aufrufende Funktion erfolgt.

Liefert die Funktion ein Resultat, muß die `return`-Anweisung um einen Ausdruck erweitert werden. Ohne `return`-Anweisung kann das Resultat nicht festgelegt werden.

```
return-statement ::= return { expression }opt ;
```

Einige Beispiele:

```
return;
return a;
return (a*b);     /* Klammern nicht notwendig */
```

Die `return`-Anweisung beendet die Funktion. Der optionale Ausdruck wird zum Resultat der Funktion. Der Wert des Ausdrucks wird, falls erforderlich, automatisch in den vereinbarten Datentyp umgewandelt.

In einer Funktion können beliebig viele (auch keine) `return`-Anweisungen vorkommen. Mit der letzten Anweisung einer Funktion endet der Programmablauf innerhalb der Funktion, die Kontrolle wird automatisch an die aufrufende Funktion zurückgegeben.

```
double dabs (double x)
{
  if (x >= 0.0)
    return x;
  else
    return -x;
}
```

Das Resultat einer Funktion muß nicht verwendet werden!

```
while (...) {
  getchar();      /* ohne Verwendung des Resultats */
  c = getchar(); /* mit Übernahme des Resultats   */
  .....
}
```

5.2 Funktionsprototypen

Funktionen müssen im Quelltext vor ihrer Verwendung definiert werden. Spätestens wenn wir Funktionen aus mehreren Modulen verwenden, ist dies nicht mehr möglich. Als Ersatz für die fehlende Definition der Funktion verwendet man einen sogenannten Prototyp. Ein Funktionsprototyp legt die Anzahl und den Typ der Argumente und den Typ des Resultats der Funktion fest.

Die allgemeine Form eines Funktionsprototyps ist

```
type-specifier function-name ( parameter-type-list );
```

Die *parameter-type-list* ist eine durch Kommas getrennte Liste von Typbezeichnern und formalen Namen für die Parameter. Die Namen für die Parameter sind optional, sie haben keine Auswirkung:

```
void f(char c, int i);    ist äquivalent zu
void f(char, int );
```

Die Bezeichner c und i werden vom Compiler ignoriert, sie dienen lediglich der Dokumentation und Lesbarkeit des Codes. Werden keine Parameter verwendet, so wird dies durch das Schlüsselwort void angezeigt.

Der Prototyp enthält alle Informationen, die man zur Verwendung der Funktion benötigt. Der Compiler kann damit für den Aufruf einer Funktion insbesondere die Korrektheit der Argumentliste überprüfen und allenfalls erforderliche Typumwandlungen veranlassen. Prototypen erhöhen deshalb die Sicherheit eines C-Programms.

Früher wurde auf Prototypen oft ganz verzichtet. Auch die Praxis, keine Argumente anzugeben, ist nicht mehr zeitgemäß.

```
double sqrt();        /* alter  Stil */
double sqrt(double);  /* besser */
```

Der alte Stil verlangt vom Programmierer, Typ und Reihenfolge der Argumente exakt einzuhalten. Eventuelle Fehler werden dabei nicht entdeckt. Der Aufruf sqrt(4) liefert im alten Stil ein falsches Resultat, im neuen Stil ein richtiges Resultat! C-Compiler reagieren auf fehlende Prototypen nur mit einer Warnung.

5.3 Aufruf einer Funktion und Übergabemechanismus

Syntaktisch ist der Aufruf einer Funktion ein Ausdruck (*expression*).

```
primary-expression ::= ... | function-call | ...
function-call ::= function-name ( argument-list_opt )
                  ( *pointer ) ( argument-list_opt )
```

Die zweite Möglichkeit (*pointer* statt *function-name*) zeigt, daß man den Eintrittspunkt einer Funktion auch über einen Zeiger erreichen kann.

```
argument-list ::= expression { , expression }₀₊
```

Im Sinne einer (mathematischen) Funktion wird eine Funktion ja oft als Teil eines beliebigen Ausdruckes

```
y = a*sin(alpha);
```

oder in einem Zuweisungsausdruck

```
if ( (status = scanf("%f", &x)) != 1 ) ...
```

verwendet.

Bemerkungen zum Aufruf einer Funktion:

∗ Der Aufruf einer Funktion erfolgt durch deren Bezeichner (*function-name*). Dahinter setzt man in Klammern die Liste von Argumenten. Klammern müssen auch für eine leere Argumentliste gesetzt werden.

∗ Die Reihenfolge, die Anzahl und der Typ der Argumente muß mit der bei der Definition der Funktion festgelegten Parameterliste übereinstimmen.

∗ Als Übergabemechanismus wird ausschließlich der "**by value**"-Mechanismus verwendet, d.h. der Wert des Argumentes wird (als Kopie) übergeben. Für die Funktion sind die Argumente lokale Daten.

Wir haben die Konsequenzen dieser Technik für Funktionen, welche Daten der aufrufenden Funktion verändern sollen, bereits ausführlich besprochen. Der "Trick" besteht darin, der Funktion die Adressen dieser Daten "**by value**" zu übergeben und dann in der Funktion mit Hilfe des Inhaltsoperators die Daten zu verändern.

Als Beispiel betrachten wir noch einmal den Tausch zweier Zahlen:

```
void tausch (int *pa, int *pb)
{ int temp;
  temp = *pa;
  *pa  = *pb;
  *pb  = temp;
}
```

Ein Aufruf erfolgt z.B. durch

```
tausch( &a, &b );
```

Obwohl diese Vorgangsweise und die zugehörigen Mechanismen vom Lernenden bald verstanden werden, kommt es häufig zu Fehlern. Fehler treten meist dann auf, wenn Argumente verwendet werden, die bereits Zeigerwerte sind. Diese Situation ergibt sich bei Vektoren und Zeichenketten, wo oft vergessen wird, daß der Vektorbezeichner ein Zeiger auf das erste Element des Vektors ist. Wir werden dieses Thema noch einmal ausführlich aufgreifen.

Noch häufiger kommt es zu Fehlern, wenn Adressen über eine Funktion an eine dritte Funktion weitergeleitet werden. Dazu ein Beispiel:

```
/* Reglerparameter einlesen */

void liesparameter ( double *kp, double *ki, double *kd )
{
  printf("Eingabe der Reglerparameter:\n");
  printf("---------------------------\n");
  printf("Proportionalwert   kp : "); scanf("%lf", kp);
  printf("Integralverstärkung ki : "); scanf("%lf", ki);
  printf("Differentialverst.  kd : "); scanf("%lf", kd);
}
```

Es ist ein Fehler, wenn in dieser Situation das Argument mit einem Adreßoperator (`scanf("%lf", &kp)`) verwendet wird, denn `kp` ist bereits der gewünschte Zeiger. Solche Fehler werden vom Compiler nicht entdeckt und haben dann unangenehme Folgen. Moderne Betriebssysteme überwachen die Speicherzugriffe sehr genau und brechen das Programm infolge einer Zugriffsverletzung (*access violation*) ab. Noch unangenehmer ist es, wenn solche Programmierfehler keinen Laufzeitfehler auslösen. Die Fehlersuche gestaltet sich dann oft schwierig.

Aus der Sicht der Funktion passiert beim Aufruf folgendes:

1) Die Ausdrücke in der Parameterliste werden ausgewertet. Eine bestimmte Reihenfolge ist dabei nicht festgelegt.

2) Die Ergebnisse werden, falls notwendig, in den richtigen Datentyp umgewandelt und in den lokalen Variablen (als Kopie des Originals) abgelegt.

3) Der Rumpf der Funktion wird abgearbeitet.

4) Beim Erreichen einer `return`-Anweisung wird die Kontrolle an die aufrufende Funktion zurückgegeben. Ein allfälliges Resultat der Funktion wird bereitgestellt.

5) Wird das Ende der Funktion erreicht, so erfolgt ein Rücksprung in die aufrufende Funktion auch ohne eine abschließende `return`-Anweisung. Ein Resultat wird nicht festgelegt, d.h. die `return`-Anweisung darf nur bei Funktionen vom Typ `void` fehlen.

Als nächstes beschäftigen wir uns mit Speicherklassen und den Regeln zum Gültigkeitsbereich (*scope rules*). Diese Themen stehen in enger Wechselwirkung. Unterschiedliche Speicherklassen erlauben für Variablen die Festlegung des Gültigkeitsbereichs und deren Lebensdauer. Zusätzlich können weitere Einschränkungen für den Zugriff auf die Daten festgelegt werden. Auch wenn bisher keine Angaben über die Speicherklasse gemacht wurden, war die Speicherklasse durch stillschweigende Regeln immer definiert. Der Gültigkeitsbereich eines Bezeichners ist der Teil des Programms, in dem der Bezeichner benutzt werden kann.

Die Lebensdauer legt fest, ob eine Variable unabhängig von einer bestimmten Funktion existiert oder nicht. Intern werden Daten mit unterschiedlicher Speicherklasse in verschiedenen Speicherbereichen verwaltet. Jede Variable hat drei Merkmale:

1) den Datentyp

2) die Speicherklasse

3) den aktuellen Inhalt

5.4 Die Speicherklasse auto

Innerhalb einer Funktion definierte Variablen sind nur in dieser Funktion verfügbar. Man spricht auch von "privaten" oder "lokalen" Variablen. Keine andere Funktion kann auf diese Variablen zugreifen. Für die lokalen Variablen und die Argumente einer Funktion wird erst im Moment des Aufrufs der Funktion automatisch Speicherplatz reserviert. Am Ende der Funktion wird der benötigte Speicherbereich wieder freigegeben. Variablen, für die dieser Mechanismus stattfindet, nennt man automatische Variablen, das Schlüsselwort für die zugehörige Speicherklasse ist auto. Diese Bezeichnung ist nicht ganz glücklich gewählt, weil sie keinen Hinweis auf den lokalen Gültigkeitsbereich dieser Variablen enthält. Die Verwaltung der automatischen Variablen erfolgt in einem Speicherbereich, den man Stack (Stapel) nennt. Auf einem Stack werden die Daten nach dem FILO-Prinzip (*First In - Last Out*) dynamisch verwaltet. Ein CPU-Register enthält die Adresse des nächsten freien Speicherplatzes, den sogenannten *Stackpointer* (SP):

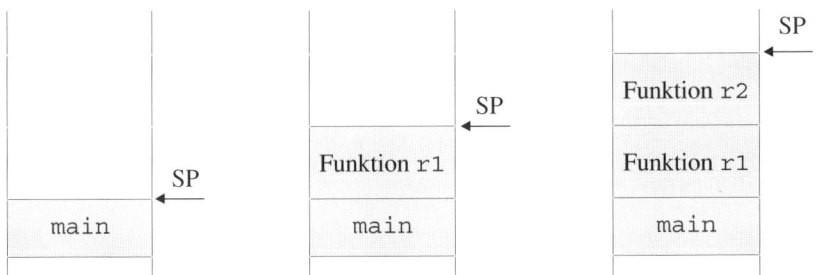

Beim Starten eines Programms wird zuerst die Funktion main aktiviert. Der für die lokalen Variablen der Funktion benötigte Speicherplatz wird reserviert. Der Stackpointer zeigt auf den nächsten freien Speicherplatz. In unserem Beispiel ruft main die Funktion r1 auf. Am Stack wird Speicherplatz für die Rücksprungadresse, die Argumente und die automatischen Variablen der Funktion r1 reserviert. Die Rücksprungadresse ist jene Adresse, an der der Maschinencode für die nächste Anweisung der aufrufenden Funktion beginnt. r1 ruft dann r2 auf. Damit wiederholt sich der Vorgang. Wird die Funktion r2 beendet, so wird der von r2 benötigte Speicherplatz wieder freigegeben usw. Diese Technik der Datenhaltung ist auch Voraussetzung für die Möglichkeit der Rekursion.

Die Speicherklasse auto ist die mit Abstand häufigste Speicherklasse. Alle innerhalb einer Funktion oder einer Verbundanweisung definierten Variablen sind implizit von der Speicherklasse auto. Die explizite Vereinbarung von Variablen der Speicherklasse auto würde lauten:

```
auto int   a,b,c;
```

Blockstruktur:

Eine Verbundanweisung kann eine weitere Verbundanweisung enthalten. Dadurch entstehen verschachtelte Blöcke. In jedem Block können weitere Variablen vereinbart werden. Da Funktionen selber nicht verschachtelt werden können, treten Funktionen nur als parallele Blöcke auf.

```c
/* scope1.c */
#include <stdio.h>

void f1 (int x)
{
  int a = 2;                 // a des auesseren Blocks
  int b = 3;
  printf("a = %d\n", a);     // a = 2
  {
    int a = 5;               // a des inneren Blocks
    printf("a = %d\n", a);   // a = 5
    printf("b = %d\n", b);   // b = 3
  }
  int c = 7;    // weitere Vereinbarungen, neu in C99
  printf("a = %d\n", a);     // a = 2
  printf("c*x = %d\n", c*x); // c*x = 140
}

int main(void)
{
  f1(20);
  return 0;
}
```

Die Variablen eines Blocks sind auch in weiteren inneren Blöcken verfügbar, sofern nicht Variablen mit dem gleichen Bezeichner definiert werden. Dann stehen die ursprünglichen Objekte nicht mehr zur Verfügung, sie sind für die Laufzeit des inneren Blockes "maskiert". Die Funktionen f1 und main sind gleichwertig, sie gelten als parallele Blöcke.

5.5 Die Speicherklasse extern

Vereinbarungen außerhalb von Funktionen gelten in allen nachfolgenden Funktionen. Die außerhalb der Funktionen vereinbarten Variablen sind implizit von der Speicherklasse extern. Das Adjektiv "extern" wird als Kontrast zu den innerhalb ("intern") einer Funktion vereinbarten Variablen verwendet. Für Objekte der Speicherklasse extern wird für die gesamte Laufzeit des Programms Speicherplatz reserviert. Wir studieren die Regeln für den Gültigkeitsbereich (man spricht auch von Sichtbarkeit) anhand eines Beispieles:

```
/* scope2.c */
#include <stdio.h>

int a = 1, b = 2, c = 3;          /* externe Variablen   */

int f(void)
{
  int b, c;        // b and c sind lokal und maskieren die
                   // extern definierten Variablen b und c
  a = 4;           // Zugriff auf die externe Variable a
  b = c = 4;       // Zugriff auf die lokalen Variablen
  return (a+b+c);
}

int main(void)
{
  printf("%3d\n", f());       /* Ausgabe: 12      */
  printf("%3d\n", a);         /* Ausgabe:  4      */
  printf("%3d%3d\n", b, c);   /* Ausgabe:  2   3  */
  return 0;
}
```

Der Gültigkeitsbereich einer externen Variablen reicht ohne weitere Maßnahmen von dem Punkt, an dem sie vereinbart wird, bis zum Ende der Datei, die gerade übersetzt wird. Versetzen wir uns zum Verständnis dieser Regel in die Situation des Compilers: Er kann nur kennen, was er bereits gelesen hat, und vom Inhalt einer anderen Datei weiß er natürlich überhaupt nichts.

Funktionen sind in der ganzen Datei gültig. Verwendet man Funktionen vor ihrer Definition, so muß ein Prototyp angegeben werden. Eine zusätzliche Angabe des Schlüsselworts extern ändert nichts an der Sichtbarkeit der Funktion.

Wir fassen noch einmal zusammen, wie ein C-Programm aufgebaut ist, das in einer einzigen Datei verwaltet wird. Eine Datei, die der C-Compiler zur Übersetzung akzeptiert, taucht in der Syntax als `file` oder `translation-unit` auf:

```
file ::= { decls-and-function-def }₁₊

decls-and-function-def ::=

    { declaration }₀₊ { function-definition }₀₊
```

Ein typisches File mit mehreren C-Funktionen hat folgenden Aufbau:

```
Preprozessordirektiven

Vereinbarung von externen Daten

Funktion 1

Funktion 2

....

main
```

Die folgende Graphik soll die Blockstruktur innerhalb einer Datei verdeutlichen und die Regeln für die Sichtbarkeit zusammenfassen.

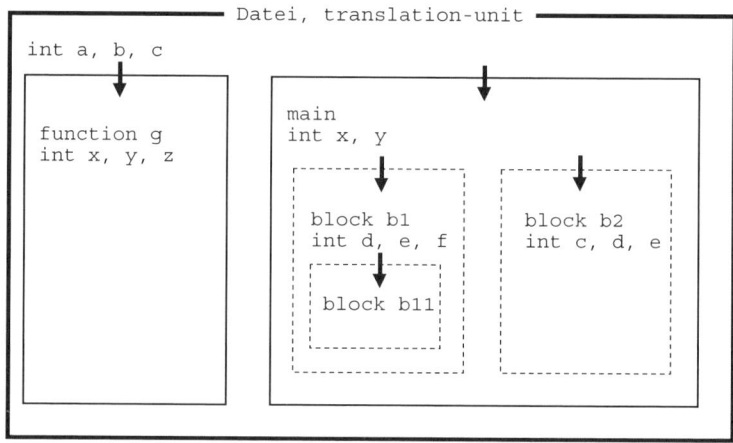

Bedeutung der Symbole:

Sichtbarkeitsregeln:

In einem Block stehen alle in übergeordneten Blöcken vereinbarten Objekte zur Verfügung, es sein denn, ein bereits verwendeter Bezeichner wird in einem inneren Block neu definiert.

Zwischen parallelen Blöcken gibt es keine Sichtbarkeit.

5.6 Programme mit mehreren Quelltext- bzw. Objektdateien

Ein wesentlicher Vorteil von C ist die Möglichkeit, den Quellcode von größeren C-Programmen auf mehrere Dateien aufzuteilen:

$$program ::= \{ \ file \ \}_{1+}$$

Die einzelnen Dateien enthalten Vereinbarungen und eine oder mehrere Funktionen. Nur eine Datei darf die Funktion `main` enthalten. Die Frage des Gültigkeitsbereiches bzw. der Sichtbarkeit stellt sich noch einmal neu. Grundsätzlich können nur externe Variablen einer Datei auch von Funktionen einer anderen Datei verwendet werden. Die Bezeichner der Funktionen und der externen Variablen sind im ganzen Programm gültig und müssen auch im ganzen Programm dieselbe Bedeutung haben. Will man extern definierte Variablen oder Funktionen in einer anderen Datei oder vor ihrer Definition verwenden, so ist ein Verweis notwendig. Dieser Verweis ist für die Variablen eine Deklaration mit dem Schlüsselwort `extern`, für Funktionen die Angabe eines Prototyps. Ohne eine solche `extern`-Deklaration stehen die in anderen Dateien definierten externen Daten nicht zur Verfügung. Sowohl Funktionsdefinitionen als auch Prototypen kann man mit dem Schlüsselwort `extern` beginnen.

Wir studieren ein Programm, das aus zwei Dateien zusammengesetzt wird.

Datei `file1.c`

```
#include <stdio.h>

int    a = 1, b = 2, c = 3;    /* Def. externer Variablen  */
int    f(void);                /* Prototyp                 */

int main(void)
{
  printf("%3d\n",f());                  /*  12        */
  printf("%3d%3d%3d\n", a, b, c);       /*   4  2  3  */
  return 0;
}
```

Datei `file2.c`

```
int f(void)
{
  extern int a;   /* Verweis auf globales (externes) a  */
  int b, c;       /* b and c sind lokal */

  a = b = c = 4;
  return (a+b+c);
}
```

Im Modul `file1` sind drei externe Variablen (a, b, c) definiert. Die Funktion `main` verwendet die Funktion `f`. Korrekterweise ist für diese Funktion ein Prototyp angegeben. Sowohl die drei Variablen als auch die Funktion `f` sind im ganzen Modul bekannt (auch in eventuell vorhandenen weiteren Funktionen). Das Modul `file2` enthält den Code der Funktion `f`. Damit die Variable `a` des Moduls `file1` verwendet werden kann, ist eine `extern`-Deklaration notwendig. Wichtig ist an dieser Stelle die Unterscheidung zwischen Definition und Deklaration. Mit Definition ist die Bereitstellung von Speicherplatz für Daten und Code verbunden. Deklarationen sind nur Informationen für den Compiler. Global gültige Variablen und Funktionen dürfen in einem Programm nur einmal definiert werden. Zugehörige Deklarationen sind in beliebiger Anzahl möglich.

Wie erzeugt man sich nun aus den Dateien `file1.c` und `file2.c` das ausführbare Programm? Die jeweils einfachsten Möglichkeiten sind angeführt. Für weitere Informationen sind die Handbücher für das von Ihnen verwendete System heranzuziehen.

GNU-C / UNIX:

Zuerst übersetzen wir die einzelnen Quelltextdateien. Der Schalter `-c` unterdrückt den Aufruf des Linkers

```
$ gcc -Wall -ansi -c file1.c
$ gcc -Wall -ansi -c file2.c
```

Der Aufruf

```
$ gcc -o prog.exe file1.o file2.o
```

bildet aus den Objektfiles das ausführbare Programm unter dem Namen `prog.exe`. Man kann das Compilieren und Linken auch in einem Aufruf veranlassen:

```
$ gcc -Wall -ansi -o prog.exe file1.c file2.c
```

Anmerkung: Auf einem UNIX / LINUX System gibt man einem ausführbaren Programm keine Dateinamenerweiterung. Unter UNIX ruft man den C-Compiler mit `cc` auf. Mit dem Befehl `man cc` erhalten Sie eine Beschreibung der erlaubten Optionen.

Integrierte Entwicklungsumgebungen (z.B.: Lcc-Win32, Microsoft, Borland):

IDE's arbeiten auch für ein Programm mit nur einer Quelltextdatei mit einem Projekt. Der Unterschied ist also nur, daß mehrere Dateien als Teil des Projektes ausgewählt werden. Sind die Quelltextdateien bereits fertig, so geschieht dies während der Erzeugung (Create, New, etc.) des Projektes. Es können aber zu jedem Zeitpunkt Dateien zum Projekt hinzugefügt bzw. auch wieder entfernt werden. Die IDE's zeigen in einem Projektfenster einen Überblick über die ausgewählten Dateien. Lcc-Win32 zeigt die Files auch mit Project → Outline. Mit Compile wird die aktuelle Quelltextdatei übersetzt, Make erzeugt das ausführbare Programm.

Anmerkungen zur Verwendung von global gültigen Variablen

Der Anfänger neigt dazu, global gültige Variablen auch dort zu verwenden, wo Datenaustausch über die Parameterliste die bessere Lösung ist. Gegen diesen Programmierstil gibt es gewichtige Argumente:

* Funktionen, welche mit externen Objekten arbeiten, sind nur in einer bestimmten Programmumgebung verwendbar; der Aufbau einer Bibliothek mit Funktionen für deren Mehrfachverwendung ist damit unmöglich.

* Eine nicht wohlüberlegte Verwendung von global gültigen Daten führt zu Programmen mit vielen, nicht mehr überschaubaren Datenpfaden zwischen Funktionen, was oft zu unerwünschten Wirkungen führt.

Externe, global gültige Variablen sind manchmal gerechtfertigt für große, den Kern eines Programms bestimmende Datenstrukturen. Als Alternative ist immer zuerst zu prüfen, ob nicht das Prinzip der Datenkapselung (siehe das entsprechende Kapitel) verwendet werden soll.

Weil die Verwaltung der global gültigen Bezeichner – man spricht auch von *external linkage* – nicht nur den Compiler, sondern auch den Linker betrifft, gibt es für diese Bezeichner weitere Einschränkungen. Linker können ja auch Objektfiles, deren Quellcode in unterschiedlichen Sprachen formuliert ist, zu einem Programm verbinden. Hier muß der kleinste gemeinsame Nenner beachtet werden. Der C99 Standard verlangt für externe Bezeichner eine signifikante Länge von 31 Zeichen.

5.7 Weitere spezielle Speicherklassen

5.7.1 Die Speicherklasse register

Damit wird die Möglichkeit geboten, für ausgewählte Variablen dem Compiler als Speicherplatz ein CPU-Register vorzuschlagen, um raschen Zugriff zu garantieren. Daß der Compiler diesem Vorschlag auch folgt, kann nicht garantiert werden.

Beispiel:

```
{
  register int i;

  for (i = 0; i < LIMIT; i++) {
  ....
  }
}  /* hier wird das Register wieder freigegeben */
```

Wenn für eine Variable eine Speicherklasse angegeben wird, kann auf die Typangabe verzichtet werden. Vorgegebener Typ ist int.

register i;   ist äquivalent zu   register int i;

Heute hat dieses Attribut keine Bedeutung mehr, weil die Compiler den Programmcode automatisch optimieren.

5.7.2 Die Speicherklasse static

Das Attribut static erfüllt zwei Zwecke:

* Die vordergründige Verwendung ist die, daß für die lokalen Variablen einer Funktion erreicht werden kann, daß sie das Ende der Funktion "überleben".

* Die zweite, etwas subtilere Anwendung erfolgt im Zusammenhang mit externen Variablen.

```
void f(void)
{
  static int cnt = 0;

  cnt++;
  if (cnt % 2 == 0)
     ....
  else
     ....
}
```

Mit der Deklaration innerhalb der Funktion f bleibt der "private" Charakter der Variablen cnt erhalten. Das Attribut static sorgt dafür, daß der Wert der Variablen auch nach dem Beenden der Funktion erhalten bleibt und bei einem neuerlichen Aufruf der Funktion wieder unverändert zur Verfügung steht. Die Initialisierung erfolgt nur einmal und nicht bei jedem Aufruf !

5.7.3 Externe Variablen mit static-Attribut

Mit dem zusätzlichen `static`-Attribut wird für externe Variablen eine Einschränkung des Gültigkeitsbereiches auf die Datei erreicht. Dies ist wichtig für die absolut sichere Realisierung einer Datenkapsel. Es gilt folgende Regel: Der implizite Gültigkeitsbereich erstreckt sich von der Deklaration über den Rest der Datei. Der explizite Gültigkeitsbereich erstreckt sich auf die gesamte Datei.

Datei `static1a.c`

```
void f(void)
{
  ....          /* hier waere (!) i ueber eine Deklaration */
                /* extern int i verfuegbar                  */
}
static int i;
void g(void)
{
  ....          /* hier kann i verwendet werden            */
}
```

Datei `static1b.c`

```
void h(void)
{
  extern int i;  /* wird vom Linker nicht akzeptiert */
    ....
}
```

Besser lesbar wird das Programm durch die Verwendung einer Definition

```
#define PRIVATE static
```

Dann lautet die Vereinbarungszeile für den Wert i

```
PRIVATE int i;
```

5.7.4 Das static- und extern-Attribut bei Funktionen

Eine weitere Verwendung des `static`-Attributes ist im Zusammenhang mit der Vereinbarung einer Funktionen gegeben. Auch hier bewirkt es eine Einschränkung der Verwendbarkeit der Funktion auf die jeweilige Übersetzungseinheit. Das ebenfalls erlaubte `extern`-Attribut ändert am Gültigkeitsbereich der Funktion nichts.

5.8 Datenkapselung

Die Speicherklassen erlauben drei Möglichkeiten für den Gültigkeitsbereich oder die Sichtbarkeit von Daten.

1) Daten sind nur in einer Funktion sichtbar.

2) Daten sind für die Funktionen in einem Modul, d.h. innerhalb einer Übersetzungseinheit sichtbar.

3) Daten sind in allen Modulen und für alle Funktionen sichtbar, d.h. man hat von jeder Stelle aus unmittelbaren Zugriff auf die Daten.

Wir haben bereits davon gesprochen, daß man die dritte Möglichkeit in der Regel nicht nutzen soll. In guten Programmen vermeidet man global gültige Daten und den unmittelbaren Zugriff auf diese Daten. Nehmen wir an, wir haben in einem Modul A die Variable x_public vereinbart. Verändern wir x_public in einem anderen Modul, so ist das im Quelltext des Moduls A nicht sichtbar, es tritt eine sogenannte Fernwirkung ein. Umgekehrt ist an der Stelle, an der x_public verändert wird, nicht unmittelbar sichtbar, welche Konsequenzen diese Änderung hat. Die Wirkung einer Anweisung soll in jener Funktion oder in jenem Modul eintreten und sichtbar sein, wo sie steht.

Die zweite Möglichkeit erlaubt die Umsetzung des Prinzips der Datenkapselung. In einem Modul sind Daten definiert und Funktionen, die auf diese Daten Zugriff haben. Den Zugriff auf die Daten erlaubt man nur über diese Zugriffsfunktionen, die Daten selber sind von außen nicht zugänglich.

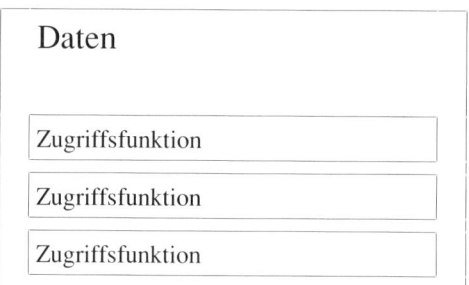

Die Vorteile des Systems sind:

* Der Anwender muß nichts über die internen Details der Daten wissen.

* Die Daten und die Details der Realisierung sind nach außen nicht sichtbar, sie sind versteckt und damit abgekapselt.

* Die Zugriffsfunktionen können den Zugriff genau kontrollieren. Sie können z.B. nicht erlaubte Werte erkennen und ablehnen.

* Datenkapseln und Zugriffsfunktionen können als Lösung vieler Standardaufgaben einmal programmiert und dann in vielen Programmen verwendet werden.

Die konsequente Umsetzung dieses Prinzips ist übrigens ein wesentlicher Teil des objekt-orientierten Ansatzes, den z.B. die Sprache C++ erlaubt. Daten und Zugriffsfunktionen, in C++ nennt man sie Elementfunktionen, bilden gemeinsam einen abstrakten Datentyp oder ein Objekt.

Wir studieren das Prinzip der Datenkapselung anhand eines Beispiels. Ein Modul soll einen FIFO-Puffer zur Verfügung stellen. Ein FIFO-Puffer speichert Daten nach dem Prinzip *First In - First Out* und wird z.B. als Zwischenspeicher verwendet, wenn Daten schneller einlan-gen als sie verarbeitet werden können. Ein typisches Beispiel sind die seriellen Schnittstellen eines Computers. Sie werden über einen UART-Baustein (*Universal Asynchronous Re-ceiver/Transmitter*) gesteuert. Die modernen UARTs haben einen FIFO-Puffer für z.B. 20 oder 32 Byte bereits eingebaut. Die folgenden Bilder zeigen die Funktionsweise des Puffers und sind eine Hilfe für die Lösung der Aufgabe.

Zeichen in den Puffer schreiben:

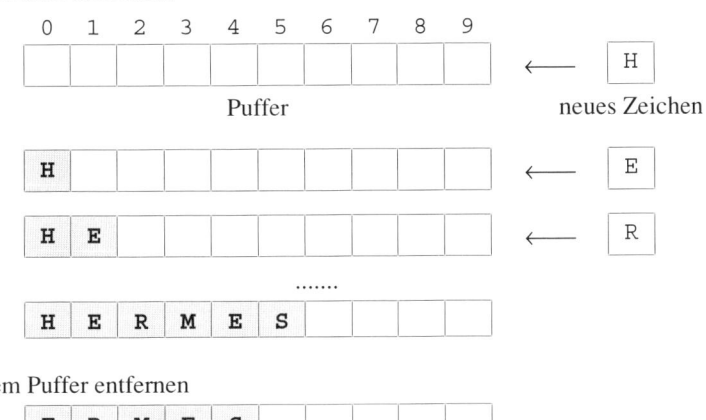

Zeichen aus dem Puffer entfernen

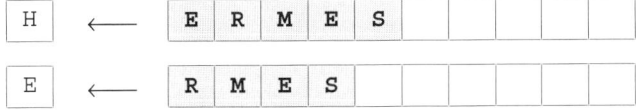

Als Datenstruktur für den Puffer wählen wir einen Vektor. Wir benötigen zwei Zugriffsfunk-tionen. Die Funktion `put_to_buffer` stellt ein neues Zeichen in den Puffer, die Funktion `get_from_buffer` holt ein Zeichen aus dem Puffer und entfernt es damit. Zu klären ist natürlich, was passieren soll, wenn der Puffer voll oder leer ist. Eine Möglichkeit wäre, eine oder zwei weitere Funktionen zu schreiben, die Auskunft über den Zustand des Puffers geben. Mit diesen Funktionen ist vor jedem Zugriff zu prüfen, ob die geplante Aktion mög-lich ist. Eine andere Lösung ist, den Zugriff auf jeden Fall zu riskieren und im Resultat der Zugriffsfunktion den Erfolg zu melden. So verhalten sich z.B. die Bibliotheksfunktionen `getchar` und `putchar`. Sie liefern im Fehlerfall die Konstante `EOF`.

Anmerkung: Diese Lösung ist wegen der ständigen Schiebeoperationen nicht effizient. Die Verwendung eines Ringpuffers (siehe Seite 212) ergibt eine elegantere Lösung.

Lösung: FIFO-Puffer mit Datenkapselung

```
/* fifo.c */
#define NMAX 10

char buffer[NMAX]; /* der FIFO-Speicher */
int n = 0;              /* aktuelle Anzahl von Zeichen im Puffer
                           zeigt auf naechsten freien Platz */

int get_from_buffer(void)    /*
------------------------------------------------------------
holt Zeichen aus dem Puffer, Resultat ist das Zeichen
oder -1, falls kein Zeichen zur Verfuegung steht
----------------------------------------------------------*/
{
  char c;
  int i;

  if ( n > 0 ) {
    c = buffer[0];
    n--;
    for (i = 0; i < n; i++)        /* Zeichen nachruecken */
      buffer[i] = buffer[i+1];
    return c;
  }
  else
    return -1;
}

int put_to_buffer(char cin) /*
------------------------------------------------------------
Zeichen in den Puffer stellen, Resultat ist -1, falls
der Puffer bereits voll ist, sonst 1
----------------------------------------------------------*/
{
  if ( n < NMAX ) {
    buffer[n++] = cin;
    return 1;
    }
  else
    return 0;
}
```

Für den Test des Moduls verwenden wir eine Testumgebung, welche folgendermaßen zu bedienen sein soll: Mit

p[ut] *Zeichen*

stellen wir das Zeichen in den Puffer, mit

g[et]

holen wir ein Zeichen aus dem Puffer, mit

e[nd]

beenden wir das Programm. Groß-/Kleinschreibung der Befehle soll keine Rolle spielen.

Die Befehlszeile lesen wir zunächst mit der Bibliotheksfunktion `fgets` in eine Zeichenkette, die anschließend verarbeitet wird. `fgets(s, n, stream)` liest eine Eingabezeile bis zum Zeilenendezeichen oder maximal n-1 Zeichen. Die Zeile wird mit dem Zeilenendezeichen und einem Abschlußzeichen '\0' in s abgelegt.

Das ausführbare Programm erzeugen wir in einer IDE durch ein Projekt, das beide Quelltextdateien enthält. In einer LINUX GNU-C Umgebung erzeugt der Befehl:

gcc -Wall -ansi -o fifo fifo.c fifot.c

das ausführbare Programm `fifo`.

```c
/* fifot.c */

#include <stdio.h>
#include <string.h>
#include <ctype.h>

#define TRUE 1
#define FALSE 0

int get_from_buffer(void);
int put_to_buffer (char c);

int main (void)
{
  char eingabezeile[10];    /* Befehlszeile      */
  int c;                    /* aktuelles Zeichen */
  int ende = FALSE;
  int len;                  /* Laenge der Eingabezeile */
  int i;                    /* Index */
```

```c
   printf("FIFO-Puffer\n\n");
   do {
     printf("g[et] | p[ut] Zeichen | e[nde] ? ");
     fgets(eingabezeile, 10, stdin);
     switch (eingabezeile[0]) {
       case 'g': case 'G': /* get */
         if ((c = get_from_buffer()) != -1)
           printf("Zeichen  %c  aus Puffer gelesen\n", c);
         else
           printf("Puffer ist leer!\n");
         break;
       case 'p': case 'P': /* put */
         /* Zeichen in der Eingabezeile suchen */
         i = 1; len = strlen(eingabezeile);
         while (!isspace(eingabezeile[i]))
           i++;
         while ( i < len && isspace(eingabezeile[i]) )
           i++;
         c = eingabezeile[i];
         if (c) {
           if (put_to_buffer(c))
             printf("%c im Buffer abgelegt\n", c);
           else
             printf("%c konnte nicht abgelegt werden\n", c);
         }
         else
           printf("p[ut] Zeichen  -> Zeichen fehlt\n");
         break;
       case 'e': case 'E':
         ende = TRUE;
         break;
       default:
         printf("Fehler in der Eingabezeile\n");
     } /* end switch */

   } while (!ende);

   return 0;

} /* end main */
```

5.9 Verwaltung größerer Programme, Definitionsdateien

Das Modulkonzept und die wohlüberlegte Verwendung der Speicherklassen sind die Grundlagen für die Implementierung größerer Programme. Bevor die eigentliche Programmierung beginnt, sind folgende Fragen zu stellen bzw. Regeln zu beachten:

Frage	Die Antwort entscheidet über
Wie verwalte ich die Daten? Ist Datenkapselung möglich? Lassen sich global gültige Variablen vermeiden?	Datenstrukturen, Speicherklassen, Funktionen, Modulkonzept
In welche Teilaufgaben kann die Aufgabe aufgeteilt werden? Die Teilaufgaben müssen klar definiert werden, eine wohlüberlegte, dokumentierte Schnittstelle haben und ihre Arbeit eigenständig erledigen.	Die einzelnen Funktionen, ihre Aufgabe, ihr Rückgabewert und ihre Parameterliste
Welche Funktionen bilden zusammen einen Modul?	Modulkonzept

Programmbeispiel: Taschenrechner mit Postfixnotation

Als Beispiel dazu schreiben wir ein Programm, das die Funktion eines einfachen, nach dem Prinzip der Postfixnotation arbeitenden Taschenrechners für die Grundrechnungsarten bietet. Dies ist ein in der Literatur beliebtes Beispiel und ich habe mir erlaubt, es aus dem Buch "K&R: Programmieren in C" zu übernehmen und etwas zu modifizieren. In der Postfixnotation wird ein Ausdruck wie

```
(5 + 4) * (8 - 2)
```

in der Reihenfolge

```
5   4   +   8   2   -   *
```

eingegeben. Klammern sind nicht notwendig.

Problemanalyse:

Kernpunkt der Methode ist die Verwaltung eines Stacks für die Operanden. Ein Stack verhält sich wie ein Stapel Papier, auf dem neue Blätter oben abgelegt (*push*) und auch oben wieder entfernt (*pop*) werden.

Für das angeführte Beispiel mit der Eingabezeile

```
5   4   +   8   2   -   *
```

ergeben sich am Stack folgende Situationen:

Platznr. am Stack	Inhalte nach der Eingabe von						
	5	4	+	8	2	–	*
4							
3							
2					2		
1		4		8	8	6	
0	5	5	9	9	9	9	54

Zu Beginn werden zwei Operanden eingegeben. Wird eine Operation verlangt, so werden die beiden letzten Operanden vom Stack geholt (entfernt), das Resultat wird auf den Stack geschrieben.

Verwaltung des Stacks:

Eine einfache Datenstruktur für einen Stack ist ein Vektor. Ein Stapelzeiger (*stack-pointer*) zeigt immer auf das nächste freie Element. Da die Indizierung eines Vektors in C immer bei 0 beginnt, ist der Wert des Stackpointers auch gleich der aktuellen Anzahl der Elemente am Stack. Für die Verwaltung eines Stacks braucht man im wesentlichen zwei Funktionen:

* push legt ein Element am Stack ab (immer oben drauf).

* pop holt das zuletzt abgelegte Element und entfernt es damit.

Für die Funktion "Löschen" schreiben wir eine Funktion popall, welche den Stack ausräumt. Da wir jetzt drei Funktionen haben, welche eine Datenstruktur gemeinsam verwalten, fassen wir diese Datenstruktur und die Zugriffsfunktionen in einer Datei nach dem Prinzip der Datenkapselung zusammen.

Eingabezeile bearbeiten: getop.c und charbuf.c

Das nächste Problem ist das Lesen einer Eingabezeile. Dabei muß die Eingabezeile in Operanden und Operatoren zerlegt werden. Eine Funktion getop soll den nächsten Operanden oder Operator holen. Dabei ist ein häufig vorkommendes Teilproblem der Verarbeitung eines Datenstroms zu lösen. Das Ende einer Zahl wird z.B. durch ein Zeichen markiert, das keine Ziffer und kein Dezimalpunkt ist. Um dieses nicht mehr erwünschte Zeichen zu erkennen, muß es aber gelesen werden. Gut wäre es, wenn eingelesene Zeichen wieder zurückstellt werden könnten. Dies kann über einen Zwischenpuffer erreicht werden. Wir implementieren zu Demonstrationszwecken einen solchen Zwischenpuffer für ein Zeichen, obwohl es diese Funktionalität für einen Eingabestrom mit der Bibliotheksfunktion ungetc bereits gibt. Die Funktionen getzeichen (holt nächstes Zeichen) und ungetzeichen (stellt ein Zeichen wieder zurück) verwalten diesen Puffer.

```
/* stack.c

   verwaltet einen Stack fuer double-Werte */

#include <stdio.h>

#define NMAX 100          /* maximale Stack-Laenge          */

int sp = 0;               /* naechste freie Stack-Position */
double stack[NMAX];       /* Stack fuer die Operanden        */

void push(double f)       /* Zahl am Stack ablegen          */
{
  if (sp < NMAX)
    stack [sp++] = f;
  else
    printf("push: Fehler - Stack voll\n");
}

double pop(void)          /* Zahl vom Stack holen           */
{
  if (sp > 0)
    return stack[--sp];
  else {
    printf("pop: Fehler - Stack leer\n");
    return 0.0;
  }
}

void popall(void)         /* Stack zuruecksetzen            */
{
  sp = 0;
}
```

```
/* charbuf.c

   enthaelt die Funktionen getzeichen und ungetzeichen,
   um die Eingabe von Zeichen ueber einen
   Puffer zu verwalten.    */

#include <stdio.h>

typedef enum { leer, voll } t_status;

char buffer;               /* Zwischenpuffer          */
t_status status = leer;    /* Status des Puffers      */

int getzeichen(void)       /* naechstes Zeichen holen */
{
  if (status == voll) {    /* Zeichen aus dem Puffer  */
     status = leer;
     return buffer;
     }
  else
     return getchar();     /* Zeichen aus Eingabestrom */
}

void ungetzeichen(int c)   /* Zeichen zurueckstellen   */
{
  if (status == voll)
     printf("ungetzeichen: Puffer besetzt\n");
  else {
     buffer = c;
     status = voll;
     }
}
```

Die Verwendung einer Aufzählung für den Status macht das Programm besser lesbar.

Die Datei getop.c enthält den Code der Funktion getop:

```
/* getop.c
   naechsten Operator oder numerischen Operanden holen */

#include <stdio.h>
#include <ctype.h>
#include "calc.h"

int getop(char s[])
{
  int i, c;

  /* fuehrende Leerzeichen bzw. Tabs ueberlesen       */
  /* s[0] enthaelt dann das erste regulaere Zeichen    */
  while ((s[0] = c = getzeichen()) == ' ' || c == '\t')
     ;

  /* Ende der Zeichenkette mit Zeichen '\0' markieren */
    s[1] = '\0';

  if (toupper(c) == 'C')
     return CLEAR;

  if (!isdigit(c) && c != '.')
     return c;    /* keine Zahl */

  i = 0;
  if (isdigit(c))   /* ganzzahligen Teil sammeln */
     while (isdigit(s[++i] = c = getzeichen())) ;

  if (c == '.')     /* Dezimalstellen sammeln     */
     while (isdigit(s[++i] = c = getzeichen())) ;

  s[i] = '\0';

  if (c != EOF)     /* Zeichen nach Ende der Zahl wieder */
     ungetzeichen(c);   /* zurueckstellen, Ausnahme EOF  */

  return NUMBER;    /* eine Zahl wurde gelesen */
}
```

Hauptprogramm: `calc.c`

Das Hauptprogramm übernimmt folgenden Programmablauf:

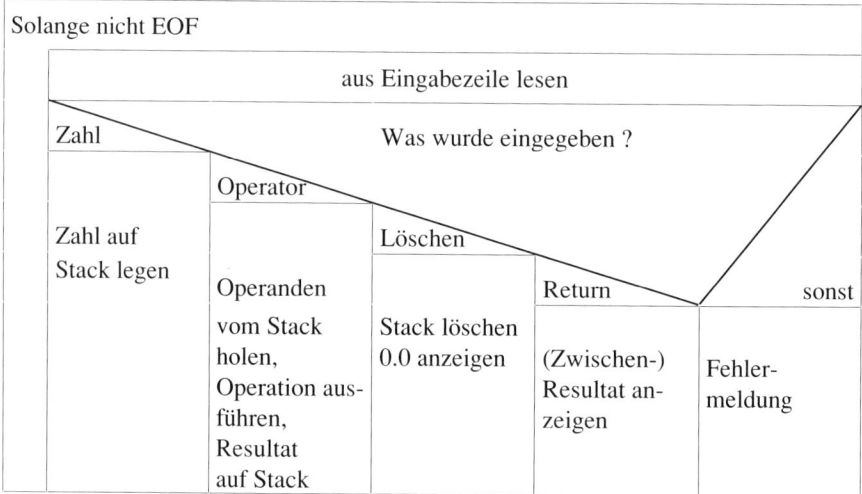

```
/* calc.c   Taschenrechner mit Postfix-Notation */

#include <stdio.h>
#include <stdlib.h>    /* fuer atof()   */
#include "calc.h"

int main(void)
{
    int type;
    double op2, result;
    char s[MAXOPLEN];

    printf("Taschenrechner mit Postfix-Notation\n\n");
       printf("Beispiel: 5 4 + 8 2 - *\n");
       printf("Ende mit EOF-Taste\n\n");
```

```c
    while ((type = getop(s)) != EOF) {
        switch (type) {
        case NUMBER:
            push(atof(s));
            break;
        case '+':
            push(pop() + pop());
            break;
        case '*':
            push(pop() * pop());
            break;
        case '-':
            op2 = pop();
            push (pop() - op2);
            break;
        case '/':
            op2 = pop();
            if (op2 != 0.0)
                push(pop() / op2);
            else
                printf("Fehler: Division durch Null\n");
            break;
        case CLEAR:   /* Clear, neue Rechnung */
            popall();
            push(0.0);
            break;
        case '\n':
            result = pop();
            printf("\t%.8g\n", result);
            push (result);
            break;
        default:
            printf("Fehler: Unbekanntes Kommando %s\n", s);
            break;
        }
    }

    return 0;

}
```

Wir folgen nun dem Konzept der Bibliotheksfunktionen und stellen die Prototypen der einzelnen Funktionen in einer Definitionsdatei `calc.h` zur Verfügung. Zusätzlich enthält diese Datei die Definition einiger Konstanten:

```
/* calc.h */

#define MAXOPLEN 20
#define NUMBER '0'
#define CLEAR 'C'

int getzeichen(void);           /* naechstes Zeichen lesen */
void ungetzeichen(int c);       /* Zeichen zurueckstellen  */
int getop(char s[]);            /* Operator lesen          */
void push(double f);            /* Zeichen auf Stack legen */
double pop(void);               /* Zeichen vom Stack holen */
void popall(void);              /* Stack zuruecksetzen     */
```

Das ausführbare Programm erzeugen wir mit

```
$ gcc -Wall -ansi -c calc.c charbuf.c getop.c stack.c
```

Die Option -c veranlaßt den Compiler, die Quelltextdateien nur zu übersetzen, sodaß nur die Objektdateien entstehen. Besser ist es, die einzelnen Quelltextdateien sofort nach deren Codierung einzeln zu übersetzen und eventuelle Fehler zu beheben.

```
$ gcc -o calc.exe calc.o charbuf.o getop.o stack.o
```

bildet aus den Objektfiles das ausführbare Programm unter dem Namen `calc.exe`.

Zur Verwendung von Definitionsdateien kann man kein allgemein gültiges Rezept angeben. Stellen wir uns vor, wir haben ein Modul geschrieben, das Funktionen zur Matrizenrechnung zur Verfügung stellt. Ist das Projekt fertig, so gibt es mindestens folgende Dateien:

`matrix.c`	Quelltext des Moduls
`matrix.h`	Definitionsdatei zum Modul
`matrix.o`	Objektfile des Moduls
`matrix.doc`	Benutzerdokumentation
`matrixt.c`	Quelltext der Testumgebung
`matrixt.doc`	Entwicklungs- und Testdokumentation

`matrix.h` enthält Typvereinbarungen, Konstanten und die Prototypen der einzelnen Funktionen und erleichtert dem Benutzer die Verwendung des Moduls. Dem Anwender wird in der Regel nur die Benutzerdokumentation, die Definitionsdatei und das Objektfile zur Verfügung gestellt.

5.10 Make-Utility

Die Vorteile der Modularisierung sind nach diesem Beispiel deutlich sichtbar. Der Programmierer kann statt mit einer riesigen Quelltextdatei mit mehreren kleinen, überschaubaren Modulen arbeiten. Im Laufe der Programmierarbeit werden immer mehr dieser Module fertig und stabil sein. Um das gesamte Programm zu testen, müssen die Module übersetzt und *gelinkt* werden. Dabei kann man leicht die Übersicht darüber verlieren, welche Module sich seit dem letzten Mal geändert haben und deshalb neu übersetzt werden müssen. Das aus der UNIX-Welt stammende Programm make löst dieses Problem. Das Programm liest eine Datei (*Makefile*), die nach bestimmten Regeln aufgebaut ist. Im *Makefile* ist definiert, wie aus den einzelnen Quelltextdateien das Programm zusammengesetzt wird und von welchen Dateien eine Datei abhängig ist. Das ausführbare Programm ist von allen Objektfiles abhängig, die Objektfiles sind von den entsprechenden Quelltextdateien abhängig, die wiederum sind abhängig von den Definitionsdateien, die mit #include eingebunden werden. Machen wir z.B. bei unserem Taschenrechnerprogramm eine Änderung in der Datei calc.h, so müssen alle Dateien, welche calc.h verwenden, neu übersetzt werden und wir müssen den Linker aufrufen. Das heißt, in einem *Makefile* müssen diese Abhängigkeiten definiert werden und es muß angegeben werden, wie aus den einzelnen Dateien die neue Datei entsteht.

Aufbau eines Makefiles:

```
# Kommentare gelten ab dem # bis Zeilenende
#
Zieldatei: Dateien, von denen die Zieldatei abhängig ist
<TAB>Befehl, um die Zieldatei zu erzeugen
Zieldatei: Dateien, von denen die Zieldatei abhängig ist
<TAB>Befehl, um die Zieldatei zu erzeugen
...
```

Beispiel: Einfachstes Makefile (calc.mak) für unser Taschenrechnerprogramm:

```
calc.exe: stack.o getop.o charbuf.o calc.o
    gcc -o calc.exe stack.o getop.o charbuf.o calc.o
stack.o: stack.c
    gcc -Wall -ansi -c stack.c
charbuf.o: charbuf.c
    gcc -Wall -ansi -c charbuf.c
getop.o: getop.c calc.h
    gcc -Wall -ansi -c getop.c
calc.o: calc.c calc.h
    gcc -Wall -ansi -c calc.c
```

In diesem Beispiel werden die Zieldateien mit dem GNU-C Compiler (gcc) erzeugt.

Beachten Sie, daß am Beginn der Zeile mit dem Befehl zur Erzeugung der Zieldatei ein Tabulator eingefügt werden muß (der Programmeditor ist eventuell so eingestellt, daß er Tabulatorzeichen durch Leerzeichen ersetzt). Das Programm make wird nun mit der Befehlszeile

```
make -f calc.mak
```

aufgerufen. Ohne den Schalter -f file sucht make nach einer Datei mit einem vordefinierten Namen (meist Makefile). Auch die IDE's arbeiten mit Make und einem Makefile, das automatisch erzeugt wird. Das folgende Makefile wurde ursprünglich von Lcc-Win32 für das Taschenrechner-Projekt erzeugt. Obwohl Lcc-Win32 vergleichsweise kurze und gut lesbare Makefiles erzeugt, habe ich es etwas modifiziert.

```
# Wedit Makefile for project taschenrechner
CC=s:\programme\lcc\bin\lcc.exe
CFLAGS=-Is:\programme\lcc\include  -g2
LINKER=s:\programme\lcc\bin\lcclnk.exe
OBJS= stack.obj getop.obj charbuf.obj calc.obj
LIBS=

taschenrechner.exe: $(OBJS) Makefile
    $(LINKER)  -subsystem console -o taschenrechner.exe $(OBJS) $(LIBS)
stack.obj: stack.c
    $(CC) -c $(CFLAGS) stack.c
getop.obj: calc.h getop.c
    $(CC) -c $(CFLAGS) getop.c
charbuf.obj: charbuf.c
    $(CC) -c $(CFLAGS) charbuf.c
calc.obj: calc.h calc.c
    $(CC) -c $(CFLAGS) calc.c
```

Die Zeilen 2 bis 5 definieren Makros für den verwendeten Compiler, die Compiler-Schalter, den Linker usw. Makros haben praktisch dieselbe Bedeutung wie in C. Es findet Textersatz statt. Z.B. wird $(CC) im nachfolgenden Text durch s:\programme\lcc\bin\lcc.exe ersetzt.

Will man nur eine bestimmte Zieldatei erstellen, so wird der Name des Ziels als Argument beim Aufruf von make übergeben:

```
make stack.obj
```

erzeugt nur die Datei stack.obj. Fehlt dieses Argument, so wird das erste im Makefile angegebene Ziel erzeugt.

Diese bei weitem nicht vollständige Beschreibung der Möglichkeiten soll den Leser dazu animieren, sich mit diesem Werkzeug zu beschäftigen. Auch wenn Sie mit einer IDE arbeiten, können Sie das dazugehörige Make-Programm aus der Kommandozeile aufrufen. Beachten Sie jedoch, daß das Make-Programm und die von Make aufgerufenen Programme im aktuellen Suchpfad enthalten sein müssen. Sonst muß auch das Verzeichnis angegeben werden:

```
s:\programme\lcc\bin\make -h      # Hilfe zu make
```

5.11 Rekursion

In der Mathematik wird man manchmal mit Formeln des Typs

$n! = n \cdot (n-1)!$

konfrontiert.

Die Formel macht zur Berechnung der Fakultät einer Zahl n die Aussage: $n!$ kann nicht unmittelbar berechnet werden, aber es wird mit der Regel $n! = n \cdot (n-1)!$ ein möglicher Lösungsweg angegeben. Mit dieser Information ergeben sich zwei Fälle für die weitere Lösung des Problems:

  1) wir können die Aufgabe $(n-1)!$ unmittelbar lösen

  2) wir müssen das Verfahren fortsetzen: $(n-1)! = (n-1)(n-2)!$

Wichtig ist, dieses fortlaufende "Hinausschieben" der endgültigen Lösung einmal zu beenden, nämlich dadurch, daß der Fall 1) eintritt. Unsere Formeln müssen daher um eine konkrete Lösung für ein bestimmtes n ergänzt werden. Diese zusätzliche Eigenschaft ist

$1! = 1$

Formeln dieser Art nennt man Rekursionsformeln. Gemeinsam mit Lösungen für bestimmte Fälle beschreiben sie eine Funktion vollständig.

Ein passender Algorithmus zu dem Verfahren lautet:

```
FUNKTION Fakultät(n)
Falls n = 1 dann
   Ergebnis = 1
sonst
   multipliziere n mit Fakultät(n-1)
```

Mit Fakultät(n-1) ruft sich die Funktion selber wieder auf. Es ist ein großer Vorteil, wenn eine Programmiersprache diese Vorgangsweise erlaubt, was z.B. für PASCAL, C und C++ der Fall ist. Man spricht von rekursivem Aufruf. Dies ist nur möglich, wenn die (lokalen) Variablen einer Funktion bei jedem Aufruf neu im Speicher angelegt werden. Wie ein solcher Algorithmus ausgeführt wird, stellen wir in einer Tabelle für das Beispiel 5! dar:

Aufruf	Argument	Zwischenergebnis
1	5	5·4!
2	4	4·3!
3	3	3·2!
4	2	2·1!
5	1	1

Jetzt müssen wir den Weg zurückgehen. Dadurch ergibt sich die bekannte Iterationsformel

$$5! = 5 \cdot 4 \cdot 3 \cdot 2 \cdot 1 \; .$$

Jeder rekursive Algorithmus kann durch eine iterative Lösung ersetzt werden. Für uns beruhigend ist, daß sich diese Umwandlung in eine schlußendlich iterative Berechnung automatisch durch die Abarbeitung des Programms ergibt. Wie die verschachtelten Aufrufe erfolgen, soll die folgende Darstellung für n = 3 noch deutlicher illustrieren (nach Goldschlager/Lister: Einführung in die Informatik).

Fakultät(3)

```
Falls 3 = 1
   . . . . . . . . . . .
sonst
   multipliziere 3 mit Fakultät(2)                    6

      Falls 2 = 1
         . . . . . . . . . . .
      sonst
         multipliziere 2 mit Fakultät(1)              2

            Falls 1 = 1
               Ergebnis = 1                           1
            sonst
               . . . . . . . . . . .
```

Den Weg in die Tiefe der Aufrufe (Verschachtelung) muß man in der umgekehrten Reihenfolge wieder zurückgehen. Erst während dieser zweiten Phase wird wirklich gerechnet. Betrachten wir noch den C-Code der Funktion fak:

```c
int fak (int n)
{
  if (n == 1)
     return (1);
  else
     return (n*fak(n-1));
}
```

Ein weiteres Beispiel für Rekursion ist die Berechnung von Legendre-Polynomen. Diese Polynome tauchen bei der Lösung wichtiger Differentialgleichungen der Physik auf. Folgende Rekursionsformel definiert diese Polynome:

$$(k+1) \cdot P_{k+1}(x) = (2k+1) \cdot x \cdot P_k(x) - k \cdot P_{k-1}$$

Im Gegensatz zur Fakultätsfunktion wird hier ein Wert aus zwei Vorgängerwerten berechnet. Wir benötigen daher auch zwei Zusatzdefinitionen, um das rekursive Berechnungsverfahren abzuschließen. Es gilt:

$$P_0(x) = 1$$

$$P_1(x) = x$$

Um den Funktionswert des n-ten Polynoms an der Stelle x zu berechnen, ersetzen wir in der einer Formelsammlung entnommenen Rekursionsformel $k+1$ durch n, k durch $n-1$ und $k-1$ durch $n-2$ und erhalten:

$$n \cdot P_n(x) = (2n-1) \cdot x \cdot P_{n-1}(x) - (n-1) \cdot P_{n-2}(x) \quad bzw.$$

$$P_n(x) = \frac{1}{n}\left[(2n-1) \cdot x \cdot P_{n-1}(x) - (n-1) \cdot P_{n-2}(x)\right]$$

```
/* legendre.c */

#include <stdio.h>

double legendre (double x, int n)
{
  extern int aufruf;

  aufruf++;
  printf("legendre Aufruf Nr. %3d : n = %2d \n", aufruf, n);
  switch (n) {
    case 0 :
      return 1;
    case 1 :
      return x;
    default :
      return
      ((2*n-1)*x*legendre(x,n-1)  -  (n-1)*legendre(x,n-2))/n;
  }
}
```

Testumgebung `main` im File `legendret.c`:

```
/* legendret.c */
#include <stdio.h>

int aufruf;

int main(void)
{
  int n;       /* Grad des Polynoms */
  double x;    /* Argument x          */
  double legendre (double x, int n);

  printf("Berechnung von Legendre-Polynomen \n");
  do {
    printf("n  x  : "); scanf("%d %lf", &n, &x );
    aufruf = 0;
    printf("P%1d(%6.1f) = %8.2f\n", n, x, legendre(x, n) );
  } while (n > 0);
  return 0;
}
```

Rekursiver Aufruf von Funktionen kann einen Computer in der CPU-Leistung und beim Speicherplatzbedarf stark beanspruchen. Die Rekursionsformel für die Legendre-Polynome erfordert je Aufruf zwei weitere rekursive Aufrufe. Das Programm enthält Ausgaben, welche die Abfolge der Aufrufe zeigen. Ein Test mit n = 5 und x = 1 ergibt folgende Ausgabe:

```
Berechnung von Legendrepolynomen
n  x  : 5 1
legendre Aufruf Nr.    1 : n =   5
legendre Aufruf Nr.    2 : n =   4
legendre Aufruf Nr.    3 : n =   3
legendre Aufruf Nr.    4 : n =   2
legendre Aufruf Nr.    5 : n =   1
legendre Aufruf Nr.    6 : n =   0
legendre Aufruf Nr.    7 : n =   1
legendre Aufruf Nr.    8 : n =   2
legendre Aufruf Nr.    9 : n =   1
legendre Aufruf Nr.   10 : n =   0
legendre Aufruf Nr.   11 : n =   3
legendre Aufruf Nr.   12 : n =   2
legendre Aufruf Nr.   13 : n =   1
legendre Aufruf Nr.   14 : n =   0
legendre Aufruf Nr.   15 : n =   1
P5(   1.0) =      1.00
```

In einem Diagramm läßt sich der Ablauf der Berechnung übersichtlich darstellen:

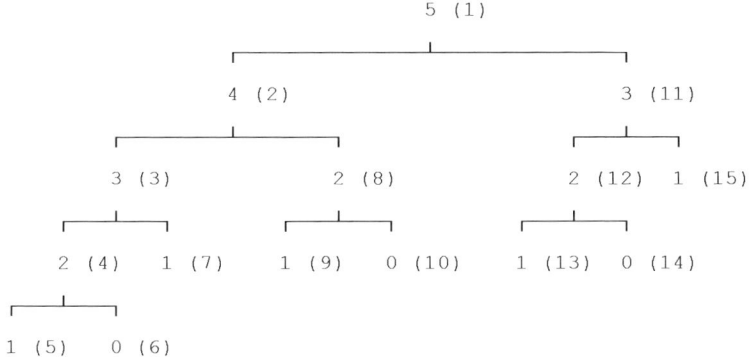

```
                              5 (1)
              ┌─────────────────┴─────────────────┐
            4 (2)                               3 (11)
       ┌──────┴──────┐                      ┌──────┴──────┐
     3 (3)         2 (8)                  2 (12)       1 (15)
    ┌───┴───┐     ┌───┴───┐              ┌───┴───┐
  2 (4)   1 (7) 1 (9)   0 (10)        1 (13)   0 (14)
 ┌───┴───┐
1 (5)   0 (6)
```

Für jedes n > 1 erfolgen im nächsten Schritt zwei Aufrufe mit n-1 und n-2. Die Zahlen in Klammer zeigen die Reihenfolge der Aufrufe. Diese Reihenfolge der Aufrufe wird im Programm durch entsprechende Ausgaben dokumentiert.

Kontrollfragen:

1) Was versteht man unter der Definition einer Funktion?

2) Wie lautet die Syntax für die Definition einer Funktion?

3) Wie lautet die Syntax für die formale Parameterliste einer Funktion?

4) Was ist beim Aufruf einer Funktion zu beachten?

5) Welchen Vorteil bringt die Verwendung von Prototypen?

6) Welcher Übergabemechanismus wird für die Argumente einer C-Funktion verwendet?

7) Welche Möglichkeiten gibt es, Daten der aufrufenden Funktion zu ändern?

8) Was passiert beim Aufruf einer Funktion?

9) Welche Merkmale beschreiben eine Variable?

10) Was wissen Sie zur Speicherklasse `auto`?

11) In welchem Speicherbereich werden die automatischen Variablen verwaltet?

12) Welche Regeln gelten für den Gültigkeitsbereich von automatischen Variablen?

13) Wie definiert und verwendet man global gültige Variablen?

14) Wie verwaltet man Programme in mehreren Dateien? Was ist dabei zu beachten?

15) Was bewirkt das `static`-Attribut?

16) Welchen Nachteil hat die Verwendung globaler Variablen?

17) Was versteht man unter Rekursion?

Aufgabe 5-1: Römisches Zahlensystem

Eine Funktion soll eine ganze Zahl in einem vereinfachten römischen Zahlensystem darstellen.

Das römische Zahlensystem ist kein polyadisches System wie unser Zahlensystem (siehe Kap.2). Eine Zahl wird analog einer Münzliste zusammengestellt. Die Wertigkeit der römischen Zahlenzeichen ist:

Zeichen	M	D	C	L	X	V	I
Zahlenwert	1000	500	100	50	10	5	1

Beispiel: `1998 = M DCCCC LXXXX VIII`

Aufgabe 5-2:

Die Werte eines Vektors sollen als Balkendiagramm ausgegeben werden. Beispiel:

```
 0 ( 0)|
 1 ( 1)|
 2 ( 2)|**
 3 ( 3)|***
 4 ( 5)|*****
 5 ( 7)|*******
 6 (10)|**********
 7 (12)|************
 8 (16)|****************
 9 (18)|******************
10 (16)|****************
11 (14)|**************
12 ( 9)|*********
13 ( 8)|********
14 ( 5)|*****
15 ( 3)|***
16 ( 2)|**
17 ( 1)|*
18 ( 0)|
19 ( 0)|
```

Für größere Werte muß auf die maximale Zeilenlänge normiert werden. Dazu bestimmt man sich den größten Wert im Vektor und berechnet einen Normierungsfaktor.

Prototyp der Funktion:

```
void balkendiagramm(int h[], int n, int st_max);
h ........ Vektor mit den Häufigkeiten
n ........ Anzahl der Kanäle
st_max ... maximale Anzahl von Sternchen
```

Aufgabe 5-3: Ein Modul soll Funktionen zur Verwaltung einer Liste von Daten (Zahlen-werte) zur Verfügung stellen. Folgende Aktionen sollen möglich sein:

* (alte) Liste von Datei lesen

* (neue) Liste abspeichern

* Element einfügen

* Element löschen

* Liste anzeigen

Lösen Sie die Aufgabe mittels des Konzepts der Datenkapselung.

Aufgabe 5-4: Daten zusammenfassen

Ein Modul soll folgende Funktion bieten: Jeweils n einlangende Daten (Gleitpunktwerte) sollen gesammelt werden um dann den Mittelwert dieser Daten auszugeben. Die Ausgabe soll automatisch erfolgen, wenn wieder n Werte eingelangt sind.

Einzelfunktionen:

a) Initialisierung des Bausteins: n festlegen

b) Neuen Wert übernehmen

c) Schließen des Bausteines (eventuelle Reste zusammenfassen und ausgeben)

Implementieren Sie diese Funktionalität in einem Modul mit Datenkapselung und schreiben Sie die für einen Test erforderliche Testumgebung.

Aufgabe 5-5: Zugangskontrolle

Der Zugang zu einem Firmengebäude soll durch ein automatisches Überwachungssystem kontrolliert werden. Bei der Inbetriebnahme des Systems wird für den Zugang eine be-stimmte Nummer (als Kennwort) vergeben. Die Nummer soll eine positive 6-stellige Zahl sein. Will jemand das Gebäude betreten, so muß er diese Nummer eingeben.

Gesucht ist ein Programm, das in einem Modul den Zugriff auf diese festgelegte Nummer zuläßt. Will ein Besucher durch den Zugang eintreten, hat er die Nummer einzugeben. Wird dreimal hintereinander eine falsche Nummer eingegeben, so ist ein Alarm auszulösen.

Das Modul soll die Zugangsnummer mit zwei Funktionen verwalten:

```
void nummer_vergeben(void);
int nummer_pruefen(unsigned long int nummer);
```

Das Hauptprogramm `main` soll einmal eine Nummer vergeben und dann in einer Endlos-schleife diese Zugangskontrolle durchführen. Der Dialog für den Zutritt soll durch die EINGABETASTE ausgelöst werden.

Aufgabe 5-6 Für fortgeschrittene Mathematiker:

Für die numerische Lösung einer Differentialgleichung vom Typ

$$y' = f(x,y)$$

ist ein Programm zu schreiben, welches die Funktion $y(x)$, für die $y' = f(x,y)$ gilt, ausgehend von zwei Anfangswerten x_0, y_0, berechnet. Als numerische Methode ist das Verfahren von Runge-Kutta zu wählen. Dieses Verfahren berechnet aus aktuellen Werten für x und y den Funktionswert $f(x+h)$ nach folgenden Formeln:

$$x_1 = x_0 + h \qquad y_1 = y_0 + k$$

$$k = \frac{k_1 + 2\,k_2 + 2\,k_3 + k_4}{6}$$

$$k_1 = h \cdot f\left(x_0, y_0\right)$$

$$k_2 = h \cdot f\left(x_0 + \frac{h}{2}, y_0 + \frac{k_1}{2}\right)$$

$$k_3 = h \cdot f\left(x_0 + \frac{h}{2}, y_0 + \frac{k_2}{2}\right)$$

$$k_4 = h \cdot f\left(x_0 + h, y_0 + k_3\right)$$

Dieses Verfahren wird iterativ fortgesetzt: Aus den Werten x_1 und y_1 berechnet man die Werte x_2 und y_2 auf die gleiche Art. Die Schrittweite h darf nicht zu groß gewählt werden.

Schreiben Sie zu dieser Aufgabe ein Programm mit drei Funktionen, die in drei Übersetzungseinheiten verwaltet werden:

`runget.c`   Funktion `main`

`runge.c`   Funktion `runge`; diese Funktion implementiert das oben beschriebene
              Verfahren.

`rungef.c`   Diese Datei enthält den Code der Funktion f(x, y).

Vorschlag für Testfunktionen:

$$y' = y - \frac{2x}{y} \qquad \text{exakte Lösung} \qquad y = \sqrt{2x+1} \qquad \text{für } x_0 = 0,\, y_0 = 1$$

$$y' = \cos(x) \qquad \text{exakte Lösung} \qquad y = \sin(x) \qquad \text{für } x_0 = y_0 = 0$$

Eine wertvolle Ergänzung dieser Aufgabe ist es, die Funktionswerte in Tabellenform auf eine Datei zu schreiben. Importieren Sie diese Datei dann z.B. mit einem Tabellenkalkulationsprogramm um die Lösung y(x) grafisch darzustellen.

6 Grundsätze der Programmentwicklung

Die Kenntnis einer Programmiersprache ist zwar eine notwendige, aber keine allein ausreichende Bedingung, um gute Programme (Software) zu schreiben. Dies gilt umso mehr, je größer der Umfang eines Softwareprojektes wird. Bevor wir die C-Kenntnisse erweitern und Sie sich vielleicht an ein größeres Projekt wagen, wollen wir unseren C-Kurs kurz unterbrechen, um grundsätzliche Überlegungen zur Entwicklung von Software anzustellen. Die Disziplin, welche sich mit diesem Thema beschäftigt, wird als Software-Engineering bezeichnet. Software-Engineering betrachtet die Softwareentwicklung als Tätigkeit, für die man Prinzipien, Methoden und Werkzeuge benötigt. Das Ziel ist, Software als industrielles Produkt mit definierten Qualitätsmerkmalen effizient zu entwickeln. Für unsere Zwecke genügt es, sich aus diesem Bereich einige Anregungen zu holen.

6.1 Phasenmodell

Das Phasenmodell unterteilt den Lebenszyklus eines Softwareproduktes (*software-life-cycle*) in mehrere Phasen:

1) Planungsphase

2) Definitionsphase

3) Entwurfsphase

4) Implementierungsphase

5) Test- und Abnahmephase

6) Wartungs- und Pflegephase

Für alle Phasen der Softwareentwicklung gibt es mittlerweile Unterstützung durch CASE-Tools (Werkzeuge der computerunterstützten Softwareentwicklung). Diese werden zunehmend eingesetzt, um die Effizienz und die Qualität der Softwareentwicklung zu verbessern. Wir werden die einzelnen Phasen kurz betrachten und die für uns wichtigen Inhalte herausarbeiten.

6.1.1 Planungsphase

In dieser Phase geht es um die Festlegung der Hauptfunktionen, eine Durchführbarkeitsuntersuchung, ein Prüfen der ökonomischen Sinnhaftigkeit usw. Resultat der Planungsphase ist ein grobes Pflichtenheft, ein Handbuch der Hauptfunktionen, ein Benutzerhandbuch und ein Projektplan. Das Pflichtenheft ist eine Beschreibung der Anforderungen an das Produkt.

Für den Leser dieses Buches ist die Aufgabenstellung durch eine Übungs- oder Prüfungsaufgabe meist vorgegeben. Entwickelt man Programme für den Eigenbedarf, sollte man sich folgende Fragen stellen:

* Werde ich bei der Lösung der Aufgabe meine Programmiertechnik verbessern, z.B. durch neue Algorithmen, neue Datenstrukturen?
* Wie oft werde ich das Programm voraussichtlich verwenden?
* Ist das Programm auch für andere brauchbar?
* Ist es sinnvoll, die anliegende Aufgabe mit Hilfe eines Programms zu lösen?
* Ist meine eigentliche Aufgabe durch die zusätzliche Entwicklung des Programms rascher und deutlich besser erledigt?

Am Ende dieser Überlegungen ist zu entscheiden, ob die Arbeit wirklich sinnvoll ist.

6.1.2 Definitionsphase

Die Definitionsphase dient einer genauen Produktspezifikation. Das Ergebnis der Definitionsphase ist ein Anforderungsdokument, das unter anderem folgende Teile enthält:

* verfeinertes Pflichtenheft
* Entwurfsrichtlinien, Moduldefinitionen
* Benutzerhandbuch
* Testplan

Bei kleinen Programmen sollte man sich folgende Fragen stellen:

* Was sind die Minimalanforderungen?
* Kann die Brauchbarkeit erhöht werden, wenn man über die Minimalanforderungen hinausgeht?
* Wieviel Zeit steht zur Verfügung?

6.1.3 Entwurfsphase

Mit dem Entwurf beginnt die eigentliche Programmierung. Folgende Tätigkeiten sind durchzuführen:

* Problemanalyse
* Zerlegen in Teilprobleme, bis die Aufgabe überschaubar wird. Das Gesamtprogramm ergibt sich durch Zusammenstellen der Module. Damit die einzelnen Module korrekt zusammenarbeiten können, müssen die Schnittstellen zwischen den Modulen exakt definiert werden.
* Entwurf der Datenstrukturen
* Entwurf der Kontrollstrukturen

Bei Zeitdruck neigt man dazu, diese Tätigkeiten nicht durchzuführen, sondern gleich mit der Erstellung des Quellcodes zu beginnen. Eine unter professionellen Programmierern weit verbreitete Erkenntnis lautet: Je früher man mit dem Codieren beginnt, desto später ist man fertig. Eine andere Folge ist oft, daß der Überblick verloren geht und die Aufgabenstellung schwieriger erscheint, als sie ist. Dadurch können unnötig komplizierte Lösungen entstehen.

Die Zerlegung in überschaubare Teilaufgaben führt oft auf bereits gelöste Probleme. Diese Arbeitsweise bezeichnet man als TOP-DOWN-Methode. Sie ist gekennzeichnet durch Entwicklung vom Groben zum Feinen, Zerlegung in Teilaufgaben, Modularisierung. Bei dieser Methode steht die Analyse im Vordergrund. Sie eignet sich besonders für die Entwicklung von neuen Produkten.

Das Gegenstück zur TOP-DOWN-Methode ist die BOTTOM-UP-Methode. Sie ist gekennzeichnet durch Entwicklung vom Kleinen zum Großen, von unten nach oben, Zusammenstellen aus bereits gefertigten Bausteinen. Die BOTTOM-UP-Methode ist für die Entwurfsphase weniger geeignet, weil die Gefahr besteht, sich in Details zu verzetteln und das eigentliche Entwurfsziel aus den Augen zu verlieren. Die BOTTOM-UP-Arbeitsweise hat ihre Berechtigung eher in der Implementierungsphase.

Überlegungen zum Entwurf und Entwurfshilfsmittel

Modularisierung

Die Zerlegung in Teilaufgaben bedeutet für den Quellcode die Planung der einzelnen Module und Funktionen (Modularisierung). Man kann die Modularisierung allerdings auch übertreiben. Folgende Grundsätze bewähren sich: Eine Funktion soll eine abgeschlossene Aufgabe ausführen. Der Quellcode einer Funktion soll nicht größer als ein bis zwei Seiten sein. Funktionen werden dann in einer Datei zusammengefaßt, wenn sie einen gemeinsamen Satz von Daten verwenden oder logisch zusammengehören.

In der Regel sollte eine Funktion völlig unabhängig von anderen Funktionen sein, d.h. sie muß auch dann funktionsfähig sein, wenn man sie ohne Änderungen in einer anderen Umgebung verwendet. Diese Unabhängigkeit ist nur möglich, wenn der Datenaustausch ausschließlich über die Parameterliste erfolgt und keine globalen (externen) Variablen verwendet werden.

Ein **Moduldiagramm** zeigt die Zerlegung der Aufgabe in Teilaufgaben, welche durch einzelne Bausteine (Module, Funktionen) gelöst werden. Das Moduldiagramm stellt die Aufteilung des Quellcodes auf mehrere Module und Funktionen dar. Es darf nicht mit einem Diagramm verwechselt werden, das darstellt, welche Funktion welche weiteren Funktionen aufruft. Für unser letztes Programmbeispiel bringt die folgende Graphik einen raschen Überblick über das verwendete Modulkonzept:

Moduldiagramm zum Programm Taschenrechner:

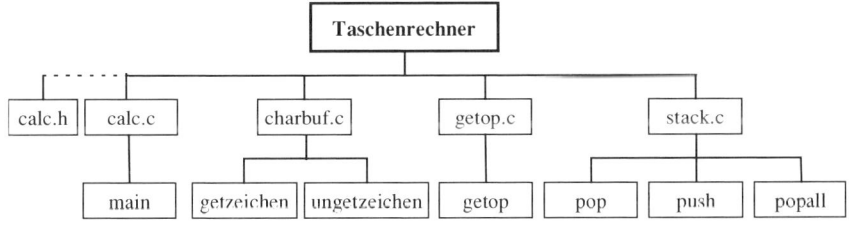

Ein Aufrufdiagramm (*function tree*) zeigt den Baum der Funktionsaufrufe. Die Menübefehle Utils → Analysis → Function Tree der lcc-win32 Entwicklungsumgebung erstellen so ein Diagramm. Für unser Taschenrechnerprogramm ergibt sich z.B. folgendes Bild:

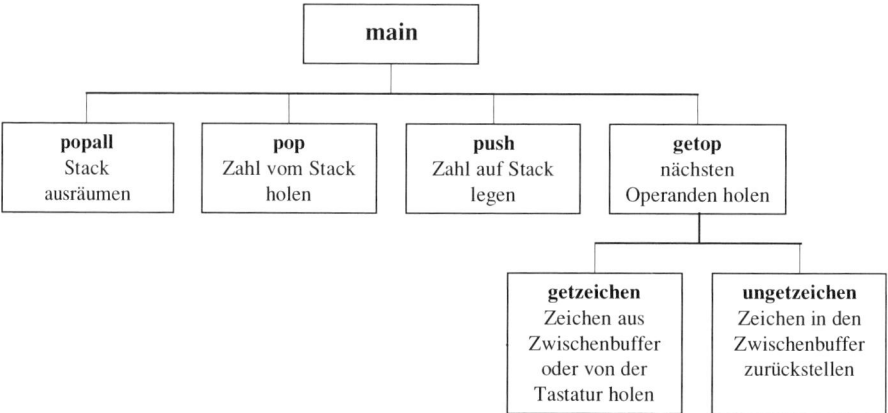

Zusätzlich kann man sich bemühen, auch den Datenfluß in Diagrammen darzustellen. Seien Sie in diesem Bereich kreativ und finden Sie eine Ihnen passende Darstellung. Die Methoden und Werkzeuge zur Softwareentwicklung werden laufend weiter entwickelt und verbessert. Eine dieser Entwicklungen nennt sich **strukturierte Systemanalyse**.

Kontrollstrukturen

Heute ist die Methode der strukturierten Programmierung unumstritten. Ein Kern der strukturierten Programmierung ist die Beschränkung der Kontrollstrukturen auf wenige Grundtypen. Als Hilfsmittel zur Darstellung kommen **Pseudocode** oder **Struktogramme** in Frage. Fassen wir die Regeln und Vorteile der strukturierten Programmierung noch einmal kurz zusammen:

Jeder Block hat genau **einen** Eingang und genau **einen** Ausgang. Die erlaubten Kontrollstrukturen sind die lineare Folge, die Verzweigung und die Wiederholung.

Die Vorteile dieser Methode sind:

* Es entstehen sehr übersichtliche, leicht lesbare Programme. Gutes Layout erhöht die Lesbarkeit zusätzlich.

* Die Gefahr logischer Fehler ist geringer.

* Modularisierung ist leicht möglich (Block als Modul).

* Sie entspricht der TOP-DOWN-Methode.

* Der Programmcode ist fast automatisch gut dokumentiert.

* Die klaren Schnittstellen vereinfachen das Testen.

Die erlaubten Kontrollstrukturen und ihre Realisierung in C haben wir in Kap. 4 ausführlich besprochen. Zur Darstellung haben wir Struktogramme (NS-Diagramme) und freien Pseudocode verwendet. CASE-Tools unterstützen beide Methoden und bieten unter anderem folgende Möglichkeiten:

* Aus Struktogrammen wird automatisch Quelltext erzeugt.
* Zu bestehenden Programmen kann man Struktogramme generieren.
* Aus Pseudocode werden Struktogramme erzeugt und umgekehrt.

Um eine Weiterverarbeitung zu ermöglichen, muß der von CASE-Tools verwendete Pseudocode formalen Regeln (Syntax) genügen. Ein Beispiel für formalen Pseudocode mit genau definierten Schlüsselwörtern sind die Konstrukte:

```
IF ....... ENDIF            IF ... ELSE ... ENDIF
REPEAT ... FOREVER          REPEAT ... UNTIL
REPEAT ... WHILE            EXITIF
DOWIIILE .. ENDDO           FOR ...... ENDFOR
CASE ..... ENDCASE
```

Die Beschreibung der Funktion der einzelnen Blöcke erfolgt nicht durch Programmcode, sondern wird umgangssprachlich klar und kurz formuliert. Eine prägnante Kurzbezeichnung für die Funktion eines Blockes ergibt dann den Namen einer eventuell dafür geplanten Funktion.

NS-Diagramme oder Pseudocode sind in erster Linie Entwurfshilfsmittel, d.h. man wird sie in der Entwurfsphase für die wichtigsten oder schwierigsten Teile des Programms nutzen. Wie stark und in welcher Verfeinerungsstufe ein Entwurf Struktogramme, Pseudocode und sonstige Diagramme verwendet, hängt von der Aufgabenstellung und der Komplexität des Problems ab. Das Zeichnen von Struktogrammen nach der Codierung ist häufig problematisch.

Beim Entwurf der Kontrollstrukturen bewährt sich eine Denkweise, die von den Möglichkeiten einer bestimmten Programmiersprache losgelöst ist. Während des Entwurfs denken wir nicht an Details der Implementierung.

∗ Datenstrukturen

Auch Datenstrukturen kann man graphisch darstellen, was bei der Problemanalyse eine große Hilfe sein kann. Dazu einige Beispiele:

Zusammengehörige Daten mit unterschiedlichem Datentyp faßt man zu einem Verbund (structure) zusammen (Kap. 12 des Buches). Ein Beispiel für einen Verbund sind die Kennzeichen eines Pferdes:

Name	Geschlecht	Alter	Farbe	Zucht
string	char	int	enum	string

Die Felder werden bezeichnet. Diese Bezeichner tauchen als Feldbezeichner im Programm auf. Zusätzlich dokumentiert man den Datentyp der einzelnen Felder des Datensatzes.

Ein weiteres Beispiel ist die Darstellung eines Ringspeichers. Ein Ringspeicher kann mit einem Vektor realisiert werden, in dem aufeinanderfolgende Werte abgelegt und asynchron dazu auch wieder ausgelesen werden. Der Ring entsteht dadurch, daß wieder beim ersten Platz begonnen wird, sobald der letzte Platz erreicht wird. Anhand einer Skizze kann man besser überlegen, welche Probleme zu lösen sind. Ein Ringspeicher ist die wesentlich effizientere Lösung für einen FIFO als unsere Lösung im letzten Kapitel.

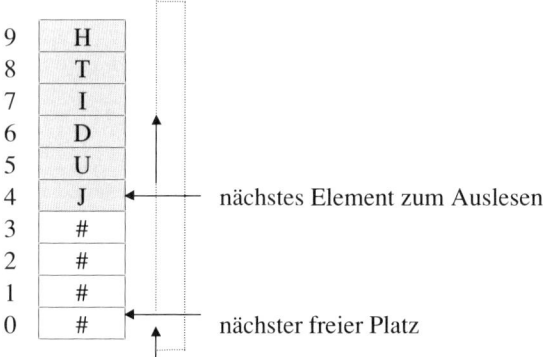

Auch Vektoren und Dateien kann man graphisch darstellen. Zeichnungen helfen beim Finden einer Lösung, zum Beispiel bei der Aufgabe, zwei sortierte Listen zu einer neuen, ebenfalls sortierten Liste zusammen zu mischen (merge):

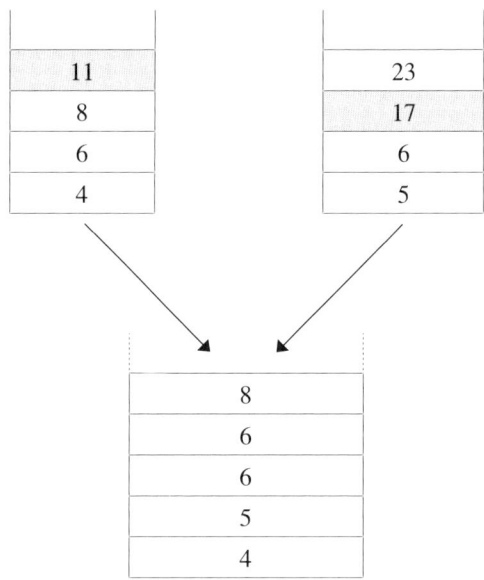

Tips zur Wahl der Datenstruktur:

* Auch für einzelne Werte ist zu überlegen, welchen Datentyp man benötigt. C stellt ja eine Fülle von Grunddatentypen zur Verfügung. Um etwas n-mal zu tun sind als Zähler immer Ganzzahltypen (int) zu verwenden. Beachte auch, daß die switch-Anweisung für die Mehrfachauswahl als Selektor einen Ganzzahltyp verlangt. Speicherplatz ist heute meist reichlich vorhanden, verwenden Sie daher in der Regel für Gleitkommawerte den bei der Verarbeitung in C bevorzugten Typ double. Nutzen Sie nach Möglichkeit auch die Aufzählung, damit ergibt sich automatisch ein gut lesbarer Code.

* Verwenden Sie insbesondere bei Algorithmen aus der Mathematik dieselben Bezeichner wie am Papier oder der verwendeten Literatur (x, y, a, i, j, k, l); hier dürfen die Bezeichner ausnahmsweise kurz sein!

* Programmierer verwenden für Vektorindizes und Zähler bevorzugt die Bezeichner i, j, k, l. Für die Obergrenze eines Indizes oder für eine Anzahl verwenden sie meist m, n. Andererseits wird z.B. x und y nicht für int-Werte verwendet. Halten sie sich an solche alte Gewohnheiten, die aus der Mathematik kommen. In FORTRAN sind alle Variablen, die mit diesen Buchstaben beginnen, automatisch vom Typ int.

* Verwenden Sie Vektoren nur dann, wenn die Anzahl der Feldelemente wirklich eine maximale Anzahl nicht überschreitet. Oft ist es gar nicht notwendig, auf alle Daten wahlfrei und schnell zuzugreifen!

6.1.4 Codieren - Implementieren

Darunter versteht man jene Tätigkeiten, welche aus einem am Papier fertigen Konzept ein auf einem Computer lauffähiges Programm machen.

Eingabe des Quelltextes

Dafür stehen heute meist sehr komfortable Editoren zur Verfügung, deren Möglichkeiten man auch nutzen sollte. Neuere Werkzeuge sind sogenannte sprachsensitive Editoren. Diese Editoren kennen die Syntax der Sprache. Man kann an jeder Stelle zwischen den momentan syntaktisch möglichen Konstrukten auswählen. Zudem können jederzeit Hilfstexte zur aktuellen Situation aufgerufen werden. Durch geschickte Nutzung der Möglichkeiten des Editors spart man auf Dauer viel Zeit und gestaltet den Quellcode übersichtlicher.

Compilieren, Übersetzen

Die Aufgaben des Compilers sind:

* Syntaxanalyse: Die Fehlerbeschreibungen sind je nach Qualität des Compilers unterschiedlich. Als schwierig für den Compilerbau gilt, nach Fehlern im Programm die weitere Syntaxprüfung korrekt fortzusetzen. Man sollte daher Verständnis dafür haben, daß Syntaxfehler sich auch als Folgefehler ergeben können.

* Erzeugen des Objektfiles: Optional erzeugen praktisch alle Compiler ein Listingfile, welches den Quellcode mit Zeilennummern und Verschachtelungstiefe, die Fehlermeldungen im Klartext, eine Crossreferenzliste (Liste aller Konstanten und Variablen) und den Assemblercode des Programms enthalten kann.

Die integrierten Entwicklungsumgebungen stellen automatisch eine Verbindung zwischen den Fehlern und dem Quelltext her.

Linken, Binden

Der Linker erstellt aus den Objektfiles der einzelnen Module und den Standardbibliotheken das ausführbare Programm. Vom Linker gemeldete Fehler betreffen das Modulkonzept, d.h. die global gültigen Variablen und die Verfügbarkeit der Funktionen.

Man kann die Effizienz und Sicherheit bei der Implementierung durch geschicktes Ausnützen der Möglichkeiten der verwendeten Entwicklungsumgebung deutlich steigern. Begriffe und Anregungen dazu: Online-Hilfe, Modul- und Funktionsbrowser, Debugger, Kommandoprozeduren, Shell-Scripts, Make-Utility

6.1.5 Testen

Für jedes Programm gilt der Grundsatz: Es kann praktisch nicht bewiesen werden, daß ein Programm für tatsächlich alle nur denkbaren Eingabedaten richtige Ausgabedaten erzeugt. Beim Testen kann es daher nur darum gehen, zu erreichen, daß ein Programm für fast alle Eingabedaten richtige Ausgabedaten erzeugt.

Unter einem **Schreibtischtest** versteht man die händische Anwendung des gewählten Algorithmus auf speziell ausgesuchte Testdaten. Der Schreibtischtest überprüft die prinzipielle Richtigkeit des Algorithmus und liefert als Nebeneffekt Resultate, anhand derer bei der Ausführung des Programms die Korrektheit der Ergebnisse überprüft werden kann.

Es bewährt sich, verschiedene Testdatensätze in Dateien bereitzustellen. Das spart Zeit und gewährleistet gleiche Testbedingungen auch für neue Tests nach Änderungen oder einer Weiterentwicklung des Programms. Testen Sie die Grenzfälle, dokumentieren Sie die Testphase. Auch das Testen von Programmen kann automatisiert werden und wird durch ebenfalls zu den CASE-Tools gehörende Werkzeuge unterstützt. Wichtig ist, daß beim Testen alle Anweisungen eines Programms (z.B. alle Fälle einer Fallunterscheidung) einmal durchlaufen werden. Die nächste, oft schwer erfüllbare Forderung ist, daß insbesondere in logischen Ausdrücken alle denkbaren Kombinationen von Operanden einmal vorkommen.

Bauen Sie sogenannte Debugzeilen ein, welche wichtige Zwischenresultate ausgeben. Sobald das Programm korrekt arbeitet, deaktiviert man diese Zeilen z.B. dadurch, daß man aus ihnen Kommentare macht. Im nächsten Kapitel lernen wir, wie der Preprozessor diese Vorgangsweise unterstützt.

Ändern Sie im undurchschaubaren Fehlerfall nicht mehrere Dinge gleichzeitig.

Bei hartnäckigen Fehlern ist es besser, die Arbeit zu unterbrechen, etwas anderes zu tun und sich zu erholen. Über einem Blatt Papier können die meisten Menschen besser nachdenken als vor einem Bildschirm.

Wir sollten uns der Tatsache bewußt sein, daß immer mehr Software im Einsatz ist, von deren korrekter Funktion die Gesundheit und das Leben vieler Menschen abhängig ist. Computer und Programme überwachen und steuern nicht nur Produktionssysteme, sondern auch Kraftwerke, Flugzeuge, Raketenabwehrsysteme und vieles mehr.

6.1.6 Wartung und Pflege

Weltweit sind Programmierer ca. 80 % der Zeit mit der Wartung und Pflege von Software beschäftigt. Auch Programme für den Eigenbedarf sollten gepflegt werden. Finden Sie ein Archivierungssystem für die Dateien am Rechner und für die gedruckten Quelltexte der Programme. Schreiben Sie zu jedem Programm eine kleine Benutzeranleitung; selbst bei Eigenproduktionen ist eine Bedienung nach mehr als zwei Wochen oft schon schwierig.

6.2 Prinzipien der Softwareentwicklung

Die folgenden Prinzipien bewähren sich als gedanklicher Hintergrund für alle Phasen der Programmentwicklung (aus Helmut Balzert: Die Entwicklung von Software-Systemen). Sie finden die Anwendung dieser Prinzipien in allen bisherigen Programmbeispielen des Buches.

Abstraktion

Unter Abstraktion versteht man Verallgemeinerung, das Absehen von speziellen Einzelheiten, das Herausheben des Wesentlichen, das Erkennen gemeinsamer Merkmale. Abstraktion ist besonders dann wichtig, wenn ein Softwaresystem für eine bisher händisch ausgeführte Tätigkeit entwickelt wird. Ohne Abstraktion können Sie z.B. eine für einen bestimmten Anwender entwickelte Lagerverwaltung nicht an einen weiteren Kunden verkaufen.

Strukturierung

Unter einer Struktur versteht man die Darstellung eines Sachverhalts, die den Charakter des Ganzen offenbart. Losgelöst vom untergeordneten Detail, beinhaltet die Struktur die wesentlichen Merkmale des Ganzen. Strukturierung bedeutet immer auch ordnen, Übersicht gewinnen, analysieren, zerlegen, Beziehungen aufspüren.

Hierarchisierung

Unter Hierarchisierung versteht man die Einführung einer Rangordnung, die sich in verschiedenen Stufen ausdrückt. Top-Down-Entwicklung führt automatisch zu hierarchischen Strukturen.

Modularisierung

Modularisierung ist die Zerlegung eines Systems in einzelne Module. Module sind funktionale Einheiten. Der Begriff wird sehr unterschiedlich verwendet. Das Modulkonzept der Sprache C war das Thema des letzten Kapitels. Wir haben uns darauf geeinigt, als Modul eine Übersetzungseinheit zu bezeichnen. Nach unserer Terminologie kann ein Modul mehrere C-Funktionen enthalten.

Lokalität

Unter Lokalität versteht man die Zusammenstellung aller relevanten Informationen an einem Platz, z.B. auf einer Seite. Dieses Prinzip betrifft vor allem die Konzeption der Datenhaltung. Global gültige Daten widersprechen dem Prinzip der Lokalität. Die Beachtung dieses Prinzips erleichtert die Arbeit im Programmierteam und die Fehlersuche, außerdem ist es Bedingung für die Mehrfachverwendung von Funktionen.

Integrierte Dokumentation

Ein Softwareprodukt besteht aus dem Programm und der Dokumentation. Es ist daher erst dann fertiggestellt, wenn beide Komponenten verfügbar sind. Integrierte Dokumentation bedeutet, daß in allen Phasen der Programmentwicklung auch dokumentiert wird. Beachtet man dieses Prinzip, wird das Programm und die Dokumentation automatisch gleichzeitig fertig. Nicht dokumentierte Programmentwicklung ist nach einiger Zeit selbst für den Autor schwer nachvollziehbar.

Mehrfachverwendung

Mehrfachverwendung macht die Produktion von Software wesentlich effizienter. Voraussetzung für Mehrfachverwendung sind Modularisierung, Standardisierung, Lokalität und natürlich auch der Aufbau und die Wartung eines Produktarchivs (Programm- oder Modulbibliothek). Mehrfachverwendung scheitert oft an dem "Nicht hier erfunden" - Syndrom. In keiner anderen Branche wird das Rad so oft neu erfunden wie in der Softwarebranche.

Standardisierung

In einem Team von Programmierern kann nicht geduldet werden, daß jeder seinen eigenen Programmier- und Dokumentationsstil anwendet. Als Beispiel für eine konkrete Standardisierung, die sich auch für einen einzelnen Programmierer bewährt, betrachten wir ein Formular für den Kopf einer C-Funktion:

```
/*
Name        :
Gesamtprojekt:
Zweck       :
Liste der Parameter:
-----------------------------------------------------------
Bezeichner   Datentyp   Zugriff     Beschreibung
-----------------------------------------------------------
......
-----------------------------------------------------------
Resultat
-----------------------------------------------------------
Autor       :
Änderungen  :  (Wer, Wann, Was)
-------------------------------------------------------*/
```

Den Zugriff kann man z.B. durch die Symbole R (Read), W (Write) und R/W charakterisieren. Änderungen werden auch im Quellcode gekennzeichnet.

Konstruktive Voraussicht und methodische Restriktion

Mangelhafter Entwurf führt oft zu Entwicklungsentscheidungen, die sich später als Sackgasse herausstellen. Plötzlich tauchen neue Aspekte auf, die sich nicht mehr realisieren lassen. Beim Entwurf und der Implementierung von Programmen muß weitsichtig vorgegangen werden. Methodische Restriktion bedeutet für uns, nicht alle Möglichkeiten einer Programmiersprache zu nützen, und ist auch eine Absage an das trickreiche und für andere nicht nachvollziehbare Programmieren.

6.3 Qualität von Softwareprodukten

Interessanterweise werden Qualitätskriterien für Programme von Anfängern manchmal nur widerwillig akzeptiert. Gute Programme kann man nur schreiben, wenn man die Qualitätskriterien kennt. Es gibt mittlerweile allgemein anerkannte Qualitätsmerkmale für Softwareprodukte. Man bemüht sich derzeit auch um Gütezeichen für Softwareprodukte, die Normungsbehörden arbeiten weltweit an Spezifikationen für die Qualitätssicherung. Dabei geht es auch um Sicherheitsaspekte und Produkthaftung. Die folgende Übersicht über die Software-Qualitätsmerkmale soll uns ebenso wie die Prinzipien zu einem Leitbild beim Programmieren werden.

Funktionstüchtigkeit

* Funktionsumfang
* Funktionskorrektheit
* Effizienz

Zuverlässigkeit

* Genauigkeit
* Robustheit
* Bedienungssicherheit

Benutzerfreundlichkeit

* Nutzungskomfort, Brauchbarkeit
* Bedienungskomfort, On-Line-Dokumentation
* Erlernbarkeit
* Benutzerdokumentation

Wartbarkeit

* Verständlichkeit
* Strukturierung, leicht zu ändern, leicht zu testen
* Entwicklungsdokumentation

Übertragbarkeit, Transportabilität

* Sprachstandards (z.B. ISO/IEC C Standard, POSIX Standard)
* Betriebssystemunabhängigkeit
* Hardwareunabhängigkeit

Dokumentationsqualität

* Vollständigkeit
* Korrektheit, Übereinstimmung mit tatsächlicher Funktion
* Übersichtlichkeit
* Verständlichkeit für die Zielgruppe

Man kann versuchen, die Qualität eines Programms durch eine Maßzahl auszudrücken. Dabei vergibt man z.B. für jedes Qualitätsmerkmal (A, B, C, D, ...) einen Wert zwischen 0 und 1. Zur Berechnung der Gesamtqualität werden die einzelnen Faktoren **multiplikativ** verknüpft: Qualität = A·B·C ...

6.4 Dokumentation

Ein wichtiges Lehrziel dieses Buches ist es, Ihnen jene Kenntnisse und Fertigkeiten zu vermitteln, die benötigt werden, um selbständig für ein kleines Softwareprojekt alle Phasen der Programmentwicklung durchzuführen. Wir schließen diesen Exkurs in das Umfeld der Programmentwicklung mit einer Aufzählung der Bestandteile der Dokumentation zu einem solchen Projekt. Es ist naheliegend, die Dokumentation ebenfalls am Computer zu erstellen und zusätzlich auf einem Datenträger zur Verfügung zu stellen.

Sobald wir nicht nur für den Eigenbedarf programmieren, müssen wir zwischen Entwicklerdokumentation und Anwenderdokumentation unterscheiden. Beim Entwickler wird die ganze Dokumentation aufbewahrt. Für den Anwender sind die Punkte 0, 1, 2, 9, 10 und 11 der Aufzählung wichtig.

Aufbau einer Projektdokumentation:

0) Inhaltsverzeichnis

1) Aufgabenstellung

2) Falls theoretische Grundlagen anderer Fachgebiete (z.B. mathematische, fachspezifi-sche und numerische Methoden) zur Lösung der Aufgabe notwendig sind, sind diese zu dokumentieren oder die verwendete Literatur anzugeben.

3) Modulkonzept: Kurze Beschreibung der Module; genaue Beschreibung der Modul-schnittstellen; Moduldiagramm, Aufrufdiagramm

4) Funktionsbeschreibung: Darstellung der funktionalen Zusammenhänge zwischen Funk-tionen und Daten, Beschreibung der externen Datenspeicher

5) Dokumentation der gewählten internen Datenstruktur, insbesondere dann, wenn für die Losung der Aufgabe strukturierte Datentypen verwendet werden. Beschreibung der Da-tenobjekte: Zweck, Datentyp, Name im Programmcode. In diese Liste werden nur die wichtigen Daten aufgenommen, keinesfalls unbedeutende Hilfsvariable.

6) Für die wichtigen Algorithmen eine Beschreibung durch Struktogramme oder Pseudo-code.

7) Programmlisting, evtl. Listingfile des Compilers mit Zeilennummern usw.; Crossre-ferenzliste; verwendete Bibliotheksfunktionen; Testdaten, Testdokumentation

8) Kommando zur Erzeugung des ablauffähigen Programms; Kommandoprozedur oder Projektdatei

9) Eine Datei mit dem Projektnamen und der Erweiterung .DOC enthält eine kurze Be-schreibung des Programms und eine kurze Bedienungsanleitung. Umfang eine Bild-schirmseite, maximal eine Druckerseite. Für Module mit Bibliotheksfunktionen wird eine Definitionsdatei mit den Prototypen der Funktionen zur Verfügung gestellt.

10) Beispiel eines Programmablaufes: Ein Protokoll einer Programmausführung erhält man über die meist verfügbare Möglichkeit, die Bildschirmausgaben in die Zwischenablage oder auf einen angeschlossenen Drucker zu kopieren.

11) Eine ausführliche Bedienungsanleitung soll die für einen Anwender relevante Informa-tion enthalten.

Kontrollfragen:

1) Was versteht man unter Software-Engineering?

2) Welche Phasen der Programmentwicklung unterscheidet das Phasenmodell?

3) Was sind CASE-Tools?

4) Welchen Zweck hat die Planungsphase?

5) Welche Dokumente liegen am Ende der Definitionsphase vor?

6) In welche Aufgaben kann der Entwurf unterteilt werden?

7) Welche Methoden werden beim Entwurf verwendet?

8) Was ist für die Modularisierung zu beachten?

9) Was wird in einem Moduldiagramm dargestellt?

10) Was wird in einem Funktionsdiagramm dargestellt?

11) Mit welchen Hilfsmitteln entwickeln und dokumentieren wir Kontrollstrukturen?

12) Was ist der Unterschied zwischen freiem und formalem Pseudocode?

13) Was versteht man unter einem Verbund?

14) Was ist eine Queue?

15) Was ist bei der Gestaltung des Quellcodes zu beachten?

16) Was ist eine Cross-Referenzliste?

17) Welchen Zweck erfüllt der Schreibtischtest?

18) Was sind Debugzeilen?

19) Welche Prinzipien der Softwareentwicklung kennen Sie?

20) Wie beurteilt man die Qualität von Softwareprodukten?

Aufgabe 6-1 und 6-2:

Entwerfen Sie für die auf Seite 212 skizzierten Aufgaben (Ringspeicher als FIFO und Mischen von sortierten Listen) Algorithmen und schreiben Sie C-Programme dazu!

7 Der Preprozessor

Der Preprozessor ist jener Teil eines C-Systems, der den Programmcode vor dem eigentlichen Übersetzen bearbeitet. Er arbeitet im Prinzip wie ein Filter. Ein am Eingang eines Filters eintreffender Datenstrom wird verändert und verläßt das Filter am Ausgang wieder. Dieses Konzept wird in der Nachrichtentechnik und Informatik oft verwendet. Die Kommandosprachen der Betriebssysteme z.B. unterstützen sogenannte *Pipes*, d.h. die Ausgangsdaten eines Programms werden zu Eingangsdaten eines weiteren Programms.

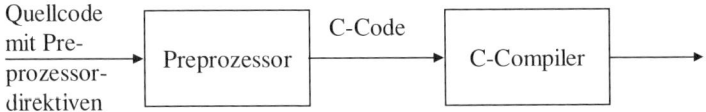

Das Konzept des Preprozessors hat Einfluß auf die Notation und erhöht die Leistungsfähigkeit der Sprache. Eine wichtige Rolle kommt dem Preprozessor im Bereich Transportabilität zu, das ist die Möglichkeit, ein Programm ohne Schwierigkeiten auf verschiedenen Computersystemen einzusetzen.

Der Preprozessor steht meist auch als eigenständiges Programm zur Verfügung. Auf jeden Fall kann man sich den vom Preprozessor erzeugten Zwischencode aufbewahren und anschauen.

Gesteuert wird der Preprozessor über Preprozessordirektiven, das sind Programmzeilen, welche mit dem #-Zeichen beginnen.

7.1 Die #include-Anweisung

Die #include-Direktive bewirkt das Einfügen einer Textdatei, die Quellzeile

```
#include .....
```

wird durch den Inhalt der angegebenen Datei ersetzt. Für den Inhalt der eingefügten Datei gibt es im Prinzip keine Einschränkungen, traditionell werden aber nur Definitionsdateien (*Headerfiles*) eingebunden. Definitionsdateien enthalten #define-Anweisungen, weitere #include-Anweisungen, Typdeklarationen und Funktionsprototypen. Sie enthalten normalerweise keinen ausführbaren C-Code. Der Dateibezeichner für Definitionsdateien endet mit .h. Es gibt zwei Formen von #include:

```
#include "filename"
```

sucht die Datei zunächst im aktuellen Katalog. Die Suche kann systemabhängig auf weitere Verzeichnisse ausgedehnt werden. Diese Form wird für Definitionsdateien verwendet, welche als Teil eines größeren C-Programms vom Programmierer angelegt werden.

```
#include <filename>
```

sucht die Datei in einem speziellen Verzeichnis, zum Beispiel unter UNIX/LINUX im Verzeichnis /usr/include. Diese Form wird für die Definitionsdateien zur Standardbibliothek, welche Teil des C-Systems sind, verwendet.

Aufgabe 7-1:

Finden Sie die für Ihr C-System gültigen Antworten auf die Fragen

* In welchem Verzeichnis befinden sich die Definitionsdateien zur Standardbibliothek?

* Gibt es weitere Formen der Include-Direktive ?

* Wie kann man den Preprozessor als eigenständiges Programm aufrufen?

7.2 Die #define-Anweisung (1)

Syntax:

```
#define Suchtext {Ersatztext}opt
```

bewirkt, daß im Quelltext bei jedem Auftreten von *Suchtext* diese Zeichenkette durch die
Zeichenkette *Ersatztext* ersetzt wird.

Die einmalige Vereinbarung eines symbolischen Namens für im Code oft vorkommende
Konstanten hat zwei Vorteile. Der Code wird durch Verwendung von aussagekräftigen Na-
men besser lesbar. Eine spätere Änderung dieser Konstanten muß nur an einer einzigen
Stelle erfolgen.

Einige Beispiele dazu:

```
#define C   299792458.0   /* m/s   Lichtgeschwindigkeit  */
#define H   6.6260755E-34 /* Js    Planck-Konstante      */
#define K   1.38066E-23   /* J/K   Boltzmann-Konstante   */
```

Weitere Beispiele zeigen die Möglichkeit, C-Text besser lesbar zu machen:

```
#define exit_loop break
#define forever for(;;)    /* Endlosschleife */
#define TRUE    1
#define FALSE   0
#define EPS     1.0e-6
#define MAXITER 100  /* maximale Anzahl von Iterationen */
```

Sogar das Zurechtbiegen von C auf eventuelle alte Gewohnheiten, wäre in bestimmten Grenzen möglich, aber nicht sinnvoll:

```
#define EQ   ==
#define NE   !=
```

Sinn machen treffendere Bezeichner für Speicherklassen, z.B.

```
#define PRIVATE  static
#define PUBLIC
```

Man kann auch mehrere C-Anweisungen als Ersatztext verwenden (\ ist das Zeichen für die Fortsetzung in der nächsten Zeile):

```
#define ERROR \
    printf("\aEingabedaten nicht korrekt\n");
```

Der Gültigkeitsbereich einer #define-Anweisung erstreckt sich von der Anweisung bis ans Ende der Datei.

7.3 Die #define-Anweisung (2), Makros

Die #define-Anweisung gibt es in einer zweiten Variante, mit dieser Form werden sogenannte Makros definiert.

```
#define identifier(identifier, ... ,identifier)  Ersatztext
```

Die Bezeichner in der Klammer wirken wie eine formale Parameterliste, diese Parameter werden im *Ersatztext* durch aktuelle Werte ersetzt. Zwischen dem Makrobezeichner und der öffnenden Klammer darf kein Leerzeichen sein.

```
#define SQR(x)   ((x) * (x))
```

bewirkt, daß folgende Ausdrücke ersetzt werden durch:

```
SQR(a+b)       -->     ((a+b) * (a+b))
SQR(SQR(a))    -->     ((((a) * (a))) * ((a) * (a))))
```

Die Klammerung der Argumente im *Ersatztext* ist wichtig, weil es sonst zu Überraschungen kommen kann. Die folgende Form:

```
#define SQR(x)   x * x
```

expandiert den Ausdruck SQR(a+b) zu a+b * a+b !

weitere Beispiele :

```
#define MIN  0
#define MAX  1
#define isbad(x)   ((x) < MIN || (x) > MAX)
#define TAUSCHE(a,b)    \
  { double t;           \
     t = (a);           \
    (a) = (b);          \
    (b) = t; }
```

Aufgabe 7-2: Gibt es Einschränkungen für die Argumente des TAUSCHE-Makros?

Die folgenden Beispiele zeigen die Verwendung der bedingten Anweisung in Makros:

```
#define  min(x, y)  (((x) < (y)) ? (x) : (y))
```

liefert bei einem Aufruf

```
min(a, b)
```

den kleineren der beiden Werte a, b als Resultat.

```
#define toupper(c) ((c)>='a' && (c)<='z' ? (c) & 0x5F : (c))
```

ist ein Makro, wie er in `ctype.h` formuliert sein könnte, und wandelt einen eventuellen Kleinbuchstaben in den entsprechenden Großbuchstaben um. Um diesen Code zu verstehen, muß man einige Details des bisher vermittelten Wissens heranziehen.

```
a hat den ASCII Code 97, A den ASCII Code 65
a (97): 01100001    b (98): 01100010   ... z (122): 01111010
A (65): 01000001    B (66): 01000010   ... Z ( 90): 01011010
d.h. für Großbuchstaben ist das Bit 5 (Bits von 0 bis 7, Wert 2 =32)
     nicht gesetzt, für Kleinbuchstaben ist es 1.
0x5F ist die Zahl 01011111
& ist der Operator für die bitweise UND-Verknüpfung.
```

In der C-Literatur werden oft sowohl die Form 1 als auch die Form 2 der `#define` Direktive als Makro bezeichnet. Die Form 1 heißt dann Makro ohne Parameter, die Form 2 Makro mit Parameter.

Makros können bereits definierte Makros verwenden:

```
#define SQR(x)             ((x) * (x))
#define CUBE(x)            (SQR(x) * (x))
#define X_DREIVIERTEL(x) sqrt(sqrt(CUBE(x)))
```

Die Gültigkeit von Makros kann aufgehoben werden durch

```
#undef identifier
```

Makros können neu definiert werden. Eine gute Gewohnheit ist es, die Gültigkeit vorher mit #undef aufzuheben:

```
#define A 3
#undef  A
#define A 4
```

#define-Anweisungen sind in der Regel keine Alternative zu `typedef`-Anweisungen. Es ist wichtig, sich über den Unterschied klar zu sein. Die `typedef`-Anweisung definiert mit einer erlaubten Deklaration einen (neuen, benutzerdefinierten) Datentyp und einen zugehörigen Typbezeichner.

Beispiel:

```
/* preproz1.c */

#include <stdio.h>

#define TITEL "Preprozessor-Demo"

#define ERROR printf("\aWert ist nicht im Bereich 0 bis 1\n");
#define SQR(x) ((x) * (x))
#define CUBE(x) (SQR(x) * (x))
#define X_DREIVIERTEL(x) sqrt(sqrt(CUBE(x)))

#define MIN 0
#define MAX 1
#define isbad(x) ((x) < MIN || (x) > MAX)

#define TAUSCHE(a,b)    \
        { double t;     \
            t = (a);    \
          (a) = (b);    \
          (b) = t; }

#define min(x, y) (((x) < (y)) ? (x) : (y))
#define toupper(c) ((c) >= 'a' && (c) <= 'z' ? (c) & 0x5F : (c))

double sqrt(double);

int main(void)
{
  double a = 2.0, b = 3.0, c;
  char c1 = 'h';

  printf("%s\n\n", TITEL);

  if (isbad(a))     /* isbad */
    ERROR           /* ERROR */

  c = SQR(a+b);
  printf("c = %f\n", c);
  c = SQR(SQR(a));
  printf("c = %f\n", c);
  c = min(a, b);
  printf("min = %f\n", c);
  printf("X_DREIVIERTEL(b) = %f\n", X_DREIVIERTEL(b));
  TAUSCHE(a,b);
  putchar(toupper(c1)); putchar(toupper('D')); putchar('\n');

  return 0;

}
```

Mit dem richtigen Compilerschalter können Sie das vom Preprozessor erzeugte Zwischenfile in einer Datei ablegen. Rufen Sie dazu den C-Compiler aus der Kommandozeile auf.

Für lcc gilt: `lcc- E preproz1.c`

Die erzeugte Datei hat den Namen `preproz1.i`:

```
.....
/* Ausschnitt aus <stdio.h>, enstanden durch #include <stdio.h> */
struct _iobuf {
  char *_ptr;
  int    _cnt;
  char *_base;
  int    _flag;
  int    _file;
  int    _charbuf;
  int    _bufsiz;
  char *_tmpfname;
  };
typedef struct _iobuf FILE;
.....
int printf(const char *, ...);
int putc(int, FILE *);
int putchar(int);
.....
double sqrt(double);

int main(void)
{
  double a = 2.0, b = 3.0, c;
  char c1 = 'h';

  printf("%s\n\n","Preprozessor-Demo");

  if (((a) < 0 || (a) > 1))
  printf("\aa ist nicht im Bereich 0 bis 1\n");

  c =((a+b) * (a+b));
  printf("c = %f\n", c);
  c =((((a) * (a))) * (((a) * (a))));
  printf("c = %f\n", c);
  c =(((a) < (b)) ? (a) : (b));
  printf("min = %f\n", c);
  printf("X_DREIVIERTEL(b) = %f\n",sqrt(sqrt((((b) * (b)) * (b))))));
{ double t; t = (a); (a) = (b); (b) = t; };
  putchar((((c1) >= 'a' && (c1) <= 'z' ? (c1) & 0x5F : (c1)));
  putchar(((('B') >= 'a' && ('B') <= 'z' ? ('B') & 0x5F : ('B')));
  putchar('\n');

  return 0;

}
```

Der Standard verlangt einige vordefinierte Makros.

__DATE__	eine Zeichenkette, welche das Datum der Übersetzung enthält
__FILE__	eine Zeichenkette, welche den Filenamen des aktuellen Files enthält
__LINE__	Nummer der aktuellen Zeile als int-Wert
__TIME__	eine Zeichenkette, welche den Zeitpunkt der Übersetzung enthält
__STDC__	ist 1 (TRUE) für eine Standard C Implementierung
__STDC_HOSTED__	neu in C99
__STDC_VERSION__	199901L, wenn der neue Standard erfüllt wird

Um die Erfüllung bestimmter ISO/IEC Normen (Gleitkommaarithmetik, komplexe Zahlen, Zeichencodierung) anzuzeigen, kann noch definiert sein:

__STDC_IEC_559__, __STDC_IEC_559_COMPLEX__, __STDC ISO_10646__

Achtung. Die Makros beginnen und enden mit zwei _-Zeichen:

7.4 Bedingte Übersetzung (*conditional compilation*)

Darunter versteht man die Möglichkeit, Teile des Codes in Abhängigkeit von einer Bedingung zu übersetzen oder nicht zu übersetzen. Dies ist eine nützliche Möglichkeit

* für Debug-Zwecke
* für Programmteile, welche systemabhängig sind

Die dafür benötigten Preprozessordirektiven lauten

```
#if         constant-integral-expression
#ifdef      macroName
#ifndef     macroName
#else
#elif
#endif
```

#if *constant-integral-expression* prüft den Ausdruck entsprechend der in C üblichen logischen Interpretation von int-Werten und sorgt dafür, daß die folgenden Zeilen bis #endif, #else oder #elif nur eingefügt und damit übersetzt werden, wenn der Ausdruck "wahr" (also ungleich 0) ist.

Beispiele :

```
#define DEBUG  1
....
#if DEBUG
    fprintf (dbf,"Funktion Shift-left : i = %i\n", i);
#endif
```

Eine andere Anwendung der #if-Direktiven ist die systemabhängige Einbindung von Definitionsdateien:

```
#define SYSTEM LINUX
....
#if SYSTEM == WINNT
  #include "winnt.h"
#elif SYSTEM == VMS
  #include "vms.h"
#elif SYSTEM == LINUX
  #include "linux.h"
#endif
```

Man kann auch gegenseitige Abhängigkeiten von Definitionsdateien über Preprozessoranweisungen steuern. Jede Definitionsdatei veranlaßt das Einfügen jener Definitionsdateien, von denen sie abhängt. Um eine mehrfache Einbindung zu verhindern, beginnt jede Definitionsdatei mit einer Anweisung

```
#define name
```

Die #include-Anweisung wird nur ausgeführt, wenn name noch nicht definiert ist:

```
#ifndef name
  #include "name.h"
#endif
```

```
#ifdef macroName          #ifndef macroName
```

prüft, ob ein Makro definiert, bzw. nicht definiert ist. Eine äquivalente Schreibweise ist:

```
#if  defined macroName
```

```
#if !defined macroName
```

Die Namen kann man auch in Klammern einschließen. Es lassen sich auch mehrere Bedingungen miteinander verknüpfen:

```
#if defined (ALPHA) && DEBUG
  ...
#endif
```

```
#if defined (INTEL) || defined (I386)
  ...
#endif
```

7.5 #line (Zeilennummern)

```
#line line-number {"filename"}opt
```

bewirkt, daß der Compiler die Zeilennummer der nächsten Zeile mit dem Wert `line-number` festlegt. Der optionale Filename kann zur Festlegung des Dateinamens verwendet werden. Diese Direktive kann dann wichtig sein, wenn sich durch die Einbindung von Definitionsdateien Zeilennummern ergeben, welche mit den Zeilennummern des Quellcodes nicht übereinstimmen. Manche Systeme melden dann für Laufzeitfehler die "falsche" Zeilennummer. Der Dateiname muß in Anführungszeichen eingeschlossen sein.

7.6 Textersatz in Zeichenketten, der Operator

Der Operator # bewirkt im Zusammenhang mit einem formalen Makroparameter, daß der aktuelle Parameter zwischen " " gesetzt wird. Dies ermöglicht über einen Umweg den Ersatz innerhalb von Zeichenketten.

```
#define debugexp(expr) printf(#expr" = %g\n", expr)
```

Ein Aufruf

```
debugexp(x/y)
```

wird expandiert zu

```
printf("x/y"" = %g\n", x/y);
```

Zeichenketten, welche unmittelbar hintereinander stehen oder durch Leerzeichen getrennt sind, werden zu einer Zeichenkette zusammengefügt. Die Anweisung ist daher äquivalent zu

```
printf("x/y = %g\n", x/y);
```

7.7 #error und #pragma

Die Direktive #error hat die Syntax

```
#error character-string
```

und bewirkt während der Übersetzung die Ausgabe der angegebenen Zeichenkette als Fehlertext und den Abbruch der Bearbeitung. Die Direktive ist daher meist in eine Bedingungsdirektive eingebettet :

```
#if N != M
   #error N und M muss gleich groß sein
#endif
```

Die #pragma-Direktive erlaubt die Definition implementationsspezifischer Direktiven in der Form :

```
#pragma Direktiven-Name
```

Siehe dazu die Handbücher des verwendeten Compilers.

Kontrollfragen:

1) Was ist ein Filter?

2) Was versteht man unter einer *pipe*?

3) Nach welchem Prinzip arbeitet der Preprozessor?

4) Was ist der Unterschied zwischen
   `#include <filename>` und
   `#include "filename"`

5) Wie definiert man Makros mit Argumenten?

6) Auf welche Fehlerquellen muß man dabei achten?

7) Welches Zeichen verwendet man als Zeilenfortsetzungszeichen?

8) Was versteht man unter bedingter Übersetzung?

9) Welche Preprozessordirektiven benötigt man dafür?

10) Wie verhindert man die mehrfache Einbindung von Definitionsdateien?

Aufgabe 7-3: Schreiben Sie ein Programm, das folgende Makros verwendet. Finden Sie heraus, wie man auf Ihrem System den Preprozessor allein verwenden kann und die Preprozessorausgaben auf eine Datei umleitet.

```
#define debugexpr(expr) printf(#expr" = %g\n", expr)

#define Gruss_an(a,b) \
  printf("Herzliche Grüsse an "#a" und "#b"!\n")
```

Aufgabe 7-4: Schreiben Sie ein Programm, das die `#error`-Direktive verwendet.

Aufgabe 7-5: Schreiben Sie ein Makro ABS(x), das den Absolutbetrag einer Zahl liefert.

Aufgabe 7-6: Schreiben Sie ein Programm, das den Ersatztext der 5 vordefinierten Makros am Bildschirm anzeigt.

Aufgabe 7-7: Schreiben Sie ein Programm, das alle Großbuchstaben einer Textdatei in Kleinbuchstaben umwandelt. Verwenden Sie dazu die Makros aus `ctype.h`.

Aufgabe 7-8: Ein Makro Bildstop soll eine Information am Bildschirm ausgeben und dann auf das Drücken der Eingabetaste warten.

8 Bit-Operatoren und Ausdrücke

Bit-Operatoren und Ausdrücke sind eine der maschinennahen Seiten der Programmiersprache C. Die Wirkung der Operatoren ist in manchen Details maschinenabhängig. Als Argumente sind nur `int`-Typen zugelassen. Ist uneingeschränkte Portabilität wichtig, sollte man sich auf Argumente vom Typ `unsigned int` beschränken.

8.1 Bit- und Schiebe-Operatoren

Logische Bit-Operatoren:

```
unäres bitweises Komplement   ~
bitweises UND                 &
bitweises exklusives ODER     ^
bitweises ODER                |
```

Schiebeoperatoren:

```
nach links                    <<
nach rechts                   >>
```

Bitweises Komplement ~ (Einerkomplement)

Der Operator ~ ist der "Einerkomplementoperator", d.h. er bildet das Einerkomplement eines Bitmusters. Für die Bildung des Einerkomplements werden alle Einser durch Null ersetzt und umgekehrt, man könnte also auch von einer bitweisen Negation sprechen. Für

```
int  a = 0x00f0f724;
```

ist die binäre interne 32-Bit Darstellung

```
a = 00000000 11110000 11110111 00100100
```

das Einerkomplement ~a ist dann

```
~a = 11111111 00001111 00001000 11011011
```

Das **Zweierkomplement** einer Zahl in einer Darstellung mit N Bit ist die Ergänzung der Zahl auf 2^N (siehe Kapitel 2).

```
Zweierkomplement von x = 2  - x
                       = 2  - 1 - x + 1
```

$$\text{Zweierkomplement von } x = 2^N - x$$
$$= \underbrace{2^N - 1 - x}_{\text{Einerkompl.}} + 1$$

Für eine Maschine, welche die negativen ganzen Zahlen als Zweierkomplement der entsprechenden positiven Zahl darstellt, wird durch das Zweierkomplement aus x die interne Darstellung von -x. Das nächste Programm (bit1.c) verwendet diese Operatoren um die Zusammenhänge zwischen Einer- und Zweierkomplement zu demonstrieren.

```c
/* bit1.c Einerkomplement und Zweierkomplement von Zahlen   */

#include <stdio.h>

void bin_byte (unsigned char z)
{
  int j;
  unsigned char mask = 1 << 7;    /* 10000000 */

  for (j = 0; j < 8; j++) {
    putchar( ((mask & z) == 0) ? '0' : '1');
    mask >>= 1;
  }
}

int main (void)
{
    signed char z,   /* Zahl    */
              ekz,   /* Einerkomplement  der Zahl */
              zkz;   /* Zweierkomplement der Zahl */

    printf ("%s%s%s%s%s",
      "Spalte 1 : Zahl\n",
      "       2 : interne Darstellung der Zahl\n",
      "       3 : Einerkomplement der Zahl\n",
      "       4 : Zweierkomplement der Zahl\n",
      "       5 : Zweierkomplement als Dezimalzahl\n\n");

    for (z = 0; z <= 16; z++) {
      printf (" %3d  ", z);
      bin_byte(z);
      printf("    ");
      ekz = ~z;
      bin_byte(ekz);
      printf("    ");
      zkz = ekz + 1;
      bin_byte(zkz);
      printf("  %3d  \n",zkz);
    }

    return 0;
}
```

Das Programm erzeugt folgende Ausgabe :

```
Spalte 1 : Zahl
       2 : interne Darstellung der Zahl
       3 : Einerkomplement der Zahl
       4 : Zweierkomplement der Zahl
       5 : Zweierkomplement als Dezimalzahl


       0  00000000     11111111     00000000       0
       1  00000001     11111110     11111111      -1
       2  00000010     11111101     11111110      -2
       3  00000011     11111100     11111101      -3
       4  00000100     11111011     11111100      -4
       5  00000101     11111010     11111011      -5
            . . .
      15  00001111     11110000     11110001     -15
      16  00010000     11101111     11110000     -16
```

Bitweises logisches UND

Für alle Bits gilt: Das i-te Bit von **a & b** ist

    1 , falls das i-te Bit von a UND das i-te Bit von b eins ist

    0 , in allen anderen Fällen

Bitweises logisches ODER

Für alle Bits gilt: Das i-te Bit von **a | b** ist

    1 , falls das i-te Bit von a ODER das i-te Bit von b eins ist (oder beide)

    0 , wenn beide Bits 0 sind

Bitweises exklusives ODER

Für alle Bits gilt: Das i-te Bit von **a ^ b** ist

    1 , falls das i-te Bit von a ODER das i-te Bit von b eins ist (aber nicht beide)

    0 , wenn beide Bits gleich sind

Syntax der Bit-Ausdrücke:

```
bit-expression ::=  ~expression

                    expression ^ expression

                    expression | expression

                    expression & expression
```

Zusammenfassende Wahrheitstabelle:

a	b	a & b	a | b	a ^ b
0	0	0	0	0
0	1	0	1	1
1	0	0	1	1
1	1	1	1	0

Schiebeoperationen

Ein Ausdruck der Form

```
a << n
```

verschiebt das Bitmuster von a um n Positionen nach links. Die n Bits links gehen dabei verloren, von rechts werden n Nullen nachgeschoben.

Ein Ausdruck der Form

```
a >> n
```

verschiebt das Bitmuster von a um n Positionen nach rechts. Die n niederwertigsten Bits gehen dabei verloren, von links werden für unsigned-Ausdrücke n Nullen nachgeschoben. Ist der Operand a vorzeichenbehaftet, so ist das Resultat implementierungsabhängig.

Die allgemeine Form einer Schiebeoperation ist

```
shift-expression ::=  expr1 << expr2  |  expr1 >> expr2
```

expr1 und expr2 müssen Ganzzahlausdrücke sein und werden der Integererweiterung unterworfen. Das Resultat ist vom Typ des ausgedehnten Ausdruckes expr1. Ist expr2 negativ oder zu groß, so ist das Resultat undefiniert.

Die Operatoren können auch mit dem Zuweisungsoperator kombiniert werden. So ist z.B. der Ausdruck

```
x >>= 1;
```

äquivalent zu

```
x = x >> 1;
```

Beispiele (gelten für 32-Bit int-Werte):

```
unsigned char c = 'Z';
  c    :                                     01011010
c << 1 :   00000000 00000000 00000000 10110100
c << 8 :   00000000 00000000 01011010 00000000
```

Die folgende Initialisierung der Variablen a und b ist ebenfalls nur für 32-Bit int-Werte korrekt.

```
unsigned a = 1 << 31;   /* erzeugt 1000000 ... 00000000 */
int      b = 1 << 31;   /* erzeugt 1000000 ... 00000000 */

    a,b      1000000 00000000 00000000 00000000
  b >> 3     1111000 00000000 00000000 00000000
  a >> 3     0001000 00000000 00000000 00000000
```

Für unsigned-Werte (a) werden von links Nullen nachgeschoben; für negative signed-Werte werden Einsen nachgeschoben (damit bleibt die Zahl negativ).

Die Rangordnung der Bitoperatoren kann der Tabelle im Anhang entnommen werden.

8.2 Bitmuster und Bit-Masken

Man kann die einzelnen Bits eines binären Codewortes auch verwenden, um beliebige 0/1-Informationen zu verwalten. Masken werden verwendet, um bestimmte Bits eines Codewortes zu testen oder zu verändern.

Die folgende Funktion testet, ob eine Zahl eine ungerade Zahl ist:

```
int odd (unsigned int x)    /*
------------------------------------------------------------
liefert 1 falls x eine ungerade Zahl ist, 0 sonst
----------------------------------------------------------*/
{
   return (x & 1);          /* 000...001 als Maske */
}
```

Das nächste Beispiel zeigt eine Funktion, welche den Wert des i-ten Bits eines int-Ausdruckes ermittelt.

```
#define ERROR          (-1)

int bit_test ( unsigned x, unsigned i )
{
   if (i >= 8 * sizeof(unsigned))
      return ERROR;
   return (( x >> i ) & 1);
}
```

Ein weiteres Beispiel ist eine Funktion, die ab einer Adresse im Speicher den Speicherinhalt der nächsten n Bytes in Binärdarstellung ausgibt.

```
/* binmem.c */
#include <stdio.h>

void bin_mem (unsigned char *p, int n, int bytes_p_zeile) /*
--------------------------------------------------------------
Gibt den Speicherinhalt der naechsten n Bytes ab der
Adresse p in Binaerdarstellung aus, hoehere Adressen zuerst
--------------------------------------------------------------
*/
{
  unsigned char mask;
  int i, j, bytes_gedruckt = 0;

  p += n-1;
  for (i = 0; i < n; i++) {
    mask = 1 << 7;              /* 10000000 */
    for (j = 0; j < 8; j++) {
      putchar( (mask & (*p)) ? '1' : '0');
      mask >>= 1;
    }
    putchar(' ');
    bytes_gedruckt++;
    if (bytes_gedruckt % bytes_p_zeile == 0) putchar('\n');
    p--;
  } /* end for i */

}
```

Kernpunkt der Funktion ist eine Maske (mask), die das jeweils aktuelle Bit gesetzt hat. Die Initialisierung mit dem höchstwertigen Bit erfolgt über die Verschiebung des niederwertigsten Bits (=1) nach links:

```
  mask = 1 << 7;
```

Dieses Bit wird dann mit

```
  mask =>> 1
```

nach jeder Ausgabe um eine Position nach rechts weitergeschoben.

```
  putchar( (mask & (*p)) ? '1' : '0');
```

gibt 1 oder 0 aus, je nachdem, ob das Bit gesetzt ist oder nicht.

Bitfelder werden in den von Betriebssystemen verwendeten Datenstrukturen oft verwendet.
Die Attribute einer Datei (File-Attribute) werden z.B. in einem Byte folgendermaßen festgelegt (FAT-System):

```
    Bit-Nummer
 7 6 5 4 3 2 1 0    Dez.   Hex    Bedeutung
-----------------------------------------------------------------------
 . . . . . . . 1       1     1    R nur Lesen (read only)
 . . . . . . 1 .       2     2    H unsichtbare Datei (hidden)
 . . . . . 1 . .       4     4    S Systemdatei
 . . . . 1 . . .       8     8    L Eintrag ist Datentraegerkennsatz
 . . . 1 . . . .      16    10    D Unterverzeichnis (Directory)
 . . 1 . . . . .      32    20    A Archivflag
 . 1 . . . . . .      64    40    X nicht benutzt
 1 . . . . . . .     128    80    X nicht benutzt
-----------------------------------------------------------------------
```

C-Systeme für PC-Betriebssysteme definieren dazu z.B. in der Definitionsdatei dos.h
folgende Namen:

```
#define FA_RDONLY 0x01   /* Read only attribute */
#define FA_HIDDEN 0x02   /* Hidden file */
#define FA_SYSTEM 0x04   /* System file */
#define FA_LABEL  0x08   /* Volume label */
#define FA_DIREC  0x10   /* Directory */
#define FA_ARCH   0x20   /* Archive */
```

Im Zusammenhang mit solchen Bitmasken sind bestimmte Aufgaben besonders häufig
(Attribut ist Typ unsigned char):

Bits setzen (verschiedene Möglichkeiten):

```
attribut  = FA_RDONLY + FA_HIDDEN;    /* arithmet. "UND" */
attribut  = FA_RDONLY | FA_HIDDEN;
attribut |= FA_RDONLY | FA_HIDDEN;
```

Bits löschen:

```
attribut &= ~(FA_RDONLY | FA_HIDDEN);
```

löscht die Attribute FA_RDONLY und FA_HIDDEN.

Bits testen:

```
( attribut & FA_RDONLY )
```

ist TRUE, falls das Bit gesetzt ist.

```
( attribut & (FA_RDONLY | FA_HIDDEN) )
```

ist TRUE, falls das RDONLY-Bit oder das HIDDEN-Bit gesetzt ist.

Kontrollfragen:

1) Welche Operatoren wirken auf die einzelnen Bits eines Ausdruckes und wie wirken sie?

2) Welchen Zusammenhang gibt es zwischen dem bitweisen Komplement, dem Einer- und dem Zweierkomplement?

3) Welche Wirkung haben die Schiebeoperatoren?

4) Was ist für Bit- und Schiebeoperatoren bezüglich der Datentypen der Operanden zu beachten?

5) Was versteht man unter einer Bitmaske?

6) Was sind File-Attribute?

Aufgabe 8-1: Können die auf der vorhergehenden Seite angegebenen Möglichkeiten zum Setzen von Bits zu unterschiedlichen Resultaten führen? Welcher Form würden Sie den Vorzug geben?

Aufgabe 8-2: Schreiben Sie ein Programm, das für verschiedene int-Typen und int-Werte das Einerkomplement bildet. Verwenden Sie für die Ausgabe des ursprünglichen Wertes und des Einerkomplements das %x Umwandlungszeichen und notieren Sie das entstandene Bitmuster. Welche Regeln gelten?

Aufgabe 8-3: Schreiben Sie ein Programm, das eine Wahrheitstabelle für die binären Bitoperatoren erstellt.

Aufgabe 8-4: Schreiben Sie eine Funktion int read_bin(void), welche die Eingabe einer ganzen Zahl im Dualsystem erlaubt. Die Zahlen können ein Vorzeichen (+, -) enthalten.

Aufgabe 8-5: Schreiben Sie ein Programm, das zwei 16-Bit Werte durch einen der binären Bitoperatoren verknüpft. Für die Ausgabe der Werte verwenden Sie die Funktion bin_mem.

Aufgabe 8-6: Schreiben Sie eine Funktion long_int_print(long int z), welche das Bitmuster des Wertes z mit der von der Maschine verwendeten Anzahl von Bytes ausgibt.

Aufgabe 8-7: Schreiben Sie eine Funktion circular_shift_right (unsigned int a, int n), welche die rechts hinausgeschobenen Bits auf der linken Seite wieder nachschiebt.

Aufgabe 8-8: Schreiben Sie ein Programm, das den BCD-Code einer Dezimalzahl als Bitmuster und in Hex-Schreibweise ausgibt. Der BCD-Code (Binary Coded Decimal) verwendet für jede Dezimalziffer 4 Bit. Der Code einer Ziffer ist die Ziffer im Dualsystem.

9 Zeiger

9.1 Einleitende Bemerkungen

Wir haben bereits festgestellt, daß Zeiger in C eine besondere Bedeutung haben. Andere Programmiersprachen verwenden Zeiger nur im Zusammenhang mit dynamischen Datenstrukturen (siehe Abschnitt 11.2). In C sind Zeiger die tragende Säule eines Gesamtkonzeptes. Es gibt bedeutende Zusammenhänge zwischen Zeigern und Vektoren. Zeiger werden als Argumente von Funktionen verwendet, um Daten der aufrufenden Funktion ändern zu können. Es ist daher wichtig, unsere Kenntnisse zum Thema Zeiger zu wiederholen und zu vertiefen.

Eine Zeigervariable ist eine Variable wie jede andere Variable. Für die Variable wird Speicherplatz reserviert. Die Besonderheit einer Zeigervariablen ist, daß ihr Wert die Adresse eines Objektes ist.

```
float *p;
```

definiert eine Zeigervariable p, genauer eine Variable vom Typ Zeiger auf `float`.

```
p = 100;
```

ordnet der Variablen p den Wert `100` zu. Wir interpretieren diesen Wert als Speicheradresse. Wenn der Inhalt der Speicherzelle `100` (genauer der nächsten 4 Bytes, weil ein `float`-Wert vier Bytes belegt) die Zahl `3.1415` ist, dann zeigt p auf den Wert 3.1415.

In der Regel ist der Zahlenwert der Adresse, das ist der Wert der Zeigervariablen p, nicht interessant, so daß man folgende Darstellung verwendet:

Halten wir also (für unser Beispiel) fest:

* p ist ein Zeiger auf einen `float`-Wert
* p's Wert ist 100, dieser Wert wird als Adresse interpretiert
* p zeigt (*points to*) auf den Wert 3.1415

Natürlich hat auch p seinen vom Compiler (Linker) zugeteilten Speicherplatz, aber für den numerischen Wert dieser Adresse interessiert man sich in der Regel nicht. Nehmen wir als Beispiel für diese Adresse 50 an, dann ergibt sich zur weiteren Veranschaulichung folgendes Bild:

p:50

p:50 bedeutet, daß die Variable p ab der Speicheradresse 50 gespeichert ist.

Zeigervariablen können nur dann sinnvoll verwendet werden, wenn es eine Möglichkeit gibt, den Wert, auf den ein Zeiger zeigt, zu verwenden. Den Zugriff auf den Inhalt einer Adresse nennt man Dereferenzierung. Das Dereferenzieren erfolgt mit dem Inhaltsoperator (*indirection* oder *dereferencing operator*). In C wird für diesen unären Operator das Zeichen * verwendet: *p hat den Wert 3.1415.

Die Zuweisung

```
*p = 2.7183
```

ändert den Inhalt der Adressen 100 bis 103 so, daß dort jetzt die Zahl 2.7183 steht.

Die folgenden Bemerkungen sollen vermutlich auftauchende Fragen beantworten:

Zeiger können Adressen enthalten, welche

* auf den Inhalt von vereinbarten Variablen zeigen
* sich durch sogenanntes dynamisches Reservieren von Speicherplätzen während der Laufzeit des Programms ergeben
* einen direkten Zugriff auf den virtuellen bzw. physikalischen Speicher eines Computers erlauben, z. B. auf den Bildschirmspeicher eines PC's

Um alle mit Zeigern möglichen Operationen korrekt ausführen zu können, benötigt der Compiler zu einem Zeiger folgende Informationen:

* Den Wert der Zeigervariablen, das ist eine Adresse.
* Den Typ des Zeigers, das ist der Datentyp des Objektes, auf das der Zeiger zeigt. Die Speicherinhalte können nur richtig decodiert bzw. codiert werden, wenn bekannt ist, welchen Datentyp das abgespeicherte Objekt hat.
* Den Speicherbedarf (Anzahl der Bytes) des Zielobjektes. Dies ergibt sich aus dem Typ. Diese Information ist für die sogenannte Zeigerarithmetik wichtig.

9.2 Vereinbarung von Zeigervariablen und Zeigertypen

Die Definition von Zeigervariablen erfolgt in der Form:

```
type-spec *identifier;
```

Einen Zeiger `pi` auf einen `int`-Wert erzeugt man mit der Vereinbarung

```
int *pi;
```

Zwischen den einzelnen Eingabesymbolen (*token*) sind keine Trennzeichen vorgeschrieben. Die übliche Schreibweise int *pi erzeugt jedoch den (richtigen) Eindruck, daß *pi vom Typ int ist. Zeiger auf int und Variablen vom Typ int können auch in einer Anweisung definiert werden :

```
int *pi, i;
```

Mit

```
typedef int * t_pint;
t_pint p1, p2;
```

wird ein Typ t_pint vereinbart, und es werden zwei Variablen (p1, p2) dieses Typs erzeugt.

Ein Zeiger kann auch auf einen Zeiger zeigen :

```
ptoptoint ** int;
```

oder mit `typedef`

```
typedef  int *  T_PINT;
typedef  T_PINT * T_PPINT;
T_PINT   ptoint;          /* Zeiger auf int */
T_PPINT  ptoptoint;       /* Zeiger auf Zeiger auf int */
```

9.3 Inhalts- und Adreßoperator, Wertzuweisungen an Zeiger

Wie schon erwähnt, bedeutet Dereferenzierung eines Zeigers den Zugriff auf den Wert, auf den der Zeiger zeigt. Als Operator dient das Zeichen *, es wird der Zeigervariablen vorangestellt. Mit *p erfolgt der Zugriff auf das Objekt, auf das der Zeiger p zeigt.

Der Adreßoperator & liefert die Adresse eines Objektes im Speicher. Auf Objekte der Speicherklasse `register`, Konstanten und Ausdrücke kann der Adreßoperator nicht angewendet werden.

Eine Zeigervariable p ist ein L-Wert, ebenso ist *p ein L-Wert, wenn p auf einen L-Wert zeigt. Einem Zeiger p kann man beliebige Adreßwerte zuordnen. Als Folge von Programmierfehlern ergeben sich oft Adreßwerte, die "irgendwohin" zeigen. In einer DOS-Umgebung kann auch ein Systemabsturz die Folge sein. Gute Betriebssysteme prüfen sehr genau, ob ein Speicherzugriff auch erlaubt ist, und brechen das Programm mit einer Fehlermeldung ab.

Programmbeispiel zu den elementaren Operationen mit Zeigern:

```
/* ptr1.c    Demo zur Verwendung von Zeigern */

#include <stdio.h>

int main(void)
{
  int  i = 3, *ptoint;
  float x = 3.1415, *ptofloat, **ptoptofloat;

  ptoint = &i;
  ptofloat = &x;
  ptoptofloat = &ptofloat;

  printf("Speicherzuteilung fuer die Variablen:\n\n");
  printf("Variable    Adresse   Inhalt\n");
  printf("--------------------------------------------\n");
  printf("i           %8p %8i\n", &i, i);
  printf("ptoint      %8p %8p\n", &ptoint, ptoint);
  printf("x           %8p %8.4f\n", &x, x);
  printf("ptofloat    %8p %8p\n", &ptofloat, ptofloat);
  printf("ptoptofloat %8p %8p\n",
     &ptoptofloat, ptoptofloat);
  printf("--------------------------------------------\n\n");

  /* Zugriff auf die Objekte i und x ueber die Zeiger */
  *ptoint = - *ptoint;
  printf("i = %3i\n", i);
  *ptofloat = - *ptofloat;
  printf("x = %8.2f\n", x);
  **ptoptofloat = - **ptoptofloat;
  printf("x = %8.2f\n", x);
  return 0;


}
```

Das passende Umwandlungszeichen für die Ausgabe von Adressen bzw. Zeigerwerten ist
p. Die Adressen werden dann im hexadezimalen Zahlensystem angezeigt. Will man die
Adreßwerte im Dezimalsystem sehen, so kann man auch %u verwenden. Streng genommen
müßte man den Adreßwert dann vorher in den Typ unsigned [long] int konver-
tieren.

Wenn wir die Ausgaben des Programms in einem Speicherbild darstellen, ergibt sich z.B. folgendes Bild (Adressen in HEX-Schreibweise):

```
        Variable          Adresse  Inhalt


        i                 4c6a0        3   ◄
        ptoint            4c69c    4c6a0
        x                 4c698    3.1415◄
        ptofloat          4c694    4c698 ◄
        ptoptofloat       4c690    4c694
```

Der Zeiger `ptofloat` ist bei `4c694` abgelegt. Der Wert des Zeigers ist die Adresse `4c698`, er zeigt damit auf die Variable `x`. Der Ausdruck *ptofloat ist daher ident mit dem Ausdruck `x`. Über den Zeiger `ptoptofloat` hat man indirekt ebenfalls Zugriff auf `x`. Dazu muß man den Inhaltsoperator zweimal anwenden. *ptoptofloat hat den Wert `4c698`, **ptoptofloat hat den Wert `3.1415`.

Die Operatoren **&** und * haben die gleiche Rangordnung wie alle anderen unären Operatoren. Ausgewertet wird von rechts nach links. Nur die Operatoren () [] -> und . haben Vorrang vor dem Adreß- und Inhaltsoperator.

Ausdruck	äquivalenter Ausdruck
`*p + 1`	`(*p) + 1`
`*&j`	`*(&j) = j`
`*p * *p`	`(*p) * (*p)`
`-*p`	`-(*p)`
`a / *p`	`a / (*p)`
`a /*p`	`/*  wird als Kommentarbeginn gedeutet`

Der typlose Zeiger (pointer to void, generic pointer)

Mit ANSI-C wurde auch der "typlose" Zeiger eingeführt, man verwendet dafür das Schlüsselwort `void`

```
void *
```

Eine andere Bezeichnung für diesen typlosen Zeiger ist "generic pointer". Die Bibliotheksfunktionen zur dynamischen Verwaltung des Speichers liefern z.B. solche Zeiger als Resultat.

Der Null-Zeiger:

Für viele Zwecke ist es wichtig, einem Zeiger einen Wert zuordnen zu können, der die Zeigervariable zwar definiert, aber anzeigt, daß sie auf keinen sinnvollen Wert zeigt. Dieser Wert wird in C als *Null-Pointer* bezeichnet und ist in mehreren Definitionsdateien definiert , meist als:

```
#define NULL (void *) 0
```

Es ist einsichtig, daß folgende Operationen mit Zeigern nicht erlaubt sind: Zwei Zeiger dürfen nicht addiert, multipliziert oder dividiert werden, sie dürfen nicht mit Schiebe- oder anderen logischen Operatoren behandelt werden.

Die erlaubten Operationen sind die Zuweisung von Zeigern des gleichen Typs, die Addition oder Subtraktion einer ganzen Zahl zu einem Zeiger, mit Einschränkungen der Vergleich und die Subtraktion zweier Zeigerwerte und der Vergleich eines Zeigers mit dem Zeigerwert NULL. Ein Zeiger auf den Typ T1 darf ohne explizite Umwandlung nicht einem Zeiger auf den Typ T2 zugewiesen werden, es sei denn T1 ist der typlose Zeiger void *. Die explizite Umwandlung erfolgt mit einem cast-Operator:

```
float x = 3.1415;
float *pf = &x;
unsigned char *ptobyte;
ptobyte = (unsigned char *) pf;
```

Damit hat man einen sehr elementaren Zugang zu den Speicherinhalten. Z.B. erhalten wir mit

```
printf("%02X", *ptobyte);
```

eine HEX-Darstellung des ersten Bytes der internen Darstellung des x-Wertes.

9.4 Zeigerarithmetik

Unter Zeigerarithmetik versteht man die Operationen, welche man mit Zeigern durchführen kann. Zeigerarithmetik ist ein wichtiger Aspekt des Themas Zeiger und wird in C teilweise sehr exzessiv genutzt.

9.4.1 Summe und Differenz von Zeiger und int

Ist p ein Zeiger vom Typ **T** und **n** eine ganze Zahl, so ist der Ausdruck

```
p + n
```

wieder ein Zeiger und zeigt auf das **n**-te Objekt nach dem Objekt, auf das **p** gerade zeigt. Die berechnete Adresse ist gleich

```
p + n * sizeof(*p)
```

Beispiele:

```
char   *pc;    /*  sizeof(char)   = 1  */
int    *pi;    /*  sizeof(int)    = 4  */
double *pd;    /*  sizeof(double) = 8  */
```

Enthalten alle drei Zeiger den Wert 100, dann gilt

```
pc + 1 = 101
pi + 1 = 104
pd + 1 = 108
```

Für die Zeigerarithmetik können auch die Operatoren ++, --, += und -= verwendet werden. Für Ausdrücke der Form p - n, also der Subtraktion einer ganzen Zahl von einem Zeiger gelten dieselben Regeln wie für die Addition.

Hauptsächlich verwendet man Zeigerarithmetik, um mit einem Zeiger aufeinanderfolgende Objekte des gleichen Typs zu adressieren. Dabei benötigt man Programmteile wie

```
char text[] = "Programmieren mit C";
char *p;
...
puts(text);
p = text;
do
  if (islower(*p)) *p = toupper(*p);
while (*p++);
puts(text);
```

Die Vorrangregeln sind so, daß im Ausdruck

```
*p++
```

das ++ den Zeigerwert erhöht und nicht das Zeichen, auf das er zeigt. Das Programm erzeugt also die Ausgabe

```
Programmieren mit C
PROGRAMMIEREN MIT C
```

Der Zeiger p bewegt sich durch die Zeichenkette, bis das Abschlußzeichen (\0') erreicht wird. Die Zeile

```
while ( (*p)++ )
```

ergibt ein völlig anderes Resultat. Der Zeiger bleibt beim ersten Zeichen stehen und ändert laufend das erste Zeichen der Zeichenkette.

Aufgabe 9-1: Schreiben Sie ein Programm, das einige Zahlen einliest und in einem Vektor v[10] abspeichert. Initialisieren Sie dann einen geeigneten Zeiger mit der Anfangsadresse des Vektors (p = v oder p = &v[0]). Verwenden Sie diesen Zeiger, um alle mit Werten belegten Elemente des Vektors zu erfassen, z.B. um die Zahlenwerte wieder auszugeben.

9.4.2 Vergleichsoperationen mit Zeigern

Für zwei Zeiger p1 und p2 sind Ausdrücke der Form

```
p1 operator p2
```

definiert, wenn p1 und p2 auf Objekte im selben Speichersegment zeigen. Eine noch schärfere Einschränkung verlangt, daß die beiden Objekte derselben Datenstruktur angehören müssen (also z.B. einem Vektor).

Als Vergleichsoperatoren sind erlaubt

```
<    <=    >    >=    ==    !=
```

Beispiel: Folgender Programmteil kopiert einen Speicherblock mit N Bytes innerhalb des Speichers

```
char *psource, *pdest, *p;
   ...
for (p = psource; p < psource + N; *pdest++ = *p++ )
   ;
```

9.4.3 Zeigersubtraktion

Wenn p1 und p2 als Zeiger definiert sind, dann ergibt der Ausdruck

```
p1 - p2
```

die Anzahl von Objekten zwischen p1 und p2, inklusive p1 und exklusive p2. Der Ausdruck ist äquivalent zu

```
((char *) p1 - (char *) p2) / sizeof (*p1)
```

Voraussetzung: p1 > p2 , p1 und p2 müssen vom selben Typ sein.

Programmbeispiel: Genauigkeit von Gleitkommazahlen (float-Werte)

Wir nützen nun das neu erworbene Wissen, um uns noch einmal der internen Darstellung und der Genauigkeit von Gleitkommazahlen zu widmen. Im IEEE-P754 Standard ist z.B. die Zahl x = 1.125 folgendermaßen im Speicher abgelegt (siehe Kapitel 2):

```
┌──────────┐
│ 00111111 │ ←───── p_byte + 3
├──────────┤
│ 10010000 │ ←───── p_byte + 2
├──────────┤
│ 00000000 │ ←───── p_byte + 1
├──────────┤
│ 00000000 │ ←───── p_byte  =  (unsigned char*) &x
└──────────┘
```

Nebeneinander geschrieben haben die Bits folgende Bedeutung:

```
00111111 10010000 00000000 00000000
S< Exp.  ><  Mantisse 23 Bit       >
```

Die Umwandlung der Zahl 1.125 in das Dualsystem ergibt: $1.125_{10} = 1.001_2 = 1.001 * 2^0$. Es wird auf 1.xxxx normalisiert, der führende Einser wird nicht abgespeichert. Der Exponent ist eine Exzeß-127 Darstellung. $1111111_2 = 127_{10}$ ist der Code für den Exponenten 0. Dies wurde im Kapitel 2 bereits ausführlich besprochen.

Ein Maß für die Genauigkeit der Darstellung ist jene kleine Zahl x, für die 1.0 + x größer als 1.0 ist. Wir beginnen mit x = 0.5 und dividieren dann fortlaufend x durch 2. Damit erhalten wir fortlaufend die Zahlen 2^{-2}, 2^{-3}, 2^{-4}, ... Die Mantisse dieser x-Werte hat lauter Nullen, und es ändert sich nur der Wert des Exponenten. Für eine Addition werden der Exponent und die Mantisse der kleineren Zahl so verändert, daß beide Zahlen denselben Exponenten haben. In dieser (nicht normalisierten) Darstellung wandert das gesetzte Bit mit jeder Division durch 2 um eine Stelle weiter nach rechts.

Der letzte x Wert, der noch zu

```
1.00000000000000000000000
```

addiert werden kann, ist

```
0.00000000000000000000001        (2^-23)
```

Die interne Darstellung der Zahl 1 ist:

```
00111111 10000000 00000000 00000000
```

Die Vorgänge bei der Addition demonstriert uns das Programm genau.c:

```
    x    1+x          interne Darstellung von 1 + x
    ---------------------------------------------------------
   2- 0  1.000000000  00111111 10000000 00000000 00000000
   2- 1  1.500000000  00111111 11000000 00000000 00000000
   2- 2  1.250000000  00111111 10100000 00000000 00000000
   2- 3  1.125000000  00111111 10010000 00000000 00000000
   2- 4  1.062500000  00111111 10001000 00000000 00000000
   2- 5  1.031250000  00111111 10000100 00000000 00000000
   2- 6  1.015625000  00111111 10000010 00000000 00000000
   ...
   2-19  1.000001907  00111111 10000000 00000000 00010000
   2 20  1.000000954  00111111 10000000 00000000 00001000
   2-21  1.000000477  00111111 10000000 00000000 00000100
   2-22  1.000000238  00111111 10000000 00000000 00000010
   2-23  1.000000119  00111111 10000000 00000000 00000001
   2-24  1.000000000  00111111 10000000 00000000 00000000
   Genauigkeit =  1.19e-07.
```

Für die interne Darstellung müssen wir zwischen der Genauigkeit der Speicherung und der Rechengenauigkeit unterscheiden. Die Rechnungen selber werden standardmäßig mit doppelter Genauigkeit ausgeführt. Diese Genauigkeit geht bei der Abspeicherung wieder verloren, wenn als Datentyp float verwendet wird. Wenn wir im Programm genau.c das Resultat der Rechnung x + 1.0 nicht der float-Variablen xplus1 zuweisen, sondern die Rechnung in der Argumentliste der Funktion printf durchführen, so ergeben sich andere Resultate.

Um die interne Darstellung des Wertes xplus1 zu zeigen, ermitteln wir die Adresse der Variablen xplus1. Diese Adresse ist Argument einer Funktion bin_float, welche die einzelnen Bytes der Darstellung abtastet und mit Hilfe der Funktion printbyte in ihrer Binärdarstellung ausgibt.

```
/* genau.c
   Demonstration zur Genauigkeit von Gleitkommazahlen
   und deren interner Darstellung                      */

#include <stdio.h>

int main(void)
{
  float x, xplus1, genauigkeit;
  int n = 0;
  void bin_float(float x);

  printf("\nGenauigkeit von float Zahlen\n\n");

  x = 1.0;
  printf ("\n2^-%2d  %-12.10g ", 0, x);
  bin_float(x); printf("\n");

  do {
    x = x / 2.0 ;
    n++;
    xplus1 = x + 1.0;
    printf ("\n2^-%2d  %-14.11f ", n, xplus1);
    bin_float (xplus1);
  } while (xplus1 > 1.0);

  genauigkeit = 2.0 * x ;
  printf("\n\nGenauigkeit = %6.3g\n", genauigkeit);
  return 0;
}
```

```
/* Die Funktion bin_float ermittelt und zeigt die
   interne Darstellung eines float-Wertes als Bitmuster */

typedef unsigned char BYTE;

void bin_float (float x)
{
  BYTE *p_byte;
  int i;
  void printbyte (BYTE *b);    /* die 8 Bits eines Bytes */

  p_byte = (BYTE *) &x;     /* Umwandlung des Zeigertyps */

  for (i = 3; i >= 0; i--) {      /* wir wollen das        */
    printbyte (p_byte + i);       /* hoechstwertige Byte   */
    putchar(' ');                 /* zuerst ausgeben       */
  }
}
```

Aufgabe 9-2: Schreiben Sie den C-Code für die Funktion printbyte.

9.5 Speicherplatz anfordern und freigeben

Eine Philosophie von C ist es, systemabhängige Operationen mit Funktionen der Standardbibliothek zu implementieren. So ist es nur konsequent, auch für die Speicherverwaltung
Bibliotheksfunktionen zu verwenden. Die C-Bibliothek enthält einige Funktionen zur dynamischen Verwaltung des Speichers (Prototypen in stdlib.h).

```
/* stdlib.h     Ausschnitt   */

typedef unsigned size_t;

void *malloc  (size_t size);
void free     (void *block);
void *calloc  (size_t nitems, size_t size);
void *realloc (void *block, size_t size);


void *malloc (size_t size)
```

reserviert einen Speicherblock mit der als Argument angegebenen Anzahl von Bytes und
liefert die Anfangsadresse dieses Blocks als typlosen Zeiger. Kann der gewünschte Speicherbereich nicht zugeteilt werden, liefert malloc als Resultat den Wert NULL.

```
void free (void *block)
```

gibt den mit zuvor durch `malloc`, `calloc` oder `realloc` reservierten Speicherblock wieder frei. Der Zeiger `*block` wird dadurch nicht verändert. Die Routine liefert kein Resultat,
also auch keinen Hinweis auf einen Fehler. Beachten Sie den Unterschied zwischen `void`
und `void *`.

```
void *calloc (size_t  nitems, size_t size)
```

reserviert für `nitems` Objekte der Größe `size` Speicherplatz.

```
void *realloc (void *block, size_t size)
```

verändert die Blockgröße eines bereits reservierten Blocks. Die alten Speicherinhalte bleiben
soweit als möglich erhalten.

Programmbeispiel:

```
/* alloc1.c
   zeigt das dynamische Reservieren von Speicher */

#include <stdlib.h>
#include <stdio.h>

void readin(double *pf, int n)   /* n Zahlen einlesen und */
{                                /* ab pf abspeichern      */
  int i;

  printf("%i Werte eingeben :\n\n", n);
  for (i = 0; i < n; i++ ) {
    printf ("%2i : ", i+1);
    scanf("%lf", pf+i);
  }
}

float produkt (double *v0, int n)   /* Produkt der      */
{                                   /* Zahlen berechnen */
  double result;

  n--;
  result = *(v0 + n);                 /* letztes Element  */
  for (n--; n >= 0; n--)
     result *= *(v0 + n) ;
  return (result);
}
```

```
int main(void)

{ double *px;    /* Zeiger auf ersten von 10 double Werten */
  int n;

  printf("Dynamisches reservieren von Speicher\n");
  printf("Fuer wieviele double-Werte ? ");
  scanf("%i", &n);

  px = (double *) malloc(n * sizeof(double));
  if ( px == NULL ) exit(1);    /* error */
  readin(px, n);
  printf("Ihr Produkt = %10.2f\n", produkt (px, n) );
  free(px);

  return 0;
}
```

Kontrollfragen:

1) Was ist der Unterschied zwischen einem Zeiger und einer Adresse?

2) Wie vereinbart man Zeigervariablen?

3) Was versteht man unter Dereferenzierung?

4) Wozu verwendet man Zeiger?

5) Welche Bedeutung hat der Zeigerwert NULL?

6) Was versteht man unter einem *generic-pointer*?

7) Welche Regeln gelten für die Addition eines `int`-Wertes zu einem Zeiger ?

8) Welche Operationen sind mit zwei Zeigern als Operanden möglich ?

9) Wie ist die Genauigkeit von Gleitkommazahlen definiert ?

10) Was versteht man unter dynamischer Speicherverwaltung?

11) Welche Funktionen gibt es dafür?

Aufgabe 9-3: Schreiben Sie ein Programm, das die interne Darstellung von `int`- oder `long int`-Werten als Bitmuster ausgibt.

Aufgabe 9-4: Unter DOS hatte durch direkten Zugriff auf den Bildschirmspeicher oder auf E/A-Portadressen. In einer Windows 95/98 sind solche Zugriffe noch möglich, während Windows NT diese direkten Speicherzugriffe nicht mehr erlaubt. Besorgen Sie sich Information darüber, wie der Bildschirmspeicher organisiert ist und wie man einer Zeigervariablen die Anfangsadresse des Bildschirmspeichers zuweist.

Aufgabe 9-5: Schreiben Sie ein Programm, das einen Stack realisiert und dafür dynamisch Speicherplatz für eine maximale Größe des Stacks reserviert. Für den Zugriff auf den Stack verwenden Sie Zeiger.

Aufgabe 9-6: Schreiben Sie ein Programm, das den Mechanismus der Speicherverwaltung beim Aufruf einer Funktion demonstriert. Schreiben Sie dazu zwei Funktionen `f1` und `f2` mit einer gleichen Liste von Variablen. Rufen Sie die Funktion `f1` auf und weisen Sie den Variablen Werte zu. Beenden Sie die Funktion `f1` und rufen Sie `f2` auf. Welche Werte haben die Variablen jetzt?

Aufgabe 9-7: Überlegen Sie sich ein Programm, das die Vorgänge beim rekursiven Aufruf von Funktionen demonstriert. Hinweis: In einem extern definierten Vektor und einem zugehörigen aktuellen Index können Sie Informationen zu Speicheradressen und Zwischenresultaten sammeln.

Aufgabe 9-8: Schreiben Sie ein Programm, das in einem Speicherbereich ein Byte mit einem bestimmten Bitmuster sucht.

Aufgabe 9-9: Stellen Sie einige Experimente mit Funktionen an, ohne Prototypen zu verwenden. Verwenden Sie mit den formalen Parametern nicht übereinstimmende Argumente. Wie werden die Werte interpretiert? Was passiert? Übergeben Sie z.B. statt eines `long int`-Wertes 4 Argumente vom Typ `char`.

10 Vektoren

Vektoren sind eine aufeinanderfolgende Anordnung von Elementen desselben Typs. Der Zugriff auf die einzelnen Elemente erfolgt über einen Index. Dieser Index muß ein Ganzzahlausdruck sein. Der erlaubte Wertebereich für den Index sind die positiven ganzen Zahlen inklusive Null. Da der Index ein Ausdruck im allgemeinsten Sinne sein kann, ist der Zugriff auf die einzelnen Elemente zur Laufzeit berechenbar. Auch die Verwendung von zwei und mehr Indizes ist möglich. Wir sprechen dann von mehrdimensionalen Vektoren.

Im Speicher werden die Elemente eines Vektors in aufsteigender Reihenfolge abgespeichert. Ein Vektor ist durch seine Anfangsadresse, die Größe der einzelnen Elemente und die Anzahl der Elemente vollständig definiert. Die Organisation des Speichers entspricht der Datenstruktur eines Vektors. Zwischen Vektoren und Zeigern gibt es deshalb enge Beziehungen.

10.1 Eindimensionale Vektoren

10.1.1 Vereinbarung und Zusammenhang mit Zeigerarithmetik

```
int x[3];
```

reserviert Speicherplatz für 3 Elemente vom Typ int. Auf die einzelnen Elemente kann man mit den Ausdrücken x[0], x[1] und x[2] zugreifen. Der Bezeichner für einen Vektor (ohne Indexklammern) ist ein Zeiger auf das erste Element, das ist das Element mit dem Index 0 (x = &x[0]). Wenn wir zusätzlich einen Zeiger

```
int *px
```

vereinbaren, so sind die Zuweisungen

```
px = &x[0];    bzw.    px = x;
```

möglich. Es ergibt sich folgende Situation im Speicher:

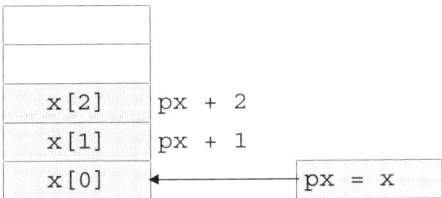

Während px aber eine Variable ist, die man z.B. durch px++ verändern kann, ist der Vektorname eine Konstante, die nicht verändert werden kann.

Nach den Regeln der Zeigerarithmetik zeigt px+1 auf das nächste Element des Vektors, px+i zeigt i Elemente weiter. Das bedeutet, daß x[i] äquivalent zu *(px+i) bzw. zu *(x+i) ist. Die Indizierung x[i] eines Vektorelementes ist eine "versteckte" Zeigerarithmetik und wird vom C-Compiler in den Ausdruck *(x+i) umgewandelt.

&x[i] ist äquivalent zum Ausdruck &*(x+i) und damit äquivalent zu x+i.

x+i ist die Adresse des Elementes mit der Nummer i. Jetzt wird auch klar, warum die Vektorindizes in C prinzipiell mit 0 beginnen.

Wenn x[i] äquivalent zu *(x+i) ist, dann ist natürlich auch px[i] äquivalent zu *(px+i), aber auch äquivalent zu x[i]. Auch eine Zeigervariable wie px kann zusammen mit einem Index verwendet werden. Ist px = x, dann ist px[i] = x[i].

10.1.2 Vektoren als formale und aktuelle Parameter von Funktionen

Für einen Vektor als formalen Parameter gibt es drei Schreibweisen. Mit den Schreibweisen

```
type-specifier identifier[]
type-specifier identifier[N]
```

wird die Tatsache, daß es sich um einen Vektor handelt, zum Ausdruck gebracht. Es kann aber auch ein Zeiger verwendet werden :

```
type-identifier *identifier
```

Bei der Übergabe eines Vektors an eine Funktion wird unabhängig von der verwendeten Schreibweise des formalen Parameters seine Anfangsadresse (als Zeiger) übergeben. Der formale Parameter verliert gleichsam seinen Vektorstatus, er ist auch keine Zeigerkonstante mehr, sondern kann als L-Wert auftreten. Die Angabe einer Anzahl N von Elementen beim formalen Parameter identifier[N] wird vom Compiler ignoriert. Man muß der Funktion diese Information in der Regel über ein weiteres Argument zur Verfügung stellen.

Programmbeispiel:

```
double sum (double a[], int n)   /*
-----------------------------------------------------
Berechnet die Summe der ersten n Elemente eines Vektors */
{ int      i;
  double   s = 0.0;
  for (i = 0; i < n; i++)  s += a[i];
  return s;
}
```

Die Deklaration double a[] in der Parameterliste ist äquivalent zu double *a.

Im Rumpf der Funktion kann mit Indizes oder mit Zeigerarithmetik gearbeitet werden, dies zeigt das nächste Programmbeispiel.

```c
/* array1.c */

#include <stdio.h>

int main(void)
{
  double x1[3], x2[3];
  int    i;
  void input (double a[], int n);
  double produkt (double *a, double b[], int n);

  printf("Skalares Produkt zweier Vektoren:\n");
  input(x1, 3);
  input(x2, 3);

  for (i = 0; i < 3 ; i++ )
    printf("%3d  %6.2f   %6.2f\n", i, x1[i], *(x2+i) );

  printf("\nskalares Produkt = %6.2f\n", produkt(x1,x2,3));
  return 0;
}

void input (double a[], int n)
{
  int i;

  printf("Vektorelemente eingeben:\n");
  for (i = 0; i < n; i++) {
    printf ("%2d : ", i); scanf  ("%lf",&a[i]);
  }
}

double produkt (double *a, double b[] , int n)
{
  int i;
  double p = 0.0;

  for (i = 0; i < n; i++) p += a[i] * *(b++) ;
  return p;
}
```

Das Programm zeigt die zwei formal verschiedenen Möglichkeiten, die einzelnen Elemente zu adressieren. Beachten Sie z.B. die Schreibweisen x1[i] und *(x2+i) für die Ausgabe der Elemente der beiden Vektoren x1 und x2. In der Funktion produkt wird zur Demonstration für den ersten Vektor ein Zeiger double *a als formaler Parameter verwendet. Im Code arbeiten wir mit Indizierung (a[i]). Im Gegensatz dazu wird für den zweiten Vektor die Schreibweise b[] für den formalen Parameter verwendet. Im Code erfolgt die Selektion der einzelnen Elemente dann durch Ausdrücke der Form *(b++).

10.1.3 Dynamische Erzeugung eines Vektors

Die bisherige Definition von Vektoren hat einen Nachteil. Man muß schon im Programmcode die Anzahl der Elemente festlegen. Nun haben wir am Ende des letzten Abschnittes bereits die Möglichkeit kennengelernt, während der Laufzeit des Programms mit der Bibliotheksroutine malloc Speicherplatz anzufordern. Die Adressierung innerhalb des zur Verfügung gestellten Speicherplatzes erfolgte über Zeigerarithmetik. Da in C die Indizierung von Vektoren aber äquivalent zur Dereferenzierung eines entsprechenden Zeigers ist, kann ein solcher Speicherblock auch als Vektor betrachtet werden. Das Programm alloc2.c überläßt es dem Benutzer, die Größe des benötigten Speicherplatzes zu bestimmen.

```c
/* alloc2.c    dynamisch erzeugter Vektor */
#include <stdio.h>
#include <stdlib.h>

int main(void)
{
  int i, n;       /* Index, Anzahl der Werte      */
  double *vx;     /* Zeiger auf Beginn des Vektors */

  printf("\nVektor erzeugen: Anzahl der Elemente ? ");
  scanf("%d", &n);
  vx = (double *) malloc (n * sizeof(double));
  if ( vx == NULL ) exit(1);
  printf("%d x-Werte eingeben\n\n", n);
  for (i = 0; i < n; i++) {
    printf ("%3d : ", i);  scanf ("%lf", vx+i);
  }

  /* Ausgabe der Werte */
  printf ("\n\n");
  for ( i = 0; i < n ; i++ )
    printf ("%3d : %8.3f\n", i, vx[i]);

  return 0;
}
```

10.2 Mehrdimensionale Vektoren

Es ist kein Zufall, daß die Adressierung des Speichers und Vektoren in engem Zusammenhang stehen. Die maschinennahe Betrachtung der Adressierung zeigt folgendes: Der Speicher eines Computers ist eine lineare Anordnung von vielen Speicherzellen. Jeder Speicherzelle ist eine Adresse zugeordnet. Bei der sogenannten indirekten Adressierung enthält ein Register die Adresse, auf die man zugreifen will. Ein anderes Register ist Quelle (*source*) oder Ziel (*destination*) eines Datentransfers. Der Speicher wird exakt so verwaltet wie die Elemente eines Vektors.

Eine eindimensionale Anordnung von Elementen kann durch einen Wert (Index) adressiert werden. Für mehrdimensionale Anordnungen benötigt man zwei, drei und mehr voneinander unabhängige Werte (Indizes), um ein einzelnes Element zu kennzeichnen. Wir konzentrieren uns auf eine ausführliche Diskussion von zweidimensionalen Anordnungen, in der Mathematik spricht man von Matrizen. Für das Verständnis von drei- und mehrfach indizierten Strukturen benötigt man keine prinzipiell neuen Überlegungen. Die (eindimensionale) Organisation des Speichers erfordert für mehrdimensionale Strukturen die Umsetzung der Indizes in Ausdrücke der Zeigerarithmetik.

10.2.1 Definition und Indizierung

Einige Beispiele zeigen sofort, wie zwei- und mehrdimensionale Vektoren definiert werden:

```
int table[5][10];
float a2[5][10];
double a3[3][3][3];
```

Es gilt auch für mehrdimensionale Vektoren:

* Die Anzahl der Elemente pro Dimension wird in (mehreren) Klammern angegeben.
* Die Indizierung beginnt mit der Nummer 0.
* Die Indizes müssen ein Ganzzahltyp sein.

Die einzelnen Elemente werden z.B. als L-Wert in einer Zuweisung in der Form

```
table[2][2] = 0 ;
a2[0][0] = 0.0;
a3[0][1][2] = 1.0;
```

angesprochen. Dies unterscheidet sich von der Schreibweise [i, j], wie man sie in anderen Programmiersprachen verwendet.

10.2.2 Anordnung der Elemente im Speicher

Die eindimensionale Anordnung der Elemente im Speicher erfolgt in der Weise, daß die Indizes von rechts nach links verändert werden. Für eine 2 x 3 Matrix a[2][3] mit der in der Mathematik üblichen Schreibweise (der erste Index ist die Zeilennummer, der zweite Index die Spaltennummer)

$$a_{00} \quad a_{01} \quad a_{02}$$
$$a_{10} \quad a_{11} \quad a_{12}$$

ergibt sich (jedes Element benötigt z.B. 4 Byte):

Adresse	El. Nr.	Indizierung [i][j]
120	5	a[1][2]
116	4	a[1][1]
112	3	a[1][0]
108	2	a[0][2]
104	1	a[0][1]
100	0	a[0][0]

Die Matrix wird zeilenweise abgespeichert, der zweite Index wird zuerst erhöht. Die Anfangsadresse 100 ist willkürlich gewählt! Diese Anordnung kann nun unterschiedlich interpretiert werden.

Es ist eine Betrachtungsweise, 6 Elemente mit einer Größe von je 4 Byte zu sehen. Die Adressierung erfolgt dann durch die Elementnummer k, bzw. über einen Zeiger vom Typ int *. Einen solchen Zeiger v initialisieren wir mit der Adresse des ersten Elementes.

```
int a[2][3];
int *v = (int *) &a[0][0];
```

oder einfacher

```
int *v = (int *) a;
```

v+k zeigt dann auf das k-te Element. Genau so wird die Zweifachindizierung intern auch ausgewertet. Der Zusammenhang zwischen k und den Indizes i und j ist

```
k = 3*i + j
```

das heißt

a[i][j]	ist ident mit	*(v + 3*i + j)
a[i][j]	ist ident mit	*(&a[0][0] + 3*i + j)

Das folgende Bild zeigt die Situation:

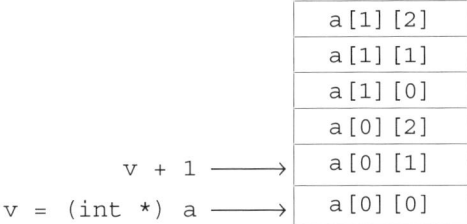

Für die Berechnung der Position des Elementes mit den Indizes i, j muß die Anzahl der Elemente pro Zeile bekannt sein. Die Zahl der Zeilen ist nur wichtig, um ausreichend Speicherplatz für alle Elemente zu reservieren. Im Prinzip kann für zwei Indizes i, j geprüft werden, ob sie innerhalb des vereinbarten Bereiches liegen. Die C-Compiler sorgen für diese Prüfung prinzipiell nicht!

Eine andere Betrachtungsweise ist es, eine Anordnung von 2 x 3 Elementen zu sehen:

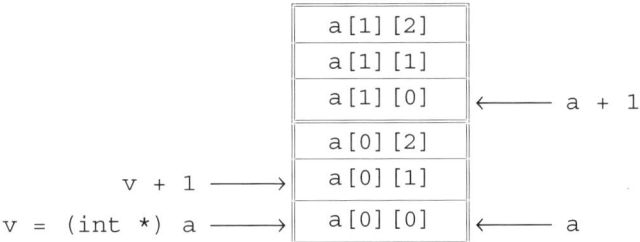

Diese naheliegende Betrachtungsweise findet im Datentyp der Ausdrücke a[i] und a eine interessante Bestätigung. Das Programm array2 zeigt uns, daß a[i] vom Typ Zeiger auf int ist. Es zeigt uns aber auch, daß der Bezeichner a als Zeiger auf drei int-Werte betrachtet werden kann. a[0] zeigt auf den Beginn der ersten Zeile (Zeilenindex 0), a[1] zeigt auf den Beginn der zweiten Zeile (Zeilenindex 1). Für ein-, zwei- und dreidimensionale Vektoren bedeutet diese Interpretation:

	x[n1]	a[n2][n1]	c[n3][n2][n1]
ein einzelnes Element	x[i]	a[i][j]	c[i][j][k]
Zeiger auf ein Element	x	a[i]	c[i][j]
Zeiger auf n1 Elemente	–	a	c[i]
Zeiger auf n1*n2 Elemente	–	–	c

Das Programm array2.c ist als Anregung zum Studium der vielseitigen Möglichkeiten und Zusammenhänge gedacht. Es soll aber dem Leser auch als Beispiel für einen möglichen Weg zu einem tieferen Verständnis dienen: Auf viele Fragen liefern geeignete Programme die richtigen Antworten.

```c
/* array2.c   Demo zu zweidimensionalen Vektoren    */

#include <stdio.h>
#define N 2
#define M 3

int main(void)
{ int a[N][M] = {{0, 1, 2}, {10, 11, 12}};
  int *ip, i, j ;

  printf("\n\nAnordnung als Matrix\n\n");
  for (i = 0; i < N; i++) {
    for (j=0; j < M ; j++)
      printf("%02i ", a[i][j]);
    printf("\n");
  }

  printf("\nSpeicherplatzliste : \n\n");
  ip = (int *) a;
  for (i=0; i < N*M ; ++i)
    printf("%u %02i\n", (unsigned) (ip+i), *(ip+i));

  printf("\nErgebnis verschiedener Ausdruecke\n");
  printf("a[0][0]     : %i\n" , a[0][0]);
  printf("&a[0][0]    : %u\n", (unsigned) (&a[0][0]) );
  printf("&a[0][0]+1  : %u\n", (unsigned) (&a[0][0]+1) );
  printf("a[0]        : %u\n", (unsigned) a[0] );
  printf("a[0]+1      : %u\n", (unsigned) (a[0]+1) );
  printf("a           : %u\n", (unsigned) a );
  printf("a+1         : %u\n", (unsigned) (a+1) );

  i = 1; j = 2;
  printf("\ni = %1i, j = %1i\n", i, j);
  printf("a[i][j]             : %i\n", a[i][j]);
  printf("*(a[i] + j)         : %i\n", *(a[i] + j));
  printf("(*(a+i))[j]         : %i\n", (*(a+i))[j]);
  printf("*((*(a+i))+j)       : %i\n", *((*(a+i))+j));
  printf("*(&a[0][0]+M*i+j) : %i\n", *(&a[0][0]+M*i+j));

  return 0;
}
```

Zur besseren Lesbarkeit werden die Adreßwerte nach `unsigned` konvertiert. Die meisten Compiler akzeptieren - je nach Einstellung der Warnungsoption - eine %u Umwandlung auch für Adressen. Die ersten Ausgaben des Programmes zeigen die Anordnung der Elemente im Speicher:

```
Anordnung als Matrix
00 01 02
10 11 12

Speicherplatzliste :

313484 00
313488 01
313492 02
313496 10
313500 11
313504 12
```

Die nächsten Ausgaben des Programmes zeigen den Typ einiger Ausdrücke:

Ausdruck	Ergebnis	Typ	Beschreibung
`a[0][0]`	0	`int`	Wert (Inhalt) des ersten Elements
`&a[0][0]`	313484	`int *`	Zeiger auf `int`
`a[0]`	313484	`int *`	Zeiger auf `int`
`a`	313484	`int (*)[3]`	Zeiger auf einen Vektor mit 3 `int`-Werten

Die letzten Zeilen des Programmes zeigen dann noch, welche Ausdrücke alle den Wert des Elementes a_{ij} liefern.

10.2.3 Mehrdimensionale Vektoren als Argument von Funktionen

Auch für mehrdimensionale Vektoren wird an eine Funktion nur die Adresse des ersten Elementes übergeben. Damit innerhalb der Funktion mit mehreren Indizes gearbeitet werden kann, gibt man in der formalen Parameterliste die Anzahl der Werte für jeden Index an. Den ganz links stehenden Index kann man weglassen.

Beispiel:

```
void mehrdim (float a[][5][4])
```

Eine Alternative ist auch hier, daß als formaler Parameter

* ein Zeiger auf den Elementtyp z.B. `float *a` oder
* die dazu gleichwertige Schreibweise `v[ ]`

verwendet wird. Allerdings muß man sich dann um die korrekte Berechnung der Adressen der einzelnen Elemente selbst kümmern.

10.3 Initialisierung von Vektoren

Ein Vektor wird mit einer Liste von Zahlen in einer geschweiften Klammer initialisiert:

```
int x[3] = { 1, 2, 3 };
```

Für einen zweidimensionalen Vektor können die Listen verschachtelt werden:

```
int a[2][3] = { {1,2,3}, {4,5,6} };
```

Man kann die inneren Klammern aber auch weglassen, dann werden die Werte fortlaufend zugewiesen. Durch die Liste eventuell nicht erfaßte Elemente werden mit Null initialisiert.

```
int a[3][3][3] = {0};
```

initialisiert alle Elemente mit Null.

```
int a[3][3][3];
```

initialisiert im allgemeinen kein Element. Externe und `static`-Variablen werden implizit mit Werten gleich Null initialisiert.

Eine Liste von Initialisierungen kann die explizite Dimensionierung ersetzen:

```
int x[] = { 0, 0, 0 };
```

definiert einen Vektor mit drei Elementen.

10.4 Algorithmen und Programmbeispiele

10.4.1 Quicksort

Quicksort ist, zumindest was den Namen betrifft, das wohl bekannteste Sortierverfahren, der Erfinder ist C.A.R. Hoare (1962). Es beruht auf Zerlegung und Austauschen. Zum Verständnis soll das Verfahren an einem konkreten Beispiel demonstriert werden. Die angeführten Zahlen sollen in aufsteigender Reihenfolge sortiert werden.

```
  44    55    12    42    94    11    18    67
  i=1 -->             m               <-- j=n
```

Wir wählen ein Element aus der Mitte als mittleres Element **m** :

```
m = 42
```

Dann wird folgendes Verfahren durchgeführt:

```
Suche von links nach rechts (i) nach einem Element,
das größer ist als das mittlere Element
Suche von rechts nach links (j) nach einem Element,
das kleiner ist als das mittlere Element
Falls i < j ist , vertausche die beiden Elemente
```

Bei i = 1 finden wir die Zahl 44 und für j = 7 die Zahl 18, der folgende Tausch ergibt

18	55	12	**42**	94	11	**44**	67
1	2	3	4	5	6	7	8
i						j	

Derzeit spricht nichts dagegen, die Suche für i > 1 und j < 7 fortzusetzen:

Wir finden von links nach rechts 55 (i=2) und von rechts nach links 11 (j=6) und tauschen die beiden Zahlen.

18	**11**	12	**42**	94	**55**	44	67

Jetzt sind links vom mittleren Element alle Elemente kleiner als das mittlere Element und rechts alle Elemente größer, d.h. eine weitere Wiederholung ist nicht mehr sinnvoll. Als Abbruchkriterium kann die Bedingung i > j verwendet werden (Für die nächste Suche ergibt sich i = 5 (94) und j = 3 (12)).

18	11	**12**	42	**94**	55	44	67
1	2	3	4	5	6	7	8
		j		i			

Algorithmus zum bisher durchgeführten Verfahren:

```
ROUTINE Zerteile
{  Wähle ein mittleres Element m = z[mitte];
   i = 1; j = n;
   Wiederhole
      Solange (z[i] < m) erhöhe i um 1 ;
      Solange (z[j] > m) erniedrige j um 1 ;
      Falls ( i <= j )
         Vertausche z[i] mit z[j];
         i++ ; j-- ;
   bis (i > j) ;
}
```

Die Tauschbedingung muß auf i <= j geändert werden. Die Erhöhung von i und die Verkleinerung von j muß auch noch bei i = j erfolgen, da sonst die Abbruchbedingung i > j nie erfüllt ist. Der Index j zeigt am Ende dieses Verfahrens auf das erste Element links vom mittleren Element, für das z[j] <= m gilt, oder auf das mittlere Element. Der Index i zeigt auf das erste Element rechts vom mittleren Element, für das z[i] >= m gilt, oder auf das mittlere Element. Es entstehen also zwei Bereiche, nämlich

```
z[k] <= m     für  k = 1 ... j
z[k] >= m     für  k = i ... n
```

Zwischen diesen Bereichen liegt fallweise noch das mittlere Element.

```
z[1]  ........  z[j]  (m)  z[i]  .......   z[n]
```


```
     z[k]  <= m                    z[k]  >= m
```

Die beiden Bereiche

```
z[k]  <= m        Index  1 bis j
z[k]  >= m        Index  i bis n
```

sind noch nicht sortiert. Für diese Bereiche wird das Verfahren dann wiederholt, wenn der Bereich noch mehr als eine Zahl enthält. Wir implementieren dieses Verfahren als Funktion `quicksort`. Der zu bearbeitende Bereich ist durch zwei Argumente (links, rechts) festgelegt. Für Bereiche mit mehr als einer Zahl wird die Funktion erneut (rekursiv) aufgerufen.

Wir verwenden Preprozessordirektiven, um in Abhängigkeit von einem Schalter DEMO Anweisungen zu übersetzen. Diese Anweisungen machen Ausgaben, um den Ablauf des Verfahrens sichtbar zu machen. Zusätzlich verwenden wir einen Makro für den Tausch zweier Zahlen.

Beispiel für einen Aufruf der Funktion :

```
quicksort (z , 0, n-1);
```

Mit gesetztem DEMO-Schalter entsteht z.B. folgende Ausgabe:

```
vor  1 : [ 0, 7]    44   55   12   42   94   11   18   67
                    +-----------------------------+  m = 42

vor  2 : [ 0, 2]    18   11   12   42   94   55   44   67
                    +---------+  m = 11

vor  3 : [ 1, 2]    11   18   12   42   94   55   44   67
                        +------+  m = 18

vor  4 : [ 4, 7]    11   12   18   42   94   55   44   67
                                   +-------------+  m = 55

vor  5 : [ 6, 7]    11   12   18   42   44   55   94   67
                                             +------+  m = 94
```

```
/*****************************************************************
  Quicksort: qsortnw.c
 *****************************************************************/
typedef int t_element;    /* Typ der Objekte */

#define   DEMO   1
#define   swap(x, y)   {t_element t; t = x; x = y; y = t; }

void quicksort(t_element z[], int left, int right)
{
  int i, j;
  t_element m,   /* mittleres Element */

  i = left;
  j = right;
  m = z[(left+right) / 2];

  #if DEMO
  show (z, i, j, m);
  #endif

  do {
      while ( z[i] < m ) i++;
      while ( m < z[j] ) j--;
      if ( i <= j ) {
        swap (z[i], z[j]);
        i++; j--;
      }
  } while (i <= j);

  if ( left < j ) quicksort(z, left, j);
  if ( i < right) quicksort(z, i, right);

} /* end quicksort */
```

Die Typdefinition

```
  typedef   int   t_elemen;
```

erlaubt es uns, die Funktion leicht auf andere Datentypen umzustellen.

Aufgabe: Schreiben Sie den C-Code für die Funktion show und ein Hauptprogramm als Testumgebung für die Funktion quicksort.

Dies ist die einfachste Implementierung von Quicksort. Aufwendigere und noch effizientere Lösungen ergeben sich durch spezielle Algorithmen zum Auffinden des mittleren Elementes und durch das Vermeiden von unnötigen Vertauschungen.

Quicksort steht im Rahmen eines C-Systems auch als Bibliotheksfunktion zur Verfügung. Den Prototyp findet man in der Definitionsdatei stdlib.h:

```
void qsort ( void *a_ptr,          /* Zeiger auf Vektor */
             size_t n,             /* Anzahl der Elemente */
             size_t el_size,       /* Größe eines Elementes */
             int (*compar)(const void *, const void *));
```

Der Datentyp size_t ist ebenfalls in stdlib.h mittels typedef festgelegt. Der letzte Parameter ist ein Zeiger auf eine Funktion, welche die Vergleichsoperation zwischen den Elementen und damit das Sortierkriterium festlegt. Beispiel für eine Anwendung der Bibliotheksfunktion:

```
/* libqs1.c */

#include <stdlib.h>
#include <stdio.h>

int sortfunction ( const void *a, const void *b)
{
  int *p1 = (int *) a;       /* Zeiger auf int  */
  int *p2 = (int *) b;
  if (*p1 < *p2)             /* Sortierkriterium fuer   */
    return -1;               /* aufsteigendes Sortieren */
  else
    return +1;
}

int main(void)
{
  int x[] = {7,2,4,9,9,34,56,12,34,28};  /* 10 Zahlen */
  int i;
  qsort (x, 10, sizeof(int), sortfunction);
  for (i = 0; i < 10; i++)
    printf("%d\n", x[i]);
  return 0;
}
```

Das Programm zeigt einige interessante Dinge:

* Typumwandlung für Zeiger
* Initialisierung von Variablen (Vektoren und Zeiger)
* Zeiger auf Funktionen im Prototyp qsort und die Funktion sortfunction als aktuelles Argument

10.4.2 Lineare Regression

Aufgabenstellung: Gegeben ist eine Schar von Punkten (x_i, y_i), i = 0, 1, 2, 3, ... n-1, für die ein linearer Zusammenhang $y = k\,x + d$ vermutet wird. Die einzelnen Punkte sind z.B. fehlerbehaftete Meßwerte. Gesucht ist jene Gerade, welche den Zusammenhang $y = f(x)$ bestmöglich erfaßt. Diese Aufgabe ist unter dem Namen lineare Regression bekannt.

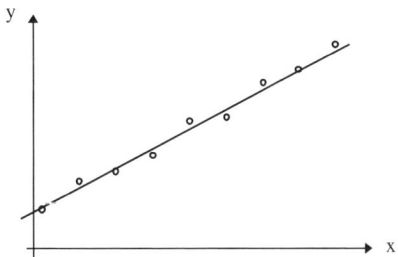

Δy_i sind die Abweichungen (Fehler) der einzelnen Punkte von der gesuchten Geraden. Das Kriterium für die bestmögliche Gerade ist ein Minimum der Summe über alle Fehlerquadrate $(\Delta y_i)^2$.

$$\Delta y_i = y_i - f(x_i) = y_i - (k\,x_i + d)$$

$$F(k,d) = \sum_{i=0}^{n-1} \Delta y_i^2 = \sum_{i=0}^{n-1} (y_i - k\,x_i + d)^2 \quad \rightarrow Minimum$$

Die Lösung dieser Aufgabe ist eine klassische Extremwertaufgabe in zwei Variablen, nämlich k und d. k und d sind die Parameter, welche die Lage der Geraden bestimmen. Man muß also die partiellen Ableitungen der Funktion $F(k, d)$ nach k und d bilden und erhält damit zwei Gleichungen für die beiden Unbekannten k und d:

Ableitung nach d: $\displaystyle\sum_{i=0}^{n-1} 2(y_i - k\,x_i - d)\,(-1) = 0$ Gleichung 1

Ableitung nach k: $\displaystyle\sum_{i=0}^{n-1} 2(y_i - k\,x_i - d)\,(-x_i) = 0$ Gleichung 2

Gleichung 1: $\displaystyle\sum_{i=0}^{n-1} y_i \;-\; k\sum_{i=0}^{n-1} x_i \;-\; d\sum_{i=0}^{n-1} 1 \;= 0$

Gleichung 2: $\displaystyle\sum_{i=0}^{n-1} y_i\,x_i \;-\; k\sum_{i=0}^{n-1} x_i^2 \;-\; d\sum_{i=0}^{n-1} x_i \;= 0$

Mit den Abkürzungen

$$a_{11} = \sum_{i=0}^{n-1} 1 = n \qquad a_{12} = \sum_{i=0}^{n-1} x_i \qquad r_1 = \sum_{i=0}^{n-1} y_i$$

$$a_{21} = \sum_{i=0}^{n-1} x_i \qquad a_{22} = \sum_{i=0}^{n-1} x_i^{\,2} \qquad r_2 = \sum_{i=0}^{n-1} x_i\, y_i$$

lautet das Gleichungssystem:

$$a_{11}\, d + a_{12}\, k = r_1$$

$$a_{21}\, d + a_{22}\, k = r_2$$

Wir lösen die Gleichungen nach der Kramerregel und erhalten:

$$d = \frac{r_1\, a_{22} - a_{12}\, r_2}{\det} \qquad k = \frac{a_{11}\, r_2 - r_1\, a_{21}}{\det}$$

$$\det = a_{11}\, a_{22} - a_{12}\, a_{21}$$

Entwurfsüberlegungen: Wir schreiben drei Funktionn:

main:

```
Im Dialog die Anzahl der Wertepaare ermitteln;
Speicher für die x- und y-Werte reservieren;
x- und y-Werte einlesen;
Die einzelnen Summen in einer 2x3-Matrix speichern;
Kontrollausgabe der Matrix;
Gleichungssystem lösen (Funktion solve_2);
```

solve_2:

```
Funktion zur Lösung von zwei Gleichungen mit
zwei Unbekannten (Kramerregel)
```

mat_out:

```
Funktion zur Ausgabe einer Matrix, die Zahl der
Elemente ist nur durch die Druckbreite am Papier
oder Bildschirm begrenzt. Die Größe der aktuellen
Matrix ist beliebig.
Diese Funktion hat Demonstrationscharakter,
sie erleichert allerdings die Fehlersuche, weil sie
wichtige Zwischenresultate sichtbar macht.
```

```
/* linreg.c lineare Regression   */
#include <stdio.h>
#include <stdlib.h>
void mat_out( double *a, int n, int m);
void solve_2( double arr[2][3], double *x0, double *x1 );

int main (void)
{
  double *x, *y;  /* Zeiger auf die Wertepaare x, y        */
  int   i, n;     /* aktueller Index, Anzahl der Wertep.   */
  double k, d;    /* Steigung und Achsenabschnitt          */
  double a[2][3] = {{0},{0}} ; /* Matrix fuer die Summen   */

  printf("lineare Regression :\n\n");
  printf("Anzahl der Wertepaare : "); scanf("%d", &n);

  x = (double *) malloc (n * sizeof(double));
  if ( x == NULL ) exit(1);
  y = (double *) malloc (n * sizeof(double));
  if ( y == NULL ) exit(1);
  printf("x und y Werte paarweise eingeben\n\n");
  for (i = 0; i < n; i++) {
    printf("%3d : ",i);
    scanf("%lf %lf", &x[i], &y[i]);
  }
  printf("\n\n");

  /* Berechnung der Matrixelemente, Kontrollausgaben */

  for ( i = 0; i < n ; i++ ) {
    printf ("%3d : %8.3f  %8.3f\n",i, x[i], y[i]);
    a[1][1] += x[i]*x[i];
    a[0][1] += x[i];
    a[0][2] += y[i];
    a[1][2] += x[i]*y[i];
  }
  a[1][0] = a[0][1];  a[0][0] = n ;
  mat_out ( *a, 2, 3);
  solve_2 ( a, &d, &k );
  printf ("Gerade y = %6.2f*x + %6.2f\n", k, d);
  return 0;
}
```

```
void mat_out ( double arr[], int n, int m )   /*
---------------------------------------------------------
Ausgabe einer Matrix mit n Zeilen und m Spalten
arr[].. Zeiger auf den Beginn der Matrix
n ..... Anzahl der Zeilen
m ..... Anzahl der Spalten
-----------------------------------------------------*/
{
  int i, j;

  printf ("\n    ");
  for ( j = 0; j < m ; j++ ) printf("|   %3d    ", j);
  printf ("\n----");
  for ( j = 0; j < m ; j++ ) printf("+----------");
  printf ("\n");

  for ( i = 0; i < n ; i++ ) {
    printf ("%3d ", i);
    for ( j = 0; j < m ; j++ )
        printf ("|%8.3f  ", arr[i*m+j]);
    printf("\n");
  }

  printf ("\n");

} /* end mat_out */


void solve_2 ( double arr[2][3], double *x0, double *x1 ) /*
---------------------------------------------------------
loest ein Gleichungssystem für zwei Unbekannte nach der
Determinantenmethode (Kramerregel),
prueft nicht ob det = 0.0 wird !
----------------------------------------------------- */
{
  double det ;

  det = arr[0][0]*arr[1][1]-arr[0][1]*arr[1][0];
  *x0 = ( arr[0][2]*arr[1][1]-arr[0][1]*arr[1][2] ) / det ;
  *x1 = ( arr[0][0]*arr[1][2]-arr[0][2]*arr[1][0] ) / det ;
}
```

Beispiel für eine Programmausführung: Als erster Test bieten sich Zahlenwerte an, welche exakt auf einer Geraden liegen. Da das Ergebnis bekannt ist, würden Programmfehler sofort entdeckt werden. Hinweis: Für den Test von Programmen können so ideale Testdaten aber auch eine Falle sein. Testen Sie z.B. mit Werten, die eine Gerade mit $k = 1$ und $d = 0$ ergeben, so wird eine irrtümliche Verwechslung von x_i mit y_i nicht entdeckt.

```
lineare Regression :

Anzahl der Wertepaare : 5
.......

    0 :      1.000        2.000
    1 :      2.000        3.000
    2 :      3.000        4.000
    3 :      4.000        5.000
    4 :      5.000        6.000


        |     0    |    1     |     2
----+---------+---------+---------+
    0 |    5.000 |  15.000 |  20.000
    1 |   15.000 |  55.000 |  70.000

Gerade   1.00*x +    1.00
```

10.4.3 Gauß'scher Algorithmus

Es gibt im Bereich der Mathematik, der Naturwissenschaften und der Technik eine Fülle von Aufgabenstellungen, welche die Lösung eines linearen Gleichungssystems mit mehreren Unbekannten erfordern. Ein Beispiel für ein solches Gleichungssystem ist

```
1 x₁   + 2 x₂   +  3 x₃   + 5 x₄   = -5
3 x₁   - 7 x₂   - 11 x₃   - 8 x₄   =  4
5 x₁   - 1 x₂   -  1 x₃   + 2 x₄   =  0
2 x₁   + 1 x₂   +  9 x₃   + 4 x₄   = 11
```

Für eine kleine Anzahl von Gleichungen kann das System durch fortlaufende Substitution der Unbekannten gelöst werden. D. h. man berechnet z.B. aus der vierten Gleichung

$$x_4 = (11 - 2 x_1 - x_2 - 9 x_3)/4,$$

setzt dies in die dritte Gleichung für x_4 ein, berechnet dann aus dieser Gleichung $x_3 = ...$ usw. Ein anderes Verfahren ist, einzelne Zeilen zu subtrahieren oder zu addieren, welche vorher mit geeigneten Faktoren multipliziert werden, so daß einzelne Unbekannte herausfallen. Man spricht vom Eliminationsverfahren. An einem linearen Gleichungssystem ändert sich nichts, wenn man einzelne Zeilen mit einer Zahl multipliziert oder zwei Zeilen addiert bzw. subtrahiert. Der Mensch hat die Möglichkeit, durch einen Blick auf das System als Ganzes Sonderfälle zu erkennen und kann dann unter Umständen durch besonders vorteilhaftes Rechnen rasch eine Lösung finden. Dies kann ein Computerprogramm nicht. Als Algorithmus für ein Computerprogramm zur Lösung eines solchen Gleichungssystems kommt nur ein systematisches Verfahren in Frage. Im übrigen sind auch wir für eine Handrechnung dann mit einem systematischen Verfahren besser bedient, wenn die Zahl der Gleichungen groß wird. Das bekannteste systematische Verfahren ist das Gauß'sche Eliminationsverfahren. Wir demonstrieren es zunächst einmal durch eine Handrechnung.

Ziel des ersten Schrittes ist es, ab der zweiten Gleichung die Elemente der ersten Spalte zu eliminieren. Dies erreicht man durch Multiplikation der ersten Zeile mit geeigneten Zahlen, um dann diese Zeile zu den weiteren Zeilen zu addieren: Für die zweite Zeile multiplizieren wir die erste Zeile mit -3, für die zweite Zeile mit -5 usw. um dann die Addition durchzuführen. Die Unbekannten x_1, x_2 ... schreiben wir nicht mehr an. Es ergibt sich also:

```
1.00      2.00      3.00      5.00     -5.00   |*(-3)  |*(-5)  |*(-2)
3.00     -7.00    -11.00     -8.00      4.00
5.00     -1.00     -1.00      2.00      0.00
2.00      1.00      9.00      4.00     11.00
-------------------------------------------
1.00      2.00      3.00      5.00     -5.00
0.00    -13.00    -20.00    -23.00     19.00   |*(-11/13)  |*(-3/11)
0.00    -11.00    -16.00    -23.00     25.00
0.00     -3.00      3.00     -6.00     21.00
```

Im zweiten Schritt eliminieren wir auf diese Weise die Elemente der zweiten Spalte ab der dritten Zeile. Die Multiplikationsfaktoren sind -11/13 für die dritte Zeile und -3/13 für die vierte Zeile.

```
1.00      2.00      3.00      5.00     -5.00
0.00    -13.00    -20.00    -23.00     19.00
0.00      0.00      0.92     -3.54      8.92
0.00      0.00      7.62     -0.69     16.62
```

Im dritten Schritt wird jetzt noch die Zahl 7.62 eliminiert.

```
1.00      2.00      3.00      5.00     -5.00
0.00    -13.00    -20.00    -23.00     19.00
0.00      0.00      0.92     -3.54      8.92
0.00      0.00      0.00     28.50    -57.00
```

Damit ist der erste Teil des Verfahrens abgeschlossen. Ziel war es, durch zulässige Zeilenumformungen (Multiplikation und Addition) eine Matrix zu erhalten, deren Elemente unter der Hauptdiagonalen alle den Wert 0 haben. Man bezeichnet diese Form auch als Dreiecksmatrix. Wie es weitergeht, ist unschwer zu erkennen. Aus der letzten Zeile

$$28.50 \ x_4 = -57.00$$

kann $x_4 = -2.0$ berechnet werden. Diesen Wert setzt man nun in der dritten Zeile ein:

```
0.92 x₃ -3.54 x₄ = 8.92
0.92 x₃          = 8.92 + 3.54*(-2)
```

und erhält für $x_3 = 2.0$. Durch Einsetzen von x_4 und x_3 in der zweiten Zeile erhalten wir $x_2 = -1.0$. Schließlich kann aus der ersten Zeile $x_1 = 1.0$ berechnet werden.

Damit kennen wir das Grundprinzip des Verfahrens. Würden wir jetzt sofort einen entsprechenden Algorithmus entwerfen und codieren, so hätten wir ein Programm mit einem sehr typischen Fehler. Das Programm arbeitet manchmal korrekt, manchmal nicht. Was kann passieren?

Betrachten wir ein Gleichungssystem, dessen erstes Diagonalelement Null ist.

```
 0 x₁       x₂ + 4 x₃ =  7
-2 x₁ -     x₂ + 2 x₃ =  3
   x₁ + 2 x₂ -   x₃ = -3
```

Für eine händische Lösung ist das ein Vorteil. Wir tauschen z.B. die erste Zeile mit der dritten Zeile und sparen uns eine Elimination. Ein Diagonalelement mit dem Wert Null kann sich aber auch erst im Laufe des Verfahrens ergeben. Für unseren Algorithmus bedeutet das folgendes: Bevor wir mit der Elimination beginnen, müssen wir prüfen, ob das Diagonalelement ungleich Null ist. Falls es nicht Null ist, müssen wir in derselben Spalte ein Element ungleich Null suchen. Finden wir kein solches Element, so ist das Gleichungssystem nicht eindeutig lösbar, weil die Gleichungen nicht linear unabhängig sind. Das heißt, es sind Gleichungen dabei, die keine neue Information enthalten. Die beiden Gleichungen

```
x + y = 2    und 2x + 2y = 4
```

machen die gleiche Aussage zu **x** und **y**.

Solche Fälle muß das Programm erkennen und eine entsprechende Meldung ausgeben. Wir brauchen also zusätzlich Programmteile, welche

* in einer Spalte ein Element ungleich Null suchen
* zwei Zeilen vertauschen

In Lehrbüchern der numerischen Mathematik findet man auch Überlegungen zur Genauigkeit des Verfahrens. Für die Genauigkeit ist es günstig, wenn das Diagonalelement das betragsmäßig größte Element der Spalte ist. Das heißt, man sucht vor der Elimination einer Spalte jene Zeile, die in der aktuellen Spalte die größte Zahl stehen hat. Dieses Element nennt man das Pivotelement. Man bringt es – falls notwendig – durch Zeilentausch in die Diagonalposition. Natürlich müssen wir auch für dieses Element noch prüfen, ob es ungleich Null ist. Mit diesen Vorbereitungen und einem allgemeinen Schema für ein solches Gleichungssystem formulieren wir den Gauß'schen Algorithmus mit Zeilenpivotisierung.

Überlegungen zur Datenstruktur:

Da die Elemente der rechten Seite (rechts vom = Zeichen) bei den Umformungen gleich behandelt werden wie die Elemente der Koeffizientenmatrix, ist es sinnvoll, diese Zahlen als n+1-te Spalte der Koeffizientenmatrix abzuspeichern. Man bezeichnet diese (n x n+1)-Matrix als erweiterte Koeffizientenmatrix. Die einfachste Lösung ist die Verwendung eines zweidimensionalen Vektors

```
double a[NMAX][NMAX+1];
```

für die erweiterte Koeffizientenmatrix:

$$a_{11} x_1 + a_{12} x_2 + a_{13} x_3 + \ldots \qquad + a_{1n} x_n = a_{1n+1}$$

$$a_{21} x_1 + a_{22} x_2 + a_{23} x_3 + \ldots \qquad + a_{2n} x_n = a_{2n+1}$$

$$\ldots\ldots$$

$$a_{n1} x_1 + a_{n2} x_2 + a_{n3} x_3 + \qquad\qquad a_{nn} x_n = a_{nn+1}$$

Im Zusammenhang mit solchen Aufgaben erweist sich das in C starre Schema der Vektorindizierung von Null weg allerdings als Nachteil. Es verhindert nämlich eine unmittelbare Verwendung der gewohnten Numerierung für die Zeilen und Spalten, außer man entschließt sich dazu, die "0-te Zeile" und "0-te Spalte" einfach nicht zu verwenden, womit man sich auch wieder eine Menge von Schwierigkeiten einhandeln kann. Im folgenden Code werden auch die Indizes 0 verwendet. Für **n** Gleichungen bedeutet das:

```
Zeilennummern    0 bis n-1
Spaltennummern   0 bis n
```

Die Definition eines Vektors mit fixer Größe entspricht einer durchaus akzeptablen Lösung. Natürlich könnte man auch je nach tatsächlicher Größe des Gleichungssystems dynamisch Speicherplatz für die Koeffizienten reservieren.

Liste der wichtigsten Bezeichner:

Bezeichner	Typ	Beschreibung
a_{ij}	double	Element der erweiterten Koeffizentenmatrix
x_i	double	Lösung
i	int	Zeilennummer
j	int	Spaltennummer
s	int	Eliminationsschritt 1,2,3...n
pelement	double	Pivotelement, Diagonalelement für die Elimination
pzeile	int	Pivotzeile, Zeile mit Pivotelement
n	int	Anzahl der Gleichungen

Struktogramm für den Algorithmus:

s = 0

	Zeilenpivotisierung: Suche in der Spalte j = s ab der Zeile i = s das betragsmäßig größte Element (pelement) Merke die zugehörige Zeile (pzeile)
	Setze das Fehlerflag, falls |pelement| < EPS
	Abbruch, falls Fehlerflag gesetzt
	Vertausche die Zeilen, falls notwendig
	Elimination
	s = s + 1

solange s < n

Fehler ?	
JA	NEIN
Fehlermeldung	Lösungen berechnen

Der Algorithmus ist im Sinne der Mehrfachverwendung als Funktion implementiert. Die Kommentare müßten für ein vollständiges Verständnis ausreichen.

```c
/* gauss.c
Gauss'sches Eliminationsverfahren mit Zeilenpivotisierung
gaussalg-Argumente:
  double a[N][N+1]  erweiterte Koeffizientenmatrix    Read/Write
  int    n          Anzahl der Gleichungen            Read
  double x[N]       Loesungen                         Write
Resultat:
  int Fehlercode  0 fuer Fehler, 1 fuer Erfolg                 */

#include <math.h>
#include <stdio.h>
#include "gauss.h"

int gaussalg (double a[][NMAX+1], int n, double x[]) /*
------------------------------------------------------------*/
{
  int i, j;                    /* Zeile, Spalte           */
  int s;                       /* Elimininationsschritt    */
  int pzeile;                  /* Pivotzeile               */
  int fehler = 0;              /* Fehlerflag               */
  double f;                    /* Multiplikationsfaktor    */
  const double Epsilon = 0.001;   /* Genauigkeit           */
  double Maximum;              /* Zeilenpivotisierung      */
```

```
  s = 0;
  do {                    /* die einzelnen Eliminationsschritte   */
    printf("Schritt %2i von %2i\n", s+1, n);
    Maximum = fabs(a[s][s]);   /* groesstes Element       */
    pzeile = s ;               /* suchen                  */
    for (i = s+1; i < n; i++)
      if (fabs(a[i][s]) > Maximum) {
        Maximum = fabs(a[i][s]) ;
        pzeile = i;
      }
    fehler = (Maximum < Epsilon);
    if (fehler) break;              /* nicht loesbar            */

    if (pzeile != s)  /* falls erforderlich, Zeilen tauschen */
    { double h;
      for (j = s ; j <= n; j++) {
        h = a[s][j];
        a[s][j] = a[pzeile][j];
        a[pzeile][j]= h;
      }
    }

    /* Elimination --> Nullen in Spalte s ab Zeile s+1   */
    for (i = s + 1; i < n; i++ ) {
      f = -(a[i][s]/a[s][s]);        /* Multiplikationsfaktor   */
      a[i][s] = 0.0;
      for (j = s+1; j <= n ; j++)    /* die einzelnen Spalten   */
        a[i][j] += f*a[s][j];        /* Addition der Zeilen i,s */
    }
    #if DEBUG
       matout (a, n, n+1);
    #endif
    s++;
  } while ( s < n ) ;

  if (fehler) {
    printf ("gauss: Gleichungssystem nicht loesbar\n");
    return (0); }
  else {
    /* Berechnen der Loesungen aus der entstandenen Dreiecksmatrix */
    x[n-1] =  a[n-1][n]/a[n-1][n-1];              /* letzte Zeile     */
    for (i = n-2 ; i >= 0; i-- ) {               /* restliche Zeilen */
      for (j = n-1 ; j > i ; j-- )               /* auf rechte Seite */
        a[i][n] = a[i][n] - x[j]*a[i][j];        /* bringen          */
      x[i] = a[i][n]/a[i][i];                    /* Loesung          */
    }
    return (1);
  }

} /* end gaussalg */
```

```
 /* File matio.c */

#include <stdio.h>
#include "gauss.h"

void matin (double a[][NMAX+1], int *n, int *m)
{
  int i,j;

  printf("Matrix Eingabe \n\n");
  printf("Anzahl der Zeilen  : "); scanf ("%d", n);
  printf("Anzahl der Spalten : "); scanf ("%d", m);
  printf("\n");

  for (i = 0; i < *n; i++ ) {
    printf("Zeile %2d : ",i+1);
    for (j = 0; j < *m; j++) scanf("%lf", &a[i][j]);
    }
  scanf("%*c");
  printf("\n");
} /* end matin */

void matout (double a[][NMAX+1], int n, int m)
{
  int i,j;

  putchar('\n');
  for (i = 0; i < n; i++ ) {
    for (j = 0; j < m; j++) printf ("%8.2f  ",a[i][j]);
    printf("\n");
    }
  printf("%s%s",
  "-----------------------------------------------------------\n",
  "Type return to continue");
  getchar();
} /* end matout */
```

```
/* File gauss.h */

#define DEBUG 1
#define NMAX 10
int gaussalg (double a[][NMAX+1], int n, double x[]);
void matin  (double a[][NMAX+1], int *n, int *m);
void matout (double a[][NMAX+1], int n, int m);
```

```
/* File tgauss.c */

#include <stdio.h>
#include "gauss.h"

void main(void)
{
  double a[NMAX][NMAX+1];
  double x[NMAX];
  int i, n, m;

  matin (a, &n, &m);        /* Gleichungssystem einlesen */
  matout (a, n, n+1);       /* Kontrollausgabe           */
  if ( gaussalg (a, n, x) ) {
    printf(
    "\nLoesung der %2d Gleichungen fuer die %2d Unbekannten x[i]\n",
      n, n);
    for (i=0; i < n; i++)
      printf("x[%2d] = %12.4g\n", i+1, x[i]);
  }
}
```

Kontrollfragen:

1) Wie vereinbart man Vektoren?

2) Welche Merkmale charakterisieren diesen strukturierten Datentyp?

3) In welchem Zusammenhang stehen Vektoren und Zeiger?

4) Was ist bei der Verwendung von Vektoren als Parameter von Funktionen zu beachten?

5) Wie vereinbart man mehrdimensionale Vektoren?

6) Wie sind mehrdimensionale Vektoren im Speicher angeordnet?

7) Was ist bei der Verwendung von mehrdimensionalen Vektoren als Parameter von Funktionen zu beachten?

8) Wie arbeitet das Quicksort-Verfahren?

9) Was versteht man unter linearer Regression?

10) Erläutern Sie den Gauß'schen Algorithmus!

Aufgaben: Die Verwendung von Vektoren bietet sich für viele Aufgaben der Mathematik und Technik an. Besorgen Sie sich ein Buch über numerische Mathematik oder überlegen Sie sich Aufgaben aus Ihrem Fachgebiet und lösen Sie die Aufgaben mit einem C-Programm. Einige Themen dazu: Polynomregression, Polynominterpolation, numerische Lösung von Differentialgleichungen (Runge-Kutta), Glättung von Kurven (Faltung). In der Elektrotechnik und Elektronik verwendet man Programme für Netzwerkanalyse, digitale Filter, digitale Regler usw.

11 Zeichenketten

11.1 Allgemeines, Zeichenketten in C

Vermutlich wird der überwiegende Teil von Computerleistung für die Textverarbeitung genützt. Die Verarbeitung von Zeichenketten spielt daher in der Programmierung eine große Rolle. Die zugehörigen Datenstrukturen ergeben sich aus der üblichen Form von Texten, deren wesentliche Struktur die Anordnung in Zeilen ist. Die einzelnen Zeichen sind z.B. laut ANSI-Code oder Unicode codiert.

Als Grundstruktur einer Zeichenkette bietet sich ein Vektor mit dem Grunddatentyp `char` für die einzelnen Zeichen an. Will man Zeichenkettenvariablen bearbeiten, so ist mit wechselnden Längen zu rechnen, d.h. man braucht eine Information für die Länge einer Zeichenkette. Dazu bieten sich folgende Lösungen an:

∗ Das erste Element des Vektors enthält die aktuelle Länge der Zeichenkette.

∗ Das Ende einer Zeichenkette wird mit einem bestimmten Abschlußzeichen (*terminating character*) markiert. Diese Methode wird in C verwendet.

In einem Vektor

```
char s[20];
```

ist der Text "Am Lurabuehel" folgendermaßen angeordnet:

Byte	0	1	2	3	4	5	6	7	8	9	10	11	12	13	14	15	16	17	18	19
Inhalt	A	m		L	u	r	a	b	u	e	h	e	l	\0						

Als Abschlußzeichen wird das Zeichen '\0' (ASCII-Code 0) verwendet. Die Elemente nach dem Abschlußzeichen haben keinen definierten Wert. In C gibt es keine Operatoren für die Verarbeitung von Zeichenketten. Die C-Bibliothek stellt jedoch eine ausreichende Anzahl von Funktionen zur Verfügung, welche Zeichenketten manipulieren und das abschließende '\0'-Zeichen konsistent verwalten. Zeichenketten können in vereinbarten Vektoren mit Platz für eine maximale Anzahl von Zeichen abgelegt werden. Platz für Zeichenketten kann aber auch dynamisch reserviert werden. Egal, welche Variante man wählt, Zeiger und Zeigerarithmetik spielen eine bedeutende Rolle.

Definitionen der Form

```
char s1[10], s2[30];
```

vereinbaren Vektoren fixer Länge für die Aufnahme von Zeichenketten. Da für das Abschlußzeichen Platz sein muß, können maximal 9 bzw. 29 Zeichen gespeichert werden. Das folgende Beispiel zeigt die Verwendung eines Vektors für eine Zeichenkette, es werden keine speziellen Zeichenketten-Funktionen verwendet.

```
/* string21.c */

#include <stdio.h>
#define   MAXLENGTH 80

int main(void)
{
  char    c, line[MAXLENGTH];
  int     i;

  printf("\nWie lautet Ihr Name? ");
  for (i = 0; (c = getchar()) != '\n'; i++)
    line[i] = c;
  line[i] = '\0';

  printf("\nSchoen Sie zu sehen, ");

  for (i = 0; line[i] != '\0'; i++)
    putchar (line[i]);

  printf(".\nIhr Name rueckwaerts gelesen lautet: ");

  while (i != 0)
    putchar(line[--i]);

  printf("\n\nViel Erfolg mit C !\n");

  return 0;
}
```

Mittlerweile dürfte es keine Überraschung mehr sein, daß nach einer Definition

```
char strvektor[10];
```

eine Zuweisung

```
strvektor = "ABCDE";    ---> Syntax error !!
```

nicht möglich ist, weil `strvektor` kein L-Wert ist. Eine Initialisierung ist allerdings möglich:

```
char strvektor[10] = "ABCDE";
```

Die einzelnen Zeichen der Zeichenkette können wir natürlich verändern:

```
strvektor[1] = '*';
```

Die zugehörige Situation im Speicher ist:

strvektor:

Wird initialisiert, so kann man die Längenangabe weglassen, die Anzahl der maximal verfügbaren Elemente ergibt sich aus der Länge der angegeben Zeichenkette.

```
char strvektor[] = "ABCDE";
```

reserviert Platz für 5 Zeichen und das Abschlußzeichen. Die aktuelle Länge einer Zeichenkette kann mit der Funktion `strlen` bestimmt werden.

Um Platz für eine Zeichenkette während der Laufzeit des Programmes, also bei Bedarf zu reservieren, definiert man einen Zeiger

```
char *strzeiger;
```

und reserviert dann mit der Bibliotheksfunktion `malloc` Speicherplatz für eine bestimmte Anzahl von Zeichen:

```
strzeiger = (char *) malloc(15);
```

`strzeiger` zeigt jetzt auf den Beginn eines Speicherbereiches für 15 Zeichen, wobei ein Zeichen für das '\0' Zeichen eingerechnet werden muß. Auf die einzelnen Zeichen kann man über Zeigerarithmetik `*(strzeiger+i)` oder mit dem Ausdruck `strzeiger[i]`, d.h. mittels Indexschreibweise zugreifen. Einem vereinbarten Zeiger kann man durch Initialisierung oder im Anweisungsteil eine konstante Zeichenkette mit dem Zuweisungsoperator zuordnen:

```
strzeiger = "Konstante";
```

Für die Zeichenkette wird vom Übersetzer Speicherplatz reserviert, die Anfangsadresse der Zeichenkette wird der Zeigervariablen `strzeiger` zugewiesen.

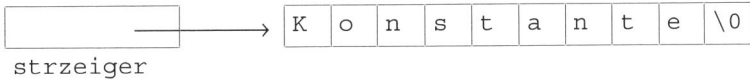

Wir können eine Zeigervariable später auch auf andere Zeichenketten zeigen lassen. Allerdings geht die ursprüngliche Zeichenkette damit für das Programm verloren. Eine Gefahr beim Arbeiten mit Zeigern ist, daß die Verbindung zu Objekten im Speicher unterbrochen wird. Diese Objekte liegen dann als "Leichen" im Speicher und sind nicht mehr erreichbar.

11.2 Ein-/Ausgabe von Zeichenketten

Für formatiertes Lesen von Zeichenketten kann die Bibliotheksfunktion scanf mit den Umwandlungen %s, %c und %[...] verwendet werden. Das Argument zu den Umwandlungen ist immer ein Zeiger auf den Typ char. Der Programmierer muß immer selber darauf achten, daß die Länge einer vordefinierten Zeichenkette nicht überschritten wird. %s überliest Zwischenraumzeichen (*White-space-characters*), liest dann alle regulären Zeichen, bis wieder ein Zwischenraumzeichen auftaucht und schließt die Zeichenkette mit einem Abschlußzeichen ab. Zur Erinnerung: Zwischenraumzeichen sind Leerzeichen, Tabulatorzeichen und Zeilentrenner. Mit der %s-Umwandlung kann deshalb keine Zeichenkette mit mehreren Wörtern eingelesen werden! Mit %ns kann die Zahl der verarbeiteten Zeichen auf n begrenzt werden. Im Prinzip kann auch eine %nc Umwandlung verwendet werden. Sie liest n beliebige Zeichen aus dem Datenstrom, am Ende wird kein Abschlußzeichen angehängt. Eine weitere Möglichkeit ist die Verwendung einer %[ ]-Umwandlung. Innerhalb der Klammern kann mit einem sogenannten regulären Ausdruck definiert werden, welche Zeichen gelesen werden.

Programmbeispiel:

```
/* string22.c */

#include <stdio.h>

void tastaturbuffer_ausraeumen(void)
{ while (getchar() != '\n') ; }

int main(void)
{
  char  s[50];

  printf("scanf-Demo:\n\n");
  do {
    printf("Umwandlung %%s         : ");
    scanf("%s", s);
    tastaturbuffer_ausraeumen();
    printf("Kontrollausgabe       : "); puts(s);
    s[0] = '\0';
    printf("Umwandlung %%5c        : ");
    scanf("%5c", s); s[5] = '\0';
    tastaturbuffer_ausraeumen();
    printf("Kontrollausgabe       : "); puts(s);
    s[0] = '\0';
    printf("Umwandlung %%[A-Za-z]\nEnde mit E           : ");
    scanf("%[A-Za-z]", s);
    tastaturbuffer_ausraeumen();
    printf("Kontrollausgabe       : "); puts(s);
  } while (s[0] != 'E');
  return 0;
}
```

Einige Experimente mit dem Programm zeigen, daß jede Umwandlung offenbar ihre Vor–
und Nachteile hat. Die Umwandlung %s bricht bei Zwischenraumzeichen ab, die Umwandlung %5c will unbedingt 5 Zeichen lesen. Die Umwandlung %[...] liest nur Zeichen aus
der durch [...] definierten Menge von Zeichen (Suchmenge). Umgekehrt kann man mit
[^...] eine Menge von nicht "erlaubten" Zeichen definieren. Beispiele:

```
scanf("%[+*\-]", str);    /* erlaubt die Zeichen +,*,\,-      */
scanf("%[a-zA-Z]", str);  /* erlaubt alle Buchstaben         */
scanf("%[^0-9]", str);    /* alle Zeichen außer den Ziffern  */
```

Alle nicht zur Suchmenge gehörenden Zeichen werden zu Beginn ignoriert, es wird gewar-
tet, bis ein oder mehrere Zeichen aus der Suchmenge im Strom aufscheinen. Jedes weitere
nicht zur Suchmenge gehörende Zeichen beendet die Eingabe. Für die genauen Regeln ist
ein Referenzhandbuch zu Rate zu ziehen.

Die Funktionen sscanf und sprintf arbeiten wie scanf und printf, Quelle bzw.
Ziel sind jedoch Zeichenketten:

```
sscanf  (s, "format-control-string", ...);
sprintf (s, "format-control-string", ...);
```

s ist vom Typ char *. Die Funktion

```
char *gets (char *s)
```

liest vom Terminal eine Zeile bis zum Zeilentrenner '\n' (Return-Taste), '\n' wird nicht
abgespeichert. Das Argument ist die Adresse (char *s), ab der die Zeichen abgelegt werden. Das Ergebnis ist im Erfolgsfall ident mit dem Argument; im Fehlerfall ist das Resultat
NULL, der String s ist ein Nullstring (""). Ein Nullstring enthält als erstes Zeichen das Zeichen '\0'. Tritt EOF auf, dann liefert gets ebenfalls NULL, der String s ist undefiniert.

```
int puts (const char *s)
```

gibt einen String aus und beendet die Ausgabe mit einem Zeilentrenner. puts liefert als Er-
folgsresultat eine positive Zahl, sonst EOF.

```
char *fgets (char *line, int n, FILE *fp);
```

unterscheidet sich von gets in folgenden Punkten :

* Eingabekanal ist der Strom fp

* fgets liest maximal n-1 Zeichen

* der Zeilentrenner '\n' wird abgespeichert

```
int fputs (const char *s, FILE *fp);
```

unterscheidet sich von puts ebenfalls

* Ausgabe auf den Strom fp

* am Ende wird kein Zeilentrenner angehängt

11.3 Funktionen für Zeichenketten in der C-Bibliothek

Die C-Bibliothek stellt eine Menge von Funktionen zur Bearbeitung von Zeichenketten zur Verfügung. Die Definitionsdatei für die Prototypen ist `string.h`. Eine Beschreibung der Funktionen finden Sie im Anhang des Buches.

Wichtige Funktionen:

`strcat`	verbindet zwei Strings zu einem String
`strchr`	sucht ein bestimmtes Zeichen im String
`strcmp`	vergleicht zwei Zeichenketten lexikographisch
`strcpy`	kopiert einen String auf einen String

Die letzte Funktion muß für die Zuweisung einer Zeichenkettenkonstante an einen Vektor statt der nicht erlaubten Zuweisung `s = "abcdef";` verwendet werden:

```
strcpy(s,"abcdef");
```

11.4 Vektoren mit Zeigern auf Zeichenketten

Die Definition

```
char *zeile[4];
```

erzeugt einen Vektor mit 4 Zeigern, welche auf den Beginn einer Zeichenkette zeigen. Wir bezeichnen solche Zeiger nicht ganz korrekt als Zeiger auf Zeichenketten. Eigentlich sind es Zeiger auf den Typ `char`. Die einzelnen Zeichenketten können unterschiedlich lang sein. Betrachten wir folgendes Programm:

```c
/* string23.c */
#include <stdio.h>
#include <stdlib.h>        /* fuer malloc */
#include <string.h>

int main(void)
{
  char *zeile[4];          /* 4 Zeiger auf Zeichenketten */
  int  i;
  zeile[0] = (char *) malloc(15);
  printf ("1. Zeile eingeben : ");   /* eingegeben wird: */
  gets (zeile[0]);                   /* Erste Zeile       */
  zeile[1] = (char *) malloc(15);
  strcpy(zeile[1],"Zweite Zeile");
  zeile[2] = "Dritte Zeile";
  zeile[3] = "Vierte Zeile";
  for (i = 0; i < 4; ++i) puts (zeile[i]);
  return 0;
}
```

Nehmen wir an, daß für die Abspeicherung eines Zeigers 2 Byte erforderlich sind, dann ergibt sich z.B. folgende Situation (@ = '\0'):

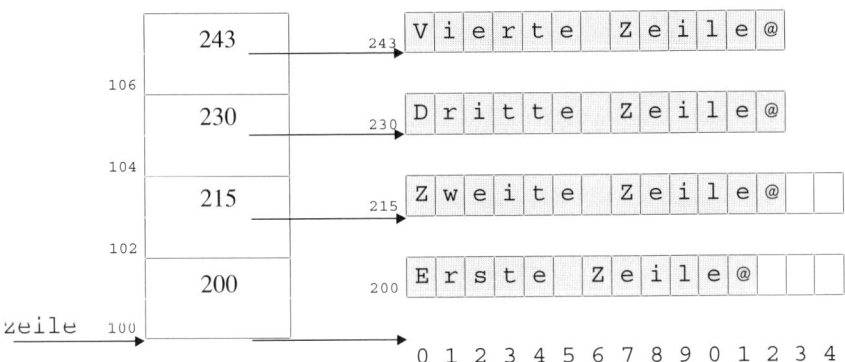

Auf Zeichen der ersten Zeile kann mit

    zeile[0][0], zeile[0][1]

zugegriffen werden. zeile[0] ist vom Typ Zeiger auf char. Die Schreibweise zeile[0][i] verwendet die Zusammenhänge mit der Zeigerarithmetik. Der Ausdruck ist äquivalent zu *(zeile[0] + i). Wir können auch einen zusätzlichen Zeiger vereinbaren:

    char *ps;

und dem Zeiger ps den Zeiger auf den Beginn der ersten Zeile zuweisen:

    ps = zeile[0];

Durch Ausdrücke der Form

    ps + i   ps++

errechnen wir die Adressen der einzelnen Zeichen. Die Dereferenzierung dieser Ausdrücke liefert die einzelnen Zeichen, z.B.:

    *(ps+i)
    while (*ps) putchar(*ps++);

Aber auch ein Zeiger auf einen Zeiger, der auf char zeigt,

    char **pzeile = zeile;

kann vereinbart und mit dem Wert von zeile initialisiert werden. *pzeile zeigt dann auf den Text "Erste Zeile".

    puts (*pzeile)

gibt dann den Text "Erste Zeile" und einen Zeilentrenner auf stdout aus.

Die Vereinbarungen

```
char *zeile[4];
char **pto_zeile;
```

sind die ersten etwas komplizierteren Vereinbarungen. Betrachten wir als Vorbereitung auf das nächste Programmbeispiel den Zusammenhang zwischen Vereinbarungen und Dereferenzierung von Zeigern. Die Vereinbarung

```
char    c, *pto_c, **pto_pto_c;
```

definiert die drei Variablen c, pto_c und pto_pto_c. Die Datentypen sind:

Variable	Datentyp
c	char
pto_c	Zeiger auf char
pto_pto_c	Zeiger auf (Zeiger auf char)

Die Situation im Speicher nach den Zuweisungen

```
c = 'A';   pto_c = &c;    pto_pto_c = &pto_c;
```

ist z.B.:

Variable	Adresse	Inhalt
c	100	A
pto_c	98	100
pto_pto_c	96	98

Durch Dereferenzierung gelangt man zum Inhalt, auf den ein Zeiger zeigt. Zur Bestimmung des Datentyps des dereferenzierten Zeigerausdrucks ist von links nach rechts das "Zeiger auf" zu streichen:

Ausdruck	Datentyp	Inhalt
c	char	'A'
pto_c	Zeiger auf char	100
*pto_c	char	'A'
pto_pto_c	Zeiger auf Zeiger auf char	98
*pto_pto_c	Zeiger auf char	100
**pto_pto_c	char	'A'
&pto_pto_c	Zeiger auf Zeiger auf Zeiger auf char	96

Damit sind wir wieder bei der bereits einmal genannten Interpretation der Vereinbarung:

```
char   c, *pto_c, **pto_pto_c ;
```

Die Ausdrücke `c`, `*pto_c` und `**pto_pto_c` sind vom Typ `char`.

Die Betrachtung einer Anordnung

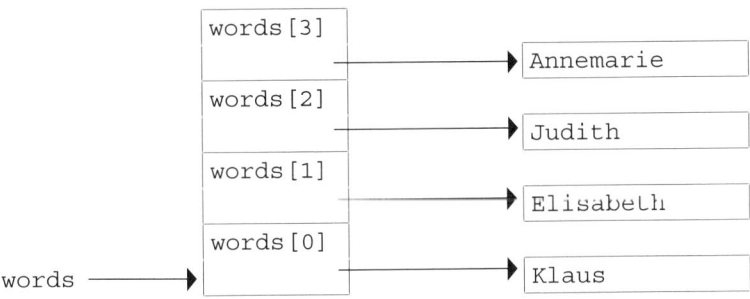

legt eine sehr wichtige Idee nahe. Größere Datensätze (hier sind es einzelne Zeichenketten) sortiert man dadurch, daß in einem Vektor mit Zeigern auf die Datensätze die Zeiger vertauscht werden:

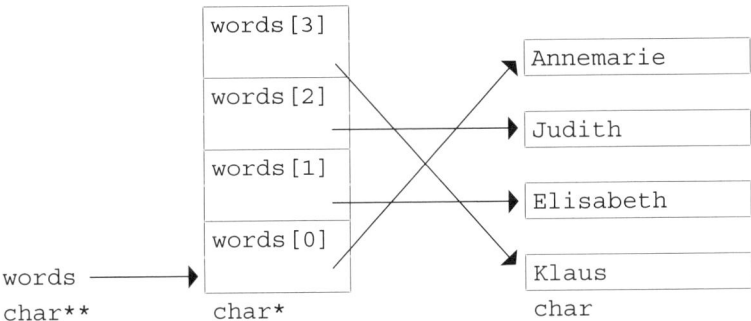

Die letzte Zeile gibt den Datentyp der Elemente an. Nach diesem Verfahren arbeitet das Programm `sortword`. Diese Technik ist auch das Prinzip von sogenannten indexsequentiellen Dateien. Der meist große Datenbestand mit den einzelnen Datensätzen bleibt relativ stabil. Neue Datensätze werden am Ende angefügt. In einer oder mehreren Datenstrukturen (Indexvektoren oder Indexfiles) werden Zeiger auf die Datensätze verwaltet. Bei mehreren Indexvektoren sind die einzelnen Vektoren nach unterschiedlichen Kriterien (Schlüsseln) sortiert.

Algorithmus zum Programm `sortword`:

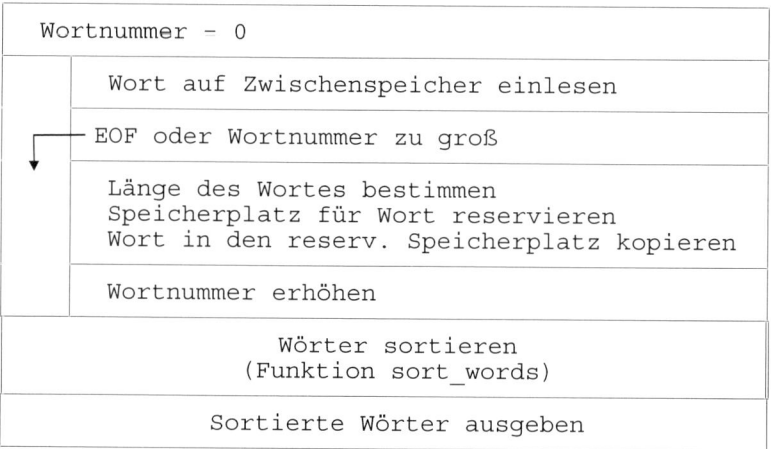

Funktion `sort_words`:

Die Funktion verwendet ein dem Bubble-Sort ähnliches Verfahren, das nach folgendem Prinzip arbeitet.

Man sucht im ersten Durchgang das kleinste Element der Elemente 0 bis n-1 und tauscht es an die erste Stelle (Index = 0). Im zweiten Durchgang wiederholt man das Verfahren für die Elemente 1 bis n-1; das kleinste Element wird an die zweite Stelle (Index = 1) getauscht. Das Verfahren wird in dieser Weise fortgesetzt. Die Zahl der zu untersuchenden Elemente wird mit jedem Durchgang um eins kleiner.

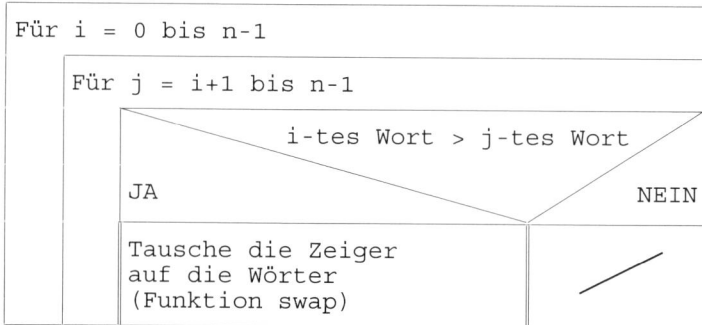

Die Argumente p und q der Funktion swap sind vom Typ `Zeiger auf Zeiger auf char`. Sie sind die Zeiger auf die Adressen `words[i]`. Die dereferenzierten Argumente `*p` und `*q` sind ident mit den Werten `words[i]`; diese werden vertauscht.

```
/* sortword.c  Sortiert Woerter lexikographisch */

#include <stdio.h>
#include <stdlib.h>
#include <string.h>

#define WORDLENGTH    50
#define N             100

int main(void)
{
  char *words[N];
  char temp[WORDLENGTH];
  int  n;                      /* Anzahl der Woerter */
  int  i;

  void sort_words (char *[], int);

  printf ("%s%s",
    "Woerter sortieren :\n",
    "Pro Zeile 1 Wort eingeben, Ende mit EOF\n\n");
  for (i = 0; scanf ("%s", temp) == 1; i++) {
    if (i >= N) {
      printf("\nMaximal %d Woerter koennen sortiert werden !\n", N);
      exit(1);
    }
    words[i] = (char *) calloc( strlen(temp) + 1, sizeof(char) );
    strcpy (words[i], temp);
  }
  n = i;
  sort_words (words, n);
  for (i = 0; i < n; i++)
    printf("%s\n", words[i]);
  return 0;
}

void sort_words (char *w[], int n)
{
  int   i,j;
  void  swap (char **, char **);

  for (i = 0; i < n; i++)
    for (j = i + 1; j < n; j++)
      if (strcmp(w[i], w[j]) > 0)
        swap( &w[i], &w[j]);
}

void swap (char **p, char **q)
{
  char *temp;
  temp = *p;   *p = *q;     *q = temp;
}
```

11.5 Argumente der Funktion main

Die Funktion `main` kann als Resultat einen `int`-Wert an die Betriebssystemumgebung liefern. Einem Programm kann man aber auch beim Start in der Kommandozeile Argumente übergeben. Für die Funktion `main` kann dafür eine Parameterliste der Form

```
int main ( int argc, char *argv[])
```

definiert werden. `argc` ist die Anzahl der übergebenen Argumente, wobei zu beachten ist, daß auch der Programmname als Argument zählt. `argc` hat den Wert 1, wenn die Kommandozeile nur den Programmnamen und keine Argumente enthält. `char *argv[]` definiert `argv` als Vektor mit Zeigern auf Zeichenketten. Diese Zeichenketten sind die Argumente der Funktion.

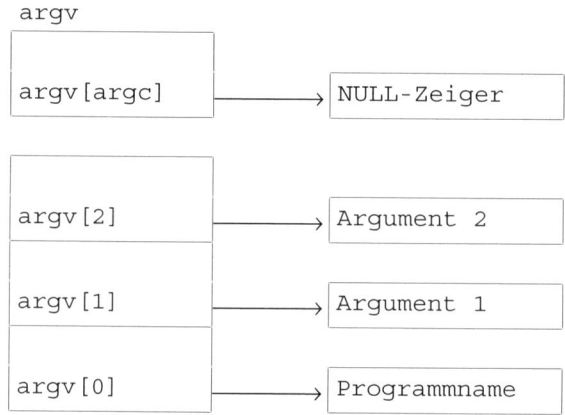

`argv[argc-1]` zeigt auf das letzte Argument. `argv[argc]` ist laut Standard ein Nullzeiger.

Programmbeispiel :

```
/* mainarg.c  Argumente aus der Kommandozeile ausgeben */

#include <stdio.h>

int main (int argc, char *argv[])
{
  int i;
  printf ("program : %s\n",argv[0]);
  for ( i = 1; i < argc; i++ )
    printf ("argument %d: %s\n",i,argv[i]);
  return 0;
}
```

Die einzelnen Argumente werden in der `for`-Schleife auf `stdout` ausgegeben.

Sowohl `argc` als auch `argv` sind lokale Variablen der Funktion `main` und können natürlich manipuliert werden. Die Argumente kann man daher auch mit folgendem Programmcode ausgeben:

```
while (--argc > 0)
  printf("%s%s", *++argv, (argc > 1) ? " " : "");
printf("\n");
```

Beachten Sie den Ausdruck `(argc > 1) ? " " : ""`. Dieser wird verwendet, um zwischen den Argumenten ein Leerzeichen auszugeben. K&R zeigen in diesem Zusammenhang noch eine Alternative, die demonstriert, daß die Formatzeichenkette auch ein Ausdruck sein kann:

```
printf((argc > 1) ? "%s " : "%s", *++argv);
```

Die Argumente aus der Kommandozeile erlauben Programme, welche die von der Kommandozeile gewohnte Schnittstelle zu einem Programm ermöglichen.

```
$ programm_name arg1 arg2 arg3 ...
```

C-Systeme für UNIX stellen spezielle Bibliotheksfunktionen für die Aufbereitung der Kommandozeile zur Verfügung. Details bzw. die Vorgangsweise bei anderen Betriebssystemen finden Sie in den Compilerhandbüchern.

Kontrollfragen:

1) Welchen Datentyp verwendet C zum Arbeiten mit Zeichenketten?

2) Wie wird die aktuelle Länge einer Zeichenkette festgehalten?

3) Warum ist folgender Programmcode fehlerhaft?
   ```
   char s[20];
   s = "ABCDEF";
   ```
   Wie lautet der korrekte Code dafür?

4) Wie vereinbart man einen Vektor mit Elementen, die vom Typ Zeiger auf `char` sind?

5) Von welchem Datentyp sind die folgenden Variablen:
   ```
   int  *a;
   int  *b[5];
   char *c;
   char **c;
   ```

6) In welcher Form unterstützt C die Verarbeitung von Zeichenketten?

7) Was ist bei der Verwendung des Umwandlungszeichens `%s` zu beachten?

8) Wie verhalten sich die Funktionen `getc`, `fgetc`, `puts` und `fputs`?

9) Wie ist eine indexsequentielle Datei organisiert?

10) Welchen Typ hat die Funktion `main`?

11) Wie übergibt man Argumente an die Funktion `main`?

Aufgabe 11-1: Schreiben Sie ein Programm, das die Zusammenhänge zwischen Zeigern, Adressen und Dereferenzierung für die Datentypen `char`, `*char` und `**char` demonstriert.

Aufgabe 11-2: Implementieren Sie die Funktion `sort_words` des Programms `sortword` als klassischen Bubble-Sort bzw. durch einen Aufruf der Bibliotheksfunktion `qsort`.

Aufgabe 11-3: Ändern Sie das Sortierprogramm, um die Wörter von einer Datei einzulesen. Untersuchen Sie die Effizienz der drei genannten Sortiermethoden durch Messung der Ausführungszeit des Programms.

Aufgabe 11-4: Schreiben Sie für einige Funktionen zur Bearbeitung von Zeichenketten eigene Funktionen.

Aufgabe 11-5: Schreiben Sie eine Funktion mit dem Prototyp

```
void makeliste (int liste[], int *n, char *s);
```

welche die in einer Zeichenkette der Form

```
2,3,8,12,27,98
```

vorkommenden Zahlen in einem Vektor (`liste`) abspeichert.

Aufgabe 11-6: Schreiben Sie ein Programm, das den COPY-Befehl des Betriebssystemes ausführt. Aufruf des Programms mit:

```
copy file1 file2
```

Dabei wird *file1* auf *file2* kopiert. Überzeugen Sie sich davon, ob wirklich Ihr Programm aufgerufen wird. Überlegen Sie sich eine Lösung, falls das nicht der Fall ist.

12 Strukturen, dynamische Datenstrukturen, Unionen

12.1 Strukturen

In der Datenverarbeitung verwendet man den Begriff Datensatz für eine Zusammenfassung von unterschiedlichsten Daten. Eine solche Verbindung von Daten unterschiedlichen Typs zu einer Struktur wird von vielen Programmiersprachen unterstützt. In C nennt man einen solchen Satz von Daten *structure*. Wir werden dafür die Begriffe Struktur bzw. Verbund verwenden. Einige Beispiele für Strukturen:

Spielkarte:

Farbe	Figur

Schaltungselement:

Pos.	Bauteil	Wert	Knoten1	Knoten2

Pferd:

Name	Geschlecht	Alter	Farbe	Zucht

Die Datentypen der einzelnen Felder sind unterschiedlich: `int`, `char[]`, enum-Typ, `double`.

12.1.1 Typ-Deklarationen und Definition von Variablen

Die für uns konsequenteste Lösung ist die Verwendung von `typedef`, um z.B. für die zur Beschreibung einer Spielkarte passende Struktur einen neuen Typbezeichner `t_karte` zu deklarieren:

```
typedef struct {
    char  farbe;
    int   wert;
} t_karte;
```

Jetzt sind Variablendefinitionen der Form

```
t_karte  k1,k2;
```

möglich.

Für die Vereinbarung einer Struktur gilt die Syntax (nicht vollständig):

```
struct-declaration ::=
    struct identifier_opt
    { { member-declaration }_1+ } { var-identifier-list }_opt;
```

```
member-declaration ::=

          type-specifier field-identifier-list ;
```

Die einzelnen Felder (*fields, members*) eines Verbundes können ebenfalls strukturierte Datentypen (Vektoren, Verbunde) sein. Dadurch ist der Aufbau von komplizierten Datenstrukturen möglich:

```
typedef
    struct {
      int  tag, monat, jahr;
      char tag_name[3];            /* Mo, Di, Mi, ...    */
      char monats_name[4];         /* Jan, Feb, ...      */
    } t_datum ;
```

deklariert den Typ t_datum. Die Vereinbarung

```
  t_datum  gestern, heute, morgen;
```

definiert drei Variablen des Typs t_datum.

Einige Beispiele für Vereinbarungen ohne Verwendung von typedef:

```
  struct datum {
    int  tag, monat, jahr;
    char tag_name[3];            /* Mo, Di, Mi, ...    */
    char monats_name[4];         /* Jan, Feb, ...      */
  };
```

deklariert den Typ struct datum. Variablen werden keine definiert.

```
  struct datum  gestern, heute, morgen;
```

definiert drei Variablen des Typs struct datum.

```
  struct {
    char  farbe;
    int   wert;
  } k;
```

definiert eine Variable k vom Typ der angegebenen Struktur. Ein später verwendbarer Typbezeichner wird nicht vereinbart.

```
  struct karte {
    char farbe;
    int  wert; };
```

deklariert einen Datentyp struct karte.

Definition von Variablen dieses Typs:

```
struct karte  k1,k2;
```

Der optionale Bezeichner nach dem Schlüsselwort `struct` wird zusammen mit dem Schlüsselwort `struct` zu einem Datentyp. Bezeichner nach der abschließenden Klammer } definieren Variablen. Typdeklaration und Variablendefinition kann auch kombiniert werden:

```
struct karte {
    char   farbe;
    int    wert;
} k1,k2;
```

definiert die Variablen `k1` und `k2`. `struct karte` steht als Typ für weitere Variablen-definitionen zur Verfügung:

```
struct karte  spiel[36];
```

reserviert Speicherplatz für alle Karten eines Kartenspiels mit 36 Karten.

Die Größe einer Struktur kann mit dem `sizeof`-Operator ermittelt werden. Zum Beispiel liefert

```
sizeof(t_datum)
```

den Wert 19 oder 20 (4 Byte je `int`-Wert und 1 Byte je Zeichen). Hier kann eine Eigenheit der Adressierung des Speichers auftreten, welche von Compilern berücksichtigt wird. Der Beginn und die Größe von Objekten kann nicht jede beliebige Zahl sein, sondern muß z.B. ein Vielfaches von 2 oder 4 sein. Man nennt dies *alignment* (=[genaue] Ausrichtung). Die Parameter dafür sind über Compilerschalter einstellbar.

12.1.2 Zugriff auf Strukturen und die Felder einer Struktur

Für zwei Objekte derselben Struktur ist eine Zuweisung

```
k1 = k2;
```

möglich. Auf eine Verbundvariable kann der Adreßoperator und der `sizeof`-Operator angewandt werden.

Ein Vektor ist eine Datenstruktur mit Elementen des gleichen Datentyps. In einem Verbund verbindet man in der Regel Komponenten unterschiedlichen Typs zu einer Einheit. Ein anderer wesentlicher Unterschied ist, daß für den Zugriff auf die einzelnen Elemente beim Vektor ein zur Laufzeit berechenbarer Selektionsmechanismus zur Verfügung steht (der Vektorindex ist ein Integer-Ausdruck). Beim Verbund hingegen erfolgt die Selektion einzel-ner Elemente über die in der Spezifikation festgelegten Feldbezeichner. Diese Feldbezeich-ner können nicht durch veränderbare Zeichenketten ersetzt werden.

Es gibt zwei Operatoren für den Zugriff auf die einzelnen Felder: `.` und `->`

Der `.`-Operator erlaubt den Zugriff auf die Felder einer Verbundvariablen in der Form

```
struct-var-identifier.struct-field-identifier
```

Beispiele (unter Verwendung von bereits definierten Variablen):

```
gestern.tag = 27;
strcpy(morgen.tag_name, "Mo");
heute.monats_name[0] = 'J';
```

Der Operator -> ermöglicht den Zugriff auf die Felder über Zeiger auf die Struktur. Der Zugriff erfolgt in der Form

pointer-to-structure->field-identifier

dazu äquivalent ist

(*pointer-to-structure).field-identifier

Die Klammern sind wegen der Rangordnung der Operatoren notwendig.

12.1.3 Strukturen und Funktionen

ANSI-C erlaubt Strukturen als Argumente von Funktionen, aber auch das Resultat einer Funktion kann eine Struktur sein. Wenn ein Verbund als Argument einer Funktion verwendet wird, so steht entsprechend dem *by value*-Übergabemechanismus eine Kopie der gesamten Struktur im Rumpf der Funktion zur Verfügung. Auch ein eventueller Vektor als Element des Verbundes wird zur Gänze kopiert. Das kann sehr ineffizient werden. Es ist daher immer sorgfältig zu prüfen, ob nicht als Alternative ein Zeiger auf den Verbund als Argument verwendet werden soll.

Insbesondere Elektrotechniker arbeiten oft mit komplexen Zahlen. Elementare komplexe Rechnung kann leicht mit einer Sammlung von Funktionen durchgeführt werden. Als Beispiel betrachten wir den Code von zwei Funktionen eines solchen Moduls:

```
typedef struct {
        double  re, im;
        } t_complex;

t_complex cadd (t_complex a, t_complex b)     /* a + b */
{  t_complex c;
   c.re = a.re + b.re;
   c.im = a.im + b.im;
   return c;
}
t_complex cmul (t_complex a, t_complex b)     /* a · b */
{  t_complex c;
   c.re = a.re * b.re - a.im * b.im ;
   c.im = a.re * b.im + a.im * b.re ;
   return c;
}
```

Kaufmännische Anwendungen verwenden oft Verbunde mit vielen Elementen:

```
typedef struct {
    char   land[3];
    int    plz;
    char   ort[15];
    char   strasse[15];
    int    hausnr;
} t_adresse;

typedef struct {
    int    kundennr;
    char   name[25];
    t_adresse adresse;
    double umsatz;
    ....
} t_kundenrecord;
```

Das folgende Programm zeigt, wie man einen Vektor von Strukturen verwaltet. Als Beispiel dient eine Liste von Namen mit Geburtsdatum.

Aufbau eines Datensatzes:

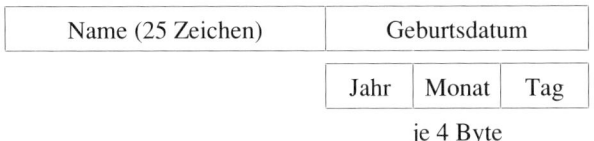

je 4 Byte

Das Programm zeigt auch, wie die Liste im Speicher abgelegt ist. Beispiel für das Ergebnis eines Speicherauszuges:

```
Adresse des   1 -ten Records : 317692      ->      0
Adresse der einzelnen Elemente :
  name      : 317692                              0
  geb_datum : 317720                             28
  monat     : 317724                             32
Adresse des   2 -ten Records : 317732      ->     40
Adresse der einzelnen Elemente :
  name      : 317732
  gcb_datum : 317760
  monat     : 317764
```

Statt der verlangten 25 Zeichen für den Namen werden wegen der Ausrichtung (*alignment*) der int-Werte 28 Byte reserviert.

```
/* struct1.c
-----------------------------------------------------------
Demoprogramm zu Verbunden, zeigt
* Strukturen als Element eines Vektors
* den Zugriff auf einzelne Elemente,
* Uebergabe einer Struktur an eine Funktion
* Anordnung im Speicher
-----------------------------------------------------------*/


#define    FALSE    0
#define    TRUE     1
#define    NMAX     36

#include <stdio.h>
#include <string.h>
#include <ctype.h>

typedef struct { int  jahr, monat, tag; } t_datum;

typedef struct {
  char name[25];
  t_datum    geb_datum;
  } t_schueler;

typedef  t_schueler  t_schuelerliste[NMAX];

void update ( t_schueler *s );
void storeliste (t_schuelerliste s, int n);

FILE *outf, *demo;

/*********************************************************/

int main (void)
{
  int           n = 0;
  char          ant;
  t_schuelerliste sliste;

  outf = fopen("psliste.txt","w");
  demo = fopen("struct1.log","w");
```

```
  do {
    fprintf(demo,"Adresse des %3d -ten Records : %5u\n",
      n+1, (unsigned) &sliste[n]);
    update (&sliste[n++]);
    printf ("Ende j/n ? ");
    scanf ("%c%*c", &ant);
  } while (toupper(ant) != 'J' && n < NMAX);

  storeliste (sliste, n);   /* Liste abspeichern */
  fclose (demo);
  fclose (outf);
  return 0;
}  /* end main */
/****************************************************/
void update (t_schueler *s)
{
  fprintf(demo,"Adresse der einzelnen Elemente :\n");
  fprintf(demo,"  name       : %5u\n", (unsigned) s->name);
  fprintf(demo,"  geb_datum : %5u\n",
    (unsigned) &(s->geb_datum));
  fprintf(demo,"  monat      : %5u\n",
    (unsigned) &(s->geb_datum.monat));

  printf ("Name : ");
  gets (s->name);
  printf ("Geburtsdatum :\n  Jahr  : ");
  scanf ("%d", &(s->geb_datum.jahr) );
  printf ("  Monat : ");
  scanf ("%d", &(s->geb_datum.monat) );
  printf ("  Tag    : ");
  scanf ("%d%*c", &(s->geb_datum.tag) );
}
/****************************************************/
void storeliste (t_schuelerliste s, int n)
{
  int  i;

  for (i = 0; i < n; i++) {
    fprintf (outf,"%-25s %4d %2d %2d\n",
      s[i].name, s[i].geb_datum.jahr,
      s[i].geb_datum.monat,
      s[i].geb_datum.tag);
  }
}
```

12.1.4 Initialisierung von Strukturen

Alle externen und statischen Variablen, auch strukturierte Typen, welche nicht explizit im Code initialisiert werden, werden automatisch vom System mit Null initialisiert. Automatische Variablen enthalten zu Beginn Zufallswerte, können aber ebenfalls initialisiert werden. Die Syntax zur Initialisierung von Verbunden ist analog wie für Vektoren.

Einige Beispiele:

```
typedef struct complex {
            double re;
            double im;
        } t_complex;

t_complex a[3][3] = {
    {{1.0, 0.0}, {0.0, 0.0}, {0.0, 0.0}},
    {{0.0, 0.0}, {1.0, 0.0}, {0.0, 0.0}},
    {{0.0, 0.0}, {0.0, 0.0}, {1.0, 0.0}}
    };
```

Alle eventuell nicht initialisierten Elemente sind Null.

```
complex b[3] = {0};         /* alle 3 Elemente gleich (0,0) */

struct adresse {
  char    *strasse;
  char    *ort;
  long    plz;
} meine_adresse = {"Lurabuehl", "Calcaires", 6833};
```

12.2 Verkettete Listen, Bäume

Fortgeschrittene Programmierer verwenden oft sehr vorteilhaft Datenstrukturen der folgenden Art:

Einfach verkettete Liste:

Zweifach verkette Liste:

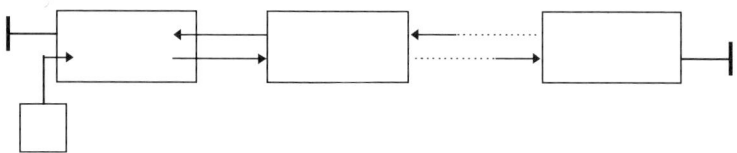

Binärbaum:

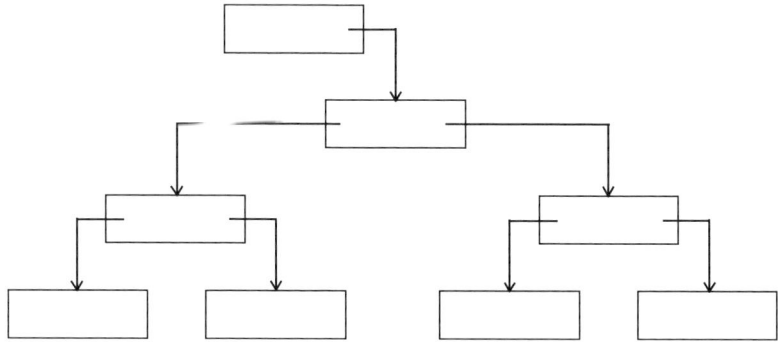

Die einzelnen Elemente enthalten die eigentliche Information und die Zeiger auf ein oder mehrere weitere Elemente. Die Information kann z.B. eine Zahl, eine Zeichenkette usw. sein. Wir müssen also auf jeden Fall unterschiedliche Datentypen in einer Struktur vereinigen. Als Datentyp kommt dafür nur ein Verbund in Frage.

Beispiel für die Deklaration eines Datentyps für eine einfach verkettete Liste mit **int**-Werten als Information:

```
struct list_el {          /* Listenelement              */
   int zahl;              /* Zahl (Information)         */
   struct list_el *next;  /* Zeiger auf naechstes Element*/
}
```

Die Konstruktion erscheint etwas gewagt, sie ist aber korrekt und kann dem Compiler zugemutet werden. Man spricht von einer rekursiven Vereinbarung.

```
struct list_el *next;
```

vereinbart die Komponente next als Zeiger auf den Typ struct list_el.

Solche Datenstrukturen, man bezeichnet sie auch als dynamische Datenstrukturen, weil die einzelnen Elemente (Knoten) nach Bedarf erzeugt werden können, sind für die Informatik äußerst wichtig. Die Literatur (z.B. N. Wirth: Algorithmen und Datenstrukturen) widmet diesem Thema auch den entsprechenden Raum. Eine ausführliche Darstellung würde unseren momentanen Rahmen sprengen. Wir begnügen uns mit einer einfachen, aber trotzdem sehr schönen Anwendung in einem Programm zur Verschlüsselung von Text.

Beschreibung des Verfahrens, Entwurf:

Das einfachste Codierverfahren für Texte kennen Sie vielleicht aus ihrer Kindheit. Viele Kinder haben eine Zeit lang Spaß mit einer Geheimschrift der folgenden Art: Innerhalb des Zeichensatzes wird jedem Zeichen ein anderes Zeichen zugeordnet. Für die Codierung und Decodierung benötigt man eine Codiertabelle, welche die Zuordnungen festlegt. Zu diesem Grundprinzip jeder Codierung (siehe Kap. 2) gibt es viele Varianten. Ein durch ein Programm besonders leicht lösbares Verfahren ist, die Buchstaben einfach gleichmäßig um einen Wert zu verschieben z.B. in der Form:

```
Original:      ... A B C D E F G H I J K L M N O P Q R ...
Verschlüsselt: ... G H I J K L M N O P Q R S T U V W X ...
```

Das Wort CODIERTABELLE lautet dann verschlüsselt IUJOKXZGHKRRK. Da die Zeichen intern durch ihren Code repräsentiert werden, muß für die Codierung nur die Verschiebung addiert werden. Für die Decodierung wird die Verschiebung wieder subtrahiert. Wir müssen allerdings beachten, daß die Menge der Zeichen begrenzt ist. In unserem Programmbeispiel beschränken wir uns auf die ASCII-Zeichen im Bereich 32 - 126. Diese Grenzwerte bezeichnen wir mit `zmin` und `zmax`. Für die Codierung und Decodierung müssen wir die Zahlenwerte von `zmin` bis `zmax` zu einem Zahlenkreis verbinden, nach `zmax` kommt wieder `zmin`. Für die Codierung gelten die Regeln:

```
neuer Code = alter Code + Verschiebung;
Solange neuer Code > zmax
    neuer Code = neuer Code - Korrektur;
```

Für den Korrekturwert gilt:

```
Korrektur = zmax - zmin + 1
```

Beispiel:

```
zmin = 32 (Leerzeichen); zmax = 126 (~); Verschiebung = 40;
Korrektur = 95;
```

altes Zeichen Ascii-Code	A 65	e 101	z 122	. 46	1 49
Ascii-Code neues Zeichen	105 i	46 .	67 C	86 V	89 Y

Ein Zeichen wird bei diesem Verfahren immer auf das gleiche neue Zeichen abgebildet. Die Entschlüsselung ist sehr einfach, man benötigt dazu nur eine Tabelle der Häufigkeit der Buchstaben in der jeweiligen Sprache. Eine Verbesserung erreicht man dadurch, daß der Text mit einem Codewort verschlüsselt wird. Der Code der einzelnen Zeichen des Codewortes ist immer die aktuelle Verschiebung für die Codierung. Ist das Codewort fertig, so beginnt man wieder beim ersten Zeichen des Codewortes:

```
Originaltext:           Rainer Maria Rilke
Codewort:               MoritzMoritzMoritz
verschlüsselter Text: @q|xz.m]t|~|mb|v!!
```

Für die Abarbeitung des Codewortes bietet sich eine verkette Liste mit Elementen an, die je ein Zeichen des Codewortes und einen Zeiger auf das nächste Zeichen enthalten. Mit dem letzten Zeichen des Codewortes ist ein Zeiger verbunden, der wieder auf das erste Zeichen des Codewortes zeigt:

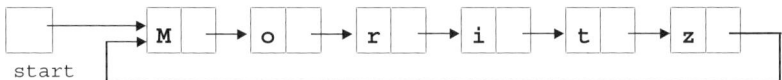

start

Auf das erste Element brauchen wir einen zusätzlichen Zeiger (`start`).

Datenstruktur in C:

```
typedef struct ringelement {
        char code;
        struct ringelement * next;
     } t_ringelement;
```

Das zweite Feld der Struktur ist ein Zeiger auf eine solche Struktur. Während des Aufbaus der Liste verwenden wir zwei weitere Hilfszeiger (p und `pneu`), die auf das zuletzt erzeugte Element bzw. auf das neu erzeugte Element zeigen.

Algorithmus zum Aufbau des "Coderinges":

erstes Element erzeugen: Zeiger p; `start = p;`   erstes Zeichen des Codewortes im Element abspeichern
Für die restlichen Zeichen des Codewortes

neues Element erzeugen
      `pneu` ist die Adresse des neuen Elementes
      `pneu` im Vorgänger abspeichern: (p->next = pneu)
      Zeichen des Codewortes im neuen Element abspeichern

Adresse des neuen Elementes merken (p)
Zeiger auf nächstes Element wieder auf `start` richten

Diese Methode wollen wir als C-Programm verwirklichen. Der Programmaufruf soll in der Form:

```
codier input-file output-file { C | D } Codewort
```

erfolgen. Mit **C** oder **D** wird eingestellt, ob wir den Inhalt einer (Text-)Datei codieren oder decodieren wollen. Das letzte Argument ist das Codewort. Für unser Codierprogramm lautet der Algorithmus:

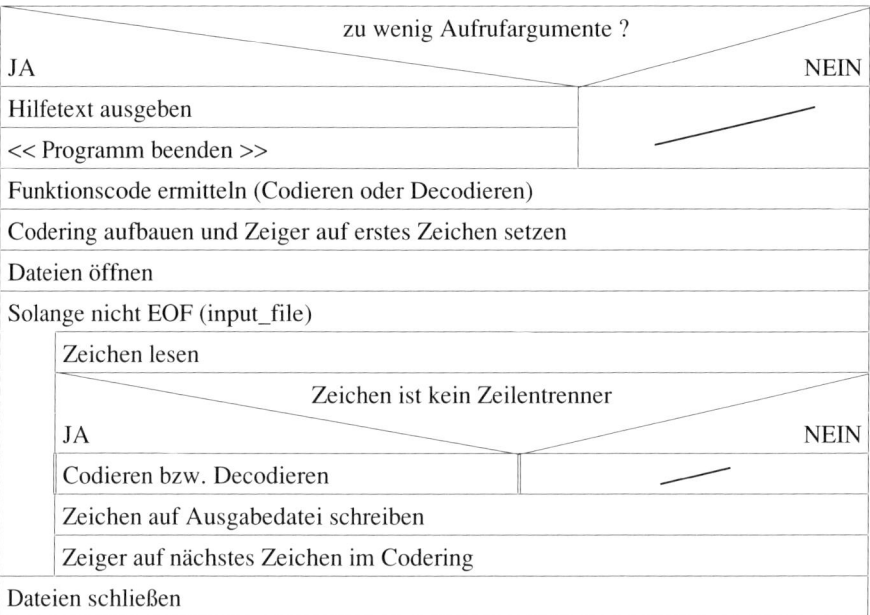

Beispiel für einen mit dem Codewort "Annemarie" codierten Text. Das Original ist ein Gedicht von Rainer Maria Rilke.

```
9xt&"q v&Krw&{g|xkabtkzg3rgN$tt:"wkyU
#os""siJ$/g|"wooPt/x$g{|z!/fos"'yrN/xiv"'sk
wxtvguota%thst3noEw/!$"txjG"tt.F|xmG}N
Oe{*mG"}k.o#oiJ$/oqj3}oG/qkw"||mG}s}ou
'kT{~xspxw&K|/J$p~ora%}zstu|oPvtt
c"*kK}tx.h&osFt}&"v|vrG}/Y#g vkm/sos
"siJ$/}sk(oxUrw}wpz~2a'tt|"wooPt/Zwgyota#rn&k"qkP=
J}e{*gN{ty:"+kya%}y.c"|{Gw"z:"wsiJ/%tr"!siJ;
two!~&W}#&)w'ksOt}&&kx*kK}/H}ixxyV"xiv.
nkT/p{""."kK/bgwvxx&Gx}k.U(ssOt/!wg{~4
P%l.yxviJt#&Wp'~xW|tt#"'stF/'o!"zoyRp}t#A
_tF/'kze{oxaVtoug&*nC$/{|u3stastx.Jtxj!
^&"wx}yG#/Rwgw8
```

```
/* codier.c

Codierung und Decodierung von Texten :

Prinzip : neuerCode = alterCode + Offset        Codierung
          neuerCode = alterCode - Offset        Dekodierung

neuerCode, alterCode und Offset ist der ASCII Code von Zeichen,
neuerCode muss im Bereich zmin .. zmax liegen; zmin und zmax wird
in der Funktion Code eingestellt. Der Offset aendert sich durch
zyklisches Abarbeiten des Codewortes, dies wird mit einer einfach
verketteten (in sich geschlossenen) Liste geloest
*/


#include <stdio.h>
#include <string.h>
#include <stdlib.h>

#define DEBUG 1

typedef enum {Codieren, Decodieren} t_wastun;
typedef struct ringelement {
            char code;
            struct ringelement * next;
        } t_ringelement;


t_ringelement *Makecodering ( char *Codewort)  /*
-----------------------------------------------------------------
erzeugt den Codering als in sich geschlossene verkettete Liste
---------------------------------------------------------------*/
{ t_ringelement *p, *start, *pneu;
  unsigned i;

  p = (t_ringelement *) malloc (sizeof (t_ringelement));
  start = p ;
  p->code = Codewort[0];
  for (i = 1; i < strlen(Codewort); i++ ) {
    pneu = (t_ringelement *) malloc (sizeof (t_ringelement));
    p->next = pneu ;
    pneu->code = Codewort[i];
    p = pneu;
  }
  p->next = start ;        /* letzter Zeiger zeigt auf Anfang */
  return start;

} /* end Makecodering */
```

```
void Writecodering (t_ringelement * p )    /*
--------------------*-  --------------------------------------
durchlaeuft einige Male den Codering und gibt das Codewort aus,
dies ist auch ein Test fuer die Korrektheit der Struktur
-----------------------------------------------------------*/
{
  int i;

  putchar (p->code);
  for (i = 1 ; i < 75; i++) {
    p = p->next ;
    putchar (p->code);
  }
  putchar('\n');

} /* end Writecodering */


int code_decode (int Oldcode, int Codechar, t_wastun wastun) /*
------------------------------------------------------------
Kodier-bzw. Dekodierfunktion
  Oldchar  : zu codierendes Zeichen
  Codechar : aktuelles Schluesselzeichen
  wastun   : Codierung oder Decodierung ( Aufzaehltyp )
  Resultat : Codiertes bzw. decodiertes Zeichen
-----------------------------------------------------------*/
{
  const int zmin = 32;   /* zulaessiger Bereich fuer Resultat */
  const int zmax = 126;
  const int Korrektur = zmax - zmin + 1;
  int  z;                /* Zwischencode, Endcode */

  switch (wastun) {
    case Codieren:
      z = Oldcode + Codechar;
      while (z > zmax) z = z - Korrektur ;
      break;
    case Decodieren:
      z = Oldcode - Codechar ;
      while (z < zmin) z = z + Korrektur ;
  };
  return z;

} /* end code_decode */
```

```
int main (int argc, char *argv[])
{
  FILE *infile;            /* zu codierende Datei          */
  FILE *outfile;           /* enthaelt (de)codierten Text  */
  char *Codewort;          /* Schluessel  max 80 Zeichen   */
  int charin;              /* aktuelles Zeichen            */
  int charout;             /* aktuelles codiertes Zeichen  */
  char Fcode;              /* Funktionscode fuer Decode/Code */
  t_wastun wastun;         /*     "          als Aufzaehltyp */
  t_ringelement *ptocode;  /* Zeiger auf Codering          */

  if (argc != 5) {
    printf("%s%s%s%s",
      "\nCodieren und Decodieren einer Textdatei\n",
      "Syntax:\n",
      "  Codieren:   codier input-file outputfile C Codewort\n",
      "  Dekodieren: codier input-file outputfile D Codewort\n\n");
    exit(1);
  }

  Fcode = argv[3][0];
  switch (Fcode) {
    case 'C': case 'c' : wastun = Codieren   ; break;
    case 'D': case 'd' : wastun = Decodieren ; break;
    default: printf("Fehler: 3-tes Argument\n"); exit(1);
  }

  Codewort = argv[4];
  ptocode = Makecodering (Codewort);
  #if DEBUG
  Writecodering (ptocode);
  #endif

if ( (infile = fopen (argv[1], "r" )) == NULL) {
  printf("Datei %s nicht gefunden\n", argv[1]);
  exit(1);
}
outfile = fopen (argv[2], "w" );

  while ((charin = getc(infile)) != EOF)  {
    if (charin != '\n')
      charout = code_decode (charin, ptocode->code, wastun);
    else
      charout = charin;   /* die Zeilenstruktur soll erhalten bleiben */
    putc (charout, outfile);
    ptocode = ptocode->next;   /* naechstes Zeichen des Codewortes */
  }

  fclose (infile);
  fclose (outfile);
  return 0;

}
```

12.3 Unionen

Mit dem Typ **union** werden unterschiedliche Datensätze in nur einem Speicherbereich realisiert. N. Wirth vergleicht diesen Typ einer Datenstruktur mit der Fallunterscheidung als Kontrollstruktur. Das gemeinsame Merkmal ist die Auswahl. Die einzelnen alternativen Datenstrukturen dürfen sich in Typ und Länge unterscheiden. Welche Variante gerade gültig ist, kann man z.B. in einem speziellen Feld des Verbundes festhalten. Die unterschiedlichen Felder werden wie bei den Strukturen mit Feldbezeichnern ausgewählt.

Beispiel für drei Varianten einer Datenstruktur:

16 Zeichen	bytemap
4 x float	float_4
2 x complex	complex_2

Enthält diese `union` folgende Speicherinhalte (Bytes mit HEX-Zahlen):

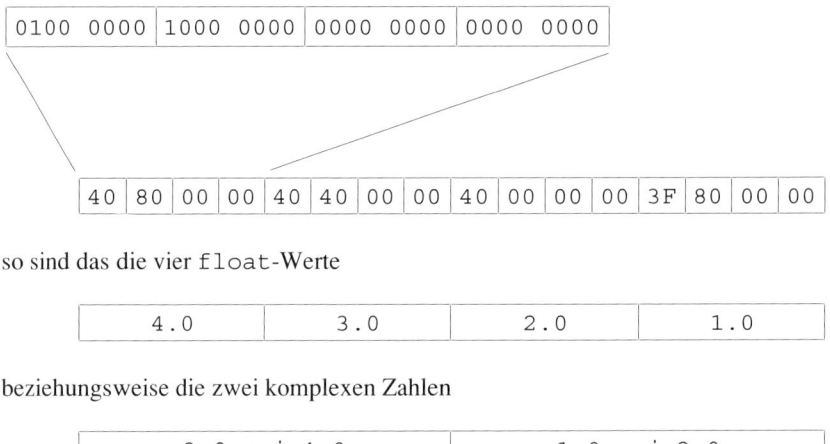

| 0100 0000 | 1000 0000 | 0000 0000 | 0000 0000 |

| 40 | 80 | 00 | 00 | 40 | 40 | 00 | 00 | 40 | 00 | 00 | 00 | 3F | 80 | 00 | 00 |

so sind das die vier `float`-Werte

| 4.0 | 3.0 | 2.0 | 1.0 |

beziehungsweise die zwei komplexen Zahlen

| 3.0 + j 4.0 | 1.0 + j 2.0 |

Unionen werden wie Strukturen vereinbart, nur das Schlüsselwort `struct` ist durch das Schlüsselwort `union` zu ersetzen. Im Programm `union.c` wird ein Datentyp und ein Objekt für den oben gezeigten varianten Datensatz vereinbart. Das Beispiel ist ein weiterer Zugang zur internen Darstellung der verschiedenen Datentypen. Wir haben uns damit auf eine andere Art bereits beschäftigt (Programm `genau.c`).

```
/* union.c */

#include <stdio.h>

typedef struct {
            float re;
            float im;
        } t_complex;

typedef union {
            unsigned char bytemap[16];
            float float_4[4];
            t_complex complex_2[2];
        } t_union ;

int main(void)
{
  t_union u;
  int i;

  for (i = 0; i < 4; i++) u.float_4[i] = i+1;

  printf("%5.1f+j%5.1f\n",
    u.complex_2[1].re, u.complex_2[1].im);

  for (i = 15; i >= 0; i--)
    printf("%02X ", u.bytemap[i]);
  printf("\n"); getchar();

  return 0;
}
```

Kontrollfragen:

1) Für welche Form von Daten verwenden wir Strukturen?

2) Wie vereinbaren wir mit `typedef` Bezeichner für solche Datentypen?

3) Wie vereinbart man Variablen für eine Struktur?

4) Was sind die grundsätzlichen Unterschiede zwischen einer Struktur und einem Vektor?

5) Wie werden die einzelnen Datenfelder gekennzeichnet?

6) Wie erfolgt der Zugriff auf die einzelnen Felder?

7) Welche Operatoren gibt es für die Auswahl der Felder?

8) Was versteht man unter dynamischen Datenstrukturen?

9) Nennen Sie einige Beispiele für dynamische Datenstrukturen.

10) Wie realisiert man in C eine einfach verkettete Liste?

11) Wie wird Text verschlüsselt?

12) Was sind variante Datensätze?

13) Wie definiert man variante Datensätze in C?

Aufgabe 12-1: Schreiben Sie sich ein Modul für das Rechnen mit komplexen Zahlen. Implementieren Sie möglichst viele Rechenoperationen.

Aufgabe 12-2: Schreiben Sie eine Funktion, die ein Gleichungssystem mit komplexen Koeffizienten löst. Verwenden Sie den Gauß'schen Algorithmus und die Funktionen zur komplexen Rechnung.

Aufgabe 12-3: Strukturen sind ein geeigneter Datentyp für die Verwaltung häufig vorkommender Datensätze:

* Haushaltsbuchhaltung

* Bibliotheksinventar incl. Entlehnliste

* Auswertung von Sportveranstaltungen

Schreiben Sie ein vollständiges Programm zur Verwaltung solcher Datensätze.

Aufgabe 12-4: Überlegen Sie sich Algorithmen für folgende Grundaufgaben zur Verwaltung einer einfach verketteten Liste:

* Ein Element am Ende anfügen.

* Ein Element am Beginn anfügen.

* Ein Element nach einem bestimmten Element einfügen.

* Ein Element entfernen.

* Den Inhalt der Listenelemente ausdrucken.

Aufgabe 12-5: Schreiben Sie ein Programm, das eine Menge von Zahlen verwaltet. Die Zahlen sollen ständig der Größe nach sortiert sein.

* neues Element einfügen

* Element entfernen

* alle Elemente in einer Datei speichern

* Menge der Zahlen von einer Datei lesen

* bestimmtes Element suchen

* alle Zahlen entfernen

Versuchen Sie je eine Lösung mit einem Vektor als Datenstruktur und eine Lösung mit einer verketteten Liste als Datenstruktur.

13 Dateien (*Files*)

In C ist eine Datei eine Folge von Bytes. Geräte werden im Prinzip wie Dateien behandelt. Mit dem Öffnen einer Datei entsteht ein sogenannter Strom (*stream*). Der Zugriff auf Dateien erfolgt über Funktionen der Standardbibliothek. Sie sind damit schon einigermaßen vertraut. Als Ergänzung betrachten wir die bisher nicht genutzten Möglichkeiten, welche sich aus dem Mode-Argument beim Öffnen einer Datei ergeben und beenden den C-Kurs mit einem Programmbeispiel, das mit einer Binärdatei arbeitet.

13.1 Dateioperationen

Die Funktion `fopen` liefert einen Zeiger auf eine Struktur `FILE`, wie sie in `stdio.h` deklariert ist. Drei Datenströme stehen standardmäßig zur Verfügung:

```
FILE *stdin;  // Tastatur
FILE *stdout; // Bildschirm
FILE *stderr; // Fehlerausgaben
```

Der Prototyp der Funktion `fopen` lautet:

```
FILE *fopen (const char *filename, const char *mode);
```

Ein Aufruf der Funktion sorgt für die notwendigen Aktionen, um auf ein File zugreifen zu können. Ein erfolgreicher Aufruf liefert als Resultat einen Zeiger auf eine Struktur FILE. Im Fehlerfall wird NULL als Resultat geliefert. Für das Argument mode gibt es folgende Möglichkeiten:

r	Öffnet eine Textdatei für Lesezugriff (read). Falls die Datei nicht existiert oder nicht auf sie zugegriffen werden kann, liefert `fopen` den Fehlerwert NULL.
w	Setzt eine existierende Datei auf die Länge 0 zurück oder erzeugt eine neue Textdatei. Erlaubt Schreibzugriff (*write*) auf die Datei.
a	Öffnet eine Textdatei oder erzeugt eine neue Textdatei zum Anhängen (*append*) von Text an das aktuelle Ende der Datei. Die Schreibposition wird für alle späteren Schreibzugriffe auf das Ende der Datei fixiert.
r+	Öffnet eine Textdatei für Lese- und Schreibzugriffe. (+ steht für *update*)
w+	Öffnet eine neue Textdatei für Lese- und Schreibzugriffe. Falls die Datei existiert, wird sie überschrieben.
a+	Öffnet eine existierende Textdatei oder erzeugt eine neue Textdatei zum Lesen und Anhängen neuer Zeichen.

Diese 6 *Mode*-Argumente gibt es mit derselben Bedeutung auch für Binärdateien (siehe nächster Abschnitt) in der Form `rb`, `wb`, `ab`, `r+b`, `w+b`, `a+b`. Statt `x+b` ist auch die Schreibweise `xb+` erlaubt, `x ::= r | w | a`.

Im Änderungsmode (*update*) hat man auf die Datei Lese- und Schreibzugriff. Zwischen Lese- und Schreibzugriffen oder umgekehrt muß fflush oder eine Funktion zum Positionieren aufgerufen werden.

```
int fflush (FILE *fp);
```

Ist fp einem Strom zugeordnet, welcher im Schreib- oder Änderungsmodus ist, dann schreibt fflush alle gepufferten und noch nicht geschriebenen Daten auf die Datei. Für einen Eingabestrom ist der Effekt nicht definiert. fflush(NULL) bezieht sich auf alle offenen Dateien im Ausgabe- oder Änderungsmodus.

Sobald ein Programm den Zugriff auf eine Datei nicht mehr benötigt, sollte die Datei mit

```
int fclose (FILE *fp);
```

wieder geschlossen werden. Im Erfolgsfall ist das Resultat 0, im Fehlerfall EOF. Eine Sonderform der Funktion fopen ist die Funktion

```
fp = freopen(...)
```

mit dem Prototyp

```
FILE *freopen (const char *filename,
               const char *mode, FILE *fp);
```

Sie schließt den aktuellen Strom fp und öffnet den Strom fp für eine andere Datei. Der Strom wird auch geschlossen, wenn das anschließende Öffnen nicht klappt. Man nützt die Funktion z.B., um die Standardströme stdin, stdout und stderr einer anderen Datei zuzuordnen.

13.2 Fehlererkennung und Behandlung

```
int feof (FILE *fp);
```

liefert einen Wert ungleich 0 (also TRUE) , falls der EOF Indikator gesetzt ist.

```
int ferror (FILE *fp);
```

liefert einen Wert ungleich 0 (also TRUE) , falls der ERROR Indikator gesetzt ist. Im Fehlerfall wird auch die global bekannte Variable errno mit einer Fehlernummer belegt. Die zugehörige Fehlermeldung kann mit

```
void perror (const char *s);
```

auf stderr geschickt werden. Zuerst wird der String s ausgegeben, dann, durch Beistrich und Leerzeichen getrennt, der Fehlertext des Systems, gefolgt von einem '\n'-Zeichen.

```
void clearerr (FILE *fp);
```

löscht den EOF und ERROR Indikator des Files.

13.3 Binärdateien

Textdateien sind eine Folge von Bytes, die als ASCII-Code interpretiert werden. Sie enthalten Texte oder Zahlenwerte in ihrer Textrepräsentation. Textdateien kann man mit einem Editor erstellen, anschauen und ändern. Den Inhalt einer Textdatei kann man auf einem Bildschirm oder auf einem Drucker ausgeben, wenn sie nur Zeichen enthalten, die das Ausgabegerät korrekt verarbeitet. Binärdateien sind ebenfalls eine Folge von Bytes, allerdings ist die Interpretation der Bytes nicht automatisch festgelegt. Binärdateien sind 1:1 Kopien von Speicherbereichen. Sie enthalten Programmcode in der Binärrepräsentation der Prozessoranweisungen oder Daten in ihrer internen Darstellung. Binärdateien können mit einem Texteditor nicht verarbeitet werden, sie können auch nicht einfach auf einen Drucker geschickt werden. Die Betriebssysteme stellen für die Textausgabe und die Bearbeitung von Binärdateien spezielle Befehle (Programme) zur Verfügung. Typische Werkzeuge sind **debug** (Windows NT), **dump** (VMS), **od** (UNIX) oder ein HEX-Editor. Als unerfahrener Programmierer arbeitet man nicht gerne mit Binärdateien. Erst nach einigen erfolgreichen Versuchen verliert man die durchaus berechtigte Scheu.

Was sind die Vorteile bzw. Nachteile der beiden Varianten? Für Binärdateien entfällt die Umwandlung der internen Darstellung in die Textdarstellung und umgekehrt. Dadurch spart man natürlich Zeit. Ein Nachteil ist, daß Binärdateien systemspezifisch sind. Ein weiterer Nachteil der Binärdatei ist, daß sie im Normalfall nur über das Programm zugänglich ist, das diese Datei verwaltet. Das kann allerdings auch ein Vorteil sein, weil der Aufbau der Datei sichergestellt ist. Die (ASCII-)Textdatei hat den Vorteil der leichten Zugänglichkeit und den Vorteil der Transportabilität.

Das Konzept der Binärdateien ist in C denkbar einfach. Vom Speicher können beliebige Auszüge auf Geräte (Platte) geschrieben werden und umgekehrt. Dazu werden die Inhalte als Blöcke von Bytes kopiert. Die zugehörigen Routinen sind `fread` und `fwrite`.

```
size_t fread (const void *a_ptr,
              size_t el_size, size_t n, FILE *fp);
```

liest maximal n * el_size Bytes vom Strom und kopiert sie ab der Adresse a_ptr in den Speicher. Die Daten werden sinnvollerweise als Vektor weiterverarbeitet. Als Resultat wird die Anzahl der erfolgreich gelesenen Elemente geliefert. Im Falle von EOF wird der EOF-Indikator gesetzt und eine Zahl kleiner n geliefert.

```
size_t fwrite ( const void *a_ptr,
                size_t el_size, size_t n, FILE *fp);
```

kopiert n * el_size Bytes des Vektors *a_ptr auf das File. Als Resultat wird die Anzahl der erfolgreich geschriebenen Elemente geliefert.

Programmbeispiel

Das folgende Programm verwaltet mehrere Datensätze. Zur Laufzeit ist jeder Datensatz
Element eines Vektors. Die Daten können auf einer Datei in ihrer internen Darstellung ge-
speichert und wieder gelesen werden. Als Datensätze habe ich die Daten von elementaren
Zweipolen in einem elektrischen Netzwerk gewählt.

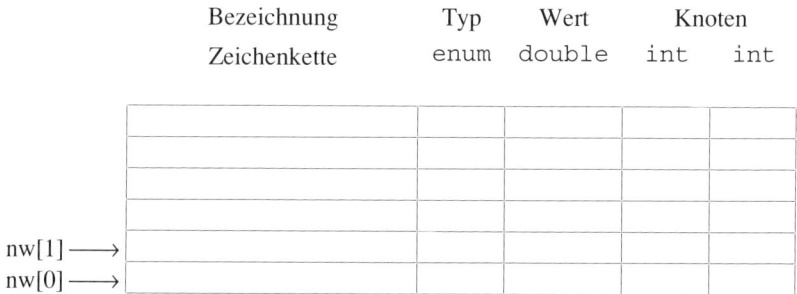

Bezeichnung	Typ	Wert	Knoten	
Zeichenkette	enum	double	int	int

Vier Funktionen erledigen die für die Verwaltung eines solchen Datenbestandes üblichen
Teilaufgaben. Die Funktion **main** ermöglicht über ein Menü die Auswahl der Funktionen:

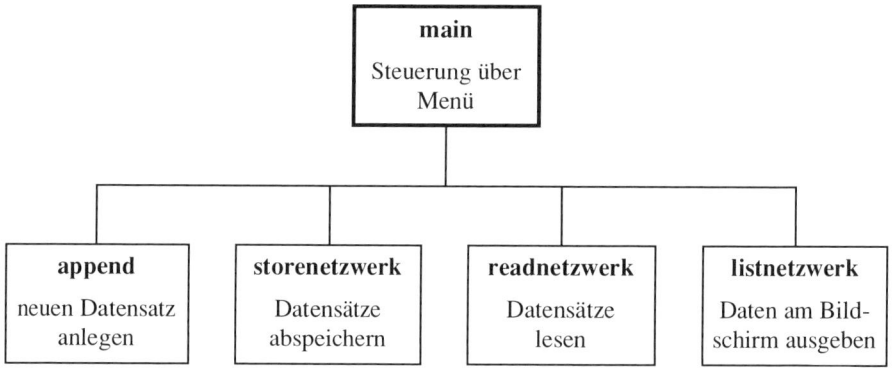

Der Code dieses Programms zeigt noch einmal die praktische Verwendung der wesentlichen
Lehrinhalte des Buches:

* typedef
* Strukturen
* Vektoren
* enum
* Modulkonzept, Funktionen
* eine Vielzahl von Kontrollstrukturen
* Arbeiten mit Dateien (Binärdatei)

Einzelheiten dieses abschließenden Programmbeispiels werden nicht erläutert. Ob die Verwendung einer Aufzählung für den Typ der Bauelemente in diesem Beispiel sinnvoll ist, darf in Frage gestellt werden. Der Demonstrationscharakter von Lehrbuchprogrammen rechtfertigt solche Entscheidungen. Im Programm werden auch nur einfachste Maßnahmen getroffen, um Fehler in der Bedienung des Programms zu entdecken und darauf zu reagieren. Sicherheit gegenüber Fehlbedienung erfordert eine Fülle von Maßnahmen, die vom Kern des Programms ablenken. Dies gilt für alle Beispielprogramme des Buches. In der Praxis erfordert die heute meist graphische Benutzerschnittstelle oft die meisten Programmzeilen. Wenn Sie den Programmtext leicht lesen und verstehen können und selbständig Programme dieser Größenordnung entwerfen und schreiben können, dann haben Sie das Lehrziel erreicht, das dieses Buch vermitteln will.

```c
/* netzw.c
------------------------------------------- --------------------
Beispielprogramm zu Strukturen und Binaerfiles, zeigt
 * Strukturen als Elemente eines Vektors
 * den Zugriff auf einzelne Komponenten
 * Uebergabe an Funktionen
 * schreiben und lesen auf Files
-----------------------------------------------------------*/

#include <stdio.h>
#include <ctype.h>          /* fuer tolower, toupper */
#define TRUE   1
#define FALSE  0
#define NMAX  20

typedef enum { R, L, C, U } t_zptyp;

typedef struct {
        char    bez[10];    /* Bezeichner        */
        t_zptyp typ;        /* Typ des Zweipols  */
        double  wert;       /* Wert              */
        int     k1, k2;     /* Anschlussknoten   */
        } t_zweipol;

typedef  t_zweipol  t_netzwerk[NMAX];

void append         (t_zweipol nw[], int *n);
void storenetzwerk  (t_zweipol *nw , int n);
void readnetzwerk   (t_zweipol *nw , int *n);
void listnetzwerk   (t_zweipol nw[], int n);
```

```
int main(void)
/*********************************************************/
{
  int         n = 0;                    /* Anzahl der Bauelemente */
  int         ende = FALSE;
  char        antw[20];                 /* Benutzereingabe        */
  t_netzwerk nw;                        /* NMAX Netzwerkelemente  */

  do {
    printf("\n\n%s%s%s%s%s%s%s%s",
      "Verwaltung der Bauelemente eines Netzwerkes\n\n",
      "neues Bauelement     : n\n",
      "Liste der Elemente   : l\n",
      "Schaltung speichern  : w\n",
      "Schaltung lesen      : r\n",
      "Ende                 : e\n",
      "----------------------\n");
    scanf("%s", antw);
    switch (tolower(antw[0])) {
      case 'n' :
        append(nw, &n);
        break;
      case 'l' :
        if (n > 0)
          listnetzwerk(nw, n);
        else
          printf("Netzwerk enthaelt noch keine Elemente\n");
        break;
      case 'w' :
        storenetzwerk(nw, n);
        break;
      case 'r' :
        readnetzwerk(nw, &n);
        break;
      case 'e' :
        ende = TRUE; break;
      default :
        printf("falsche Eingabe !\n\n");
        gets(antw);  /* eventuelle Reste ausraeumen */
    }
  } while (!ende);  /* end do */
  return 0;
}  /* end main */
```

```c
void append (t_zweipol nw[], int *n)
/**********************************************************/
{
  int   i;              /* Index des aktuellen Arrayelementes */
  char typtext[20]; /* Benutzereingabe fuer Typ          */

  printf("%s%s",
    "\nBauteilliste eingeben\n",
    "Ende mit der Eingabe \"Ende\" fuer Bezeichnung!\n\n");

  for(;;) {
    i = *n;                           /* i   ... Index        */
    printf("Nr. %3d ·\n", i+1);   /* i+1 ... lfd. Nummer */
    printf("Bezeichnung : ");    scanf("%s", nw[i].bez);
   if (toupper(nw[i].bez[0]) == 'E') break;
    printf("Typ (R, L, C, U) : ");   scanf("%s", typtext);
    switch (toupper(typtext[0])) {
      case 'R' :
        nw[i].typ = R;
        break;
      case 'L' :
        nw[i].typ = L;
        break;
      case 'C' :
        nw[i].typ = C;
        break;
      case 'U' :
        nw[i].typ = U;
        break;
      default :
        printf("Unbekannter Typ!\n");
    }
    printf("Wert : ");        scanf("%lf", &nw[i].wert);
    printf("Knoten 1 : ");  scanf("%d",  &nw[i].k1);
    printf("Knoten 2 : ");  scanf("%d",  &nw[i].k2);
    (*n)++;

  } /* end for(;;) */

} /* end append */
```

```
void readnetzwerk (t_zweipol *nw, int *n)
/********************************************************/
{
  char filename[20];
  FILE *fp;

  printf ("Lesen vom File: ");
  scanf ("%s", filename);

  *n = 0;
  if ( (fp = fopen(filename,"rb")) != NULL ) {
    while(1) {
      fread(nw, sizeof(t_zweipol), 1, fp);
      if (feof(fp)) break;
      nw++;         /* Platz fuer naechstes Element */
      (*n)++;       /* Anzahl der Elemente erhoehen */
    } /* end while */
    fclose(fp);
  }
  else
    perror("Fehler : File open");

} /* end readnetzwerk */


void storenetzwerk (t_zweipol *nw, int n)
/********************************************************/
{
  char filename[20];
  FILE *fp;

  printf("Abspeichern auf File: ");
  scanf("%s", filename);

  if ( (fp = fopen(filename,"wb")) != NULL ) {
    if ( fwrite(nw, sizeof(t_zweipol), n, fp) < n )
      perror ("Fehler beim Schreiben auf File");
    fclose(fp);
  }
  else
    perror ("Fehler : File open");

  } /* end storenetzwerk */
```

```
 void listnetzwerk (t_netzwerk nw, int n)
/**************************************************************/
{
  int i;

  printf("\n\nNetzwerkliste :\n");
  printf("Nr. Bezeichnung    Wert      Knoten\n");
  printf("-------------------------------\n");
  for (i=0; i < n; i++)
    printf ("%3d %-10s %8.3g %3d %3d\n",
        i, nw[i].bez, nw[i].wert, nw[i].k1, nw[i].k2 );

} /* end listnetzwerk */
```

13.4 Random Access

Unter "Random Access" versteht man den wahlfreien Zugriff auf die einzelnen Datensätze einer Datei. Für Datensätze gleicher Länge kann die Position eines beliebigen Datensatzes leicht berechnet werden. Mit den folgenden Funktionen erfolgt die Positionierung innerhalb einer Datei:

```
long ftell (FILE *fp);
```

liefert den aktuellen Wert des Positionszeigers. Der Wert entspricht der Anzahl von Bytes ab dem Beginn des Files. Im Fehlerfall wird -1 geliefert.

```
int fseek (FILE *fp, long offset, int origin);
```

setzt den Positionszeiger für die nächste Ein- oder Ausgabe. Die Position ist offset Bytes bezogen auf origin. Die Werte für origin können sein :

```
SEEK_SET        Beginn des Files
SEEK_CUR        momentane Position
SEEK_END        Ende des Files
```

Der Rückgabewert ist Null für Erfolg, sonst ungleich Null.

```
void rewind (FILE *fp);
```

positioniert an den Beginn des Files.

Nach der Positionierung verwendet man typisch die Routinen fread und fwrite, um den eigentlichen Datentransfer durchzuführen.

Für Annemarie

LIEBES-LIED

Wie soll ich meine Seele halten, daß
sie nicht an deine rührt? Wie soll ich sie
hinheben über dich zu andern Dingen?
Ach gerne möcht ich sie bei irgendwas
Verlorenem im Dunkel unterbringen
an einer fremden stillen Stelle, die
nicht weiterschwingt, wenn deine Tiefen schwingen.
Doch alles, was uns anrührt, dich und mich,
nimmt uns zusammen wie ein Bogenstrich,
der aus zwei Saiten *eine* Stimme zieht.
Auf welches Instrument sind wir gespannt?
Und welcher Geiger hat uns in der Hand?
O süßes Lied.

Rainer Maria Rilke
Quelle: Sämtliche Werke Bd. 2, INSEL Verlag

Anhang A: Die Standard-Bibliothek

Dieser Anhang beschreibt in kurzer Form die Standardbibliothek nach dem ANSI Standard X3.159-1989 und dem praktisch identischen ISO/IEC Standard 9899:1990. Als Quelle habe ich das Buch von P.J Plauger – The Standard C Library, Prentice Hall, 1992 – benutzt. Der Anhang endet mit einem knappen Ausblick auf die Erweiterungen der Bibliothek im neuen Standard ISO/IEC 9899:1999. Der überwiegende Teil der Funktionen ist kurz beschrieben. Nicht weiter erklärt sind Funktionen, die der typische Leser des Buches wohl kaum verwenden wird. Das Buch ist als Lehrbuch konzipiert und kann ein Referenzhandbuch nur teilweise ersetzen. Für detailliertere Informationen ist weitere Literatur (z.B. das Referenzhandbuch Ihres C-Systems) oder die heute meist verfügbare Online-Hilfe heranzuziehen.

A.1   Diagnose <assert.h>

In <assert.h> ist ein Makro

```
void assert (int expr);
```

definiert. Man verwendet assert, um (an kritischen Programmstellen) zu prüfen, ob ein Ausdruck wahr oder falsch ist. Ist der Ausdruck expr falsch, so wird das Programm mit einer Meldung abgebrochen. Die Funktion wird nicht wirksam, wenn ein Makro NDEBUG definiert ist.

A.2   Test und Behandlung von Zeichen <ctype.h>

In <ctype.h> sind einige Makros definiert, mit denen man testen kann, ob ein Zeichen zu einer bestimmten Zeichenklasse gehört:

Makro	Test auf
int isalnum (int c);	alphanumerisches Zeichen (Buchstabe oder Ziffer)
int isalpha (int c);	Buchstabe
int iscntrl (int c);	Steuerzeichen
int isdigit (int c);	Ziffer 0 bis 9
int isgraph (int c);	sichtbares Zeichen, kein Leerzeichen
int islower (int c);	Kleinbuchstabe
int isprint (int c);	sichtbares Zeichen, auch Leerzeichen
int ispunct (int c);	sichtbares Zeichen außer Buchstaben, Ziffern, Leerzeichen
int isspace (int c);	Zwischenraumzeichen: Leerzeichen, \n, \f, \r, \t, \v
int isupper (int c);	Großbuchstabe
int isxdigit (int c);	hexadezimale Ziffer
int tolower (int c);	Großbuchstabe in Kleinbuchstabe
int toupper (int c);	Kleinbuchstabe in Großbuchstabe

A.3   Fehlerbehandlung <errno.h>

In <errno.h> ist eine global gültige Variable int errno definiert. errno enthält eine Fehlernummer, die Information über den zuletzt aufgetretenen Fehler zuläßt. Typisch sind hier einige Makros (E...) für Fehlernummern definiert. Der Standard verlangt zumindest EDOM und ERANGE. Viele Systeme verwenden folgende Werte:

```
#define   EDOM      33      /* domain error */
#define   ERANGE    34      /* overflow or underflow error */
```

A.4   Grenzwerte der Gleitkommadarstellung <float.h>

<float.h> definiert Kennwerte der Gleitkommadarstellung:

Konstante	Beispiel (LCC)	Beschreibung
FLT_ROUNDS	1	Art der Rundung bei Gleitpunktaddition
FLT_RADIX	2	Basis b der Gleitkommadarstellung
FLT_MANT_DIG DBL_MANT_DIG LDBL_MANT_DIG	24 53 53	Länge der Mantisse der Gleitkommadar-stellungen
FLT_DIG DBL_DIG LDBL_DIG	6 15 15	Genauigkeit der Gleitkommatypen als Anzahl von signifikanten Dezimalziffern
FLT_MIN_EXP DBL_MIN_EXP LDBL_MIN_EXP	(-125) (-1021) (-1021)	größter Exponent x, so daß $b^{(x-1)}$ noch eine normalisierte Gleitkommadarstellung ist (b = FLT_RADIX)
FLT_MIN_10_EXP DBL_MIN_10_EXP LDBL_MIN_10_EXP	(-37) (-307) (-307)	kleinster Exponent x, so daß 10^x noch eine darstellbare Zahl ist.
FLT_MAX_EXP DBL_MAX_EXP LDBL_MAX_EXP	128 1024 1024	größter Exponent x, so daß $b^{(x-1)}$ noch eine normalisierte Gleitkommadarstellung ist
FLT_MAX_10_EXP DBL_MAX_10_EXP LDBL_MAX_10_EXP	38 308 308	größter Exponent x, so daß 10^x noch eine darstellbare Zahl ist.
FLT_MAX DBL_MAX LDBL_MAX	3.40282e+38F 1.79769e+308 1.79769e+308L	größte darstellbare Zahl für die verschie-nen Gleitkommatypen
FLT_EPSILON DBL_EPSILON LDBL_EPSILON	1.19209e-07F 2.22044e-16 2.22044e-16L	Genauigkeit dx der Gleitkommadarstellun-gen, 1.0 + dx unterscheidet sich von 1.0
FLT_MIN DBL_MIN LDBL_MIN	1.17549e- 38F 2.22507e-308 2.22507e-308L	kleinste darstellbare Zahl für die verschie-denen Gleitkommatypen

Zusätzlich sind weitere implementierungsspezifische Konstanten und Prototypen definiert.

A.5   Wertebereich für Ganzzahltypen <limits.h>

In <limits.h> sind die Grenzwerte der Ganzzahltypen in Makros festgehalten:

CHAR_BIT	CHAR_MAX	INT_MIN	ULONG_MAX
SCHAR_MIN	MB_LEN_MAX	INT_MAX	
SCHAR_MAX	SHRT_MIN	UINT_MAX	
UCHAR_MAX	SHRT_MAX	LONG_MIN	
CHAR_MIN	USHRT_MAX	LONG_MAX	

A.6   Lokale Besonderheiten <locale.h>

Diese Datei enthält eine Struktur und Makros zur Festlegung lokaler Besonderheiten wie die Darstellung des Dezimalpunktes, Zeitangaben usw.

A.7   Mathematische Funktionen <math.h>

Der Makro

```
#define HUGE_VAL    Zahlenwert
```

expandiert zum größten darstellbaren double-Wert.
Die Prototypen der mathematischen Funktionen finden Sie auf Seite 134.

A.8   Nichtlokale Sprünge <setjmp.h>

Eine Typdefinition (jmp_buf), eine Funktion (longjump) und ein Makro (setjmp) ermöglichen nichtlokale Sprünge. Man kann damit die normale Fortsetzung eines Programms beim Rücksprung aus einer Funktion umgehen. Dabei muß der ganze Mechanismus, der beim Aufruf einer Funktion in Gang gesetzt wird (Stack- und Registerinhalte) trotzdem sauber beendet werden.

A.9   Signale <signal.h>

Die Definitionsdatei <signal.h> stellt Mittel zur Behandlung von Ausnahmebedingungen und anderen Signalen zur Verfügung.

```
void (*signal (int sig, void (*handler)(int))) (int) ;
```
signal erwartet zwei Argumente:

```
   int sig
```
enthält die Signalnummer,

```
   void (*handler)(int)
```
ist ein Zeiger auf die Funktion, welche auf das Signal reagieren soll. signal liefert als Resultat einen Zeiger auf eine Funktion, welche einen int-Wert als Argument verwendet und kein Resultat liefert. Diese Funktion legt fest, wie nachfolgende Signale zu behandeln sind.

Folgende Signale (Argument `sig`) sind mindestens definiert:

SIGABRT   abnormaler Programmabbruch, z.B. durch **abort**

SIGFPE   Gleitkommafehler

SIGILL   illegale Maschineninstruktion

SIGINT   Unterbrechungssignal, wie es z.B. durch Ctrl-C erzeugt werden kann

SIGSEGV   illegaler Speicherzugriff

SIGTERM   asynchroner Programmabbruch, d.h. eine Aufforderung an das Programm,
           sich zu beenden

Für das zweite Argument, die Funktion, welche das Signal verarbeitet (*handler*), sind die Makros

SIG_DFL   normale Fehlerbehandlung

SIG_IGN   Signal wird ignoriert

definiert. Im Fehlerfall liefert `signal` den Wert SIG_ERR.

`int rais (int sig)`

`rais` sendet das Signal `sig` an das Programm und liefert im Fehlerfall einen Wert ungleich Null.

A.10 Variable Argumentlisten <stdarg.h>

Diese Definitionsdatei enthält eine Typdefinition `va_list` und die Makros

```
void va_start(va_list ap, paramN);
type va_arg(va_list ap, type);
void va_end(va_list ap);
```

Die Einbindung dieser Datei ermöglicht Funktionen mit einer variablen Anzahl von Argumenten, wie z.B. `printf` sie verwendet.

A.11 Allgemein gültige Definitionen <stddef.h>

Die Datei <stddef.h> enthält die Typdefinitionen für

ptrdiff_t   Typ des Resultates einer Zeigersubtraktion

size_t   Typ des Resultates des sizeof-Operators

wchar_t   Typ, der alle Werte eines (lokalen) Zeichensatzes aufnehmen kann

und Makros für

NULL   die NULL-Zeiger Konstante

offsetof   liefert den Offset eines Elementes einer Struktur

Anmerkung:
Viele Bibliotheksfunktionen verwenden Zeigerargumente, häufig Zeiger vom Typ `char *`.
Beispiel: `size_t strlen (const char *s);`
Eine korrekte Beschreibung der Funktion wäre: `strlen` bestimmt die Anzahl der Zeichen in der Zeichenkette, auf die **s** zeigt. In der Beschreibung der Bibliotheksfunktionen verwende ich den Bezeichner s oft für den Inhalt der Zeichenkette, die Beschreibung lautet dann: `strlen` bestimmt die Anzahl der Zeichen in der Zeichenkette **s**.

A.12 Ein-/Ausgabe <stdio.h>

Die Datei <stdio.h> enthält Typdefinitionen, Makros und Prototypen für die Ein- und Ausgabefunktionen. Die definierten Datentypen sind die Struktur `FILE`, die Typen `fpos_t` und `size_t`. Die Definitionsdatei definiert Makros wie

BUFSIZ	Puffergröße für E/A Operationen
EOF	End Of File - Wert
NULL	NULL-Zeiger-Wert
FOPEN_MAX	minimale Anzahl von Files, die gleichzeitig geöffnet sein können
FILENAME_MAX	Maximale Länge eines Dateinamens

etc. und stellt auch die Standard-Streams `stdin`, `stdout` und `stderr` zur Verfügung.

A.12.1 Allgemeine Dateioperationen

```
int remove (const char *filename);
```
`remove` löscht die Datei `filename`. Im Fehlerfall ist das Resultat ungleich Null.

```
int rename (const char *from, const char *to);
```
`rename` ändert den Namen einer Datei. Das Resultat ist im Fehlerfall ungleich Null.

```
FILE *tmpfile (void);
```
`tmpfile` erzeugt und öffnet eine temporäre Datei mit Zugriff "wb+". Die Datei wird nach dem Schließen oder bei normalem Programmende wieder gelöscht. Im Fehlerfall ist das Resultat ein NULL-Zeiger.

```
char *tmpnam (char *s)
```
`tmpnam` erzeugt eine neue eindeutige Zeichenkette, die als Dateiname genutzt wird. Die Zeichenkette wird entweder ab s abgelegt oder bei einem Aufruf s = tmpnam(NULL) im statischen Speicherbereich abgespeichert. Das Resultat ist ein Zeiger auf die erzeugte Zeichenkette oder NULL.

A.12.2 Zugriffsfunktionen

```
int fclose (FILE *fp);
```
`fclose` unterbricht die Verbindung des Stromes mit einer Datei. Restliche Pufferinhalte werden noch auf die Datei geschrieben, bzw. verfallen für gepufferte Eingabe. Im Fehlerfall ist das Resultat EOF, sonst Null.

```
int fflush(FILE *fp);
```
`fflush` schreibt den Ausgabepuffer auf die Datei; für Eingabeströme ist der Effekt laut Standard nicht definiert, Ist `fp` NULL, so wird `fflush` auf alle aktuellen Ausgabeströme angewendet. Im Fehlerfall ist das Resultat EOF, sonst Null.

`FILE *fopen (const char *filename, const char *mode);`

`fopen` öffnet die angegebene Datei und liefert einen Zeiger auf eine Struktur FILE oder NULL im Fehlerfall. `mode` zeigt auf eine Zeichenkette, welche die Zugriffsart beschreibt. Angaben zum Zugriffsmode: `r`, `w`, `a`, `rb`, `wb`, `ab`, `r+`, `w+`, `a+`, `r+b` oder `rb+`, `w+b` oder `wb+`, `a+b` oder `a+b`; `r` = *read*, `w` = *write*, `a` = *append*, `b` = *binary*, `+` = *update mode*

`FILE *freopen (const char *filename, const char *mode,`
                `FILE *fp);`

`freopen` schließt den Strom `fp` und verbindet ihn mit einer neuen Datei. Wird z.B. für die Ströme `stdin`, `stdout` und `stderr` verwendet. Resultat wie bei `fopen`.

`void setbuf (FILE *fp, char *buf);`
`int setvbuf (FILE *fp, char *buf, int mode, size_t n);`

`setbuf` und `setvbuf` kontrollieren die Pufferung für einen Ein- oder Ausgabestrom. Mit diesen Funktionen kann man selber eine Zeichenkette als Puffer zur Verfügung stellen und Details der Pufferung festlegen.

A.12.3 Ein- und Ausgabe von Zeichen und Zeichenketten

`int fgetc (FILE *fp);`

`fgetc` liefert das nächste Zeichen aus dem Strom `fp` als `unsigned char`, umgewandelt in `int`. Im Fehlerfall oder bei Dateiende ist das Resultat EOF.

`char *fgets (char *line, int n, FILE *fp);`

`fgets` liest höchstens `n-1` Zeichen oder bis zum nächsten Zeilentrenner. Der Zeilentrenner wird abgelegt, die Zeichenkette wird mit `'\0'` abgeschlossen. Im Fehlerfall ist das Ergebnis NULL.

`int fputc (int c, FILE *fp);`

`fputc` schreibt das Zeichen `c` auf `fp`. Resultat ist das ausgegebene Zeichen oder EOF.

`int fputs (const char *s, FILE *fp);`

`fputs` schreibt die Zeichenkette `s` ohne das Abschlußzeichen `'\0'` auf `fp`. Das Ergebnis ist ein nicht negativer Wert oder EOF im Fehlerfall.

`int getc (FILE *fp)`

`getc` ist äquivalent zu `fgetc`, kann aber als Makro implementiert sein.

`int getchar (void);`

`getchar` ist äquivalent zu `getc(stdin)`.

`char *gets (char *s);`

`gets` liest die nächste Zeile von `stdin` und speichert sie in der Zeichenkette `s` **ohne** den Zeilentrenner `'\n'`. Die Zeichenkette wird mit `'\0'` abgeschlossen. Das Resultat ist ein Zeiger auf die Zeichenkette oder NULL im Fehlerfall.

`int putc (int c, FILE *fp);`
putc ist äquivalent zu fputc, ist aber als Makro implementiert.

`int putchar (int c);`
putchar ist äquivalent zu putc (c,stdout).

`int puts (const char *s);`
puts schreibt die Zeichenkette s ohne '\0' mit einem nachfolgenden '\n' auf stdout. Im Fehlerfall ist das Resultat EOF, sonst nicht negativ.

`int ungetc (int c, FILE *fp);`
ungetc stellt das Zeichen c in den Datenstrom zurück. Garantiert wird die Funktion nur für ein Zeichen. Ergebnis ist das zurückgestellte Zeichen oder EOF.

A.12.4 Direkte Ein- und Ausgabe

`size_t fread (void *ptr, size_t el_size, size_t n, FILE *fp);`
fread liest aus fp in den Vektor ptr höchstens n Elemente der Größe el_size. Ergebnis ist die Anzahl der gelesenen Elemente. Der Zustand des Datenstroms muß mit feof und ferror überwacht werden.

```
size_t fwrite (const void *ptr, size_t el_size, size_t n,
       FILE *fp);
```
fwrite schreibt n Elemente aus dem Vektor ptr nach fp. Ergebnis ist die Anzahl der ausgegebenen Elemente, im Fehlerfall ist das kleiner als n.

A.12.5 Positionierung in Dateien

`int fgetpos (FILE *fp, fpos_t *pos);`
fgetpos speichert die aktuelle Position bei pos. Der Datentyp fpos_t ist dafür geeignet. Im Fehlerfall ist das Resultat ungleich Null.

`int fseek (FILE *fp, long offset, int origin);`
fseek ist eine Funktion für den wahlfreien Zugriff (*random access*) auf eine Datei. fseek setzt die Dateiposition für die nächste E/A Operation. Die Position ist offset Bytes ab origin. Für origin sind folgende Werte verfügbar:
SEEK_SET (Dateianfang), SEEK_CUR (aktuelle Position), SEEK_END (Dateiende)
Für einen Textstrom muß offset Null sein oder ein Wert, der von ftell stammt (dafür muß dann origin den Wert SEEK_SET erhalten). Das Resultat ist im Erfolgsfall Null.

`int fsetpos (FILE *fp, const fpos_t *pos);`
fsetpos setzt die aktuelle Position wieder auf den Wert, auf den pos zeigt. Dieser Wert wurde früher z.B. durch fgetpos ermittelt. Im Fehlerfall ist das Resultat ungleich Null.

```
long ftell (FILE *fp);
```
`ftell` liefert die aktuelle Dateiposition oder `-1L` (long int Konstante -1) im Fehlerfall.

```
void rewind (FILE *fp);
```
`rewind` setzt die Position an den Beginn der Datei.

A.12.6 Fehlerbehandlung

```
void clearerr (FILE *fp);
```
`clearerr` löscht die Fehlerindikatoren (incl. EOF) des Stromes.

```
int feof (FILE *fp);
```
`feof` liefert einen von Null verschiedenen Wert, wenn das Ende der Datei erreicht ist.

```
int ferror (FILE *fp);
```
`ferror` liefert einen von Null verschiedenen Wert, falls ein Fehlerindikator gesetzt ist.

```
void perror (const char *s);
```
`perror` gibt die Zeichenkette `s` und einen von der Implementierung abhängigen Fehlertext auf `stderr` aus. Der Fehlertext ergibt sich aus `errno`.

A.12.7 Formatierte Ausgabe

```
int printf (const char *format, ...)
int fprintf (FILE *fp, const char *format, ...)
int sprintf (char *s, const char *format, ...)
```
Diese Funktionen wandeln Ausgaben um und schreiben sie auf `stdout` (`printf`) oder auf den einer Datei zugeordneten Strom (`fprintf`). `sprintf` schreibt in die Zeichenkette `s`, schließt mit `'\0'` ab, die Zeichenkette muß groß genug sein. Die Ausgabeumwandlungen werden über die Formatzeichenkette kontrolliert. Der Resultatwert ist die Anzahl der geschriebenen Zeichen, er ist negativ, wenn ein Fehler passiert ist.

```
int vfprintf (FILE *fp, const char *format, va_list arg);
int vprintf (const char *format, va_list arg);
int vsprintf (char s*, const char *format, va_list arg);
```
Diese Funktionen sind äquivalent zu den entsprechenden `printf`-Funktionen, nur wird die variable Argumentliste durch `arg` ersetzt.

Die Formatzeichenkette `char *format` ist eine Mischung von gewöhnlichen Zeichen, diese werden ausgegeben, sowie Formatspezifikationen für die eigentlichen Argumente der Funktion. Jede Formatspezifikation beginnt mit einem `%`-Zeichen und endet mit einem Umwandlungszeichen. Zwischen `%` und dem Umwandlungszeichen **kann** der Reihe nach angegeben werden:

Modifizierer (Flags) in folgender Reihenfolge

-	Erzeugt linksbündige Ausgabe, z.B. `%-20s`.
0	Erzeugt führende Nullen, z.B. `%06i`.
+	Die Zahl wird immer mit Vorzeichen ausgegeben, z.B. `%+5i`.
	(Leerzeichen) Statt eines positiven Vorzeichens wird ein Leerzeichen ausgegeben, z.B. `% 5i`.
#	Verlangt eine alternative Form der Ausgabe.
	Bei o beginnt die Ziffer mit einer Null bei x, X wird 0x, 0X der Ziffer vorangestellt, bei e, E, f, g, G enthält die Ausgabe immer einen Dezimalpunkt bei g und G werden Nullen am Schluß nicht unterdrückt.

Feldbreite (*field width*)

Eine positive ganze Zahl, die eine minimale Feldbreite festlegt, bei Bedarf wird die Feldbreite vergrößert. Verwendet man statt der Zahl einen Stern(*), so wird das nächste Argument aus der Argumentliste als Feldgröße verwendet. Es muß vom Typ int sein. Ein negatives Argument entspricht einem - Flag. Standardmäßig erfolgt die Ausgabe rechtsbündig zur angegebenen Feldbreite, nach links mit Leerzeichen aufgefüllt.

Genauigkeit (*precision*)

die maximale Anzahl von Zeichen für eine Zeichenkette
die Zahl der Nachkommastellen für e, E, f
die maximale Anzahl signifikanter Ziffern bei g und G
die minimale Anzahl von Ziffern für Ganzzahlwerte (führende Nullen)

Beispiel: Programm und die erzeugten Ausgaben:

```
#include <stdio.h>
int main(void)
{
  char c = 'A';
  short int shi = -4;
  int i = 30000;
  long int li = 123456789;
  float x = 3.1415;
  double dx = 2E300;
  char s[] = "Zeichenkette";

  printf("%-3c|%+.6hi|%.6hu|%8i|%12li\n", c, shi, shi, i, li);
  printf("%-30s|%s\n", s, s);
  printf("%f|%07.4g|%e|%-+#8.0e\n", x, x, dx, dx);
  return 0;
}
```

```
A  |-000004|065532|   30000|   123456789
Zeichenkette                 |Zeichenkette
3.141500|003.141|2.000000e+300|+2.e+300
```

printf-Umwandlungen (mit Längenangaben):

Zeichen	Argument	Umwandlung in
d, i	`int`	Dezimalzahl mit Vorzeichen, Genauigkeit ist 1
hd, hi	`short`	Dezimalzahl mit Vorzeichen
ld, li	`long`	Dezimalzahl mit Vorzeichen
u	`int`	Dezimalzahl ohne Vorzeichen
hu	`unsigned short`	Dezimalzahl ohne Vorzeichen
lu	`unsigned long`	Dezimalzahl ohne Vorzeichen
o	`unsigned int`	Oktalzahl ohne Vorzeichen
ho	`unsigned short`	zuerst nach `unsigned short`, dann wie o
lo	`unsigned long`	Oktalzahl ohne Vorzeichen
x, X	`unsigned int`	Hexadezimalzahl ohne Vorzeichen (`abcdef` oder `ABCDEF`)
hx, hX	`unsigned short`	Hexadezimalzahl ohne Vorzeichen
lx, lX	`unsigned long`	Hexadezimalzahl ohne Vorzeichen
c	`int`	Zeichen nach Umwandlung in `unsigned char`
s	`char *`	Zeichen einer Zeichenkette bis vor '\0' oder maximal so viele Zeichen, wie die Genauigkeit verlangt
f	`double`	Dezimalzahl in der Form [-]*ddd.ddd* Die Anzahl der Nachkommastellen wird durch die Genauigkeit bestimmt, Voreinstellung ist 6. Fehlt die Genauigkeit und ein #-Flag, so wird kein Dezimalpunkt ausgegeben.
Lf	`long double`	sonst wie f
e, E	`double`	Dezimalzahl in der Form [-]*d.ddd*e±*dd* oder [-]*d.ddd*E±*dd*. Die Anzahl der Nachkommastellen wird durch die Genauigkeit bestimmt, Voreinstellung ist 6. Fehlt die Genauigkeit und ist kein #-Flag angegeben, so wird kein Dezimalpunkt ausgegeben. Der Exponent hat mindestens 2 Stellen.
Le, LE	`long double`	sonst wie e, E
g, G	`double`	Dezimalzahl in der f-Darstellung oder in der e, E-Darstellung. Wenn die Genauigkeit p nicht angegeben wird oder 0 ist, so wird p = 6 gesetzt. Die f-Darstellung wird verwendet, wenn der Exponent für die e-Darstellung im Bereich [-4, p-1] wäre, sonst wird die e oder E- Darstellung gewählt. Fehlen Nachkommastellen, so wird auch kein Dezimalpunkt ausgegeben.
Lg, LG	`long double`	sonst wie g, G
p	`void *`	Adresse, implementierungsabhängig
n	`int *`	die Anzahl der bisher ausgegebenen Zeichen wird im Argument abgelegt
%	-	ein % wird ausgegeben (%%)

A.12.8 Formatierte Eingabe

Die Funktionen

```
int scanf (const char *format, ...)
int fscanf (FILE *fp, const char *format, ...)
int sscanf (char *s, const char *format, ...)
```

lesen von stdin (scanf) oder vom Strom fp (fscanf) oder aus der Zeichenkette s (sscanf) unter Kontrolle der Formatzeichenkette und legen die umgewandelten Werte in den angegebenen Argumenten ab, die alle Zeiger sein müssen. Der Resultatwert ist die Anzahl der erfolgreich umgewandelten Werte oder EOF, wenn vor der ersten Umwandlung das Dateiende erreicht wird.

Die Funktionen werden beendet, wenn die Formatzeichenkette abgearbeitet ist oder wenn eine verlangte Umwandlung nicht durchgeführt werden kann, z.B. wenn %f auf "123END" stößt. fscanf und scanf werden auch beendet, wenn das EOF-Flag im Strom gesetzt wird. sscanf wird auch beendet, wenn '\0' erreicht wird.

Die Formatzeichenkette enthält die Umwandlungsangaben, die zur Interpretation der Eingabe verwendet werden und kann folgendes beinhalten:
* Zwischenraumzeichen sorgen dafür, daß Zwischenraumzeichen im Eingabestrom ignoriert werden. Die Anzahl der Zwischenraumzeichen spielt keine Rolle.
* Gewöhnliche Zeichen, die den nächsten Zeichen nach einem Zwischenraum im Eingabestrom entsprechen müssen, diese Zeichen werden dann ohne Umwandlung gelesen.
* Umwandlungsangaben, bestehend aus dem Zeichen %; einem optionalen *, der die Zuweisung an das Argument verhindert; einer optionalen Zahl für die maximale Feldbreite; einem optionalen Buchstaben h, l oder L, der die Länge des Ziels festlegt; und einem Umwandlungszeichen.

Die Umwandlungsangabe bestimmt die Umwandlung (Interpretation) des nächsten Eingabefeldes. Ein Eingabefeld ist definiert als Folge von Zeichen, welche keine Zwischenraumzeichen sind; es reicht entweder bis zum nächsten Zwischenraumzeichen oder bis zur explizit angegebenen Feldbreite. Zwischenraumzeichen sind das Leerzeichen und die Zeichen Tabulator '\t', Zeilentrenner '\n', Wagenrücklauf '\r', Vertikaltabulator '\v', Seitenvorschub '\f'. Kann eine Umwandlung nicht ausgeführt werden, so wird die Abarbeitung des Eingabestroms unterbrochen. Die restlichen Zeichen bleiben im Puffer.

Beispiel: Aus der Eingabezeile: **12345 300 4711rest**

liest der Aufruf

```
scanf("%2i%f%*i %[0-9]%s", &i, &x, zahl, s);
```

die Werte:

```
int    i       = 12
float  x       = 345
char   zahl[10] = "4711\0"
char   s[10]    = "rest\0"
```

Tabelle der `scanf`-Umwandlungen:

Zeichen	Argumenttyp	Eingabedaten
d	int *	Dezimalzahl, ganzzahlig
i	int *	Ganze Zahl als Dezimalzahl, Oktalzahl (mit 0 am Anfang) oder als Hexadezimalzahl (mit 0x oder 0X am Anfang)
hd, hi	short int	sonst wie d und i
ld, li	long int	sonst wie d und i
u	unsigned int *	Dezimalzahl
hu	unsigned short	Dezimalzahl
lu	unsigned long	Dezimalzahl
o	unsigned int *	Ganze Zahl im Oktalsystem (mit/ohne 0 am Anfang)
ho	unsigned short	sonst wie o
lo	unsigned long	sonst wie o
x, X	unsigned int *	Ganze Zahl in HEX-Darstellung (mit/ohne 0x, 0X)
hx, hX	unsigned short	sonst wie x, X
lx, lX	unsigned long	sonst wie x, X
s	char *	Folge von Nicht-Zwischenraumzeichen. Am Ende wird '\0' angehängt.
c	char *	ein oder mehrere Zeichen. Die nachfolgenden Zeichen werden ab der angegebenen Adresse abgelegt, bis die Feldbreite erreicht ist; Voreinstellung ist 1. '\0' wird nicht angefügt. Zwischenraumzeichen werden nicht überlesen.
e, f, g E, F, G	float *	Gleitkommawerte. Normalerweise arbeitet man ohne Feldweitenangaben; sonst muß das Eingabefeld in der Breite genau passen.
le, lf, lg	double *	sonst wie e, f, g
Le, Lf, lg	long double	sonst wie e, f, g
p	void *	Adresse, wie sie %p ausgibt
n	int *	legt im Argument die Anzahl der bisher gelesenen Zeichen ab
hn	short int *	sonst wie n
ln	long int *	sonst wie n
[...]	char *	liest vom Datenstrom, solange nur Zeichen der angegebenen Zeichenmenge vorkommen; Trennzeichen werden ignoriert; '\0' wird angehängt
[^...]	char *	liest vom Datenstrom, solange nur Zeichen kommen, welche nicht in der angegebenen Zeichenmenge vorkommen; sonst wie [...]
%		erkennt %; eine Zuweisung findet nicht statt

A.13 Allgemeine Hilfsfunktionen <stdlib.h>

In <stdlib.h> sind die Datentypen und Makros

```
size_t              wchar_t
div_t               ldiv_t
NULL
EXIT_FAILURE
EXIT_SUCCESS
RAND_MAX
MB_CUR_MAX
```

definiert und Prototypen für folgende Funktionen:

A.13.1 Umwandlung von Zeichenketten in Zahlen

Diese Funktionen wandeln ab dem Beginn einer Zeichenkette jenen Teil der Zeichenkette in einen Zahlenwert um, der eine gültige Darstellung der Zahl ist. Zwischenraumzeichen am Anfang werden ignoriert. Für atof, atoi und atol ist das Verhalten im Fehlerfall nicht definiert, die Funktionen strtod und strtol ändern den Wert errno.

```
double atof (const char *s);
```
atof wandelt eine Zeichenkette in double um.

```
int atoi (const char *s);
```
atoi wandelt eine Zeichenkette in einen int-Wert um.

```
long int atol (const char *s);
```
atol wandelt eine Zeichenkette in einen long int Wert um.

```
double strtod (const char *s, char **end_ptr);
```
strtod wandelt eine Zeichenkette in double um. Hat end_ptr nicht den Wert NULL, so ist end_prt die Adresse eines Zeigers auf das Zeichen, bei dem die Umwandlung gestoppt wurde.

```
long int strtol (const char *s, char **end_ptr, int base);
```
strtol wandelt eine Zeichenkette in long int um. Mit base kann die Basis des verwendeten Zahlensystems angegeben werden. Hat base den Wert Null, so gelten die für int-Konstanten in C üblichen Interpretationen. Für end_ptr gilt dasselbe wie bei strtol.

```
unsigned long int strtoul (const char *s,
                     char **end_ptr, int base);
```
strtoul arbeitet wie strtol, allerdings ist der Resultatwert vom Typ unsigned long.

A.13.2 Pseudo-Zufallsgeneratoren

`int rand (void);`
rand erzeugt eine Zufallszahl im Bereich 0 bis RAND_MAX.

`void srand (unsigned seed);`
Mit srand kann die Folge der Zufallszahlen durch einen Startwert beeinflußt werden.

Plauger implementiert die beiden Funktionen so:

```
#include <stdlib.h>

unsigned long _Randseed = 1;

int (rand) (void)
{                            /* compute pseudo-random value */
  _Randseed = _Randseed * 1103515245 + 12345;
  return ((unsigned int) (_Randseed >> 16) & RAND_MAX);
}

void (srand) (unsigned int seed)
{
  _Randseed = seed;        /* alter the seed */
}
```

A.13.3 Dynamisches Reservieren von Speicherplatz

`void *calloc (size_t n, size_t el_size);`
calloc reserviert n mal el_size Bytes Speicherplatz und setzt alle Bytes auf Null. Das Ergebnis ist die Basisadresse des Speicherbereichs oder NULL im Fehlerfall.

`void free (void *ptr);`
free gibt einen vorher mit calloc, malloc oder realloc reservierten Speicherbereich wieder frei.

`void *malloc (size_t size);`
malloc reserviert size Bytes Speicher, der nicht initialisiert wird. Ergebnis wie bei calloc.

`void *realloc (void *ptr, size_t size);`
realloc ändert bereits reservierten Speicherbereich auf die neue Größe size. Der bereits reservierte Bereich bleibt unverändert. Ist der neue Bereich kleiner, kann auf den Rest des alten Bereiches nicht mehr zugegriffen werden. Ist der neue Bereich größer, so wird der neu dazukommende Bereich nicht initialisiert. Ergebnis ist NULL im Fehlerfall, sonst ein Zeiger auf die Basisadresse des Bereiches.

A.13.4 Kommunikation mit der Systemumgebung

```
void abort (void);
```
abort veranlaßt die abnormale Beendigung des Programms. Mit einem Signalbearbeiter (*signal handler*) kann der Aufruf bearbeitet werden.

```
int atexit (void (*func)(void));
```
atexit definiert die Funktion func, damit sie aufgerufen wird, wenn das Programm normal endet.

```
void exit (int status);
```
exit beendet das Programm. status wird an die Umgebung geliefert. Die mit atexit hinterlegten Funktionen werden in der umgekehrten Reihenfolge ihrer Hinterlegung aufgerufen. Offene Dateien werden geschlossen.

```
char *getenv (const char *name);
```
getenv liefert die zu name gehörende Zeichenkette aus der Umgebung oder NULL, wenn der Eintrag nicht existiert. Die Umgebungsvariablen erhält man in der Kommandozeile mit dem Kommando set.

```
int system (const char *s);
```
system übergibt die Zeichenkette s als Befehl an den Kommandoprozessor zur Ausführung. Mit s = NULL kann man testen, ob es einen Kommandoprozessor gibt (das Resultat ist dann ungleich Null). Sonst ist das Resultat der *Exit*-Status des Kommandos.
Beispiel:
```
if ((status = system("dir *.c")) > 0)
    printf("Fehler bei der Ausführung von %s", command);
```

A.13.5 Suchen und Sortieren

```
void *bsearch (const void *key_ptr,
      const void *base, size_t n, size_t el_size,
      int (*compar)(const void *key, const void *element));
```
bsearch durchsucht n aufsteigend sortierte Elemente ab base nach dem Eintrag bei key_ptr. el_size ist die Größe der einzelnen Elemente in Byte. Das letzte Argument ist ein Zeiger auf eine Funktion, welche das Vergleichskriterium festlegt. Diese Funktion muß einen negativen Wert liefern, wenn das gesuchte Element (key) kleiner ist als der Tabelleneintrag (element); Null wenn beide gleich sind und sonst einen positiven Wert. Ergebnis der Funktion bsearch ist ein Zeiger auf das gesuchte Element oder NULL, wenn das Element nicht gefunden wurde,

```
void qsort (void *base, siz_t n, siz_t el_size,
      int (*compar)(const void *, const void *));
```
qsort ist eine Quicksortimplementierung und sortiert n Elemente der Größe el_size ab der Basisadresse base. Das 4-te Argument ist ein Zeiger auf eine Funktion, welche das Sortierkriterium festlegt. Für diese Funktion gilt das gleiche wie bei bsearch.

A.13.6 Ganzzahlarithmetik

```
int abs (int i);
```
abs liefert den Absolutbetrag eines int-Wertes.

```
long int labs(long int i);
```
labs liefert den Absolutbetrag eines long int-Wertes.

```
div_t div (int num, int denom);
```
div berechnet Quotient und Rest von num/denom. Quotient und Rest werden in einer Struktur

```
  typedef struct { int quot; int rem } div_t;
```
abgelegt.

```
ldiv_t ldiv (long int num, long int denom);
```
ldiv berechnet Quotient und Rest von num/denom. Quotient und Rest werden in einer Struktur

```
  typedef struct { long int quot; long int rem } ldiv_t;
```
abgelegt.

A.13.7 Multibyte Zeichenketten

Diese Funktionen stellen einige Grundfunktionen für die Arbeit mit Multibytezeichenketten zur Verfügung. Ihr Verhalten ist von länderspezifischen Einstellung abhängig. Länderspezifische Einstellungen kann man mit der Funktion setlocale einstellen und abfragen.

```
int mblen (const char *s, size_t n);
```
mblen ermittelt die Anzahl der Zeichen in der Multibyte-Zeichenkette s. Ab s werden nicht mehr als n Bytes bearbeitet.

```
int mbtowc (wchar_t *pwc, const char *s, size_t n);
```
mbtowc ermittelt die Anzahl der Bytes des bei s abgelegten Multibyte-Zeichens. Dann wird der Code des entsprechenden breiten Zeichens ermittelt und bei pwc abgelegt, wenn es sich um ein gültiges Zeichen handelt. Ab s werden nicht mehr als n Bytes bearbeitet.

```
int wctomb (char *s, wchar_t wchar);
```
wctomb ermittelt die Anzahl der benötigten Bytes, um das Zeichen wchar als Multibyte-Zeichen zu codieren.

```
size_t mbstowcs (wchar_t *pwcs, const char *s, size_t n);
```
mbstwcs konvertiert eine Folge von Multibyte-Zeichen (s) in eine Folge von breiten Zeichen (pwc). Ab pwc werden nicht mehr als n Elemente verändert.

```
size_t wcstombs (char *s, const wchar_t *pwcs, size_t n);
```
wcstombs konvertiert eine Folge von Zeichencodes (pwcs) für Multibyte-Zeichen in eine Multibyte-Zeichenkette (s). Ab s werden nicht mehr als n Bytes verändert.

A.14 Funktionen für Zeichenketten <string.h>

A.14.1 Kopieren und zusammenfügen

```
void *memcpy (void *s1 ,const void *s2, size_t n);
```
memcpy kopiert n Zeichen ab s2 nach s1. Resultat ist s1. Für überlappende Blöcke ist das Resultat nicht definiert.

```
void *memmove (void *s1, const void *s2, size_t n);
```
memmove arbeitet wie memcpy, funktioniert aber auch, wenn die Blöcke überlappen.

```
char *strcpy (char *s1, const char *s2);
```
strcpy kopiert die Zeichenkette bei s2 nach s1, liefert Zeiger auf s1. Ab s1 muß genügend Platz sein, um s2 aufzunehmen.

```
char *strncpy (char *s1, const char *s2, size_t maxn);
```
strncpy kopiert maxn Zeichen der Zeichenkette s2 auf den String s1.

```
char *strcat (char *s1, const char *s2);
```
strcat verbindet zwei Zeichenketten (s1, s2). Das Resultat ist ein Zeiger auf das erste Zeichen des neuen Strings.

```
char *strncat (char *s1, const char *s2, size_t maxlen);
```
strncat hängt maximal maxlen Zeichen des Strings s2 an den String s1 an.

A.14.2 Vergleichsfunktionen

```
int memcmp (const void *s1, const void *s2, size_t n);
```
memcmp vergleicht die ersten n Zeichen der Speicherblöcke mit Anfangsadressen s1 und s2. Das Resultat ist je nach lexikographischer Relation der Speicherblöcke -1, 0 oder +1.

```
int strcmp (const char *s1, const char *s2);
```
strcmp vergleicht die beiden Zeichenketten lexikographisch, das Resultat ist
< 0 falls s1 < s2, = 0 falls s1 == s2 und > 0 falls s1 > s2 .

```
int strcoll (const char *s1, const char *s2);
```
strcoll vergleicht die beiden Zeichenketten nach einer lokal definierten Vergleichsreihenfolge.

```
int strncmp (const char *s1, const char *s2, size_t maxn);
```
strncmp vergleicht maximal maxn Zeichen der Zeichenketten s1 und s2 lexikographisch.

```
size_t strxfrm (char *s1, const char *s2, size_t n);
```
strxfrm transformiert und kopiert den String s2 in den String s1, wobei nicht mehr als n Zeichen kopiert werden. Das Resultat ist die Anzahl der kopierten Zeichen. Kann für lokale Zeichensätze zur Vorbereitung eines strcmp-Aufrufs verwendet werden.

A.14.3 Suchfunktionen

`void *memchr (const void *s, int c, size_t n);`
memchr durchsucht ab s maximal n Zeichen nach dem Zeichen c (als unsigned char betrachtet). Ergebnis ist ein Zeiger auf das gefundene Zeichen oder NULL.

`char *strchr (const char *s, int c);`
strchr sucht das erste Zeichen c im String s. Ist das Zeichen im String enthalten, liefert die Funktion einen Zeiger auf diese Zeichen, sonst wird NULL geliefert. strchr (s, '\0') liefert einen Zeiger auf das Abschlußzeichen '\0'.

`char *strpbrk (char *s1, const char *s2);`
strpbrk sucht im String s1 nach dem ersten Vorkommen eines der Zeichen aus s2.

`char *strrchr (const char *s, int c);`
strrchr durchsucht den String s von rechts nach links nach dem ersten Auftreten von c.

`size_t strspn (const char *s1, const char *s2);`
strspn liefert die Länge des Teilstrings von s1, der ausschließlich aus in s2 enthaltenen Zeichen besteht.

`char *strstr (const char *s1, const char *s2);`
strstr sucht in s1 das erste Auftreten von s2, liefert Zeiger auf den Substring in s1 oder NULL.

`char *strtok (char *s1, const char *s2);`
strtok sucht nach einer Zeichenfolge in s1, wobei die Zeichen in s2 als Trennzeichen betrachtet werden.

`size_t strcspn (const char *s1, const char *s2);`
strcspn liefert die Länge jenes Teilstrings von s1 zurück, der keines der Zeichen aus String s2 enthält.

A.14.4 Verschiedenes

`void *memset (void *s, int c, size_t n);`
memset schreibt c (als unsigned char) in die ersten n Zeichen ab s. Resultat ist s.

`char *strerror (int errnum);`
strerror liefert einen Zeiger auf einen String mit Fehlermeldungen, welche vom System zur Verfügung gestellt werden.

`size_t strlen (const char *s);`
strlen bestimmt die Anzahl der Zeichen im String (ohne '\0').

A.15 Uhrzeit und Zeit <time.h>

Die Bibliothek unterscheidet zwischen einer universalen Kalenderzeit und einer lokalen Zeit. Für die Darstellung der Kalenderzeit wird meist die Anzahl der Sekunden seit einem bestimmten Stichtag (1.1.1970 0.00 Uhr UTC) verwendet. Die Kalenderzeit kann in eine *broken-down time* mit den Komponenten der Struktur struct tm zerlegt werden. Diese Zeitangaben entsprechen dann der lokal gültigen Ortszeit.

In <time.h> sind die Datentypen clock_t, time_t und die Struktur tm vereinbart.

```
struct tm {
    int tm_sec;          /* Sekunden nach der vollen Minute */
    int tm_min;          /* Minuten nach der vollen Stunde  */
    int tm_hour;         /* Stunden seit Mitternacht        */
    int tm_mday;         /* Tage im Monat                   */
    int tm_mon;          /* Monate seit Januar (0 bis 11)   */
    int tm_year;         /* Jahre seit 1900                 */
    int tm_wday;         /* Tage seit Sonntag (0 bis 6)     */
    int tm_yday;         /* Tage seit dem ersten Januar     */
    int tm_isdst;        /* Kennzeichen für Sommerzeit      */
}
```

sowie die Funktionen:

clock_t clock (void);
clock liefert die Zeit, die das Programm seit Beginn seiner Ausführung verbraucht hat. Der Makro CLOCKS_PER_SEC enthält den Wert dieser Zeiteinheit pro Sekunde.

time_t time (time_t *tp);
liefert die aktuelle Kalenderzeit oder -1, wenn sie nicht zur Verfügung steht.

double difftime (time_t t2, time_t t1);
difftime liefert die Zeitdifferenz t2 - t1 in Sekunden.

time_t mktime (struct tm *tp);
mktime wandelt die Ortszeit in der Struktur *tp in eine Kalenderzeit um.

char *asctime (const struct tm *tp);
asctime bildet aus der Zeit *tp eine Zeichenkette der Form
  Tue Apr 7 10:20:23 1998

char *ctime (const time_t *tp);
ctime wandelt die Kalenderzeit *tp in Ortszeit um.

struct tm *localtime (const time_t *tp);
localtime verwandelt die Kalenderzeit *tp in Ortszeit.

struct tm *gmtime (const time_t *tp);
gmtime verwandelt die Kalenderzeit *tp in eine UTC-Ortszeit.

**size_t strftime (char *s, size_t smax, const char *fmt,
                const struct tm *tp);**
strftime formatiert Datum und Zeit aus *tp nach s unter Kontrolle von fmt.

A.16 Ausblick auf die C99 Bibliothek

Die Neufassung des C Standards ISO/IEC 9899:1999 hat die Standardbibliothek um viele Funktionen erweitert. Die Erweiterungen betreffen hauptsächlich die mathematischen Funktionen, die Unterstützung von breiten Zeichen und den neuen Datentyp `_Complex`. Zeigerargumente sind oft mit dem neuen Attribut `restrict` versehen.

A.16.1 Komplexe Rechnung <complex.h> (neu)

In dieser Datei wird `complex` als zusätzlicher Bezeichner für den Datentyp `_Complex` vereinbart und die Makros `imaginary`, `_Imaginary_I`, `_Complex_I` und `I` für die imaginäre Einheit $i = \sqrt{-1}$ festgelegt. Mit

```
#pragma STDC CX_LIMITED_RANGE on-off-switch
```

kann das Verhalten bei Rechnungen mit Grenzwerten der komplexen Zahlen gesteuert werden. Die Datei enthält die Prototypen der auch für komplexe Zahlen definierten mathematischen Funktionen.

A.16.2 Gleitkomma-Umgebung <fenv.h> (neu)

Die Datei <fenv.h> vereinbart zwei Datentypen und einige Makros, die Zugang zur Gleitkomma-Umgebung erlauben. Man erhält Zugriff auf implementierungsabhänge Statusflags und kann deshalb Ausnahmebedingungen wie Division durch Null, Überschreitung der Grenzwerte usw. abfangen. Zusätzlich kann, soweit dies die Implementierung erlaubt, die Art der Rundung eingestellt werden.

A.16.3 Formatspezifikationen für Ganzzahltypen <inttypes.h> (neu)

Diese Definitionsdatei bindet die Datei <stdint.h> ein und definiert jede Menge Makros für Umwandlungsangaben, wie sie in den `printf`- und `scanf`-Funktionen verwendet werden. Die Umwandlungsangaben passen zu den in <inttypes.h> deklarierten Ganzzahltypen. Zusätzlich enthält die Datei Prototypen für einige Funktionen, die den größten implementierten Ganzzahltyp `intmax_t` betreffen.

A.16.4 Alternative Schreibweisen <iso646.h> (neu)

Diese Datei definiert 11 Makros, die laut folgender Tabelle zu Operatoren expandieren.

`and`	`&&`	`not_eq`	`!=`
`and_eq`	`&=`	`or`	`||`
`bitand`	`&`	`or_eq`	`|=`
`bitor`	`|`	`xor`	`^`
`compl`	`~`	`xor_eq`	`^=`
`not`	`!`		

A.16.5 Mathematik <math.h>

In <math.h> sind statt bisher 22 Funktionen mehr als 180 Funktionen definiert. Für die meisten Funktionen gibt es eine Standardfunktion mit `double`-Argumenten und zwei weitere Funktionen mit `float`- und `long double`-Argumenten. Für die effizientesten Gleitkommatypen sind die Datentypen `float_t` und `double_t` vereinbart, neue Makros für Grenzwerte, Klassifizierung von Zahlen und Fehlerbehandlung. Die Funktionen reichen von trigonometrischen Funktionen, Hyperbelfunktionen, Exponential und Logarithmusfunktionen über die Gammafunktion bis zu Rundungsfunktionen. Gemeinsam mit den Möglichkeiten der komplexen Rechnung, dem Zugriff auf die Gleitkommaumgebung wird C damit zu einer Sprache, die für mathematische Aufgabenstellungen aus Naturwissenschaft und Technik hervorragend geeignet ist.

A.16.6 Ganzzahltypen <stdint.h> (neu)

Diese Datei definiert Ganzzahltypen mit einer definierten Breite (Anzahl der Bits). Es werden Datentypen für Ganzzahlwerte mit exakter Breite nach dem Schema `int`N`_t` (z.B. `int32_t`), für Ganzzahltypen mit einer Mindestbreite nach dem Schema `int_least`N`_t` und für den schnellsten Ganzzahltyp mit einer bestimmten Mindestbreite nach dem Schema `int_fast`N`_t` definiert. Zusätzlich sind die Datentypen `intptr_t` und `uintptr_t` für Ganzzahltypen definiert, welche Zeigerwerte aufnehmen können und die Typen `intmax_t` und `uintmax_t` für den breitesten verfügbaren Ganzzahltyp. Ergänzt werden diese Datentypen durch Makros für die zugehörigen Grenzwerte.

A.16.7 Ein-Ausgabe <stdio.h>

C99 unterscheidet zwischen *byte input/output functions* und *wide character input/output functions*. Alle E/A-Funktionen gibt es in einer Version für Byte-Ströme und in einer Version für breite Zeichen. Die E/A-Funktionen für breite Zeichen sind in <wchar.h> deklariert. Neu sind die Längenangaben `hh` für den Typ `char`, `ll` für den Typ `long long int`, `j` für den Typ `intmax_t`, `z` für den Typ `size_t`, `t` für den Typ `ptrdiff_t` und die Umwandlungszeichen `a`, `A` für `double`-Werte. Das Umwandlungszeichen A erzeugt Ausgaben der Form [-]**0X***H.HHH***P**±*d*. *H* sind Hex-Ziffern, *d* der dezimale Exponent der internen Darstellung.

A.16.8 Boolsche Typen und Werte <stdbool.h> (neu)

In der Datei <stdbool.h> werden 4 Makros definiert:

```
bool        _Bool
true        1
false       0
__bool_true_false_are_defined
```

A.16.9 Generische Typen <tgmath.h> (neu)

Diese Definitionsdatei bindet <math.h> und <complex.h> ein und sorgt dafür, daß generische Funktionsnamen durch die zu den Argumenten passende Funktion ersetzt werden.

Beispiel: Ist <tgmath.h> inkludiert, so rufen nach den Vereinbarungen

```
float f;
double d;
long double ld;
double complex dc;
```

die Makros in der linken Spalte die Funktionen in der rechten Spalte auf:

```
acosh(f)        acoshf(f)
sin(d)          sin(d)
atan(ld)        atanl(ld)
sqrt(dc)        csqrt(dc)
```

A.16.10 Multibytezeichen und breite Zeichen <wchar.h> (neu)

In <wchar.h> sind Datentypen, Makros und viele Funktionen für die Arbeit mit breiten Zeichen. Die deklarierten Funktionen können in folgende Gruppen aufgeteilt werden:

* Funktionen für die Ein-Ausgabe von breiten Zeichen und/oder Multibytezeichen. Dies sind im wesentlichen jene Funktionen, die für Byte-I/O in <stdio.h> deklariert sind.

* Funktionen für die Konvertierung von breiten Zeichenketten in numerische Werte. Die Byte-Versionen dieser Funktionen sind in <stdlib> deklariert.

* Funktionen zur allgemeinen Manipulation von breiten Zeichenketten. Diese Funktionen sind das Gegenstück zu den Funktionen in <string.h>.

* Funktionen für die Umwandlung zwischen Datums- und Zeitangaben und breiten Zeichenketten. Umfang wie in <time.h>.

* Als Ergänzung zu den schon in C90 in <stdlib.h> deklarierten Funktionen weitere Funktionen für Umwandlungen zwischen Multibyte-Zeichenketten und breiten Zeichen.

A.16.11 Test und Behandlung von breiten Zeichen <wctype.h> (neu)

In <wctype.h> sind die drei Datentypen wint_t, wctrans_t, wctype_t, der Makro WEOF, alle is... -Makros, to... -Makros aus <ctype.h> in einer Version für breite Zeichen

```
int     isw...(wint_t wc);
wint_t tow...(wint_t wc);
```

sowie vier weitere Makros deklariert.

Anhang B: Syntaxzusammenfassung

Diese Zusammenfassung der Syntax beschreibt die prinzipiellen Regeln, nach denen Sprachkonstrukte gebildet werden können.

PROGRAMM

```
program ::= { file }₁₊

file ::= decl-and-fct-definitions

decl-and-fct-definitions ::=
   { declaration }₁₊ decls-and-fct-definitionsₒₚₜ
   { function-definition }₁₊ decls-and-fct-definitionsₒₚₜ
```

FUNKTION

```
function-definition ::=
   { extern | static }ₒₚₜ type-spec
   function-name (parameter-declaration-listₒₚₜ)
   compound-statement

function-name ::= identifier

parameter-declaration-list ::=
   parameter-declaration { , parameter-declaration }₀₊
```

VEREINBARUNGEN

```
declaration ::=
   declaration-spec init-declarator-listₒₚₜ ;

declaration-spec ::=
   storage-class-spec declaration-specₒₚₜ
   type-spec          declaration-specₒₚₜ
   type-qualifier     declaration-specₒₚₜ
```

```
storage-class-spec ::= auto | extern | register | static |
                       typedef

type-spec ::= char | double | float | int | long | short |
              signed | unsigned | void | enum-spec |
              struct-or-union-spec |
              typedef-name

enum-spec ::= enum tag_opt { enumerator-list } | enum tag

tag ::= identifier

enumerator-list ::= enumerator { , enumerator }_opt

enumerator ::=
    enumerator-constant { = const-int-expression }_opt

enumerator-constant ::= identifier

struct-or-union-spec ::=
    struct-or-union tag_opt { struct-declaration-list }
    struct-or-union tag

struct-or-union ::= struct | union

struct-declaration-list ::= { struct-declaration }_1+

struct-declaration ::=
    type-spec-qualifier-list struct-declarator-list;

type-spec-qualifier-list ::=
    type-spec type-spec-qualifier-list_opt
    type-qualifier type-spec-qualifier-list_opt

struct-declarator-list ::=
    struct-declarator { , struct-declarator }_1+

struct-declarator ::=
    declarator | declarator_opt : const-integral-expr

type-qualifier ::= const | volatile | restrict

declarator ::= pointer_opt direct-declarator
```

```
pointer ::= { * | type-qualifier-list_opt }_1+

type-qualifier-list ::= { type-qualifier }_1+

direct-declarator ::=
  identifier | (declarator)
  direct-declarator [ const-integral-expr_opt ]
  direct-declarator (parameter-type-list)
  direct-declarator (identifier-list_opt)

parameter-type-list ::= parameter-list
                        parameter-list , ...

parameter-list ::=
  parameter-declaration { , parameter-declaration }_0+

parameter-declaration ::=
  declaration-spec declarator
  declaration-spec abstract-declarator_opt

abstract-declarator ::=
  pointer | pointer_opt direct-abstract-declarator

direct-abstract-declarator ::=
  (abstract-declarator)
  direct-abstract-declarator_opt [const-integral-expr_opt]
  direct-abstract-declarator_opt (parameter-type-list_opt)

identifier-list ::= identifier { , identifier }_0+

typedef-name ::= identifier

init-declarator-list ::=
  init-declarator { , init-declarator }_0+

init-declarator ::= declarator | declarator = initializer

initializer ::= assignment-expression
              { initializer-list }

initializer-list ::= initializer { , initializer }_0+
```

ANWEISUNGEN

```
statement ::= compound-statement
              expression-statement
              iteration-statement
              jump-statement
              labeled-statement
              selection-statement

compound-statement ::=
  { declaration-list_opt statement-list_opt  }
  { { declaration-list_opt statement-list_opt }_1+ }  // C99

declaration-list ::= { declaration }_1+

statement-list ::= { statement }_1+

expression-statement ::= expression_opt ;

jump-statement ::= break ;
                   continue ;
                   goto identifier ;
                   return expression_opt ;

labeled-statement ::= { identifier : }_1+ statement

selection-statement ::=
  if (expression) statement
  if (expression) statement else statement
  switch-statement

iteration-statement ::=
  while (expression) statement
  do statement while ( expression );
  for (expression_opt; expression_opt; expression_opt) statement
  C99:
  for (declaration expression_opt; expression_opt) statement

switch-statement ::= switch (integral-expression)
  switch-block
```

AUSDRÜCKE

```
expression ::= primary-expression
               unary-expression
               assignment-expression
               arithmetic-expression
               relational-expression
               equality-expression
               logical-expression
               bit-expression
               shift-expression
               expression ? expression : expression
               expression , expression

primary-expression ::=
               identifier
               constant
               string-literal
               ( expression )
               function-call
               primary [ expression ]
               lvalue.identifier
               primary->identifier

lvalue ::=     identifier
               primary[expression]
               lvalue.identifier
               primary->identifier
               * expression
               ( lvalue )

unary-expression ::=
               -expression
               +expression
               &expression
               *expression
               ++ lvalue  |  lvalue ++
               -- lvalue  |  lvalue --
               sizeof expression
               sizeof ( type-name )
               ( type-name ) expression
```

```
arithmetic-expression ::=
  expression arithmetic-op expression

arithmetic-op ::=    + | - | * | / | %

assignment-expression ::= lvalue assignment-op expression

assignment-op ::=    =
                  += | -= | *= | /= | %=
                  &= | ^= | |= | >>= | <<=


relational-expr    ::=  expression < expression
                        expression > expression
                        expression <= expression
                        expression >= expression

equality-expression ::= expression == expression
                        expression != expression

logical-expression ::=  ! expression
                        expression && expression
                        expression || expression

bitwise-expression ::=  ~ expression
                        expression ^ expression
                        expression & expression
                        expression | expression

shift-expression ::=    expression >> expression
                        expression << expression

expr ::= expression

spec ::= specifier
```

KONSTANTEN

```
integer-constant ::= decimal-constant integer-suffix_opt
                     octal-constant integer-suffix_opt
                     hex-constant integer-suffix_opt
```

$decimal\text{-}constant ::= \mathbf{0} \mid nonzero\text{-}digit \; \{ \; digit \; \}_{0+}$

$octal\text{-}constant \quad ::= \mathbf{0} \mid \{ \; octal\text{-}digit \; \}_{0+}$

$hex\text{-}constant \qquad ::= \{ \; \mathbf{0x} \mid \mathbf{0X} \; \}_{1} \; \{ \; hex\text{-}digit \; \}_{1+}$

$integer\text{-}suffix \quad ::= \{ \; \mathbf{u} \mid \mathbf{U} \; \}_{opt} \; \{ \; \mathbf{l} \mid \mathbf{L} \; \}_{opt}$

$floating\text{-}constant ::= f\text{-}constant \; \{ f\text{-}suffix \}_{opt}$

```
f-constant ::=  i-part . f-part e-part
                i-part . f-part
                i-part .
                       . f-part
                       . f-part e-part
                i-part   e-part
```

$i\text{-}part \quad ::= \{ \; digit \; \}_{1+}$

$f\text{-}part \quad ::= \{ \; digit \; \}_{1+}$

$e\text{-}part \quad ::= \{ \mathbf{e} \mid \mathbf{E} \}_{1} \; \{ \mathbf{+} \mid \mathbf{-} \}_{opt} \; \{ \; digit \; \}_{1+}$

$f\text{-}suffix ::= \mathbf{f} \mid \mathbf{F} \mid \mathbf{l} \mid \mathbf{L}$

Anhang C: Literatur

Verwendete Literatur, Literatur zum Thema

International Standard ISO/IEC 9899:1999(E), Programming languages – C

P.J. Plauger: The Standard C Library
Prentice Hall, 1991

Al Kelley and Ira Pohl: A Book on C, Programming in C
Benjamin/Cummings, 1990

Brian W. Kernighan/ Dennis M. Ritchie : The C Programming Language
Prentice-Hall, 1978

Kernighan/Ritchie: Programmieren in C
HANSER/Prentice Hall 1988 , 2. Auflage

Goldschlager/Lister: INFORMATIK, Eine moderne Einführung
HANSER, 1984

Rechberger/Pomberger (Hrsg.) : Informatik Handbuch
HANSER, 1997

Niklaus Wirth: Algorithmen und Datenstrukturen
B.G. Teubner Stuttgart, 1983

Gerhard Platz: Methoden der Software-Entwicklung
HANSER, 1983

Helmut Schauer: Pascal-Übungen
Oldenburg, 1985

Helmut Balzert: Die Entwicklung von Software-Systemen
BI Wissenschaftsverlag, 1982

Helmut Selder: Einführung in die Numerische Mathematik für Ingenieure
HANSER 1979

Weiterführende Literatur:

R. Sedgewick: Algorithmen in C
ADDISON-WESLEY, 1992

Charles Petzold: Windows-Programmierung
Microsoft Press, 1999

Bjarne Stroustrup: Die C++ Programmiersprache
ADDISON-WESLEY

Stichwortverzeichnis

#

#define 44, 222
#elif 227
#else 227
#error 229
#if 227
#ifdef 227
#ifndef 227
#include 5, 221
#line 229
#pragma 229

A

Abbruchbedingung 23, 150
Abstraktion 215
Adressen 51
Algorithmus 21
Alignment 295
Alternative 31
ANSI, ANSI C 9
Anweisung 21
  break 145
  continue 157
  do 24, 152
  for 26, 154
  goto 156
  if 31, 142
  Leer- 156
  return 67, 171
  switch 145
  Verbund- 22, 140
  while 25, 153
argc 290
Argumente
  der Funktion main 290
  einer Funktion 172
  Reihenfolge der Auswertung 174
Argumentfehler 135

argv[] 290
ASCII-Code 98
Assemblercode 213
Assoziativität 131
Aufzählungen 115
Ausdruck 16
  arithmetischer 16
  bedingter 144
  Gleichheits- 17
  logischer 18
  Relations- 17
  unärer 124
  Vergleichs- 126
  Zuweisungs- 17
Ausführungsbedingung 23, 152
Auswahl 21, 31, 140

B

Backus-Naur-Form 10
BCD-Code 98, 238
Bedingte Übersetzung 227
Befehlssatz 2
Benutzerfreundlichkeit 218
Benutzerhandbuch 208
Bezeichner 7, 9
Bibliotheksfunktionen 3
  abort 324, 335
  abs 336
  asctime 339
  assert 321
  atexit 335
  atof 333
  atoi 333
  atol 333
  bsearch 335
  calloc 250, 334
  clearerr 312, 328
  clock 339
  ctime 339
  difftime 339

div 336
exit 335
fclose 76, 312, 325
feof 312, 328
ferror 312, 328
fflush 312, 325
fgetc 82, 101, 326
fgetpos 327
fgets 80, 283, 326
fopen 75, 311, 326
fprintf 77, 328
fputc 82, 101, 326
fputs 80, 283, 326
fread 313, 327
free 250, 334
freopen 312, 326
fscanf 331
fseek 319, 327
fsetpos 327
ftell 319, 328
fwrite 313, 327
getc 326
getchar 84, 101, 326
getenv 335
gets 283, 326
handler 323
isalnum 321
isalpha 321
iscntrl 321
isdigit 321
isgraph 321
islower 321
isprint 321
ispunct 321
isspace 321
isupper 321
isxdigit 321
labs 336
ldiv 336
localtime 339
malloc 249, 334
mblen 336
mbstowcs 336

mbtowc 336
memchr 338
memcmp 337
memcpy 337
memmove 337
memset 338
mktime 339
perror 312, 328
printf 6, 15, 77, 328
putc 327
putchar 84, 101, 327
puts 283, 327
qsort 266, 335
rais 324
rand 34, 334
realloc 250, 334
remove 325
rename 325
rewind 319, 328
scanf 7, 15, 78, 331
setbuf 326
setvbuf 326
signal 323
sprintf 80, 283, 328
srand 334
sscanf 80, 283, 331
strcat 337
strchr 338
strcmp 337
strcoll 337
strcpy 337
strcspn 338
strerror 338
strftime 339
strlen 324, 338
strncat 337
strncmp 337
strncpy 337
strprbrk 338
strrchr 338
strspn 338
strstr 338

strtod 333
strtok 338
strtol 333
strtoul 333
strxfrm 337
swprintf 104
system 335
time 339
tmpfile 325
tmpnam 325
ungetc 101, 327
vfprintf 328
vprint 328
vsprintf 328
wcstombs 336
wctomb 336
Binärbaum 301
Binärcode 89
Binärdateien 313
Binäres Suchen 149
Bit 14, 89
Bitmasken 235
Blockstruktur 176, 178
Bottom-Up-Methode 209
Breite Zeichen 104
Bubble-Sort 43
by value 173
Byte 89

C

C++ Builder 4
C90, C9X, C99 9
CASE-Tool 139, 211, 214
Charakteristik 106
Codes 88
Codeseiten 97
Codierung 39, 89
Compiler 2, 3, 4, 38, 213
const 114
CPU 2
Crossreferenzliste 213
C-System 3

D

Datei
    Öffnen, Schließen 75, 311
    Zugriffsarten 311
Dateizugriffsarten 311
Datenkapselung 184
Datenstrom 311
Datenstruktur 39, 211
Datentypen 14
    _Bool 14
    char 14
    double 108
    float 14, 108
    int 14
    long double 108
    wchar_t 104
Debugger 4, 38
    Beobachtungspunkte 39
    Haltepunkte 39
Debugzeile 214
Decodierung 89
Definition 112, 180
Definitionsdateien 3, 189, 221
    assert.h 321
    complex.h 340
    ctype.h 321
    errno.h 135, 322
    fenv.h 340
    float.h 322
    inttypes.h 340
    iso646.h 340
    limits.h 323
    locale.h 323
    math.h 67, 134, 341
    setjmp.h 323
    signal.h 323
    stbool.h 341
    stdarg.h 324
    stddef.h 324
    stdint.h 341
    stdio.h 6, 325, 341
    stdlib.h 333

string.h 284, 337
tgmath.h 342
time.h 339
wchar.h 342
wctype.h 342
Definitionsphase 208
Deklaration 112, 180
dereferencing operator Siehe
    Inhaltsoperator
Dereferenzierung 64, 240
Dezimalsystem 86
Dijkstra 138
DJGPP 3
Dokumentation 218
domain error *Siehe* Argumentfehler
Dualsystem 87
dynamische Datenstrukturen 302

E

Editor 38, 213
EDOM 135, 322
Ein-/Ausgabe 15, 74
    ganze Zahlen 96
    Gleitkommazahlen 109
    Zeichenketten 47, 80
    Zeiger 54
Ein-/Ausgabeumleitung 75
Einerkomplement 91, 231
Einfachauswahl 142
Endlosschleife 150
Entwurfshilfsmittel 209
Entwurfsphase 208
enum 115
EOF 78
ERANGE 135, 322
errno 135, 312, 322, 328
Ersatzdarstellung 100
escape character 100
Exponent 106
extern-Deklaration 179, 180
Exzeßdarstellung 93, 106

F

Fallunterscheidung 145
Fehlermeldungen 13
Feldbreite 329
Fernwirkung 181, 184
FIFO-Puffer 185
FILE 75, 226
File-Attribute 237
File-Mode 311
FILO-Prinzip 175
Filter 221
Flußdiagramm 137
Formatspezifikation 7, 78, 328
Funktion 6, 56, 169
    Aufruf einer 172, 173
    Definition 169
    mit static-Attribut 183
    Prototyp einer 172
    Resultat einer 67, 171
    Typ einer 171
Funktionsprototyp 71, 112
Funktionstüchtigkeit 217

G

Ganzzahlanteil der Division 119
Gauß, Carl Friedrich 27
Gauß'scher Algorithmus 271
Gleitkommazahlen
    Darstellung 106
    Genauigkeit 246
GNU-C 3, 180, 187
GNU-Projekt 3
Gültigkeitsbereich 60

H

Hauptspeicher 51
Headerfiles Siehe Definitionsdateien
Hexadezimalzahl 86
Hierarchisierung 215
Hoare 138, 262
HUGE_VAL 135

I

IDE *Siehe* Integrierte
   Entwicklungsumgebung
IEC 9
IEEE-P754 106, 246
Index 42
Indexsequentielle Datei 287
Initialisierung von Variablen 113
Integer-Erweiterung 130
Integrierte Dokumentation 216
Integrierte Entwicklungsumgebung 4
ISO/IEC 10646 98
ISO/IEC 8859 97
ISO/IEC 9899 9

K

K&R 9
Kommentare 12
Konstanten 9, 15
   Ganzzahl- 95
   Gleitkomma- 108
   Zeichen 15, 100
   Zeichenketten- 9
Konstruktive Voraussicht 217
Kontrollfluß 138
Kontrollstruktur 39

L

label 156
Langwort 89
Laufzeitfehler 39
Lcc-Win32 4, 181
Lebensdauer 60
Legendrepolynome 201
Lineare Regression 267
Linker 3, 38, 214
LINUX 3, 180
Listingfile 13
Lokalität 216
Lokalitätsprinzip 60
L-Wert 17, 120

M

main 6, 59
Make-Utility 197
Makros 223
Mantisse 106
Maschinensprachen 2
Mathematische Funktionen 67, 134
Mehrfachauswahl 145
Mehrfachverwendung 181, 216
Methodische Restriktion 217
Modifizierer 114
Modul 56, 180
Modularisierung 55, 169, 209, 216
Moduldiagramm 209
Modulhierarchiediagramm 210
Multibyte-Zeichensatz 98

N

Nassi-Shneiderman 138
Navia, Jacob 4
NDEBUG 321
Nibble 89
normalisierte Darstellung 106
NS-Diagramme 138
Nullstring 283

O

Objektcode 2
Oktalzahl 86
Oktett 89
Operator(en) 16
   logische 128
   Inhalts- 52
   arithmetische 16
   Relations- 125
   Zuweisungs- 120, 123
   Gleichheits- 125
   Adreß- 51, 124, 241
   arithmetische 119
   Bit- 231
   cast 112, 125
   Dekrement- 124

Einerkomplement- 231
Feldselektor 295
Inhalts- 240
Inkrement- 124
Komma- 129
logische 18
Rangordnung der 19, 133
Schiebe- 234
sizeof 111, 125
Tabelle der 133

P

Parameter
 aktueller 61
 formaler 61
Parameterliste 61
Pflichtenheft 208
Phasenmodell 207
Pipes 221
Planungsphase 207
pointer Siehe Zeiger
Pop 190
Postfixausdruck 124
Postfixnotation 189
Prefixausdruck 124
Preprozessor 3, 6, 221
Preprozessordirektiven 221
printf-Umwandlungen 330
Problemanalyse 208
Programm 2
Programmbeispiele
 addint.c 2
 addwhile.c 24
 alloc1.c 250
 alloc2.c 256
 arithop.c 120
 array1.c 255
 array2.c 260
 binmem.c 236
 binsuch.c 149
 bit1.c 232
 bubble.c 45
 calc.c 194

 charbuf.c 192
 codier.c 305
 datentypen.c 15
 ehochx1.c 30
 expr.c 20
 fifo.c 186
 fileio1.c 79
 fileio2.c 81
 fileio3.c 83
 genau.c 248
 getop.c 193
 hello.c 1
 intarith.c 163
 legendre.c 201
 libqs1.c 266
 linreg.c 269
 mainarg.c 290
 maltab.c 29
 monatkal.c 160
 montecarlo.c 35
 netzw.c 315
 nullstelle.c 37
 preproz1.c 225
 prfloat.c 110
 ptr1.c 242
 qsortnw.c 265
 scope1.c 176
 scope2.c 177
 sinus.c 25
 sortword.c 289
 stack.c 191
 string11.c 46
 string12.c 48
 string13.c 49
 string21.c 280
 string22.c 282
 string23.c 284
 struct1.c 299
 sum.c 27
 typedef.c 116
 union.c 309
 wchar.c 104
 zahlsys.c 87
 zweierpo.c 58

Projekt 4
Prototyp 172
Prozeß 21
Prozessor 21
Pseudocode 138, 211
Push 190

Q

Qualität von Softwareprodukten 217
Quelltext 2, 39, 213
Quicksort 262

R

Random Access 319
range error *Siehe* Resultatfehler
Rangordnung 131
Register 2
Rekursion 175, 199
Rekursionsformeln 199
restrict 114
Resultatfehler 135
Ringspeicher 212
Routine *Siehe* Funktion
Rücksprungadresse 175

S

scanf-Umwandlungen 332
Schleife 23
    abweisende 23
    fußgesteuerte 23, 152
    kopfgesteuerte 23, 153
Schlüsselwörter 9, 11
Schreibtischtest 214
Schrittweise Verfeinerung 32
Seiteneffekt 181
Sequenz 21, 140
Short-Circuit Evaluation 129
Sichtbarkeit 60
Sonderzeichen 9
Spaghetticode 138
Speicherklasse 113

Speicherklassen
    auto 175
    extern 177
    register 181
    static 182
Speicherplatz anfordern 249
Stack 175, 189, 190
Stackpointer 175, 190
Standardisierung 216
Stapel 175
Stapelzeiger 190
Statusregister 92
stderr 312
stdin 78
stdout 77
Stellenwertverfahren 85
Steuerzeichen 98
Strom (*stream*) 311
Struktogramm 138, 211
Strukturblock 139
Strukturen
    Felder 295
    Initialisierung 300
    und Funktionen 296
    Zugriff auf 295
Strukturierte Programmierung 138
Strukturierung 215
Syntax 7, 9
Syntaxbegriffe
    argument-list 173
    arithmetic-expression 16
    arithmetic-operator 16
    assignment-expression 16, 120
    assignment-operator 120
    bit-expression 233
    comma-expression 129
    compound-statement 22, 140
    conditional-expression 144
    conditional-statement 142
    declaration 112
    declaration-list 140
    declarator 113

declaratorlist 112
decls-and-function-def 178
digit 10
do-statement 24, 152
enumerator 116
enum-list 116
equality-expression 17, 126
equality-operators 125
expression-statement 17, 156
file 178
float-constant 108
for-statement 26, 155
function-call 172
function-definition 60, 169
identifier 10
if-statement 31, 142
initializer 114
iteration-statement 23
label 156
labeled-statement 156
letter 10
logical-expression 18, 128
lvalue 120
member-declaration 294
parameter-declaration 61
parameter-declaration-list 61
parameter-type-list 71, 172
program 179
relational-expression 17, 126
relational-operators 125
return-statement 67, 171
shift-expression 234
statement-list 22, 140
struct-declaration 293
switch-statement 145
type-declarator 115
type-identifier 115
type-qualifier 114
type-specifier 115
unary-expression 124
while-statement 25, 153
Syntaxbeschreibung 10
Syntaxfehler 13

T

Tabellen
  Datentypen 14
  Datentypen für ganze Zahlen 94
  Ersatzdarstellungen 100
  Gleitkommatypen 108
  Operatoren, Rangordnung 19
  Schlüsselwörter 11
  Syntaxsymbole 11
  Tastencodes für Steuerzeichen 99
  Umwandlungen für ganze Zahlen 96
  Umwandlungzeichen 15
  Zeichensatz Latin 1 99
Testdatensätze 38
Testen 214
Testplan 208
Tetrade 89
Textdateien 313
Top-Down-Methode 139, 209
translation-unit 56, 178
Transportabilität 218, 221
Trennzeichen 9
Typbezeichner 113
typedef 115
Typumwandlung
  explizite 112
  implizite 130

U

UART 185
UCS-4-Oktett-Code 98
Umwandlungen
  Feldbreite 16, 109
  für ganze Zahlen 15, 96
  für Gleitkommazahlen 15, 109
  für Zeichen 15, 101
  für Zeichenketten 47, 101, 282, 283
  für Zeigerwerte 54
  Genauigkeit 16
Umwandlungszeichen 7
Unicode 98, 104
union 308

UNIX 3, 180
Unterprogramm 56

Ü

Übergabemechanismus 172
Übersetzungseinheit 56

V

Variable 7
   automatische 175
   externe 177
   lokale 175
   statische 182
   statische externe 183
Variable Argumentlisten 324
variante Datensätze 308
Vektoren 253
   als Parameter von Funktionen 65, 254
   Anordnung der El. im Speicher 258
   dynamisch erzeugen 256
   Initialisierung 262
   mehrdimensionale 257, 261
   Zeiger- 284
Vereinbarung 112
verkettete Liste 300
Visual C++ 4
void 6, 59
Vorrangregeln 19, 119
Vorzeichenbit 90

W

Wartbarkeit 218
Wartung und Pflege 215
wide characters *Siehe* Breite Zeichen
Wiederholung 21, 22, 140, 150
Windows-Zeichensatz 97
Wirth 138
Wort 89

Z

Zahlen
   Festkomma- 105
   Gleitkomma- 14, 106, 108
   komplexe 296
   natürliche 90
   reelle 105
Zahlenkreis 92
Zahlensystem 85
Zählschleife 26, 154
Zeichen 100
   druckbare 98
   Steuer- 98
   Zwischenraum- 102
Zeichenketten 46, 279
   formatiertes Lesen 282
   Funktionen für 284
Zeichensatz 9
Zeichenvorrat 89
Zeiger 51, 239
   als Parameter 63
   Arithmetik 244
   auf void (typloser) 243
   NULL- 244
   Subtraktion 246
   Vergleichsoperationen 246
Zeigervariable 52
Zeilenpivotisierung 273
Zugriffsfunktionen 184
Zugriffsverletzung 174
Zuverlässigkeit 218
Zuweisung 16
Zweierkomplement 231
Zweierkomplementdarstellung 90
Zweifachauswahl 31, 143
Zwischenraumzeichen 78

ASCII-Code Tabelle

0	NUL	32	*blank*	64	@	96	'
1	SOH	33	!	65	A	97	a
2	STX	34	"	66	B	98	b
3	ETX	35	#	67	C	99	c
4	EOT	36	$	68	D	100	d
5	ENQ	37	%	69	E	101	e
6	ACK	38	&	70	F	102	f
7	BEL	39	'	71	G	103	g
8	BS	40	(	72	H	104	h
9	HT	41	)	73	I	105	i
10	LF	42	*	74	J	106	j
11	VT	43	+	75	K	107	k
12	FF	44	,	76	L	108	l
13	CR	45	-	77	M	109	m
14	SO	46	.	78	N	110	n
15	SI	47	/	79	O	111	o
16	DLE	48	0	80	P	112	p
17	DC1	49	1	81	Q	113	q
18	DC2	50	2	82	R	114	r
19	DC3	51	3	83	S	115	s
20	DC4	52	4	84	T	116	t
21	NAK	53	5	85	U	117	u
22	SYN	54	6	86	V	118	v
23	ETB	55	7	87	W	119	w
24	CAN	56	8	88	X	120	x
25	EM	57	9	89	Y	121	y
26	SUB	58	:	90	Z	122	z
27	ESC	59	;	91	[	123	{
28	FS	60	<	92	\	124	|
29	QS	61	=	93	]	125	}
30	RS	62	>	94	^	126	~
31	US	63	?	95	_	127	*del*

Rangordnung der Operatoren

Operatoren	Assoziativität
() [] -> .	links nach rechts
++ -- ! ~ (type) sizeof + (*unary*) - (*unary*) * (*indirection*) & (address)	rechts nach links
* / %	links nach rechts
+ -	links nach rechts
<< >>	links nach rechts
< <= > >=	links nach rechts
== !=	links nach rechts
&	links nach rechts
^	links nach rechts
|	links nach rechts
&&	links nach rechts
||	links nach rechts
?:	rechts nach links
= += -= *= /= %= &= ^= |= <<= >>=	rechts nach links
, (*comma operator*)	links nach rechts